湖北企业年鉴

2004

中国统计出版社
China Statistics Press

《湖北企业年鉴－2004》编辑委员会及编辑部人员名单

顾　　问：周坚卫　朱向东

主任委员：刘　凯　李宗柏

副主任委员：徐世铎　路　策

委　　员：（按姓氏笔划排列）

王汉文　王系群　王培锦　王海峰　许　辉
代圣明　冯高林　朱光才　刘　凯　刘鄂松
刘蕲冈　张福华　李伯良　李志新　汤培本
张　伟　严士新　宋　蔚　陈　正　余东碧
姜才金　夏泽宽　胡先红　徐能海　徐纯银
徐世铎　唐世新　梁一新　龚玉亮　蒋宇飞
蒋国庆　魏海民

主　　编：徐世铎

副 主 编：陈　正

特邀编审：（按姓氏笔划排列）

王响亮　李一萍　李淑萍　李继伟　李传友
李　超　张声武　吴奇宝　周开斌　钟金芳
胡倩倩　柳云辉　盛　敏　鲁晓敏　熊建民

编辑人员：（按姓氏笔划排列）

王　楠　王　虹　王国正　叶祯祥　许晓红
祁　炜　李　韦　李长江　胡　敏　胡秋舫
胡树泉　彭　刚　熊维贵

责任编辑：夏泽宽　张小青

编 者 说 明

一、《湖北企业年鉴—2004》(以下简称《年鉴》)是一本全面、系统、准确反映湖北省企业改革和经济发展的资料性工具书。内容涵盖全省工业、建筑业、交通运输仓储和邮政业、批发和零售业、房地产业、社会服务业、信息传输计算机服务和软件业、住宿和餐饮业等行业。

二、全书共分为12个部分。1、企业概览;2、有关行业发展概况;3、企业景气监测;4、骨干企业;5、重点企业;6、上市公司;7、企业集团;8、湖北省开发区;9、专题调研;10、政策法规;11、名牌产品;12、企业风采。

三、资料中所使用的度量衡单位均采用国际统一标准计量单位。

四、《年鉴》中资料主要来自年度全面调查和抽样调查统计报表。其中,第一、二、八部分中统计数据由有关部门统计机构提供。

五、《年鉴》中的符号使用说明:“空格”表示该项统计数据不足本表最小单位数或该项统计指标数据不详;“#”表示其中的主要项。

《湖北企业年鉴—2004》的编辑出版得到省发展和改革委员会以及有关行业管理办公室、行业协会及有关企业的大力支持和协作,在此一并表示感谢。由于编者能力有限,编辑工作中难免有疏误之处,敬请各界人士批评指正。

二〇〇四年九月

目　　录

一、企业概览

二、有关行业发展概况

三、企业景气监测

四、骨干企业

五、重点企业

六、上市公司

七、企业集团

八、湖北省开发区

九、专题调研

十、政策法规

十一、名牌产品

十二、企业风采

一、企业概览

资料整理： 胡先红　许晓红
李　韦　熊维贵

1—1 湖北国民经济和社会发展概况

	单位	2002 年	2003 年	2003 年比 2002 年 ±(%)
总人口	万人	5987.80	6001.7	0.23
从业人员数	万人	3443.00	3476	1.0
#职工人数	万人	600.44	587.33	-2.2
本省生产总值	亿元	4975.63	5395.91	9.3
第一产业	亿元	707.00	792.55	5.0
第二产业	亿元	2446.05	2580.58	10.2
第三产业	亿元	1822.58	2022.78	9.7
全社会固定资产投资额	亿元	1695.22	1883.59	11.1
财政收入	亿元			
#地方财政收入	亿元	243.37	259.57	10.0
财政支出	亿元	516.42	538.34	4.2
农、林、牧、渔总产值	亿元	1203.30	1342.09	11.0
工业企业单位数	个	6324	6404	1.0
工业总产值(当年价)	亿元	3589.26	4030.11	12.0
工业增加值(当年价)	亿元	1198.95	1356.15	13.0
工业企业全部职工年平均人数	万人	207.68	202.76	-3.0
建筑业总产值	亿元	639.11	876.26	37.0
邮电业务总量	亿元	166.55	204.30	22.7
社会消费品零售总额	亿元	2198.42	2358.69	10.8
进出口总额	亿美元	39.55	51.11	29.2
#出口总额	亿美元	20.99	26.56	26.5
进口总额	亿美元	18.56	24.55	32.3
城镇居民人均可支配收入	元	6789	7322	7.9
农民家庭年人均纯收入	元	2444	2567	5.0

注:工业企业单位数、工业总产值、工业增加值等指标均为全部国有及年产品销售收入500(含500)万元以上工业企业统计口径。

1—2　湖北企业与中部

（20

项　　　　　　　　目	湖　北	山　西
一、企业单位数(个)		
1、规模以上工业	6271	3613
2、建筑业	1746	1127
3、限额以上批发和零售贸易、餐饮业法人企业		802
(1)批发业		694 *
(2)零售业		
(3)餐饮业		108
二、业务总量(亿元)		
1、规模以上工业总产值(当年价)	4030.11	2439.30
2、建筑业总产值(当年价)	876.26	540.13
3、限额以上批发和零售贸易业销售总额	1385.31	547.70
4、餐饮业营业收入	25.81	11.20
三、从业人员(万人)		
1、规模以上工业	198.60	182.49
2、建筑业	108.82	59.13
3、限额以上批发和零售贸易、餐饮业		13.58
(1)批发业		11.4 *
(2)零售业		
(3)餐饮业		2.18

*:含零售业

内　蒙	吉　林	黑龙江	安　徽	江　西	河　南	湖　南
1652	2284	2567	4158	3051	9091	5967
674	819	1599	1713	1106	1905	1593
495	397	607	686	1046	3340	932
177	156	285	388	241	1000	414
177	200	212	243	188	1891	358
141	41	110	55	617	449	160
1354	2662.27	2910	2610.21	1472.33	1754.08	2611.45
257.66	347.01	440.2	623.04	359.81	634.52	818.84
329.25	951.64	639.7	1024.10	579.28	1412.19	1038.24
101.56	153.02	11.4	156.80	93.40	345.80	28.30
72.15	101.50	133.1	149.01	96.12	317.32	158.43
26.63	30.68	64.7	91.18	57.70	93.44	111.95
6.24	9.24	11.4	12.50	30.17	38.55	18.07
2.18	3.74	4.7	5.87	3.47	15.53	5.94
2.68	4.04	5.6	5.17	3.15	17.95	7.66
1.38	1.46	1.1	1.46	23.55	5.07	4.47

1－3　各类企业经济活动总量及所占全社会比重

项　　　　目	2001 年	2002 年	2003 年
一、总产出(亿元)	**11815.89**	**12080.87**	**14011.94**
第二产业	7075.39	7533.44	8981.97
工　业	6283.37	6400.28	7722.97
建筑业	792.32	1133.16	1259.00
第三产业	3678.59	3344.13	3727.50
#批发和零售贸易、餐饮业	1041.23	961.39	1040.32
二、总产出构成(%)	**100.00**	**100.00**	**100.00**
第二产业	59.9	62.4	64.1
工　业	53.2	53.0	55.1
建筑业	6.7	9.4	9.0
第三产业	31.1	27.7	26.6
#批发和零售贸易、餐饮业	8.8	8.0	7.4
三、国内生产总值(亿元)	**4253.68**	**4830.98**	**5401.71**
第二产业增加值	1904.21	2301.40	2580.58
工　业	1645.34	2023.77	2254.5
建筑业	258.87	277.63	326.08
第三产业增加值	1698.36	1822.58	2022.78
农林牧渔服务业	6.84	7.16	10.29
地质勘探、水利管理业	6.79	10.55	11.56
交通运输、仓储、邮电通讯业	468.49	306.43	334.59
批发和零售贸易、餐饮业	411.51	510.53	558.52
金融保险业	201.52	250.35	283.37
房地产业	128.52	124.23	148.95
社会服务业	179.57	199.16	221.02
四、增加值构成(%)	**100.00**	**100.00**	**100.00**
第二产业	44.8	47.6	47.8
工　业	38.7	41.9	41.7
建筑业	6.1	5.7	6.0
第三产业	39.9	37.7	37.4
农林牧渔服务业	0.2	0.1	0.2
地质勘探、水利管理业	0.2	0.2	0.2
交通运输、仓储、邮电通讯业	11.0	6.3	6.2
批发和零售贸易、餐饮业	9.7	10.6	10.3
金融保险业	4.7	5.2	5.2
房地产业	3.0	2.6	2.8
社会服务业	4.2	4.1	4.1

1—4　各类企业单位数

单位:个

	2001 年	2002 年	2003 年
一、工　　业(规模以上)			
总　　计	**6197**	**6183**	**6271**
1. 按经济类型分			
国有经济(含国有控股)	2498	2100	1617
集体经济	1456	1183	784
其他经济	2243	2900	3870
2. 按轻重工业分			
轻工业	2981	2947	2789
重工业	3216	3236	3482
3. 按企业规模分			
大型企业	307	305	66
中型企业	565	542	637
小型企业	5325	5336	5568
4. 按工业行业分			
煤炭采选业	38	39	35
石油和天然气开采业	1	1	1
黑色金属矿采选业	37	39	0
有色金属矿采选业	32	36	0
非金属矿采选业	142	149	163
其他矿采选业		1	2
木材及竹材采运业	3	2	2
食品加工业	591	545	545
食品制造业	150	154	154
饮料制造业	175	169	169
烟草加工业	23	21	21

1—4 续表1

单位:个

	2001年	2002年	2003年
纺织业	445	475	539
服装及其他纤维制品制造业	239	238	213
皮革、毛皮、羽绒及其制品业	41	38	36
木材加工及竹、藤、棕、草制品业	78	69	86
家具制造业	50	59	54
造纸及纸制品业	214	217	203
印刷业、记录媒介的复制	150	137	133
文教体育用品制造业	21	17	21
石油加工及炼焦业	18	22	16
化学原料及化学制品制造业	488	466	506
医药制造业	188	196	234
化学纤维制造业	24	23	18
橡胶制品业	47	46	45
塑料制品业	208	219	221
非金属矿物制品业	742	722	678
黑色金属冶炼及压延加工业	80	82	93
有色金属冶炼及压延加工业	67	71	82
金属制品业	229	246	217
普通机械制造业	312	311	339
专用设备制造业	245	229	222
交通运输设备制造业	367	396	433
电气机械及器材制造业	208	208	204
电子及通信设备制造业	113	127	109
仪器仪表及文化、办公用机械制造业	90	79	78
其他制造业	38	44	31
电力、蒸汽、热水的生产和供应业	176	171	171
煤气生产和供应业	9	6	7
自来水的生产和供应业	111	109	104

1—4 续表 2

单位:个

	2001 年	2002 年	2003 年
二、建筑业			
总　　计	**1661**	**1625**	**1808**
1. 按经济类型分			
国有经济	393	363	558
#中央企业	43	36	70
地方企业	350	327	488
城镇集体经济	809	480	344
其他经济	459	782	906
三、批发零售贸易、餐饮业			
总计(法人企业)	**975**	**1004**	
内资企业	952	970	
国有企业	531	469	
集体企业	144	134	
股份合作企业	29	26	
联营企业	4	2	
有限责任公司	82	103	
股份有限公司	85	103	
私营企业	76	132	
其他企业	1	1	
港、澳、台商投资企业	11	19	
外商投资企业	12	15	

1—5 各类企业人员数

单位:万人

	2001 年	2002 年	2003 年
一、工　业			
总　计	**212.48**	**205.82**	**198.6**
1. 按轻重工业分			
轻工业	84.78	84.44	75.96
重工业	127.70	121.39	122.64
2. 按企业规模分			
大型企业	80.86	75.4	46.02
中型企业	35.15	36.21	64.41
小型企业	96.47	94.22	88.17
3. 按工业行业分			
煤炭采选业	2.07	2.34	2.08
石油和天然气开采业	3.98	1.83	2.22
黑色金属矿采选业	1.31	1.31	1.22
有色金属矿采选业	0.95	1.19	1.01
非金属矿采选业	4.59	4.54	4.05
其他矿采选业	0.02	0.01	0.04
食品加工业	8.22	7.85	7.16
食品制造业	2.68	2.73	3.81
饮料制造业	4.24	4.03	3.83
烟草加工业	1.96	1.89	1.46

1—5 续表 1 单位:万人

	2001 年	2002 年	2003 年
纺织业	26.23	25.49	26.28
服装及其他纤维制品制造业	9.69	10.38	8.86
皮革、毛皮、羽绒及其制品业	0.98	0.85	0.83
木材加工及竹、藤、棕、草制品业	1.18	1.06	1.75
家具制造业	0.63	0.78	0.92
造纸及纸制品业	3.94	3.79	3.63
印刷业、记录媒介的复制	2.61	2.25	2.34
文教体育用品制造业	0.44	0.63	0.36
石油加工及炼焦业	1.15	1.26	1.08
化学原料及化学制品制造业	14.75	15.38	13.51
医药制造业	6.11	6.6	6.68
化学纤维制造业	1.57	1.39	1.19
橡胶制品业	1.89	1.72	1.55
塑料制品业	3.49	3.51	3.46
非金属矿物制品业	18.03	16.56	14.92
黑色金属冶炼及压延加工业	13.77	13.03	13.36
有色金属冶炼及压延加工业	3.84	3.81	3.59
金属制品业	5.21	4.99	4.43
普通机械制造业	9.36	8.64	10.00
专用设备制造业	8.63	7.2	5.70
交通运输设备制造业	25.25	26.5	24.95
电气机械及器材制造业	4.86	4.76	4.34
电子及通信设备制造业	3.39	3.32	2.91
仪器仪表及文化、办公用机械制造业	1.94	1.72	1.49
其他制造业	0.73	0.75	0.64
电力、蒸汽、热水的生产和供应业	8.73	8.16	9.89
燃气生产和供应业	0.38	0.35	0.43
自来水的生产和供应业	2.71	2.65	2.60

1—5 续表 2

单位:万人

	2001 年	2002 年	2003 年
二、建筑业			
总　计	**83.11**	**93.5**	**108.82**
1. 按经济类型分			
国有经济	36.16	34.2	33.74
#中央企业	16.44	12.95	19.48
地方企业	19.99	21.25	48.88
城镇集体经济	29.30	23.5	18.14
其他经济	17.65	35.8	22.31
三、批发零售贸易、餐饮业			
总计(法人企业)	**24.73**	**33.04**	
内资企业	23.92	31.32	
国有企业	10.16	12.6	
集体企业	5.20	3.9	
股份合作企业	0.43	0.8	
联营企业	0.06	0.06	
有限责任公司	1.35	2.66	
股份有限公司	5.74	7.47	
私营企业	0.86	3.83	
其他企业	0.12	-	
港、澳、台商投资企业	0.46	0.61	
外商投资企业	0.36	1.11	

1—6 各类企业业务总量

单位:亿元

	2000 年	2001 年	2002 年	2003 年
一、工业(当年价)				
总　　计	**3064.43**	**3239.51**	**3589.26**	**4030.11**
1. 按轻重工业分				
轻工业	1177.24	1194.90	1184.78	1257.23
重工业	1887.18	2044.61	2404.48	2772.88
2. 按企业规模分				
大型企业	1362.75	1549.81	1746.79	1410.17
中型企业	462.26	478.71	544.26	1181.87
小型企业	1239.41	1211.61	1298.21	1438.07
3. 按工业行业分				
煤炭采选业	4.61	5.33	6.52	6.91
石油和天然气开采业	38.36	37.27	32.13	44.41
黑色金属矿采选业	17.02	19.27	20.52	22.07
有色金属矿采选业	10.56	10.10	12.53	13.04
非金属矿采选业	28.81	24.16	27.78	27.27
其他矿采选业			0.05	0.27
木材及竹材采运业	1.04	0.20	0.16	
食品加工业	192.54	186.13	181.57	194.84
食品制造业	39.57	38.32	44.51	63.94
饮料制造业	78.36	84.15	89.37	91.13
烟草加工业	96.74	94.36	92.50	95.21

注:本表工业指标 1998 年为新口径独立核算工业。

1—6 续表1

单位:亿元

	2000年	2001年	2002年	2003年
纺织业	244.59	221.89	221.44	250.22
服装及其他纤维制品制造业	99.26	110.50	112.10	107.74
皮革、毛皮、羽绒及其制品业	11.81	12.70	10.68	10.10
木材加工及竹、藤、棕、草制品业	20.42	20.34	20.90	29.51
家具制造业	10.75	13.69	13.79	15.61
造纸及纸制品业	52.89	58.08	65.09	73.36
印刷业、记录媒介的复制	24.25	29.98	36.11	38.94
文教体育用品制造业	4.82	5.85	5.07	4.86
石油加工及炼焦业	164.01	145.37	148.66	175.19
化学原料及化学制品制造业	192.27	204.89	223.96	277.30
医药制造业	93.15	98.72	122.59	128.11
化学纤维制造业	20.61	18.94	18.22	19.08
橡胶制品业	16.67	18.54	21.74	19.87
塑料制品业	49.43	55.63	61.97	67.42
非金属矿物制品业	166.32	162.78	176.47	191.85
黑色金属冶炼及压延加工业	234.07	267.25	289.68	380.59
有色金属冶炼及压延加工业	62.21	61.15	71.40	79.22
金属制品业	84.26	92.84	89.71	89.84
普通机械制造业	101.22	88.24	116.15	167.94
专用设备制造业	78.67	82.09	86.02	68.39
交通运输设备制造业	426.69	518.40	711.05	718.46
电气机械及器材制造业	88.87	105.94	105.06	135.69
电子及通信设备制造业	90.92	132.34	126.70	138.25
仪器仪表及文化、办公用机械制造业	16.49	19.68	18.54	20.06
其他制造业	14.56	11.01	11.34	10.86
电力、蒸汽、热水的生产和供应业	162.20	159.48	172.05	229.41
煤气生产和供应业	4.49	3.76	4.35	3.09
自来水的生产和供应业	17.22	16.58	16.58	18.36

1—6 续表2 单位:亿元

	2000年	2001年	2002年	2003年
二、建筑业				
总　　计	**454.35**	**529.02**	**639.11**	**876.26**
1.按经济类型分				
国有经济	266.02	279.39	301.93	303.85
#中央企业	159.27	167.07	158.03	307.99
地方企业	106.76	112.32	143.90	336.07
城镇集体经济	123.46	117.70	98.90	88.67
其他经济	64.86	131.93	238.29	143.53
三、批发零售贸易、餐饮业				
1.批发零售贸易业销售总额				
总计	**1058.56**	**1066.42**	**1224.07**	**1385.31**
内资企业	1042.38	1044.63	1197.75	1003.18
国有企业	775.44	697.77	729.02	284.74
集体企业	63.73	55.84	62.89	23.27
股份合作企业	8.85	11.60	13.18	9.14
联营企业	1.63	0.89	0.52	2.75
有限责任公司	22.87	54.23	98.9	125.87
股份有限公司	166.66	208.12	261.86	537.23
私营企业	2.13	11.65	30.86	20.15
其他企业	1.07	4.54	0.52	0.01
港、澳、台商投资企业	6.94	8.40	9.86	1.93
外商投资企业	9.24	13.39	16.46	6.88
2.餐饮业营业收入				
总计	15.52	19.85	26.06	25.81
正餐	12.71	15.81	23	19.74
快餐	2.80	4.04	3.06	6.07
其他	0.01			

1—7 各类企业业务

	全省	武汉	黄石	十堰	宜昌	襄樊	鄂州
一、工业							
总产值	**4030.11**	**1334.49**	**214.28**	**360.98**	**274.85**	**325.27**	**152.58**
1. 按经济类型分							
国有经济	2287.46	871.79	113.11	295.37	158.32	254.67	65.60
集体经济	244.86	53.52	20.26	3.96	5.24	14.26	20.61
其他经济	1497.79	409.18	80.91	61.65	111.28	56.33	66.38
2. 按轻重工业分							
轻工业	1257.23	386.54	28.04	15.82	85.85	95.71	31.67
重工业	2772.88	947.95	186.24	345.15	189.00	229.56	120.91
3. 按企业规模分							
大型企业	1410.17	621.57	72.91	228.19	9196	119.42	46.40
中型企业	1181.87	358.71	72.10	77.96	111.22	115.49	29.31
小型企业	1438.07	354.21	69.28	54.83	71.67	90.36	76.87
二、建筑业							
总产值	**873.02**	**382.3**	**37.12**	**20.44**	**91.21**	**101.4**	**15.5**
#建筑工程	765.38	329.65	34.68	17.02	81.86	88.20	13.38
安装工程	51.89	26.53	1.38	1.14	5.49	7.36	1.07
其它产值	55.75	26.12	1.06	2.28	3.86	5.84	1.05

总量地区分布状况

单位:亿元

荆门	孝感	荆州	黄冈	咸宁	随州	恩施自治州	仙桃	潜江	天门	神农架林区
201.30	**229.57**	**225.08**	**177.71**	**89.37**	**132.32**	**40.11**	**114.67**	**111.45**	**45.24**	**0.84**
123.53	78.42	62.49	81.60	25.37	45.43	25.27	3.14	61.35	19.41	0.43
2.89	36.61	18.35	36.84	4.39	3.36	0.55	1.92	3.35	18.28	0
74.88	114.55	144.24	59.27	59.61	83.53	14.28	109.62	46.75	7.55	0.41
49.41	95.76	92.85	96.44	47.49	61.30	26.90	83.61	33.12	26.70	0.02
151.89	133.81	132.23	81.27	41.88	71.02	13.21	31.06	78.34	18.53	0.84
95.49	34.83	30.61	0.79	0	0	0	17.92	50.08	0	0
53.93	61.33	99.65	50.89	42.99	28.43	23.72	19.20	29.74	7.18	0
51.88	133.41	94.82	126.03	46.38	103.88	16.39	77.55	31.62	38.05	0.84
17.89	**41.53**	**36.93**	**57.78**	**16.37**	**9.51**	**11.57**	**9.73**	**20.21**	**2.3**	**1.23**
16.37	37.29	34.21	48.18	15.18	9.02	10.45	8.98	17.51	2.29	1.11
0.64	1.09	0.59	2.88	0.82	0.03	0.40	0.41	1.93	0.01	0.12
0.88	3.15	2.13	6.72	0.37	0.46	0.72	0.34	0.77		

1—8　各地企业登记管理基本情况

	年末总计（户）	企业法人（户）			营业单位（户）			注册资本金（万元）
		年末企业	本年开业	本年注销	年末企业	本年开业	本年注销	
全　省	~~185616~~ 158616	71052	5246	10278	87564	7933	14222	46669122
武汉市	36079	21001	697	4324	15048	1509	2922	14284622
黄石市	6152	2769	210	1137	3383	274	1795	1294859
十堰市	8864	3219	146	285	5645	403	1037	2511295
宜昌市	10866	4498	244	404	6368	563	924	2869702
襄樊市	16878	6356	658	332	10522	1111	915	3348491
鄂州市	3022	1968	347	36	1054	100	12	1484401
荆门市	5852	2294	210	317	3558	405	556	1099331
孝感市	9482	3475	201	329	6007	431	582	1155123
荆州市	10288	4447	391	1667	5841	408	1512	2190842
黄冈市	17805	5622	552	484	12183	807	939	907339
咸宁市	4697	1973	310	244	2724	351	505	525372
恩施州	6175	2030	240	158	4148	373	754	476056
随州市	4940	1965	202	84	2975	339	383	429532
仙桃市	2630	1136	72	46	1494	126	71	423668
潜江市	1804	625	19	113	1179	132	39	301895
天门市	1674	616	31	104	1058	87	291	204667
神农架林区	345	129	28	50	213	50	172	57534
省　直	11093	6929	688	164	4164	464	813	13104394

1—9 各地私营企业基本情况

项目	合计				其中:本期开业			
	户数(户)	投资者人数(人)	雇工人数(人)	注册资本金(万元)	户数(户)	投资者人数(人)	雇工人数(人)	注册资本金(万元)
全省	86155	205072	847710	10720928.86	27116	66987	243420	3071550
武汉市	47832	101673	261324	7796330.7	13439	29959	60063	2146573
黄石市	2842	10032	32979	270595	868	2275	3511	88724
十堰市	4485	11428	42873	269094.16	1265	3200	13327	84220
宜昌市	6041	15489	77965	675320.04	1770	4251	25683	198720
襄樊市	6465	17721	143018	416621	1586	5925	13337	87208
鄂州市	1434	3578	19719	134799.9	445	790	5323	38239
荆门市	1927	6689	27639	166472	482	1368	6259	48579
孝感市	1173	2320	25278	37418.78	2670	7627	57432	85019
荆州市	3706	10620	40460	314750	869	2350	11297	52126
黄冈市	4078	8193	64240	130877	1964	4140	22058	57228
咸宁市	1169	3610	18009	112644.4	445	1310	6394	39027
恩施州	1253	4047	26552	125936.88	461	1431	5336	60609
随州市	826	1756	12674	48289	248	675	2509	13440
仙桃市	1060	2927	32069	96799	242	624	6874	32487
潜江市	797	2316	7365	50661	163	482	795	11100
天门市	993	2407	14308	56530	154	417	2879	13855
林区	74	266	1238	17790	45	166	343	14307

1—10 各地外商投资企业

项目	年末实有					
	企业数小计	其中				投资总额1000－3000万美元
		合资	合作	外资	中外股份	
全省	4031	2376	197	1452	6	261
武汉市	1958	1088	90	779	1	144
黄石市	174	125	8	41		13
十堰市	256	132	11	113		35
宜昌市	166	114	6	46		8
襄樊市	213	135	16	62		7
鄂州市	167	115	6	46		8
荆门市	119	86	6	27		1
孝感市	133	76	9	48		4
荆州市	178	114	7	57		3
黄冈市	96	52	17	27		5
咸宁市	77	38	7	32		3
恩施州	20	10	2	8		2
随州市	88	52		36		1
仙桃市	83	62		21		
潜江市	24	16	1	7		3
天门市	30	19	2	9		
林区	249	142	9	93	5	30

登记基本情况

企业				注、吊销企业		
投资总额3000万美元以上	投资总额	注册资本		累计注、吊销（个）	2003年	
		小计	其中外方		吊销	注销
46	1767614	1071130	683527	4759	122	59
19	925994	538727	335906	1860	44	34
	44517	30559	16200	253		4
2	122079	73515	50169	584	30	2
	44637	33377	20848	114	3	3
2	48937	36535	23417	277	18	3
3	39634	43051	25746	353	12	1
2	29608	22831	13680	173		2
2	48251	33177	20537	191		
	34649	26603	18281	133		
2	40841	29093	20478	77		
	14243	9694	5387	125		2
	7253	4155	2846	49		1
	12581	10255	6084	19		
	13486	11623	5879	19	15	1
	7633	6266	3595	70		
	2994	2276	1262	54		1
14	330277	159393	113212	408		3

1-11 湖北省利用外资情况汇总表

（2003年1-12月）

单位:万美元

利用外资方式	本年批准外资情况		本年实际利用外资
	项目数(个)	合同利用外资金额	
	本年累计	本年累计	本年累计
总计	**532**	**279725**	**196371**
一、对外借款			
二、外商直接投资	**532**	**254523**	**155702**
中外合资经营企业	237	164695	104622
中外合作经营企业	32	14059	5513
外商独资企业	262	75248	45139
外商投资股份制	1	521	428

1－12　外商直接投资情况地区分布

（2003年1－12月）　　单位：万美元

	企业数（个）		合同外资金额		实际使用外资金额	
	2002年	2003年	2002年	2003年	2002年	2003年
合　计	**486**	**532**	**142161**	**254523**	**176036**	**155702**
武汉市	173	187	68276	143620	114594	93250
黄石市	15	22	12465	10022	15404	12420
十堰市	17	43	4643	11223	2405	2755
宜昌市	47	40	14361	29170	7506	7203
襄樊市	41	20	9398	29170	5526	7203
鄂州市	12	15	952	2712	4523	5021
荆门市	20	21	3507	7371	4604	5500
孝感市	30	32	6597	6601	5808	6574
荆州市	28	31	4420	6788	5011	6574
黄冈市	31	39	9607	14511	3242	4948
咸宁市	16	24	1394	2411	3372	4527
随州市	14	19	642	2239	1212	493
恩施州	2	2	737	1401	17	99
仙桃市	14	17	1067	2162	1200	1803
潜江市	2	2	641	564	802	873
天门市	5	6	1205	2713	810	1061

1—13 湖北省高新技术产业主要经济指标

单位:千元

	总产值	增加值	销售收入	利税总额	应交增值税	出口交货值
总　　计	**11178145**	**3767393**	**10591997**	**1344617.3**	**434778.5**	**481415.8**
一、按企业规模分组						
大型企业	5196973	1611749.8	5117177.6	725572.3	236278.5	142669.3
中型企业	2683647	929530.1	2516915	304801.1	95665.9	145514.8
小型企业	3297525	1226113.3	2957904.3	314243.9	102834.1	193231.7
二、按登记注册类型分组						
内资企业	7930615.9	2717526.2	7509247.6	1015554.2	327185.2	306273.3
国有	2213230.1	782783.5	2122217.3	286316.1	107236.6	23238.1
其中:大型企业	45642.4	17811.3	44965.4	10347.6	1185	5436.6
集体	71804	26597.1	70722.2	5983	2465.2	2065
股份合作	65583.8	19309.7	48649.1	4951	2471	326
国有联营	44968.2	10467.2	44897.2	13477.7	831.1	13252
其中:大型企业	41796.4	9000	41720	13233.6	704.6	12752
集体联营	0	0	0	0	0	0
国有与集体联营	1969	738.3	1859	283.2	101.5	0
其他联营	0	0	0	0	0	0
国有独资公司	350283.3	107416.1	344427	25295.5	9932.8	33355.1
其中:大型企业	61465.1	-1531.2	64822	3626.2	362	0
其他有限责任公司	1041997	386218.6	977736.3	110620.5	39272	46888.4
股份有限公司	3495310.9	1153355.2	3301442	494377.4	140310.2	168726.5
私营独资	71496.9	23308.8	63696.4	4072.5	1717.5	7402.6
私营合伙	14454.4	4866.6	13853.7	830	259.3	0
私营有限责任公司	409758.9	145093	376254.3	46950.5	15360.1	8902.3
私营股份有限公司	112531.3	42025.8	106491.5	19686	5233.2	2117.3
其他内资	37228.1	15346.3	37001.6	2710.8	1994.7	0
港澳台商投资	666138.2	234425.8	548185	55799.6	17752.5	35865.6
其中:大型企业	44769	17355.7	33133	11400	1500	0
与港澳台商合资经营	442221	175432	339476.7	40428.1	12193	33539.5
与港澳台商合作经营	1425	1190	1375	36.5	30	0
港澳台商独资	72440.4	24194.4	67069.3	3679.6	1915.2	2326.1

1－13 续表1 单位:千元

	总产值	增加值	销售收入	利税总额	应交增值税	出口交货值
港澳台商投资股份有限公司	150051.8	33609.4	140264	11655.4	3614.3	0
外商投资	2581391.1	815441.2	2534564.3	273263.5	89840.8	139276.9
其中:大型企业	0	0	0	0	0	0
中外合作经营	405496	126712.4	399978.9	47503.3	14715.6	6537.4
中外合资经营	2144115.3	673163.4	2108003.7	223887.5	74234.8	127780.1
外商独资	24609.1	9263.4	22993.3	1723.2	820.9	4959.4
其他	0	0	0	0	0	0
三、按行业分组						
农、林、牧、渔服务业	0	0	0	0	0	0
煤炭开采和洗选业	0	0	0	0	0	0
石油和天然气开采业	1033.7	397.9	1033.7	223	70.1	0
黑色金属矿采选业	0	0	0	0	0	0
有色金属矿采选业	5500	2312	5500	402	177	0
非金属矿采选业	5833.4	2488.4	5703	1103.6	257.1	67.2
其他采选业	0	0	0	0	0	0
农副产品加工业	37555.8	13767.7	35246.2	1218.9	844.4	396.5
食品制造业	67739.7	32459	66315.5	11228.9	2290.5	8782.5
饮料制造业	68309.7	26341.2	61218.5	14115.9	4520.5	64.5
烟草加工业	22610.5	4562	13355	1796.1	216	0
纺织业	95402.4	53436.7	90060.1	6663.9	3641.2	16868.4
纺织服装、鞋、帽制造业	10767	3876.6	8853.5	721.1	691	3817.3
皮革、毛皮、羽绒及其制品业	0	0	0	0	0	0
木材加工及竹、藤、棕、草制品业	46730.1	15193.9	43734.6	4295.4	1804.7	0
家具制造业	0	0	0	0	0	0
造纸及纸制品业	150188.8	54406.4	141547.6	28573.3	9926.4	986.9
印刷业、记录媒介的复制	116034.3	42360.3	105178.6	14086	5246.3	1103.9
文教体育用品制造业	19.6	18.4	19.6	-9.3	0.8	0
石油加工、炼焦及核燃料加工业	6170.7	2074.2	5800.7	1754	403.5	0
化学原料及化学制品制造业	952255.4	301353.5	852421.3	87001.8	27036.6	88023.9
医药制造业	979194.3	367075.6	835617.9	112067.8	43483.8	84906.4
化学纤维制造业	71518.7	23248.2	69060.7	8298.7	2165.7	10945.1

1－13　续表2　　单位:千元

	总产值	增加值	销售收入	利税总额	应交增值税	出口交货值
橡胶制品业	31491.7	12203.3	28333.1	3337.1	939.5	926
塑料制品业	242939.5	80476.2	267954	29354.6	9516.2	1034
非金属矿物制品业	279111.5	100864.3	238491.1	29982.3	11544.2	16256
黑色金属冶炼及压延加工业	908170.2	352400.4	909985.9	203010.9	78465.8	9483.6
有色金属冶炼及压延加工业	166218.4	60705.9	147525.6	22981	5854.9	13670.5
金属制品业	242099.3	83832	224136	19964.8	6751.3	11415
通用设备制造业	423508	130212.9	378437.7	35310.9	13578.1	25063.5
专用设备制造业	302008.3	107374.8	287101.2	20199.6	8927.2	6612.3
交通运输设备制造业	3189932.4	932610.1	3301554	452210.3	128579.9	8682.8
电气机械及器材制造业	936330.2	290629	773014.8	83940.4	28231.9	27379.6
通信设备、计算机及其他电子设备	1421646.1	510199.5	1340232.9	106221.7	28944.1	132871.5
仪器仪表及文化办公用机械制造业	255741.2	108779	217602.7	31127.2	7362.7	11905.2
工艺品及其他制造业	132026.4	48097.6	126824.3	12605.7	3187.8	153.2
电力、热力的生产和供应业	9715.9	3504.6	9795.1	797.2	96.6	0
燃气生产和供应业	342	131.6	342	32.5	22.7	0
其他行业	0	0	0	0	0	0
四、按隶属关系分组						
中央属	2743159.8	936923.7	2704338	347733.7	117059.6	50140.9
省(直辖市)属	236413.7	90598.2	216330.2	17491.1	7824.9	25
地区属	2155233.7	747668	2039572.2	268917.4	83600.2	94088.7
县属	1394367.6	487944	1266254.9	136903.5	48737.1	123858.7
五、按地区分组						
武汉市	5718973.6	2005692.4	5357022.6	736081.5	242147.3	184982.9
黄石市	466807.3	185862.9	432398.4	50906.2	17973.2	14526.7
十堰市	341913.7	109232.1	354002.7	30538.7	14376.9	896.1
宜昌市	451544.4	162024.2	434122	43667.4	8359.4	35677.2
襄樊市	1606525	433352.2	1584532.6	224488.7	67792.6	24417.1
鄂州市	268232.9	86356.3	253960.7	26385.9	11654.6	16613.8
荆门市	333342.5	98827.4	315468	20926.1	10102.4	36005.6
孝感市	400418.1	139272.4	388774.6	30737	8769.7	24274.6

1－13 续表3 单位:千元

	总产值	增加值	销售收入	利税总额	应交增值税	出口交货值
荆州市	536372.5	184408.7	486407.8	80748.6	21447.7	63066.5
黄冈市	241498.4	85781.8	217929.1	12372.5	5696.5	31781.8
咸宁市	152064.5	50181.1	117808.1	11002.6	5024.3	18093.2
随州市	283507.7	98111.6	292227.6	40346.2	9778	56
恩施土家族苗族自治州	24328.7	7296.3	25320.6	4112.3	1213.6	7784.1
仙桃	190122.1	61351.8	182306.3	13637.7	3988.3	4486.2
潜江	77221.2	27552.2	65956.5	13762.3	4117.7	18754
天门	85272.6	32089.8	83759.3	4903.6	2336.3	0
神农架林区	0	0	0	0	0	0
六、按是否为高新技术企业分组						
是	7604862.1	2527893.8	6995857.8	825124.3	258028.2	378395.5
否	3573283.1	1239499.4	3596139.1	519493	176750.3	103020.3
七、按是否进入开发区分组						
国家级	3595476.8	1191166.6	3311506.5	446440.8	128428.2	141197.6
省级	1316900.7	452563	1265801.9	128824.5	44468.7	71834.2
未进入	6265767.7	2123663.6	6014688.5	769352	261881.6	268384
八、按技术领域划分						
电子信息	1671448.5	577980.8	1626569.1	146918.1	44855.7	156696.8
软件	34082.8	12650.4	35445.7	2447.1	1120.3	666.5
航空航天	289622.7	86155.3	308990.2	22005.6	-3573.8	78.8
光机电一体化	3675420.8	1113229	3592582.9	506437.4	159818.1	40792.5
生物医药和医疗器械	1125082.9	428516	968970.1	133033.3	48092.3	101468.2
新材料	2379560.9	867397.4	2267350.9	347999.9	126509.4	112638.9
新能源与高效节能	220731.8	74153.3	146205.8	10403.5	4298.4	12262.8
环境保护	185806.9	63730.4	161812.4	26340.7	3811.5	884
地球空间与海洋	0	0	0	0	0	0
核应用技术	545.3	209.9	545.3	50.7	43.4	0
农业	194686.6	71713.3	174354.3	13216	1790.4	3580.9
其他	1401156	471657.4	1309170.2	135765	48012.8	52346.4

二、有关行业发展概况

资料整理：夏泽宽　张小青
胡　敏　王　楠

湖北省纺织工业发展概况

一、2003 年湖北省纺织工业经济运行基本情况

2003 年我省纺织工业规模以上 764 户企业，全年实现工业总产值 378.62 亿元，同比增长 14.05%；完成出口交货值 67.04 亿元，同比增长 12.66%；出口创汇 9.22 亿美元，同比增长 13.73%；实现销售收入355.5 亿元，同比增长 17.69%；实现利税 17.94 亿元，同比增长 38.09%，其中利润 6.75 亿元，同比增长 154%。

一是生产快速增长

全省生产化纤 11.02 万吨，同比增长 17.12%；纱 72.29 万吨，同比增长 11.05%；布 18.91 亿米，同比增长 6.26%；服装产量为 1.58 亿件，同比增长 22.51%，其中梭织服装 1.27 亿件，同比增长 20.51%，针织服装 0.28 亿件，同比增长 31.44%。

二是出口持续增长

我省纺织工业出口创汇和出口交货值一直居全省第一位。2003 年全省纺织品服装出口创汇 9.22 亿美元，占全省出口创汇总额的 34.7%，同比增长 13.73%。全省纺织工业规模以上企业完成出口交货值 67.04 亿元，同比增长 12.66%，其中服装业、棉纺织业、纺织制成品、麻纺织业占全省纺织工业出口交货值总额的 95%，居前四位，分别为 29.17 亿元、18.66 亿元、11.66 亿元、4.2 亿元，服装业、纺织制成品、麻纺织业出口继续保持了强劲的增长势头，交货值同比分别增长 12.15%、19.9%、70.42%。

三是经济运行质量进一步提高

2003 年全省纺织行业积极向内使劲，狠抓产品质量和技术创新，产品档次和附加值大幅提高，管理水平有了新的进步，全行业管理费用同比下降 8.35%，财务费用同比下降14.9%。资金周转率由 2002 年的 1.94 次，提高到 2.11 次；成本费用利润率由 0.9% 提高到 1.98%；亏损企业亏损额同比下降 47.88%。

四是一批骨干企业发展步伐加快

2003 年全省纺织工业过亿元企业达到 76 家，同比增加 10 户，占规模以上企业总户数的 9.95%。而过亿元企业的资产为 198.78 亿元，占规模以上资产总额的 54.93%；年销售收入为 178.79 亿元，占销售收入总额的 51.02%；完成出口交货值 32.53 亿元，占 48.52%；实现利税 9.46 亿元，占 53.62%，其中利润 3.88 亿元，占 59.36%，年销售收入超过 3 亿元以上企业有 14 户，同比增加 2 户，其中销售收入过 5 亿元企业 5 户，同比增加 2 户；出口货值超过 2 亿元企业 4 户；利润超过了 2000 万元企业 6 户，一批骨干企业规模迅速扩张，实力明显增强，在全省纺织工业中处于主导地位。

2003 年我省纺织工业虽取得了长足的进步，但与沿海纺织工业发达省份相比，有着较大的差距，国有企业改革严重滞后，截止去年底，我省纺织工业国有及国有控股企业 158 户，占全省纺织工业规模以上企业总户数的 20.68%；资产占全省纺织工业规模以上企业的资产总额的 55.71%，体制制约了企业发展；行业发展速度不快，投入不足，项目个数少、规模小，发展后劲不足；产业链联动效应不强，印染瓶颈和化纤短腿问题仍然未能得到改善，制约了整个行业快速发展。

全省纺织工业还面临着激烈的竞争和挑战：一是印度、巴基斯坦、印尼、泰国等亚洲发展中国家将纺织工业作为重点产业，采取扶持政策支持发展，发展势头十分强劲。二是浙江、江苏、广东、山东、福建等沿海省份不仅产业规模大，而且增速高，发展势头十分迅猛。三是贸易壁垒。世界纺织贸易由设置关税配额等经济壁垒转向设置"绿色贸易壁垒"，贸易磨擦增多，贸易保护主义抬头。四是今年我省纺织工业还面临棉花大幅涨价和降低出口退税率的双重考验。今年棉花价格全年将在高位运行，仅因棉花涨价同比增加成本 11 亿元，今年出口退税率下调将减少盈利 2 亿元。

面对机遇和挑战，全省纺织工业唯有贯彻落实科学的发展观，走科技含量高、经济效益好、资源消耗低、环境污染少、人力资源得到充分发挥，以信息化带动工业化的新型工业化道路，才能实现跨越式发展，建设纺织强省。

二、湖北纺织新型工业化规划要点

（一）规划的总体目标：走新型工业化的发展道路，建设现代化的纺织强省

1. 棉纺能力：2005 年达 500 万锭左右，先进纺锭达到 250 万锭，无梭强机达到 30%；2010 年先进纺纱设备达到 650 万锭以上，无梭织机比重达到 50% 以上；2020 年先进纺纱设备达到 650 万锭以上（保持居全国第三位的地位不变）无梭织机达到 80% 以上；

2. 服装能力：2005 年达到 10 亿件，2010 年达 20 亿件，2020 年达 30 亿件（居全国的位次从第七位提高到第五位）；

3. 工业增加值：2005 年达到 140 亿元，2010 年达 300 亿元，2020 年达 600 亿元（居全国的位次从第六位提高到第五位）。

4. 工业总产值：2005 年达到 450 亿元，2010 年达 1000 亿元，2020 年达 2000 亿元（居全国的位次从第六位提高到第五位）。

（二）产业布局

产业积聚是当代中国纺织工业新的生产方式，走集约化发展道路，是加快发展我省纺织工业的必然选择。基于此认识，结合湖北纺织现状和优势，从四个方面优化行业布局结构。

一是以武汉为龙头，黄石、鄂州、黄冈、仙桃、潜江、天门为重点，建设鄂东服装走廊；以汉正街为依托，建设服装面辅料专业大市场和汉派服装都市工业园区，拉动服装工业快速增长。

二是在长江、汉丹沿线，重点建设棉纺能力过 100 万锭的襄樊樊城、荆州沙市、武汉沌口、仙桃等四个大型棉纺织工业园区。

三是加快四大特色工业园的建设。在咸宁，建设国际国内名列前茅的苎麻种植和纺织加工、纺锭能力超过 50 万锭的苎麻纺织工业园；在仙桃，以彭场为重点，大力发展无纺布及制品、相关配套产品，左右延伸，建成 12.5 公里长、1 公里宽，国内最大的无纺布及制品工业园；在汉川马口镇，拓展制线产业，壮大现有制线企业，建成总规模在 50 万锭以上、销售收入过 20 亿元的制线工业园；在崇阳，以现有企业为依托，发展药纱深加工，建设药纱布工业园。

四是加大基地建设。在宜昌、襄樊建设两个国家级的化学纤维生产基地；在武汉建设产业用纺织品生产基地；在仙桃建成国内一流、可替代进口的面料生产基地。在武汉阳逻、荆州沙市等地建设印染加工中心。

（三）行业发展重点

一是做强优势行业。棉纺织和服装是我省的优势行业，两大行业的工业总产值和利税占我省纺织工业的 70% 以上。

加快纺纱、织造全流程更新改造的步伐，积极采用清梳联、高速自调匀整的并条、精梳、自动络筒等先进装备和技术，提高精梳纱和无结头纱的比重；发展紧密纺、喷气纺、转杯纺等新型纺纱技术；有条件的企业可采用细络联工艺配置。改造纱线络、并、捻、整、浆等准备工序的技术手段和发展无梭织机，争取用五年左右时间，使先进设备比重达到 50% 左右。

服装行业的发展要在实现裁剪自动化、缝制电脑化的基础上，积极采用计算机辅助设计系统，自动监测系统、服装虚拟图形系统、电脑控制多种形式的传输系统、立体整烫及产品自动立体仓储系统等先进技术。从培育设计人才、提高设计水平入手，以先进的技术为手段，系统地提高服装行业的设计、生产、营销、管理的整体水平，争创国际名牌、中国名牌、省级名牌和区域名牌。

二是提升关键行业。我省纺织行业对化纤需求量大，近几年来化纤用量达到 30 万吨，而生产量不足 10 万吨。高科技纺织产品开发和生产都是从源头做起，化纤是已经成为我省纺织工业发展中的短腿。化纤行业的发展，要加快采用国际先进技术和装备。粘胶纤维采用连续纺、无毒纺生产技术；聚酯要在采用国内成熟的技术和日产 400 吨以上装置的基础上，对现有聚酯装置进行扩容改造，重点发挥涤纶直接纺丝技术。力争到2010年,湖北化纤行业的技术装备水平达到同期国内先进水平。在增加常规化纤产品的技术含量的同时,着重以开发生产高仿真、高档面料所急需的各类高功能化差别化纤维为主体,将化纤产品差别化率提高到35% -40%。

染整业是技术含量高和产业关链度较高的行业。每年我省服装行业需要采购面辅料近80亿元,而18亿米坯布却要出口到沿海企业染整深加工,染整行业已经成为制约我省纺织工业发展的瓶颈。印染行业的发展要积极应用印染后整理先进工艺技术,采用短流程加工(如棉织物冷轧堆处理)、超低浴比染色、小批量连续染色、超临界二氧化碳介质染色、涂料印花、转移印花、喷射印花、电脑分色制版、激光制版、无制版印花、电脑测色配色、生物酶整理、等离子体处理等先进技术,以适应生产多种纤维混纺交织面料的要求;采用阻燃、抗菌、抗静电、防污、透气、透温、防紫外线等整理技术,开发各种功能性面料,进一步拓展面料的使用领域。

三是做大特色行业。产业用纺织品和苎麻纺织业是我省纺织工业正在蓬勃发展的特色行业,但目前产业规模不大,需要抓住当前有利的发展时机做大。产业用纺织品有着广阔的发展前景和极大的发展空间,是纺织工业重大的经济增长点。湖北产业用纺织品的发展,要瞄准相关产业的发展需求,在现有基础上更新技术,提高水平,扩大能力。重点开发各种室内装饰面料、汽车装饰面料,进一步拓展面料的使用领域。大力发展以纺粘法为主的非织造布,扩大无纺布制品产业集群优势。大力发展医疗卫生用纺织品,强力机织土工布、新型涂层蓬盖布、高级服装衬及各种工业用、包装用材料等产品,使产业用纺织品,真正成为湖北纺织工业新的经济增长点。

麻纺行业的发展,重点开发苎麻生物脱胶、梳理和牵切工艺技术设备和麻纺织印染后整理技术,解决细纱并条中均匀度、色牢度、鲜艳度,改善穿着舒适性,扩大麻制品在服装和家纺、产业用纺织品领域的应用。建立农工贸联合的麻产业链,依托咸宁现有的苎麻种植面积占全国的九分之一资源优势,走农、工、贸联合发展的道路,从原麻品种改良入手,努力培育纤维支数在2000左右的新麻品种,并以不少于50万亩的种植面积,满足麻纺织生产和产品开发的要求,形成从原麻种植到纺织深加工完整的麻产业链。

(四)重点支撑项目

走新型工业化道路,实施跨越式发展,建设纺织强省,必须有一大批项目作为支撑。在规划重点项目时,我们分“十五”和“十一五”两个发展时期,初步规划了135个重点项目,总投资251亿元。通过一批项目的实施,使我省印染瓶颈和化纤短腿问题得到有效解决,产业用和特色行业挤身全国先进行列,棉纺织和服装行业居全国前列,形成一批销售收入过20亿、产品和技术处于全国一流水平、具有较强自我发展能力的骨干企业。

到2005年底,完成重点技改项目46项,总投资50亿元。全省先进棉纺能力超过250万锭,具有九十年代先进水平达到50%;无梭织机达到2万台,占全省规模以上企业织机总数40%。全省纺织工业年实现销售收入450亿元;实现利税25亿元;创汇突破12亿美元。

到2010年底,完成重点技改项目89项,总投资201亿元,全省先进纺纱能力达650万锭以上,拥有无梭织机5万多台。全省差别化纤维50万吨、高支精梳无结头纱60万吨、高档面料(坯布)15亿米。年实现销售收入1000亿元,实现利税80亿元。

三、2004年湖北纺织工业工作思路

(一)加大国企改革力度,建立适应市场经济的新机制

我省纺织工业国有企业改革的任务仍然十分艰巨。已经改制的企业还存在不少遗留问题,产权不是很清晰、债务包袱仍然较重,还需要进一步深化改革,必须加大工作力度,加快改革步伐,真正建立与市场经济相适应的机制。

(二)抓好一批试点,大力推进集群集约发展

我省纺织工业产业集群正在起步,仙桃彭场镇无纺布制品业已经聚集100多个相关企业,初具规模,成为全国无纺布制品集群中较有影响地区。还有汉川县马口镇制线业、团风县回龙山镇织布业、新洲区仓埠镇服装加工业、大冶殷祖镇针织服装加工业等都形成了一定的规模集群。要进一步加强跟踪调研,与地方政府

携手作为集群发展规划，选择2个县市、5个乡镇作为纺织产业集群试点，做好服务指导。同时，争取1－2个县、镇作为国家级产业集群试点县、镇。

（三）以项目为载体，加快技术进步步伐

依靠技术进步，提升行业竞争力，已经成为行业的共识和永恒的主题，也是纺织业实现新型工业化和建设先进生产力的核心所在。我省纺织工业要跨越式发展，必须有足够的项目做支撑。坚持以项目为抓手，促进企业技术进步和培植行业发展后劲，坚持每年做到开工一批、竣工一批、储备一批、规划一批。2004年内将重点抓好仙桃裕波公司20万锭高档棉纺工程、湖北迈亚股份公司精棉纺工程、武汉一棉和孝棉的高档服装面料工程等14个项目的建设，项目总投资36.67亿元。其中在建项目8项，拟新开工2项，预计孝棉和武汉一棉高档服装面料、湖北迈亚精棉纺工程等4个项目将在年内竣工。

（四）提高企业综合素质，增强竞争能力

管理是企业的基础，质量是企业的生命，创新是企业的灵魂。今年重点抓好三个方面工作：一是从标准入手，全面与国际接轨。组织好质量管理和培训，产品检测工作，继续推广全面质量管理，严肃对待ISO认证，普及QC小组活动和职工技能操作大赛。对产品的质量要求，不仅是要达到现行的国家标准要求，更重要的是按国际商业标准要求组织生产。二是提高创新能力。从撑握前沿性技术入手，不断在产品的性能、功能、品位等方面推陈出新。以湖北现有的资源、技术、人才等优势为基础，通过材料创新、工艺创新、装备创新、思维创新、机制创新、管理创新、方法创新、营销创新等途径，开展使产品获得高附加值，提高市场的竞争层次。三是大力推行品牌战略，培育湖北纺织、服装名牌产品，积极争创中国名牌产品。

（五）加快信息化建设步伐，提高企业和行业快速反应能力

用高新技术改造传统纺织业，必须靠信息化带动。通过信息化建设，带动企业生产过程、营销过程和管理过程的现代化，快速抢占国际国内市场的前沿阵地，以快制胜。积极推进企业信息化工作，构筑行业信息交流平台。积极推进企业信息化建设，推广以ERP系统为核心的信息化应用。通过客户关系管理系统、计算机辅助设计与制造系统、纺织机械自动化和生产过程自动化等信息系统在企业中的应用，达到资源优化配置，提高企业核心竞争能力，促进产业升级。

（六）加大招商引资力度，加快行业发展步伐

纺织工业招商引资工作要多渠道、多种方式、多层面展开，把招商引资工作与优化行业结构相结合，与解决化纤短腿、染整瓶颈问题相结合，与企业改革改制相结合，与各地特色工业园区建设相结合。通过网上招商、境外招商、沿海招商等多种渠道，组织大型活动招商、个别洽谈招商等多种方式方法，加大招商引资力度，招揽海内外客商来湖北投资，促进我省纺织工业的健康、快速发展。

撰稿：周开斌

2003 年湖北省纺织行业重点企业

企业名称	产品销售收入（万元）	企业名称	产品销售收入（万元）
湖北化纤集团有限公司	186901	湖北美春服装有限公司	29134
武汉一棉集团有限公司	67308	湖北沙棉集团股份有限公司	27712
湖北新丰化纤工业有限公司	57112	湖北金安纺织集团股份有限公司	27367
湖北幸福实业股份有限公司	54447	荆州市奥达纺织有限公司	26762
孝棉纺织实业有限责任公司	50235	湖北仙桃毛纺集团有限公司	26608
湖北美尔雅集团公司	49950	湖北蒲纺集团有限公司	26185
湖北银河纺织股份公司	48870	湖北联亮纺织有限公司	25700
武汉江南实业集团有限公司	42320	湖北亚细亚制衣公司	25520
湖北威陵集团股份有限公司	42219	武汉爱帝集团有限公司	24941
湖北银泉纺织股份有限责任公司	38091	黄石一棉纺织有限公司	23131
中国人民解放军第三五四二工厂	35802	咸宁市苎麻纺织总厂	23000
武汉裕大华集团股份有限公司	34043	天门市九真天宇时装有限公司	22500
湖北省三五〇九纺织总厂	31410	潜江市大洋服装厂	21960
石首市银源纺纱有限公司	30600	湖北安陆棉纺织集团有限公司	21411
湖北襄棉集团总公司	29841	卓尔雪龙纺织实业集团股份有限公司	21379

棉纺织行业发展概况

一、2003年湖北棉纺织行业发展主要特点

棉纺织行业一直是我省纺织工业主导行业,2003年湖北规模以上棉纺织企业313户,从业人员19.27万人,全年产纱72.29万吨,同比增长11.05%;生产布18.91亿米,同比增长6.26%;棉纺织业完成不变价产值167.54亿元,同比增长11.15%;实现销售收入166.60亿元,同比增长21.18%;全年完成出口交货值18.66亿元,同比下降了0.14%;全年实现利润1.35亿元,同比增加利润2.05亿元;实现利税7.16亿元,同比增长45.01%。

(一)全年生产保持较快增长,部分时期出现关、停、限产现象

受棉价暴涨的影响,从2003年11月开始,规模大、技术手段先进、产品档次高的骨干企业,仍在坚持生产;其它竞争力弱的中小企业,差的关停了30-40%;好的开始限产,各企业限产面在25%左右。从后道加工业看,小针织厂大部分停产,单织厂已70%停产,大型棉纺织联合企业也开始减少开台。9、10、11月份应当是棉纺织行业生产、销售的黄金季节,但由于棉价直线走高,我省的纱产量和棉纺织业经济效益明显下降。从产量上看,10月份的纱量只有5.3万吨,11月份5.5万吨,为全年最低水平,10月、11月与2003年5月“非典”期间产量相当,与当年3月份7.2万吨的最高产量月份比,下降了26%,比前十个月的平均产量水平下降10%以上;12月份由于棉价稍有回落,生产也呈现出恢复势头,达到6.6万吨。

(二)销售保持高速增长,但出口形势不太理想

今年国内棉花走势分两个时期,1月至8月底,棉价小幅振荡上升,328级棉价由1月份的11000元/吨,8月分上涨到13000元/吨左右。9月初至年底为棉价暴涨期,以每日300-500元/吨的速度上涨,进入11月上旬,随着棉花加工进度的推进,国内棉花市场基本保持平缓的震荡整理格局,现货市场的价格总体处于平稳之中。2003年,湖北棉纺织品产量增长、棉纺织品价格上涨的情况下,而出口交货仍然略有下降,反映出了湖北棉纺织品在国内棉价高于国际棉价的情况下,出口受阻的事实。

(三)企业成本上涨,经济效益利润受到明显的影响

2003年实现利润1.35亿元,同比增加利润2.05亿元。若扣除铁树2002年破产报亏损2.35亿元,湖北棉纺织行业在产量规模扩大的情况下,利润减少0.3亿元。经测算,2003年湖北棉纺织行业用棉量在40万吨以上,仅因棉价上涨,增加成本约在16亿元。2003年湖北省棉纺织行业受纱布产量增长,推动销售收入增长约9个百分点。若按棉价上涨幅度,产品顺价销售,则推动湖北棉纺织行业销售收入增长近16个百分点,而实际上棉纺织产品销售收入同比仅增长21%,说明产品价格上涨的幅度不仅不同步,而且低于棉价上涨幅度。原料成本大幅上涨,出口市场受阻,使企业效益大幅下滑,但整体幅度还在一个正常的运行区间。

(四)发展仍然是我省棉纺织行业的主流

截止2003年底,全省拥有468万棉纺锭,汽流纺锭6.3万头,4.88万台布机,产能较两年前有了一个较大增长。发展是以产业升级为主线,2003年末全省棉纺锭达到九十年代水平的216万锭,自动布机3.17万台,其中喷气、喷水、箭杆、片梭等无梭达到5000多台、套,襄樊市樊城、黄冈市回龙等地织机发展较快,呈现出集群发展的势头。

二、2004年湖北棉纺织行业经营情况预测

面对棉花资源紧缺和价格暴涨的局面,湖北棉纺织企业积极采取提高纱支、提高精梳比重、减少用棉量、

加大用化纤比重和开发特色品种等措施。这些措施虽能收到一定的成效，但由于受市场约束，仍不能从根本和长远解决问题。湖北省棉纺织行业自 2003 年 11 月起行业出现了一定的困难，2003 年 12 月和 2004 年元月份棉价短暂回落，生产经营稍有好转。但 2004 年 2 月份以后在棉价出现再一次上涨之后，加之出口退税下调 4 个百分点的双重夹击，又出现资金紧张、出口下滑，效益下降等多重困难。企业普遍对 2004 年前景表示担忧，目前接到的外贸订单较去年同期大为减少，预计棉纺织出口降幅在 20% 左右，市场形势不容乐观。

从 2004 年 9 月份开始的新一个棉花年度，随着国产棉花丰富，棉纺织业棉花供求突出的矛盾将会有所缓解，但仍将在高位运行。棉纺行业竞争的特点和条件将发生重大变化，产品技术和质量，企业规模和销售渠道，都将成为新一轮竞争中重要特点和影响经济运行质量的重要因素。企业仍然面临巨大的竞争压力，高水平的竞争将会在大优强企业之间展开。

三、几点建议

（一）坚持发展的思想不动摇，以产业升级为主线，做强湖北棉纺织业

这一轮棉价暴涨，加速了我国棉纺业重组升级的步伐，一批竞争力不强的企业将面临淘汰，中国棉纺业将迎来新发展格局的又一个关键时期，下一轮竞争将是优强企业之间和先进技术之间的竞争。棉纺行业是湖北具有比较优势的产业，具有棉花资源和棉纺产业基础，应当坚持发展的思路不动摇，重点是引导企业把握产业发展方向，支持优势企业重组扩张，坚持走采用先进技术高起点的发展之路，加大国有棉纺织企业改革力度，加快国退民进步伐，增强企业适应完全市场化的竞争行业的适应性；支持优势企业，做强做大。

（二）用先进技术装备改造传统产业，加快产业升级步伐

鼓励投资瞄准国际先进产品和装备，淘汰陈旧落后设备，坚持新上项目的先进性和科学性，坚决反对低水平的重复建设；坚持实施以提高“三无一精”（无卷、无接头纱、无梭布、精梳纱）比重为主攻方向的技术改造，提高清梳联、精梳机、自动络筒机、无梭织机的拥有量；大力推进紧密纺纱、全自动气流纺纱、喷气纺纱等新型纺纱装备的采用，提升产业竞争能力；支持有条件的优强企业推进细络联、粗细络联合机、机电一体化、连续化生产。

（三）加强管理和创新，降低成本，提升产品档次和附加值

坚持先改制后改造的原则，减少用工、加强管理、降低能源及原料消耗，降低成本、提高效益。加强产品创新，积极开发多种新型纤维混纺纱线和织物，提高质量，推进名品牌建设，提高产品附加值。

（四）积极推进信息化建设，加快棉纺现代化的步伐

加强企业资源计划系统（ERP）、办公自动化（OA）以及财务管理、进销存管理等单项管理系统、信息网络和电子商务应用、自动监测系统，增强企业快速反应能力，提升国际国内两个市场竞争能力。

撰稿：周开斌

2003年湖北省棉纺织行业重点企业

企业名称	产品销售收入（万元）	企业名称	产品销售收入（万元）
武汉一棉集团有限公司	67308	黄石一棉纺织有限公司	23131
孝棉纺织实业有限责任公司	50235	湖北安陆棉纺织集团有限公司	21411
湖北银河纺织股份公司	48870	卓尔雪龙纺织实业集团股份有限公	21379
武汉江南实业集团有限公司	42320	荆州市第一棉纺织有限公司	17625
湖北威陵集团股份有限公司	42219	洪湖市兴洪纺织有限公司	17174
中国人民解放军第三五四二工厂	35802	湖北宜棉纺织股份有限公司	16087
武汉裕大华集团股份有限公司	34043	湖北金天贸工农股份有限公司	15291
湖北省三五〇九纺织总厂	31410	湖北麻棉纺织（集团）股份有限公司	15063
石首市银源纺纱有限公司	30600	湖北省江汉棉纺织厂	15000
湖北襄棉集团总公司	29841	武汉市依翎针织有限责任公司	14921
湖北沙棉集团股份有限公司	27712	老河口市润发棉纺织企业有限公司	14339
湖北金安纺织集团股份有限公司	27367	湖北安棉集团安云纺织有限公司	14098
荆州市奥达纺织有限公司	26762	湖北银城纺织股份有限公司	12777
湖北蒲纺集团有限公司	26185	十堰金鼎纺织集团有限公司	12744
湖北联亮纺织有限公司	25700	湖北清河纺织股份有限公司	11535

服装工业发展概况

2003 年是湖北服装行业整体向好的拐点。在经历了 1998 年由二十世纪九十年代中期高速发展的辉煌时期，步入前进中调整之后，五年来外销龙头企业再续升势，内销企业效益大幅回升，扭转了 2002 年销售收入和效益双双下降的局面，成为内外销全面向好的重要转折之年。

一、湖北服装工业发展主要特点

2003 年湖北省服装鞋帽工业 203 户规模以上企业，共实现工业总产值 99.76 亿元，同比增长 4.69%；完成出口交货值 29.17 亿元，同比增长 12.03%；实现销售收入 88.34 亿元，同比增长 6.33%；实现利税 5.06 亿元，同比增长 50.22%，其中利润 2.83 亿元，同比增长 101.24%；全行业出口创汇 6.22 亿美元，同比增长 9.57%。湖北服装工业在发展中逐步形成自身特色，四大主导型的产业结构特点初显风采。

（一）产品结构：以梭织服装为主导

2003 年湖北省服装生产量超过 10 亿件，其中梭织服装约占 60%，针织服装接近占 40%。其中规模以上企业生产服装 15816 万件，同比增长 22.25%，其中梭织服装 12707 万件；针织服装是近两年湖北服装行业增长较快的品种，成为拉动湖北服装工业增长的重要力量，规模以上企业生产针织服装 2827 万件，同比增长 31.44%。从销售市场的品种看，外销品种以男装西服、衫衣和棉毛衫裤为主，内销在全国具有一定优势的品种是以汉派服装特别是职业女装为代表的梭织服装。这一结构使湖北服装工业能较好地保证出口产品的较高价值，针织服装又为湖北服装工业的腾飞再添一翼。

（二）企业组织结构：以众多小企业为主导

在湖北省服装工业中年销售收入在 500 万元以下的企业占总数 90% 以上。湖北省服装行业这一特点使湖北服装工业具有较强成长性，促进了湖北服装工业的蓬勃发展，多年来，一直保持快速增长势头。

武汉市的服装行业具有典型代表性，据有关统计数据显示：2003 年，武汉市有服装企业 1592 家，生产服装 3 亿件，实现销售收入 92 亿元。销售收入和资产过 500 万元的企业只有 69 家，仅占企业总数的 4.33%；近年来武汉服装企业发展提速，销售收入过亿元企业达到 8 户，猫人、元田、洲天为 2003 年首度销售收入超亿元的上榜企业，爱帝、红人进入全国服装销售收入、利润双百强，太和、猫人进入全国利润额百强服装企业。

全省服装行业销售收入过 5000 万元企业达到 45 户，销售收入达到 63 亿元，占全省服装工业规模以上企业销售收入 71%；超亿元企业有 22 户，销售收入合计达到 47 亿元，占全省服装工业规模以上企业销售收入总额的 53%；销售收入过 2 亿元有 7 户，其中幸福实业和美尔雅两户企业销售收入分别为 5.44 亿元和 5 亿元，其它分别为美春、亚细亚、爱帝、天宇、大洋等五户企业。

在湖北服装企业组织结构中，显著特点是大中型企业以外向型加工企业为主。在销售收入超过 2 亿元企业中，几乎全部为加工出口外向型企业，即便是在内销市场上有一定影响的企业如武汉爱帝集团，出口也占到一半。美春、亚细亚、天宇、大洋等企业生产产品 90% 以上出口，美春服装公司 2003 年出口交货值达到 35254 万元，居湖北出口第一位。在销售收入前 30 名中只有 6 户为产品内销型企业，在利润前三十名中有 20 户企业为出口加工型企业，占企业数的三分之二。

（三）市场结构：以国内销售为主导

2003 年湖北服装工业规模以实现销售产值 93.35 亿元，其中内销产值接近 70%，全年完成出口交货值 29.17 亿元，占规模以上服装企业的工业销售产值的 31.24%。全省服装出口创汇 6.22 亿美元，折合人民币 51 亿元，规模以下企业，特别是众多小型针织服装企业通过承接外贸加工订单，完成出口交货值在 22 亿元。

由于小企业接单能力相对较弱，特别是面对国际大型采购商纷纷进驻国内，直接下单的情况下，小企业接单将更为困难,出口占到整个小企业比重更低,小企业多数以内销市场为主。湖北得中独厚的区位优势,为服装发展内销创造了十分有利的条件,使湖北服装工业能够有条件走在中西部的前列。武汉服装业的崛起,就是充分利用武汉商业流通渠道,使汉派服装走向全国。2003 年武汉市规模以上服装企业实现利润 11881 万元,同比增长 104.35%;全社会服装工业销售收入达到 92 亿元以上,服装产量超过 3 亿件。得中独厚的区位和商贸优势,成就了湖北服装工业适应市场能力较强、以内销为主导型的市场结构。

(四)区域结构:以鄂东服装走廊为主导

一个大的产业集群区正在形成。以武汉为中心半径 100 公里的区域内的鄂东服装工业,集中了全省多数重点服装工业企业,2003 年,该区域内的规模以上服装工业企业的销售收入、出口、利润分别达到 76.92 亿元、24.12 亿元、2.46 亿元,分别占全省的 87%、83%、87%,被业内誉之为鄂东服装走廊。走廊内分工和特色也十分明显,涌现出美尔雅、猫人、红人、佐尔美、爱帝、多佳、美岛、天宇、幸福、亚细亚等一批知名服装品牌。

武汉正成为湖北品牌和营销中心,汉派服装在国内市场有较大的影响力,武汉规模以上服装企业 69 户。武汉周边的仙桃、潜江、鄂州、黄石、黄冈等市正在成为服装出口加工重点地区,2003 年服装出口交货值达到 21.24 亿元,接近全省服装工业出口交货值的 3/4。目前,武汉市政府正以汉正街都市工业园为依托,建设一个拥有高档大型面辅料市场、服装设备配件专业市场的大型服装工业园区,一个区域内品种间互补性强,具有合力优势、群体优势的大型服装工业集群区初步形成。

二、湖北省服装工业存在的主要问题

一是产业规模偏小。浙江、广东、江苏 2003 年规模以上服装企业销售收入都在 600 亿元以上、山东、上海、福建都在 200 亿元以上,我省虽然居第七位,但仅有 88 亿元;

二是缺乏带动作用强的龙头型大企业。我省大量服装企业销售收入在 500 万元以下,2003 年规模以上服装企业只有 203 家。同时我省服装行业中的大企业也不大,服装主业销售收入没有一家过 5 亿元,而全国服装前五名企业销售收入都在 40 亿元以上,雅戈尔超过 70 亿元,红豆在 50 亿元以上,茉织华服装出口交货值在 30 亿元以上。

三是服装供应链不配套,缺乏与品牌服装企业生产相配套的面辅料专业市场,增加了企业成本,制约了我省服装行业的发展。

三、对湖北服装行业发展的建议

湖北省服装行业面临着诸多利好因素和前所未有的发展机遇:一是世界经济好转,成为拉动服装消费的重要景气因素;二是服装进入后配额时代,将刺激服装行业蓬勃发展;三是国内经济快速增长,人民生活水平提高,内需大幅增长逐渐成为拉动服装增长的主导力量;四是经济结构调整带来的发展机遇,发达国家服装加工向发展中国家转移,沿海向内地转移,大势不可逆转,湖北得中独厚,有较好服装产业基础,更有条件承接转移,加快发展,做大做强。

基于服装行业发展现状和难得机遇,全省服装工业发展总体目标是:2010 年服装产量达 20 亿件,工业总产值超过 500 亿元。全省服装行业重点要在以下几个方面采取措施:

(一)做大鄂东地区服装产业规模

以武汉为中心,以黄石、鄂州、黄冈、仙桃、潜江、天门为重点,发挥服装集群优势,建设鄂东服装产业带;武汉作为品牌区,周围市作为出口区、加工区,形成一个合力优势、群体优势,区域间相互促进,资源共享,促进武汉乃至全省服装产业的发展。在武汉借汉正街改造之机,建设高档大型面辅料市场、服装设备配件专业市场,吸收国内外品牌加盟成立名牌女装批发市场和女装工业园,产学研联手成立研发设计中心。

(二)实施品牌战略,培植湖北服装名品

采取鼓励政策,开展争创省级、国家名牌和著名商标活动,促进企业做大做强,成为带动全省服装业发展"领头雁"。争创 1-2 个国际名牌、15 个中国名牌、一大批省级名牌和区域名牌,成为湖北服装产业的"形象舰队”,进而引领全省服装产业健康快速发展。

(三)加快外向发展步伐,建设湖北的世界服装品牌加工基地

通过培植一批重点加工企业和重点地区,提高我省服装产业外向发展水平,将出口比重由占规模以上企业销售收入的1/3提高到1/2,做大我省服装产业规模。并形成一批出口大户,经过5-7年努力,力争出口超亿美元企业达到2户,过5000万美元企业超过8户,出口超过1000万美元超过20户。

(四)做大做强服装产业链

围绕服装企业发展需要,积极发展面料、辅料业,加快服装产业链上下游联动;集中力量,组织一个区域性大型服装博览会和时装周,扩大我省服装产业国际国内影响力;发展服装产业相关教育、媒体和广告策划产业,发挥协会等中介组织作用,促进我省服装产业整体上水平,持续健康发展。

(五)大力推进信息化建设

网站是企业的窗口,物流配送系统、ERP系统是服装企业的生命线,电子商务是企业未来的发展空间。信息化已经成为服装企业核心竞争力,是提高企业技术装备水平和快速反应能力的关键环节,服装企业要高度重视,加快信息化建设步伐,抢占行业竞争的制高点。

(六)推进服装产业特色集群发展,打造服装名城名镇

武汉、黄石、鄂州、仙桃、潜江等服装工业基础较好城市,借鉴沿海发展经验,要找准自己的定位和特色,瞄准宁波、温州、大连、杭州,打造服装名城名镇,推进服装集群集约发展。一是在培育企业核心竞争力上下功夫,用3-5年时间服装主业销售收入都要突破10亿元,尽快在全国争得一席之地,带动本地乃至全省服装工业的快速发展。二是以名牌企业为重点,建设高档服装加工园区,招揽更多国内外企业入驻,促进加工集群板块形成,与大型采购商对接,形成规模效应。三是走品牌与加工相结合的道路,争创名牌,提升产业层次。四是努力营造一个有利于服装产业发展的良好氛围,通过地方政府政策扶持、行业服务引导、企业奋勇拚搏、社会关心支持,全力促进服装产业发展,共同迎接湖北服装产业发展的又一个春天。

撰稿:周开斌

2003 年湖北省服装行业重点企业

企业名称	产品销售收入（万元）	企业名称	产品销售收入（万元）
湖北幸福实业股份有限公司	54447	潜江市秋月服装厂	12300
湖北美尔雅集团公司	49950	湖北三福集团有限公司	11683
湖北美春服装有限公司	29134	南极峰集团公司	11524
湖北亚细亚制衣公司	25520	武汉元田制衣有限公司	10990
武汉爱帝集团有限公司	24941	黄石康赛集团股份有限公司	10896
天门市九真天宇时装有限公司	22500	洪山卓刀泉洲天服饰公司	10037
潜江市大洋服装厂	21960	武汉雅琪服饰有限公司	9147
武汉太和服饰有限公司	19217	仙桃市凯王制衣有限责任公司	9075
襄阳服装实业总公司	18168	湖北雅仙实业股份有限公司	8960
仙桃市豆河服装总厂	17188	仙桃市黄荆服装厂	8567
武汉三五零六纺织服装总厂	15794	湖北葛店开发区金利源制衣有限公司	7908
天门市陆羽服装厂	15779	湖北省大冶市服装厂	7829
仙桃市成威制衣厂	13650	湖北美岛服饰有限公司	7573
武汉猫人服饰有限公司	12925	湖北多佳（集团）股份有限公司	7299
中国人民解放军第 3541 工厂	12308	武汉市隆祥服饰有限公司	7124

湖北省煤炭行业发展概况

2003年，在省委、省政府的正确领导下，全省煤炭行业以“三个代表”重要思想为指导，全面贯彻党的十六大精神，以发展为第一要务，按照走新型工业化道路的要求，深化改革，加快调整，依法行政，紧紧抓住煤矿企业扭亏和行业安全整治两个重点，进一步推进企业改革改制，加强企业管理，增强企业活力；深化安全专项整治，强化行业管理，严格煤矿整治验收，全面推进煤炭经济和安全状况的持续稳定好转。

一、2003年湖北省煤炭行业的主要工作

（一）按照国家和省政府的有关要求，深入开展煤矿安全专项整治工作

一是会同有关部门对各地深化煤矿安全专项整治工作进行了全面检查和验收；二是规范煤炭生产许可证管理，严格按程序核发新证；三是在荆门市召开了全省煤矿安全专项整治工作会议，总结了全省煤矿安全专项整治工作经验教训，对下一步继续深化整治工作进行了全面动员和部署；四是制定和下发了《湖北省继续深化煤矿安全专项整治验收标准》。

（二）积极组织开展煤矿安全生产大检查

一是突出抓了春节前、“两会”前的煤矿安全生产工作。组织开展了全省春季煤矿安全大检查，重点检查落实春节期间一律停产检修的措施落实情况，节后恢复生产和“两会”期间安全生产情况；二是根据“4.8”国家和全省安全生产电视电话会议精神，结合深化整治验收工作，组织开展了“五一”节前的安全大检查；三是按照省安委会第三次全体会议精神，开展了“国庆”节前的煤矿安全生产大检查。特别是进入十月份后，国有及国有改制煤矿事故多发，针对这一情况，结合正在进行的继续深化整治工作，及时组织开展了国有及国有改制煤矿间以“一通三防”为重点的安全生产交叉检查，有效地遏制了煤矿事故多发势头。检查组对查出的安全隐患和问题，现场提出整改意见，要求各地监管部门“举一反三”督促整改，限期消除事故隐患，并进行通报。通过检查有效地促进了全省煤矿安全生产。

（三）突出重点，强化了煤矿“一通三防”的管理工作

一是要求瓦斯突出矿井必须安装“三专两闭锁”（专用电缆、开关、变压器，风电、瓦斯电闭锁）装置，严格瓦斯管理制度。二是对有条件的矿井要求安装瓦斯微机监测监控系统。三是以“一通三防”为重点的瓦斯治理工作取得突破，矿井安全生产条件有了明显改善，防灾抗灾能力有新的提高。据统计，全省安装瓦斯监测监控装置的有116处。其中，安装了“三专两闭锁”的煤矿有67处；新安装瓦斯微机实时监测监控系统59套，其中，高瓦斯和煤与瓦斯突出矿井33套，占56%。

（四）认真组织开展全省煤矿瓦斯等级鉴定和安全程度评估工作

按照国家局的总体布局和要求，我省制定了全省煤矿瓦斯等级鉴定办法和煤矿安全程度评估标准，并对有关人员进行了培训。截止2003年年底，全省共有657处煤矿进行了瓦斯等级鉴定。鉴定结果：煤与瓦斯突出矿井9处；高瓦斯矿井54处，低瓦斯矿井475处；在确定了瓦斯等级的矿井中高瓦斯和煤与瓦斯突出矿井占11%。有80处煤矿因生产不正常、上报资料不全以及鉴定程序、录取数据、计算方法等方面不符合我省制定的《煤矿瓦斯等级鉴定办法》（试行）的规定，暂未确定矿井瓦斯等级。对54处国有煤矿和648处“四证”齐全乡镇煤矿全部进行了评估，评估率达100%。54处国有煤矿中，A级矿井10处，B级矿井38处，C级矿井8处。其中A级占国有矿总数的17.86%，B级67.86%，C级14.3%。646处“四证”齐全乡镇煤矿中，A级矿井51处，占7.9%；B级矿井413处，占63.6%；C级矿井175处，占27.1%；D级矿井9处，占1.4%。

（五）初步建立了全省煤矿安全技术服务体系

1. 恢复建设了省矿山仪器仪表检测站。在省计委、省安监局和省技术监督局的大力支持下，投资 80 多万元（省补 45 万元），完成了湖北省煤矿安全仪器仪表检测站的恢复重建，并通过验收后，已获得省技术监督局的授权，正积极向国家局申请资质认证。现已开展了煤矿在用瓦检仪、风速表的检测维修和瓦斯微机实时监控系统的咨询服务工作。2003 年，共检测瓦斯检测仪表 1224 台、风速表 350 台。

2. 进一步完善了全省煤矿安全技术培训体系。通过加强对省煤矿矿长、特殊工种培训基地的管理，督促两基地严格按国家规定的教学大纲组织培训，实行“教考分离”，并严格对学员的资格进行审查，把好进口关和出口关，提高了培训质量。两基地成立以来，共培训矿长 1500 余人，特种作业人员 5600 余人。其中，2003 年培训矿长 911 人，特种作业人员 2506 余人，采矿中专毕业生 157 人，现仍有在读采矿中专生 65 人。此外，省煤矿矿长培训基地还针对全省煤矿顶板事故多发的特点举办了顶板事故矿长培训班一期，培训矿长 60 余人。

3. 正在积极筹建全省矿山救护救援系统。在省委、省政府和省发改委的大力支持下，已在 2003 年度计划内安排资金 100 万元，用于装备区域矿山救护队。各地方政府也非常重视，有的产煤县已挑选队员送出去培训，目前，我省已恢复组建了 4 个区域矿山救护中队，辖 17 个小队，共有救护队员 185 人，新装备救护车辆 16 台，救护呼吸器 200 余台。构建和完善全省救援救护系统的具体方案已经基本编制完成，正在积极筹备各项前期工作，争取尽快实施。

二、煤炭企业生产形势

2003 年，全省累计生产原煤 800 万吨，比去年同期增长 2.3%。其中：国有及国有改制煤矿生产原煤 223 万吨，同比下降 8.6%；乡镇煤矿生产原煤 577 万吨，同比增长 7.25%。全年累计完成工业总产值（90 不变价）65082 万元，同比上升 1.75%。其中：煤炭产值 45116 万元，同比上升 7.08%；非煤产值 19966 万元，同比上升 5.53%。

国有改制企业湖北宝源集团公司 2003 年生产原煤 40.56 万吨，同比增长 11%；多种经营产品石膏、高中密度纤维板的生产都有较大幅度的增长。全年完成工业总产值（90 不变价）9948.6 万元，同比增长 75.89%。实现销售收入 10706 万元，同比增长 59.46%，实现利税 2318 万元同比增长 45.06%，利润 1365.5 万元，同比增长 38.35%，上缴利税 1166.5 万元，同比增长 56.01%。

撰稿：鲁晓敏

湖北省煤炭行业部分重点企业

企　业　名　称	详　细　地　址	邮政编码	联系电话
黄石煤炭矿务局	黄石市湖滨大道569号	435000	0714－6312901
松宜煤炭矿务局	宜都市松木坪镇	443314	0717－4601870
湖北宝源集团	荆门市东宝区漳河镇安团葛集岗	448123	0724－8621331
咸宁蒲圻煤炭矿务局	赤壁市官塘驿镇	437311	0715－5675203
省煤炭物资供应公司	武汉市武昌武珞路397号	430070	027－87815676
宜昌当阳研石发电厂	当阳市玉溪镇马店村	444118	
长阳清江煤炭矿务局	宜都市长江大道65号	443300	0717－4839138
咸宁三维集团公司	赤壁市官塘驿镇9公里	437312	
嘉鱼县第一化工厂	嘉鱼县高铁镇	437200	
嘉鱼县第二化工厂	嘉鱼县烟灯路55号	437200	
大冶市东风煤矿	大冶市东岳路五里牌	435100	
省煤炭销售运输公司	武汉市武昌武珞路360号	430070	

湖北省石化行业发展概况

2003 年，全省石油化工行业抓住国民经济持续快速发展的机遇，精心组织生产经营，积极开拓国内外市场，生产和销售保持了同步快速增长，实现利润和利税指标均创历史新水平，全行业生产运行情况呈现出良好的态势。

一、2003 年石油和化学工业生产运行情况

（一）生产快速增长，主要产品产量增加

元至 12 月份，全省石油和化学工业累计完成工业总产值 371.50 亿元（可比价，下同），同比增长 16.23%，在全国 31 个省（自治区、直辖市）中居第 11 位；其中，化学工业完成工业总产值 277.81 亿元，同比增长 20.65%，石油工业完成总产值 93.69 亿元，同比增长 4.83%。

元至 12 月份，全省石油和化学工业完成工业增加值 136.16 亿元，同比增长 17.26%，其中化学工业 72.53亿元，同比增长 19.56%，石油工业 63.64 亿元，同比增长 14.75%。

分产品看，20 种主要化工产品中，产量同比增长的有原油加工量、硫酸、浓硝酸、烧碱、五钠、电石、磷矿石、化肥、纯苯、精甲醇、苯酐、油漆、塑料树脂、化学试剂、输送带、胶管等 17 种。产量增幅较大的产品有：硫酸增长 29.35%，烧碱增长 9.63%，五钠增长 20.29%，磷矿石增长 9.58%，化肥增长 14.92%，精甲醇增长 58.78%，苯酐增长 24.07%，油漆增长 22.25%，化学试剂增长 67.62%，塑料树脂增长 12.98%。

（二）销售收入持续高速增长

元至 12 月份，全省石油和化学工业累计实现销售收入 506.16 亿元，同比增长 28.01%，高于全国平均水平 1.64 个百分点。其中化学工业完成销售收入 249.98 亿元，增长 23.67%，石油工业实现销售收入 256.18 亿元，同比增长 32.55%。

（三）实现利润和利税保持较高增长水平

元至 12 月份，全省石油和化学工业实现利润 4.77 亿元，是去年同期的 1.73 倍。今年以来，全省石油和化学工业品实现利润基本上保持稳定增长的态势，赢利水平是近几年来最高的。

分行业看，化学工业实现利润大幅度增长，石油工业仍处于亏损状态。元至 12 月份，化学工业实现利润 5.47 亿元，是上年同期的 2 倍。在化学工业中的 8 个子行业中，除化学矿和橡胶制品两个子行业亏损外，其它的 6 个子行业全部盈利，其中，专用化学产品制造业实现利润 2.19 亿元，化肥行业 1.94 亿元，基本化学原料制造业实现利润 1.68 亿元。

石油工业实现利润为 -7022 万元，比上年减少亏损 2821 万元。石油工业亏损主要是由于大部分中央企业效益下降。中石化湖北化肥分公司因油价上涨，今年仅生产合成氨 11.5 万吨，大约相当于全年生产能力的 50%，全年亏损近 1.9 亿元；中石化武汉石油化工厂仅实现利润 255 万元，去年同期盈利 2450 万元；中石化荆门分公司累计亏损 3905 万元（去年同期盈利 4091 万元），同比减盈增亏 7996 万元。

2003 年，全省石油和化学工业品累计实现利税 32.43 亿元，同比增长 31.78%。分行业看，在原油开采、原油加工及制品、化学肥料、化学农药、涂颜料、合成材料、专用化学品及橡胶制品等十个子行业中有五个行业实现利税均过亿元。其中，原油加工及制品行业实现利税为 15.52 亿元，比去年同期增长 28.61%，该行业实现利税总额占全行业利税总额的 47.86%；原油开采行业实现利税 3.85 亿元，同比增长 1.32 倍；基本化学原料行业实现利税为 4.06 亿元，增长 45.74%；专用化学品实现利税 4.01 亿元，同比增长 46.08%；化肥行业实现利税 3.55 亿元，比去年同期增长 43.98%。上述五个行业实现利税总额 30.99 亿元，占全省石油化工行业的 95.56%。

原油开采行业效益增长的主要原因是受国际原油价格的影响,由于受伊拉克战争的影响,原油价格大幅上升,江汉油田全年累计实现利税3.85亿元,比上年同期增长132.68%,实现利润1.05亿元,同期亏损1211万元;全年累计开采原油77.53万吨,同比下降0.98%。

化学工业效益好转的原因是相关行业对主要化工产品的需求强劲,使大部分化工产品产量大幅度增加,价格持续上涨。元至12月份,硫酸、浓硝酸、盐酸、甲醇等产品增长速度都在两位数以上,其它主要产品的价格也均有不同程度的上升。

(四)亏损企业亏损状况有所改善

元至12月份,在汇总统计的576户企业中,亏损企业数为118户,比去年同期增加了5户;但亏损企业亏损总额为5.59亿元,同比下降8.46%;亏损面为20.49%。

(五)中央企业和重点化工企业的运行状况

2003年度,4家中央企业受原油资源、原油加工计划以及原油价格等因素的影响,3家企业的生产基本正常,保持了一定的增长,湖北化肥厂因成本太高,处于半停产状态。4家中央企业累计实现销售收入228亿元,占全行业的45.1%,同比增长34.12%。中石化江汉油田和中石化武汉石油分公司为盈利企业,中石化湖北分公司和荆门分公司都处于亏损状态。

10家重点化工企业中,荆襄磷矿、东风轮胎和沙隆达集团公司为亏损企业,亏损额分别3715万元、5047万元、495万元;累计实现销售收入10亿元以上的企业有4家,其中,湖北宜化集团有限责任公司完成销售收入14.32亿元,同比增长47.5%;沙隆达集团公司13.3亿元,增长1.52%;武汉葛化集团有限公司12.58亿元,增长12%;湖北楚源精细化工公司11.69亿元,增长83.7%。

二、2004年全行业经济效益预测

2004年,全省石油和化学工业的运行情况将受到国内外经济形势的影响,既面临新的发展机遇,又有严峻的挑战。

预计2004年,国民经济仍将继续保持较高的发展水平,与石油化工产品配套的相关行业增长较快,对化工产品的需求强劲,石油和化工产品的市场前景依然看好。随着改革的不断深化以及招商引资工作力度的加大,我省国有石油化工企业改革将进入一个新的发展阶段,一批国有大中型企业将改制为民营企业、外资独资企业等。如橡胶行业中的东风轮胎集团公司将其所属的东风金狮轮胎公司由合资公司改为外资独资企业,将彻底转变企业性质。国有企业民营化以及民营化工企业的迅速崛起,将有力地促进行业整体素质的提高和产业结构的调整优化。

从市场看,我省石油和化工行业将面临较好的市场环境,主要表现在以下几个方面:

一是近几年汽车行业的快速增长给石油炼制业提供了很大的市场空间,2003年,全省石油炼制业加工原油620万吨,明年预计加工原油可达730万吨,新增销售收入25亿元左右。

二是农副产品价格的上涨和农村税费改革,农民种田积极性有所提高,化肥市场将有所扩大。2003年,化肥行业受国际市场价格上升,化肥出口增加以及煤、电涨价等诸多因素的影响,化肥价格全面回升,尿素、磷铵、碳铵等产品价格上涨幅度达20—30%,全年化肥产量285万吨(折纯),预计明年化肥市场仍然看好,全省化肥产量增长预计在10%左右。

三是国际原油价格仍将处于相对高位,以煤为原料的有机化工产品竞争优势明显,甲醇等有机化工原料产量将在今年上涨30%的基础上继续有所增长。

四是加入WTO后,中国企业在保护国内市场和开拓国际市场方面积累了一定的经验,如我国企业在PVC树脂反倾销中的胜诉,使今年塑料树脂量大幅减少,国内树脂产量相应增加。2003年,全省PVC产量增长21.45%,聚丙烯树脂增长11.79%。传统的无机盐产品全年出口达7000万美元以上,染料中间体等产品出口也超过5000万美元。

五是相关行业的发展为基本化工原料的发展提供了市场。2003年,钢材、水泥全面涨价,按照一般规律,基本化工原料有一段相对滞后时间,年底,部分化工原料的产量、价格已有所上涨,纯碱价格上涨(每吨约100元)就是市场变暖的信号,预计2004年纯碱、烧碱的市场需求量比2003年有所增加,价格将稳中有升。

但2004年石化行业面临的困难也不少,首先,能源、原材料价格的全面上涨、电力紧张使高能耗企业的生存面临重大考验;其次,橡胶的涨价、资金紧张以及国有大中型企业改革面临的困难,使得橡胶行业的发展举步维艰;第三,有机原材料的上涨,使农药生产成本大幅上升,市场竞争异常激烈,农药企业面临较大的困难。

综合各方面因素,预计2004年我省石化工业可实现总产值(可比价)408亿元,增长10%,其中化工产值311亿元,增长12%,工业增加值149亿元,增长11%,销售收入552亿元,增长10%,利税35亿元,增长8%,利润5.2亿元,增长10%。

撰稿:钟金芳

湖北省石油化工行业重点企业

企 业 名 称	产品销售收入（万元）	企 业 名 称	产品销售收入（万元）
中国石化集团武汉石油化工厂	9009782	阳新县富驰化工股份有限公司	86754
中石化荆门分公司	7676525	襄樊市化工厂	86595
江汉石油管理局	5904350	湖北京山县楚天钡盐有限责任公司	84616
湖北宜化集团有限责任公司	1432834	京山华贝化工有限责任公司	83188
沙隆达集团公司	1330017	冶钢集团黄石无机盐厂	80937
武汉葛化集团有限公司	1257700	鄂州市密封件总厂	80400
湖北楚源精细化工股份有限公司	1169540	沙洋秦江化工有限公司	80266
湖北双环化工集团有限公司	949835	应城市鸿祥化工有限公司	80200
宜昌兴发集团有限责任公司	825332	民生石油液化气有限公司	79400
洋丰集团	754330	武汉石化实业公司	79322
湖北楚星化工股份有限公司	582059	应城市志诚化工有限责任公司	78146
东风金狮轮胎有限公司	489801	荆门佳源化工有限公司	75753
湖北省黄麦岭磷化工集团公司	411758	湖北沙隆达农化公司	75418
湖北祥云集团化工股份有限公司	275079	湖北省潜江华润化肥有限公司	74989
鄂州科氏沥清产品有限公司	270338	宜昌桃坪河化工有限责任公司	74159
湖北葛店开发区化学研究所生产基地	265914	应城市恒天药业包装有限公司	72800
湖北金港化学科技有限公司	259737	十堰东风油品有限公司	71819
湖北省鄂西化工厂	247292	湖北回天胶业股份有限公司	71603
湖北东方化学工业公司	236980	应城市汉星材料有限责任公司	71430
中石化股份有限公司湖北化肥公司	234274	武汉市亚中模具工程塑料厂	68910
中石化润滑油公司荆门分公司	198045	小池化工股份有限公司	68236
湖北长江赛孚化工科技股份有限公司	197906	保康县尧治河磷矿有限责任公司	67160
湖北三宁化工股份有限公司	170235	当阳市星光磷化公司	66249
仙桃市仙隆化工股份有限公司	158000	隔蒲化工有限责任公司	64340
黄石捷德万达金卡有限公司	153320	洪山乡大成化工公司	62813
湖北恒日化工股份有限公司	150276	应城市广达实业有限责任公司	62500
枣阳化工工业有限公司	148860	应城市中联化工有限公司	61400
当阳市华强化工有限公司	138651	应城市汉能化工有限责任公司	61300
湖北宜化浠水化工公司	135830	随州市北郊黄龙工业公司	61000
湖北丽明化工股份有限公司	134767	宜昌昌龙氯碱化工有限责任公司	60939
湖北省金山磷化集团股份有限公司	125729	武汉燕山润滑油有限责任公司	60522
宜昌富磷化工(集团)有限责任公司	122427	仙桃市氨基酸厂	60125
湖北鄂中化工有限公司	120009	潜江市环保化工厂	59790
湖北新生源生物工程股份有限公司	120000	武汉金元化工有限公司	59460
湖北楚恒化工股份有限公司	119500	武汉凯迪精细化工有限公司	59460
湖北宜昌磷化工业集团公司	109202	应城市星火化工厂	59000
湖北省监利长峰塑料有限公司	108050	武汉径河化工有限公司	58866
中南橡胶集团有限责任公司	107516	应城市德邦化工新材料有限责任公司	58646
荆州高新产业开发区创业服务中心	106154	湖北宜化长阳化工公司	58167
湖北华强科技有限责任公司	102731	湖北省嘉鱼县风华化工有限公司	57393
湖北中鄂制漆有限公司	99550	武大有机硅新材料有限公司	57193
湖北富驰化工医药股份有限公司	99423	湖北省大桥化工厂	56500
湖北永阳防水材料股份有限公司	98428	枝江市开元化工有限责任公司	55350
武汉天力化工股份有限公司	97320	湖北昌发容器制造(集团)厂	55350
湖北省药用橡胶厂	93800	福临化工股份公司	55128
湖北荆襄化工(集团)有限责任公司	91477	宜昌弘洋矿业有限责任公司	55085
鄂港王和橡胶股份有限公司	91001	武汉市润佳润滑油实业有限公司	54722
十堰东森汽车密封件有限公司	90264	丹江口水利枢纽管理局电石厂	54226
武汉联碱厂	87855		

湖北省冶金行业发展概况

2003年，全省冶金行业认真落实“三个代表”重要思想和党的十六大精神，按照发展要有新思路、改革要有新突破、开放要有新局面、各项工作要有新举措的总体要求，努力克服上游产品价格上涨、资源紧张以及“非典”疫情给生产带来的重重困难和不利影响，保持了良好的发展势头，主要产品产量大幅增长，各项技术经济指标稳步改善。2003年，全省冶金系统完成工业总产值(90价)275.62亿元，同比增长14.45%。

一、2003年全行业生产经营完成情况

(一)主要产品产量大幅增长

2003年全省冶金系统(统计范围内企业)主要产品中，生铁产量为1034.59万吨，同比增长10%；钢1254.30万吨，同比增长13.08%；钢材1126.25万吨，同比增长14.80%。分品种看，钢带、中板、冷弯、轻轨、重轨，增幅分别为62.55%、44.44%、30.3%、28.4%、28.05%；而锻钢件、薄板、硅钢分别为-18.75%、-14.35%、-2.97%。2003年十种有色产量为40.99万吨，同比下降1.88%。其中铜15.68万吨，下降2.44%。铝22.06万吨，增长5.45%。黄金为4360公斤，增长5.39%。白银产量110843公斤，增长18.40%。

(二)产销衔接良好

2003年，全省冶金系统产销率为99.93%，同比增加0.95个百分点，其中，重点统计单位产销率为99.96%，同比增加0.68个百分点，其它企业产销率为99.79%，同比增加2.16个百分点。钢铁企业产销率为100%，有色企业产销率为99.49%。其中武钢、冶钢、大冶有色、鄂钢产销率分别为100.27%、97.56%、100.56%、100.01%。

(三)出口大幅度增加

2003年出口形势一直趋好，全行业完成出口交货值10.85亿元，同比增长34.14%，其中，武钢完成出口交货值7.71亿元，同比增长60.35%。出口钢坯、钢材制品43.14万吨，同比增长62.54%。

(四)经济效益稳步提高

2003年，统计口径内企业共完成工业增加值132.82亿元，同比增长7.70%；实现销售收入461.68亿元，同比增长34.13%；实现利税71.43亿元，同比增长41.88%，实现利润(补贴后)31.46亿元，同比增长58.63%；亏损企业亏损额为1729万元，同比下降13.45%。

(五)技术经济指标继续改善

2003年，钢铁企业高炉综合焦比515.20kg/t，同比下降3.8kg/t；高炉入炉焦比406.57kg/t，同比下降3.73kg/t；高炉喷煤比为114.39kg/t，同比增加0.26kg/t；综合焦比武钢全国排名第18名、鄂钢第10名，入炉焦比武钢全国排名第10名、鄂钢第25名。转炉钢铁料消耗为1081.37kg/t，同比增加1.72kg/t；钢材合格率99.54%，同比增加0.04个百分点；钢材综合成材率为93.87%，同比增加1.05个百分点。2003年全省连铸比97.76%，同比增长5.74个百分点，其中重点企业连铸比为97.66%，同比增长1.65个百分点。2003年武钢吨材销售收入为3819元，居全国第一。鄂钢的资产与销售收入比达1:0.84，位于全国前列。

(六)技术改造步伐加快

2003年，全行业共完成固定资产投资66.61亿元，同比增长30.44%。其中，钢铁企业完成投资60.37亿元，有色金属企业完成投资6.24亿元。武钢项目建设进度较快，二热轧、硅钢扩建二期、高炉煤气余压发电等一批工程已进入试产阶段。三烧改造工程、2号鼓风机等工程均已竣工。鄂钢小型轧钢厂改造、1号高炉易地改造、焦化技术改造等项目的建设也进展顺利。冶钢1万立方米制氧机工程、200万吨码头项目、连轧二期工程等一批项目也有望近期投产。大冶有色金属公司转炉烟气制酸改造，阳新阳华铝业、丹江铝业、

华盛铝业扩建等工程已破土动工。曾氏集团10万吨铝厂正在建设。

二、2004年冶金行业走势分析和面临的突出问题

(一)国际国内宏观经济形势预期向好

世界经济复苏步伐加快,国际货币基金组织(IMF)预测,2004年全球经济增长率4.1%,美国、日本、欧盟三大经济体发展均出现转机,全球钢铁、有色金属需求依然旺盛,对钢铁、有色金属的发展和其价格在高位区间运行创造了有利条件。特别是钢铁、有色金属制造成本将呈现上升趋势,从而支撑了其价格走强。国际钢协中短期需求报告预测,2004年全球钢材需求量将达到9.5亿吨,比上年增加4000万吨以上,同比增长5.9%。国际铜研究组预测,2004年全球铜消费量为1636万吨,同比增长5.48%。2004年,全球原铝的需求量为2939万吨,同比增长7.1%,略低于当年供应量。相比2003年,市场的供求关系大为改善,全球原铝市场接近平衡。

(二)我国经济继续保持快速增长,国内钢材需求旺盛的局面不会改变

第一、目前我国经济增长正在进入新一轮经济周期上升阶段,经济增长速度不可能一下子就减下来。第二、重化工业化、城市化、市场化进程加快,从而引导内生经济增长活力进一步增强,一个巨大的消费市场正在逐步释放。2003年我国消费钢材占全球1/4以上,消费水泥占全球1/2,中国经济对全球经济增长贡献率达14%,仅次于美国。第三、国家将继续实行积极的财政政策和稳健的货币政策,保持宏观经济政策的连续性。继续发行建设国债1100亿元,基本保持了2003年规模。2004年如西部大开发、南水北调、西气东输、西电东送、青藏铁路、奥运设施等等重大工程都已全面展开,这些都将对钢铁市场形成强大需求。据有关部门预测,2004年全国产钢2.6亿元,同比增长16.19%,而钢材表现消费量将达到2.8亿吨,同比增长13%。铜产量186万吨,同比增长5.20%,国内铜的消费量为280万吨,同比增长5.00%。2004年国内原铝消费量595万吨,增长80万吨,同比增长15.53%。

(三)钢市及有色金属市场价格保持强劲

据预测,2004年钢材价格将保持高位运行,并比2003年有一定幅度的上扬,预计大约平均上涨100-150元/吨;铜、铝价格全年也以上涨为主,铜市的基本面供求关系好转,各大机构、企业对铜价纷纷表示乐观,对铜价的预期均大大高于2003年水平,其最低的预期值也比2003年的实际平均价高16.5%。预计2004年铜国际市场全年平均销售价格在2500美元/吨左右,国内全年均价在2.5万元/吨左右,国内均价比2003年提高8000元/吨,涨幅为47.05%,国内铝锭全年均价在17500元/吨左右,比2003年销售均价提高1500元/吨。

2004年虽然宏观经济环境对冶金行业比较有利,但是在经济运行中还存在许多不利因素,影响冶金工业健康发展,必须引起我们的高度重视。

(一)国内钢铁、电解铝行业投资过热,产品产能和产量大幅上升

一些地方和企业受利益驱动,不顾市场、资源等外部条件,违规大规模地新建和扩建钢铁、电解铝项目,致使生产能力过剩,市场无序竞争,浪费资源和污染环境,甚至造成金融风险和其它经济隐患。

2003年底,我国钢铁产能已达2.5亿吨,目前在建能力有0.8亿吨,到2005年将形成3.3亿吨产能,还有拟建0.7亿吨,大大超过2005年市场预期需求。2003年电解铝产能超过700万吨,按目前的发展态势,2005年将达到900万吨,远远超过2005年市场预期的600万吨。

(二)原材料、能源短缺将成为冶金工业发展的最大困扰

目前,由于钢铁、有色工业发展迅猛,使钢铁矿石、氧化铝、铜精矿等原材料的供应缺口越来越大,价格不断上涨。2003年我国进口铁矿石约为1.4亿吨,如折算生铁产量约为9032万吨,占全国产量44%。钢铁工业对进口铁矿石的依赖程度已快达到50%,超过日本成为全球第一大铁矿石进口国。氧化铝、铜精矿的情况也大致相同,氧化铝全年进口量为561万吨,占国内总需求量的47.79%,铜精矿实物量进口267万吨,占国内总需求量的47.79%。

(三)原材料、燃料价格不断上涨,国内钢铁、有色企业成本竞争优势受到削弱

2004年由于原材料、燃料价格快速上扬,对我省冶金行业生产经营产生了很大的影响。我们大致分析

了一下，由于受原、燃料价格上涨等因素的影响，2004 年全省冶金企业生产成本将上升 69.78 亿元。其中钢铁企业将上升 53.98 亿元，有色企业将上升 15.80 亿元。其中武钢为 30 亿元、鄂钢 12 亿元、冶钢 10 亿元。

(四)电力提价，对冶金行业尤其是铝冶炼业将造成致命打击

湖北虽是电力大省，但冶炼工业用电价格，尤其是铝冶炼工业用电价格在全国仍居高位。据有关方面提供资料，2003 年全国 136 家铝冶炼企业，平均电价为 0.304 元/千瓦时。其中近邻的江西铝厂为 0.28 元/千瓦时，湖南湘铝为 0.252 元/千瓦时，郑州华鑫铝业 0.29 元/千瓦时，焦作万方铝业 0.278 元/千瓦时，重庆东升铝业 0.32 元/千瓦时；国家铝厂如中铝广西公司为 0.271 元/千瓦时，中铝贵州公司为 0.255 元/千瓦时，中铝河南公司为 0.34 元/千瓦时。而我省铝冶炼企业考虑优惠因素后，实际电价为 0.35 元/千瓦时，比全国铝厂平均电价高 0.05 -0.06 元/千瓦时。以 2003 年铝锭综合交流电耗 15154 千瓦时计算，一年增加成本费用 1.671 亿元 -2 亿元。黄冈铝厂，因电价过高，经营亏损，外商已提前撤资。2004 年国家已出台电力提价政策，我省除优惠电价(3 分/千瓦时)取消，工业用电每度再增加 0.8 分，对冶金工业尤其是铝冶炼业将带来重创。

三、2004 年全省冶金行业经济效益预测

2004 年是中国钢铁、有色金属工业发展非常关键的一年，机遇和挑战并存。

一方面宏观经济环境不断好转，国际国内对钢铁、有色金属材料的需求量不断增加，钢铁、有色金属市场价格继续在高位运行，使冶金企业产品产量上升，销售收入增加。

另一方面，由于原材料、燃料供应紧张，价格飞涨，使企业生产成本不断上升，减利因素不断加大。纵观市场运行态势，有利因素多于不利因素，推动力量大于制约力量，市场预期向好。

预计 2004 年湖北冶金行业经济运行情况是：产品产量大幅上升，经济效益同比持平或略有下降。2004 年全省主要冶金产品产量预计为：生铁 1185 万吨，同比增长 14.60%；钢 1420 万吨，同比增长 13.21%；钢材 1320 万吨，同比增长 17.20%；铜 14.5 万吨，同比下降 7.52 万吨；铝 35.78 万吨，同比增长 62.19%。预计全年实现销售收入 500 亿元，同比增长 17.65%，利税 85 亿元，同比增长 14.86%，实现利润 32 亿元，同比持平。预计武钢 2004 年实现销售收入 278 亿元，实现利润 23 亿元；鄂钢实现销售收入 50 亿元，实现利润1.2 亿元；大冶有色公司实现销售收入 22 亿元，实现利润 1000 万元。

四、需要采取的措施和建议

面对当前及今后一个时期冶金市场走势，保持冶金工业快速发展势头，遏制湖北冶金，尤其是钢铁工业地位跌落的危险，建议采取以下对策措施：

(一)加快大企业扩能提质

在国家控制钢铁、电解铝过热势头的背景下，要使湖北钢铁工业、有色工业加快发展，巩固在全国的已有地位，必须加快大企业扩能提质，全力支持大企业做大做强。从钢铁工业看，武钢，中央给予了许多优惠政策，省里应大力配合支持，促进武钢再上规模，尽快突破 1000 万吨；鄂钢在省属企业中排在首位，鄂钢正面临一个新的发展战略机遇期，应全力支持鄂钢抓住战略机遇，在引进、改造中扩大生产规模，提高素质。当前，应全力支持鄂钢老区 300 万吨的配套改造，促其尽快达标达产；冶钢配套改造，资金制约比较突出，应想办法予以突破，促其尽快完成。

(二)加大招商融资力度

钢铁、有色工业的发展，不是项目问题，而是资金约束。因而，加快钢铁、有色工业发展，关键在加大招商融资力度。根据钢铁、有色工业大项目多，投资额大，招商难度大的特点，建议省政府采取点特殊政策。比如，对投资亿元以上的大项目，可否明确省财政给予贴息，这对外商是有吸引力的。最近，我们就鄂钢新建项目与有关外商接触时，外商就有这方面的想法。现在全国不少地方在招商方面有许多我们湖北办不到的优惠，比如，财政拿钱买土地送给外商，工厂的配套设施比如污水处理等由政府配套建设，建标准厂房，在一定时期给外商无偿使用等等，从省里来讲，这些很难办到。但给大项目一定贴息应当是可能的。可提出明确规

定，公开透明，便于外商掌握。同时，对招商部门要给予支持，要有明确政策。招商工作，前期工作难度，成本高，而几个投资中心经费普遍短缺，且没有来源，省政府应予以重点考虑。

（三）加大政策支持力度

明年影响钢铁、有色工业企业经费状况，最直接最突出的问题是电力涨价。从钢铁企业看，武钢、鄂钢因优惠电价取消，电力涨价0.8分，直接增加企业成本分别为16625万元和4750万元。在原材料、燃料（煤）全面涨价条件下，电力提价对企业生产经营必然造成不利影响，影响企业经济效益。从有色工业来看，电费提价对铝冶炼工业可谓致命一击。我省8家电解铝企业，除华盛、丹江外，其余6家企业因电费支出成本高出全国同行企业，去年已普遍亏损。今年电费提价后，企业将更难承受。对铝行业的电价问题，建设省政府专门研究，比照全省铝行业平均电价，提出具体政策，不然的话，铝行业绝大多数企业面临停产危机。

撰稿：王响亮

湖北省钢铁工业重点企业

企　业　名　称	通　讯　地　址	邮政编码	销售收入（万元）
武汉钢铁集团公司	武汉市青山区	430083	2731316
冶钢集团公司	黄石市石灰窑区	435001	380352
鄂城钢铁集团公司	鄂州市鄂城区	436002	483018
东方钢铁有限公司	黄石市下陆区	435004	118862
鄂州吴城钢铁长城	鄂州市泽林镇	436050	45597
武钢襄樊长材公司	襄樊市肖湾	441005	39068
福星科技股份公司	湖北汉川市沉湖	432307	97821

湖北省有色金属工业重点企业

企　业　名　称	通　讯　地　址	邮政编码	销售收入（万元）
大冶有色金属公司	湖北省黄石新下陆	435005	194604
汉江丹江口铝业有限责任公司	湖北省丹江口市	431900	98719
湖北华盛铝电公司铝厂	湖北省潜江张金镇	433140	66908
湖北铝业集团公司	湖北省安陆市	432600	20957
黄冈白莲铝业集团有限公司	湖北省黄冈市	438000	7953
武汉盛佳铝业股份有限公司	武汉市江岸区岱山武铝新村	430011	24573
阳新阳华铝业有限公司	湖北阳新县浮屠镇	435239	24513
阳新县万兴铝厂	湖北阳新县富池镇	435231	20217
湖北金洋冶金股份公司	谷城石花镇	441705	15779

湖北省旅游行业发展概况

一、2003 年全省旅游行业发展概述

2003 年是全省旅游业积极应对“非典”影响的不平凡的一年。年初全省旅游业保持了总体增长的态势。尽管一季度有伊拉克战争的影响，但全省接待入境旅游者比去年同期增长 39.1%；旅游外汇收入同比增长 33.4%。从 4 月开始，受“非典”疫情影响，全省旅游形势急转直下。2003 年“非典”期间，全省旅游行业主要经营企业减少营业收入 13.75 亿元，旅游总收入至少减少 90 个亿。

2003 年湖北旅游主题促销口号为“新三峡、新湖北、新长江、新武汉”。全省贯彻落实省委、省政府明确的“一江（长江三峡）两山（神农架、武当山）”和“武汉都市旅游圈”战略重点，以建设旅游目的地为主线，整合资源，重组产品，积极打造了新三峡之旅、世界遗产·三国文化之旅、武汉都市之旅、“一江两山”精品之旅、鄂东南生态人文之旅、清江土家民俗风情之旅等 6 条精品旅游线路。

全年入境旅游人数 40.52 万人次，国际旅游外汇收入为 1.36 亿美元。接待入境旅游人数最多的主要地区有武汉、宜昌、恩施、十堰。入境旅游前 5 名主要客源国是美国、日本、英国、德国、韩国。全年国内旅游人数 5684.17 万人次，国内旅游收入 331.6 亿元人民币。接待国内旅游人数前 5 名的城市有武汉、宜昌、襄樊、十堰、荆州，国内旅游收入前 5 名的城市有武汉、宜昌、襄樊、荆州、十堰。春节期间，以城市口径统计，全省共接待旅游者 197.6 万人次，同比增长 17.4%；实现旅游总收入 6.7 亿元，同比增长 7.4%。春节旅游市场以探亲访友为主，省内居民出省游表现平稳，出境游略有增长，市民短程游占较大比例，外省游客入鄂游略有上升，旅游市场秩序良好。“十一”黄金周入境旅游恢复良好，入省旅游增长较快，新亮点不断涌现，旅游市场更趋理性平稳。据统计，全省共接待旅游者 408.3 万人次，比上年“五一”黄金周增长 5.1%；旅游总收入 11.82亿元，比上年“五一”黄金周增长 3%。全省“十一”黄金周呈现出以下几个特点：一是节庆活动丰富多彩，市内旅游十分踊跃；二是重点景区旅游红火，目的地形象日益凸现；三是入省游大于出省游，短线旅游居主导地位；四是旅游方式呈现新变化，个人自助游占较大比重；五是旅游环境更趋良好，黄金周运行安全平稳。

二、旅游节庆活动

（一）第四届中国宜昌三峡国际旅游节

2003 年世界旅游日中国主会场庆祝活动暨第四届中国宜昌三峡国际旅游节于2003 年9 月27 日在湖北宜昌举行。湖北省副省长韩忠学致开幕词，国家旅游局副局长顾朝曦讲话。湖北省委书记俞正声、省长罗清泉及世界旅游组织官员亨利克·汉滋出席开幕式。来自英国、美国、法国等 14 个国家的 200 多名嘉宾及 1000 名三峡建设者参加开幕式。宜昌三峡国际旅游节以“游客的盛会，市民的节日”为主题，着力推荐“金色三峡、银色大坝、绿色宜昌”城市旅游新形象。

（二）中国武汉·神龙国际旅游节

9 月 11 日至 10 月 8 日，2003 中国武汉·神龙国际旅游节在武汉举行。这次旅游节跨越中秋节、世界旅游日、国庆节“黄金周”，历时 28 天，以“万里长江，魅力武汉”为主题，内容丰富多彩，燃放大型焰火 6 场，组织外国歌舞表演 11 场、国内综艺表演 17 场，推出了 2000 个中外美食品种，200 个旅游单位参加旅游长廊展示。旅游节期间，全市旅游景点共接待海内外游客 300 余万人次。旅游节始终把“亲民”放在首位，牢固坚持“为民办节、办节为民”的宗旨。为照顾部分生活困难的市民群众，组委会向市民免费赠送了 18 万张“亲

民票”。

（三）第六届武当国际旅游节

10月18日，由湖北省人民政府主办的第六届武当国际旅游节在十堰市隆重开幕。这次旅游节是集中展示十堰市优秀旅游城市形象和武当山自然文化遗产景观的平台。旅游节期间举行了千人武当拳表演、投资与贸易洽谈会，举办了旅游产品展销会，推出了8条旅游线路，组织了旅游观光活动。

（四）2003年襄樊旅游商品交易会

2003年襄樊旅游商品交易会于10月18日至10月20日在襄樊市隆重举行。整个旅游商品展示交易会由开幕式、优秀旅游商品评选、襄樊旅游线路考察、旅游研讨会、旅游经贸洽谈会、彩绘襄樊现场笔会、汉江之歌文艺演出和闭幕式8个部分组成。交易会期间展出了来自省内武汉、黄冈、鄂州、咸宁、荆州等地旅游局、旅游商品生产厂家、旅行社、宾馆饭店等旅游企业以及香港、北京、上海、广州等外地旅游企业共计150余家单位的500余种旅游商品。据统计，交易会三天累计实现现场零售交易金额25.6万元。

（五）湖北旅游“大篷船”赴华东促销

由湖北省旅游局精心组织的“浪漫楚风华东行”湖北旅游“大篷船”赴华东促销活动于8月8日至17日举行。这次活动是湖北旅游史上规模最大的一次主题促销活动。全省各市州旅游局、主要旅行社和景区负责人，以及新闻记者共150多人参加了这次促销活动。在启航仪式上，省政府副省长韩忠学宣布“大篷船”启航，并向省旅游局局长郭玉吉授旗。“大篷船”途经江西、安徽、江苏、上海4个省市，历时10天。促销活动集促销、培训、考察于一体，先后举行了4场湖北旅游产品说明会和4场旅游知识专题讲座，组织了上海、南京、无锡、黄山等地景区管理考察学习活动。我省还与4省市分别签订了旅游合作协议。这次活动充分展示了三峡大坝二次截流后湖北新的旅游整体形象。

（六）100多海外旅行商及媒体来鄂考察

8月31日至9月4日，由美国、加拿大、英国等10多个国家的100多位旅游批发商和新闻媒体代表组成的大型访问团进行了“游新三峡、见证历史”湖北旅游考察行。这次活动由国家旅游局主办，是“非典”之后我国针对欧美市场举行的最大规模旅游促销活动，也是湖北接待的最大规模海外旅行商和媒体考察团。此次邀请海外旅行商及媒体实地考察，旨在迅速恢复三峡旅游在海外市场的占有率。

三、旅游行业管理

（一）旅游规划

配合国家六部委，做好《长江三峡区域旅游发展总体规划》的编制和评审工作，争取了重点支持项目8个，优先发展项目50个。组织三峡地区坝区规划的评审和修改工作，促进三峡库区旅游开发步伐。继续抓好“一江两山”重点区域旅游开发建设及项目落实，尤其是新三峡与神农架、高峡平湖与神农溪旅游产品的组合开发。组织了神农架大九湖、丹江口市、沙洋县、鄂州梁子湖、孝昌观音湖等规划的评审。加强了荆山生态旅游区、明显陵－大洪山旅游区、大别山旅游区等跨行政区划的区域旅游规划的实施。指导武当山制定了《武当山特区2003—2007年资源保护及旅游发展工作计划》，修编《武当山风景区总体规划》，编制《武当山旅游发展总体规划》和《南岩景区建设规划》、《南岩宫大殿修复设计方案》和《武当山文物抢救性保护规划》。经国家旅游局审批，武汉大学旅游规划设计研究院获国家旅游规划乙级资质，神农架顶峰旅游建设规划设计有限公司、三峡大学建筑设计研究院获国家旅游规划丙级资质。

（二）旅游投资与招商引资

配合省有关部门开展明显陵—大洪山、荆山生态旅游区、陆水湖、松滋危水、宜昌柴布溪—九畹溪、清江上游坪坝营、三峡坝区旅游建设项目的申报工作，争取国债资金7200万元。继续抓好武当山南岩景区、神农架大九湖、黄冈东坡赤壁、石首天鹅洲、利川腾龙洞等一批重点旅游国债项目的储备完善工作。抓好以武当山太子坡、恩施梭布垭等为重点的在建国债项目的建设。开拓招商引资工作新路子，储备了一批优秀旅游项目，其中，新三峡优秀项目列入国家《长江三峡区域旅游发展规划》的重点支持和优先发展项目58个，西部开发旅游项目20个。编写了《湖北旅游投资指南》，精选了近100个优秀项目对海内外招商。旅游投资呈现出强劲的增长势头。全年旅游在建项目达到40多个，到位建设资金4亿元，全省旅游招商引资项目合同总金额累计超过80亿元,同比增加3倍多。国内最大的旅游景区集团杭州宋城集团在武汉东西湖区投资建设武汉水乡旅游城主题公园。三峡地区30个重点旅游项目已经完成投资5亿元。浙江均瑶集团参股三峡机场改造,并在宜昌市投资兴建五星级饭店;香港信德集团投资秭归茅坪旅游码头建设。积极抢抓西部大开发机遇,加快湖北西部地区旅游资源的开发力度。为清江地区争取旅游国债资金2000多万元。通过国债资金的引导,带动了民间资金的投入,如广东东莞兴业实业公司、重庆索特旅游公司分别投资腾龙洞、齐岳山高山草场旅游开发,累计投资将达到2亿元。

(三)旅游行业管理

1. 旅游市场监督管理:出台了《湖北省旅游投诉暂行规定》,制定了《旅游者投诉调处意见通知书》、《旅游投诉转办通知书》等文书范本,进一步规范了投诉处理工作程序。全年受理旅游投诉101起,同比下降24%,共计理赔金额116779元。旅游黄金周市场秩序井然,未发生重大旅游服务质量投诉。加大了对导游人员执业情况检查力度。严厉打击了非法经营旅游业务的"黑社"。全年共立案处理违法违规案件7起。针对"非典"疫情,省旅游局组织人员分赴重点旅游城市和旅游目的地进行检查督导,并对几起违反规定的旅游活动进行了制止,化解了因"非典"引发的旅游纠纷,确保了全省在防"非典"期间没有发生一起旅游纠纷投诉和诉讼案件。为提高旅游行业管理队伍行政执法水平,组织了两次大规模的旅游法律法规知识培训。

2. 旅游安全管理:制定了《湖北省省级文明风景旅游区示范点标准》、《湖北省省级文明风景旅游区示范点评定细则》和《湖北省省级文明风景旅游区示范点评定办法》,开展了首批省级文明风景旅游区示范点评审工作。武汉黄鹤楼等11家景区入围。组织开展文明行业示范点创建活动。会同团省委组织开展了青年文明号创建活动。组织开展了湖北省第二届争做文明导游员活动。拟订了《旅游景区安全评估标准》、《旅游饭店安全评估标准》,起草了《湖北省旅游重大安全事故应急预案》。组织人员或参加省安委会组织的对重点旅游地区、旅游企业进行安全生产检查,督促有关单位对通山九宫山土滑道、省外事旅游汽车公司油库管理方面存在的重大安全隐患进行了整改。参与、指导了重大事故的紧急救援和善后处理。

3. 旅行社管理:坚决贯彻行业管理促进发展的方针,出台了《湖北省旅行社门市部管理办法》,坚决取消了门市部设立审批制度。在"非典"得到控制后,及时出台了《深化改革,加快调整,促进湖北旅游业健康持续发展的指导意见》。指导全省各级旅游部门真正用市场经济的新思维、新观念指导行业管理工作。推行了《旅行社审批部门关于设立申请的意见书》制度,通过格式化的文本规范了审批工作关键环节。开展了旅行社企业的专题调研。长江海外、省海外、省中旅再次进入全国百强国际社,位次分别由上年度的第43、62、95,上升为13、44、75。2003年度新批设立国内旅行社75家、国际社1家,民营全资和控股旅行社所占比重由2002年的60%增长到70%。国内著名旅行社中国康辉通过设立控股的子公司湖北康辉进入我省旅游市场。全省旅行社设立的门市部超过100家。指导东星国旅在外省收购旅行社。全省旅行社集团化、网络化、一体化发展有了较明显进展。制订了《湖北省出境旅游组团合同范本》送审稿,在组团社推行了《旅行社出境旅游服务质量》标准。7月初,全省全面恢复旅游活动后,针对旅行社急于挽回"非典"造成的损失而出现的不规范经营迹象,迅速下发了规范出境旅游经营行为的通知。组织开展旅行社业务年检工作。对旅行社进行了全面检查,对严重违规的7家旅行社予以吊销或注销处理,对37家存在明显问题的旅行社给予了暂缓通过年检、责令整改的处理。对旅行社及门市部、导游员依法经营情况和年检处理情况在媒体进行了公示。

4. 导游员管理:严格按照《湖北省导游队伍建设工程三年纲要》,健全培训考核管理机制。全省已取得导游资格证书6090人。以"导游创佳"为载体,组织了全省第三届导游大赛,并组织全省第二届导游大赛优秀导游赴陕西学习考察。建立了全省导游人员计算机网络管理系统,按计划为3938名从业导游办理了制卡换卡手续,全面实行了导游IC卡管理。继续推行旅行社与旅游购物点公对公的佣金制度,推动旅行社企业建立公平合法的导游报酬机制,落实了旅行社与导游的劳动合同经劳动部门鉴证的规定,为导游的制度化管理创造了基础性的条件。

5. 旅游饭店管理:继续推进旅游行业标准化建设。加大了饭店星级评定工作力度。全省新评定星级饭店51家,其中五星1家、四星3家、三星18家。通过复核,对不符合星级饭店软硬件标准的13家星级饭店取消了星级。全省星级饭店总量达到512家。组织宣贯《旅游饭店星级的划分与评定》新的国家标准。在武汉、十堰、宜昌、黄石分片区举办了4期新标准宣贯培训班,对全省各级旅游管理部门、星级饭店高级管理人员近千人进行了宣贯培训，对400人进行了星级饭店检查员考试。拟制了《湖北省旅游星级餐馆标准》、《湖北省农家乐基本标准》送审稿。

6. 旅游区（点）建设：继续加强国家旅游区（点）质量等级标准的宣贯力度，推动各旅游区（点）的基础设施建设，提高旅游区（点）服务质量和管理水平，营造良好的旅游环境和氛围，逐步使景区发展与国际化接轨。完成了10家旅游区（点）的创A工作。国家旅游局质量等级评定小组完成了全省创4A景区的验收工作。荆州古城历史文化旅游区、鄂州莲花山旅游区以及宜昌三峡人家风景区、车溪民俗风情区、西陵峡口风景名胜区被评为4A级旅游区（点）。继续引导推动重点景区旅游服务设施的建设，高标准地完成了20个重点景区旅游厕所建设工作。

撰稿：湖北省旅游局

湖北省茶产业发展概况

2003年我省茶叶产销两旺，是发展最好最快的时期之一，面积不断扩大，产量持续增加，质量和效益不断提高，已成为我省经济作物的骨干品种和丘陵山区经济的重要支柱产业。主要有以下六大特点：

一、面积不断扩大，产品产量增长较快

到2003年，全省茶园面积达到12万公顷，其中投产茶园面积9万公顷，产品产量7.2万吨，茶业农业产值13亿元，出口1488吨，创汇378.8万美元。面积和产量在全国的位次由1996年的第七位上升到第四位，茶叶产值仅次于浙江、福建位居第三位。

二、基地建设形成规模，专业化生产程度较高

我省在生产基地建设上，坚持量的扩张与质的提高相结合，外沿扩大与内涵挖潜相结合，科学规划，规模开发。按照生产专业化、基地规模化、布局区域化、设施配套化的要求，着力推进茶叶基地建设。全省已建成速成丰产茶园7.6万公顷，现有面积3500公顷以上，年产量1500吨以上的县市有13个，其中英山县年产量已达到11000吨，鹤峰县年产量6000吨，全省已形成了鄂东大别山优质绿茶区、鄂南幕阜山名优早茶及边销茶区、鄂西武陵山富硒茶、宜红茶区、宜昌三峡、鄂西北秦巴山、鄂中大洪山名优绿茶等六大茶区，建立专业茶场和加工厂近千家。

三、产品结构逐步优化，名优茶生产大发展

各茶区以市场为导向，以经济效益为中心，及时调整茶类结构和品质结构，优化资源配置，主攻名优茶生产，现已恢复和创制各类名优茶近百种，并形成了具有湖北特色的十大名茶。2003年全省名优茶产量达到2.9万吨，产值9.4亿元，分别占茶叶总产量的40%和总产值的72%，高于全国平均水平的15个百分点和14个百分点，被农业部称之为全国名优茶生产的后起之秀，已跨入全国名优茶生产的大省行列。采花毛尖、竹溪箭茶等8个产品获2003年度湖北名牌产品。

四、无公害茶叶生产发展较快，茶叶质量安全水平大大提高

近几年来，经过全省上下共同努力，我省无公害茶叶生产取得了明显的成效。据统计，全省达到无公害要求的茶园面积有7.5万公顷，占茶园面积的84%，产量6.1万吨，占茶叶总产量的85%。到目前为止，全省已有19个县市的42个生产单位获得了中国农科院茶叶研究所有机茶开发中心的有机茶认证，认证数量仅次于浙江位居全国第二位，保康县有机食品公司、竹溪县龙王垭茶场等3家单位获得欧盟有机茶质量认证，共计认证面积和转换面积近2万亩。2002年至2003年农业部茶叶质量监督检验测试中心对我省五峰、英山、保康、恩施、竹溪、竹山、咸宁、鹤峰、宣恩、秭归、浠水、丹江口、蕲春等19个县市45个产品进行了抽检，检测结果全部达到国家无公害茶叶质量标准。鹤峰、英山两县创建全国第一批无公害茶叶生产示范基地县也取得了可喜的成绩，经过农业部组织的专家组检查验收，鹤峰县被农业部授予全国无公害茶叶生产示范基地先进县，英山县被授予全国无公害茶叶生产示范基地达标县。

五、科技推广成效显著

一是无性系良种繁育推广步伐加快。到2003年全省已建立良种母本园500公顷，扦插苗圃50公顷，年扦插出圃无性系良种茶苗1亿株左右。全省已发展无性系良种茶园1.2万公顷，占茶园总面积的10%，出现了没有无性系良种不再发展新茶园的可喜局面；二是名优茶机械化加工技术普及加快，全省已引进名优茶加工机具1万多台(套)，全省名优茶产量的70%是采用机械加工，机制名优茶已成为我省茶叶新的经济增长点，促进了名优茶生产上规模、上档次、上效益，改变了湖北名优茶加工主要靠手工加工的格局，大大提高了茶叶加工生产效率和制作水平；三是名优茶冷藏保鲜发展较快，全省已有20多个县市的50多家生产加工企业引进了茶叶专用冷藏保鲜库，不仅可以常年向社会供应好茶、保鲜茶，而且大大提高了茶叶的经济效益。

六、制定优势区域发展规划

2003 年 8 月，省政府办公厅转发了省计委、省农业厅和省林业局关于优势农产品和特色农产品区域布局规划的通知，茶叶已列入全省九大特色农产品基地之一。全省将重点建设四大优势茶叶产业带（区），一是大别山优质绿茶产业区，包括英山、大悟 2 个县；二是武陵山富硒绿茶和宜红茶产业区，包括鹤峰、恩施、宣恩、咸丰、五峰、宜都、夷陵等 7 个县市（区）；三是秦巴山名优绿茶产业区，包括竹溪、竹山、保康、谷城等 4 个县；四是幕阜山名优早茶及边销茶产业区，包括赤壁、通城等 2 个县市。规划到 2007 年，四大优势产业带（区）新发展无性系良种茶园 1 万公顷，茶园总面积达到 9 万公顷，茶叶产量达到 6 万吨，系列产值达到 30 亿元，出口创汇 1000 万美元。并争取把四大优势产业带（区）建设成为全国名优茶、无公害茶和有机茶生产示范基地和出口基地，为农业增效、农民增收作出新贡献。

撰稿：李传友

湖北省茶叶加工重点企业

企业名称	通讯地址	销售收入（万元）
湖北龙王垭茶叶集团	湖北竹溪县	1500
谷城县五山玉皇剑茶叶集团	湖北谷城县	1300
湖北华龙村茶叶集团公司	湖北恩施市	1000
五峰县绿珠采花毛尖有限公司	湖北五峰县	900
鹤峰县白果茶场	湖北鹤峰县	900
竹山县圣水茶叶集团	湖北竹山县	800
大悟寿眉茶叶有限公司	湖北大悟县	800
保康荆山锦天然有机茶公司	湖北保康县	500
五峰县虎狮茶叶有限公司	湖北五峰县	500
英山县绿屏茶叶公司	湖北英山县	500
鹤峰县绿林茶场	湖北鹤峰县	500
恩施州富硒贡茶有限责任公司	湖北宣恩县	500

湖北省电子信息产业发展概况

2003 年，在省委、省政府的正确领导和信息产业部大力支持下，经过全行业广大干部职工共同努力，我省信息产业克服了市场需求疲软等不利因素影响，经济运行保持了良好的发展势头，产销同步增长，经济效益总体水平继续提高，产业规模创行业历史新高。

据快报统计 2003 年全行业完成工业总产值 281.1 亿元，同比增长 45.6%；实现产品销售收入 188.8 亿元，同比增长 33.8%；实现工业增加值 66.7 亿元，同比增长 26.5%，占全省规模以上工业完成增加值的 4.9%，高出其增速 14 个百分点；实现利税 22.6 亿元，同比增长 24.2%。全行业出口创汇 2 亿美元，完成出口交货值 18 亿元，超额完成出口计划。2003 年省信息产业厅被国家商务部、发改委、信息产业部等八部委评为 2003 年度科技兴贸工作先进单位。

一、2003 年湖北电子信息产业经济运行的主要特点

（一）工业生产保持快速发展的良好势头，产业规模创历史新高

2003 年全省电子信息产业完成工业总产值 281.11 亿元，同比增长 45.59%，高于去年同期增速 34.46 个百分点，为行业奋斗目标的 115.68%，产业规模首次突破 200 亿元，创历史新高。

（二）各市电子信息产业竟相发展

2003 年各市电子信息产业经济运行形势良好，产业竟相发展，增幅同比均有不同程度的提高，其中武汉市完成工业总产值 175.59 亿元，同比增长 28.59%；黄石市完成工业总产值 19.92 亿元，同比增长 259%；荆州市完成工业总产值 19 亿元，同比增长 26.23%；襄樊市完成工业总产值 13.19 亿元，同比增长 33%；随州市净增产值 16.4 亿元；生产增速高于行业平均水平的有黄石、宜昌、鄂州三市；除个别市外，均超额完成省厅下达的奋斗目标。

（三）主要产品产销衔接良好

2003 年我省电子信息产业生产规模能突破 200 亿元，同比净增 88 亿元，主要得益于手机、显示器、光电子元器件、电子材料等产品的大幅增长，全年实现产销率 96.79%。在主要产品中，移动通信手机累计 321.75万部，同比增长 6.6 倍，其中 NEC 移动通信公司累计生产手机 166.4 万部，同比增长近 3 倍、随州波导公司累计生产手机 150.2 万部；光纤累计生产 670 万公里，同比增长 69.62%；光缆累计生产 362.48 万公里，同比增长 8.35%；集成电路累计生产 231.29 万块，同比增长 60.66%。

（四）重点企业仍是产业发展的主动力

全省电子行业重点监控企业 20 户，全年完成工业总产值 134 亿元，同比增长 42.3% 以上，占行业经济总量的 47.66%，是产业发展的主动力。其中，武汉 NEC 移动通信公司完成产值 31.48 亿元，同比增长 3 倍以上；武汉唯冠公司完成产值 10.17 亿元，同比增长 171%；阳之光化成箔有限公司完成产值 5.46 亿元，同比增长 94.57%；武汉楚天激光公司完成产值 2.64 亿元，同比增长 73.47%；武汉精伦电子有限公司完成产值 4.6 亿元，同比增长 18.2%；华工科技公司完成产值 1.27 亿元，同比增长 11.67%。

（五）经济效益总体水平继续提高

2003 年全行业累计实现产品销售收入 188.8 亿元，同比增长 34%，高于同期增速 31.32 个百分点；实现利税 24.13 亿元，同比增长 32.3%，高于全国电子行业平均增长水平（16%）16.3 个百分点；实现工业增加值 66.69 亿元，同比增长 26.46%。

二、经济运行存在的主要问题

一是产业总体规模仍然偏小，行业经济效益有待进一步提高。大公司、大项目引进工作还未取得突破性进展，产业发展的基础还很脆弱，精品名牌不多，经受市场变化、竞争风险考验的能力较低。

二是科研与产业有机结合的机制尚未形成，产品结构不合理，产业配套环境差，没有形成完整的产业链。

三、2004年湖北电子信息产业经济运行趋势

2004年，电子信息产业发展面临着不少有利条件。

（一）国内发展环境不断改善

十六大确定了优先发展信息产业，以信息化带动工业化，以工业化促进信息化，走新型工业化道路的战略方针，国家支持电子信息产业发展的各项政策逐步到位，为产业发展创造了良好的发展环境。

（二）省委、省政府对电子信息产业发展的极大关注和政策扶持

罗省长在省第十届人民代表大会第二次会议上所作的《政府工作报告》中指出："大力发展高新技术产业，围绕光通信、光存储、移动通信、激光、软件、生物医药、光电子材料、复合型功能材料等发展前景好、具有一定特色和比较优势的产业，加强规划研究，系统组织策划，延伸产业链条，壮大产业规模。今年，省财政新增三个专项共9000万元资金用于支持信息产业、生物医药和汽车零部件的发展。"

省政府还先后出台了一系列优惠政策，鼓励电子信息产业的发展，如鄂政发〔2001〕58号文(湖北省人民政府关于印发《鼓励软件产业和集成电路产业发展若干政策实施意见》的通知)、鄂政发〔2004〕1号文《省人民政府关于加强软件产业发展的若干意见》，将推进我省软件产业跨越式发展。

（三）我省电子信息产业经过多年建设，已有一定的产业基础

2004年有一批重点项目投产、扩产，将新增产值100多亿元，主要是：

——移动通信手持机扩产、投产，产业规模达500万部，新增产量180万部，新增产值29亿元，仅随州波导公司将新增16亿元左右。

——显示器、DVD及相关产品，新增产值21亿元，若冠捷科技能如期投产，则合计可新增产值41亿元。

——光、通信类产品及其它产品，新增产值近36亿元。

——电子材料产品，新增产值3亿元。

——空调器、冰箱、冰柜等产品，新增产值16亿元。

若电信市场投资回暖能实现，长飞公司、武汉邮科院将还会有一个大的发展。

预计2004年湖北电子信息产业经济运行将保持持续、健康、快速的发展态势，完成工业总产值365亿元，同比增长30%；实现产品销售收入245亿元，同比增长30%；实现工业增加值80亿元，同比增长20%；实现利税28亿元，同比增长24%。

撰稿：柳云辉　　李淑萍

湖北省信息产业重点企业

企　业　名　称	通　讯　地　址	销售收入（万元）
武汉 NEC 中原移动通讯有限公司	关东科技工业园二号产业区	275212
宁波波导股份有限公司随州分公司	随州烈山大道北段 99 号	234925
武汉邮电科学研究院	武汉洪山区邮科院路 88 号	210179
长飞光纤光缆有限公司	武汉关山二路 4 号	123582
武汉唯冠电子有限公司	汉阳沌口经济技术开发区	119365
武汉中原电子集团有限公司	江岸区胜利街 226 号	67429
武汉普天通信电源集团有限公司	桥口区古田二路 39 号	49237
武汉精伦电子有限公司	东湖开发区庙山小区	44049
华工科技产业股份有限公司	洪山区珞瑜路 1037 号	40480
阳之光化成箔有限公司	宜昌宜都	27590
武汉楚天激光集团股份有限公司	长飞路楚天激光工业园	17470
黄石万达金卡有限公司	黄石闵城山开发区杭州西路	15332
武汉龙安集团有限公司	洪山区珞瑜路 124 号	15157
武汉滨湖机械厂	武昌中北路 160 号	12051
国营汉光电工厂	孝感市长征路 257 号	11978
武汉银泰科技股份有限公司	沌口开发区特 2 号	11488
湖北东光集团有限公司	荆门市白龙山新村一号	9414
武汉天喻信息产业有限公司	关山一路特 1 号	9132
国营七一一厂	荆州市江津西路 5 号	6621
武汉伦新华信电脑有限公司	汉口胜利街 138 号	5698

湖北省建材工业发展概况

一、2003 年全省建材工业发展基本情况

(一)生产发展速度较快,主要建材产品大幅增长

全省年产 500 万元以上建材(含附类)企业完成及与上年比较:工业总产值(不变价)216.88 亿元,增长 17.73%;工业增加值 79.1 亿元,增长 18.98%。重点考核的 25 种产品有 20 种增长,其中石墨、加气砼、墙地砖、水泥排水管、建筑用金属制品及水泥设备等 6 种产品的增幅在 30% 以上,水泥、水泥预制构件、塑料建材等 3 种产品增长 15% 以上。水泥产量达到 3325.8 万吨,同比增长 12.8%;平板玻璃完成 1085 万重量箱,基本与上年持平。

(二)产销两旺,效益提高

2003 年,在市场需求强劲的拉动下,水泥、玻璃等主要建材产品出现供不应求、售价上涨、产销两旺的大好局面。产销率达到 97.39%,较上年提高 0.78 个百分点;销售产值和销售收入分别增长 19.63% 和 18.92%;应收帐款和存货销售天数分别比上年下降 1.95% 和 8.33 天;实现利税总额19.55亿元,其中,利润 9.32亿元,税金 10.23 亿元,分别比上年增长 51.68% 和 21.98%。水泥行业实现利润 3.49 亿元,其增幅高达 106.7%,建筑卫生陶瓷、平板玻璃涂料、石材、水泥制品、墙体材料、金属门窗制造及非金属矿采选等绝大多数建材产品的利润也大幅攀升。

(三)招商引资成效显著,行业发展后劲增强

2003 年全省建材行业及各级地方政府按照省委、省政府的部署,积极开展招商引资工作,与境内外签订合资意向及合同的项目 10 多个,其中,外资协议额约 2 亿美元,内资协议约 8 亿元。

湖北建材行业在这新一轮的经济发展机遇期虽然取得了很大成就,但发展速度及经济效益增幅仍低于沿海建材强省和全国的平均水平。究其原因,除了改革创新不够外,还与湖北全社会固定资产投资增长低有关。

2003 年湖北省建材工业主要经济指标

序号	指标名称	计算单位	2003 年实际	与上年比较 ±%	备注
1	企业单位数	个	847	0	年产 500 万元以上企业(含附类,下同)
2	亏损面	%	12.38	-25.6	
3	工业总产值(现价)	亿元	230.4	18.7	
4	工业总产值(不变价)	亿元	216.88	1273	
5	工业增加值	亿元	79.1	18.98	占全省工业 5.83%
6	工业销售产值	亿元	224.38	19.63	
7	产品销售率	%	97.39	0.78	
8	出口交货值	亿元	1.93	42.05	
9	产品销售收入	亿元	203.23	18.92	

序号	指标名称	计算单位	2003年实际	与上年比较±%	备注
10	利润总额	亿元	9.32	51.68	占全省工业5.24%
11	税金总额	亿元	10.23	21.98	占全省工业4.1%
12	应收帐款净额	亿元	25.2	-1.95	
13	产成品	亿元	11.56	14.16	
14	成品存货可供销售天数	天	22	-8.33	不含附类
15	水泥	万吨	3325.8	12.8	
16	平板玻璃	万重量箱	1084.8	-0.8	
17	卫生陶瓷	吨	23007	9.4	
18	釉面砖	万 m^2	1214.3	23.1	
19	墙地砖	万 m^2	1050.7	42.2	
20	砖	亿块	42.59	11	
21	瓦	万片	10449	10.4	折标砖
22	石墨	吨	14853	99.5	
23	加气砼	万 m^3	60.38	37.7	
24	水泥预制构件	万 m^3	205.8	29.8	
25	塑料棒管材	万吨	9.55	16.6	

二、建材行业2003年主要特点

(一)新型干法水泥发展迅猛

在新的一轮经济发展机遇期,湖北水泥工业发展呈现投资主体多元化、布局合理、技术起点高、建设规模大的特点。2003年,一是华新水泥集团的发展进一步加快:3月6日,在鄂西宜都建设的日产3200吨水泥熟料生产线建成并很快达产达标;4月9日,在鄂东阳新建设的总投资达6.54亿元的日产6500吨水泥熟料生产线项目开工;7月份对地处江苏苏州的年产能达250万吨的金猫集团实行控股;8月8日,在恩施建设的日产2000吨水泥熟料生产线项目开工;9月份与武穴市签订建设4条日产5000吨(现改为3条日产6500吨)熟料生产线的协议;启动了与武钢合资的年产60万吨水泥粉磨站二期工程的建设和在襄樊南漳、西藏山南地区及云南等地项目的前期工作。二是以民营资本为主的一批浙江业主开始到湖北投资建厂:已经开工的有鄂州的世纪新峰公司的日产2500吨、长阳的湖北三源公司的日产1500吨、京山的湖北兰京公司的日产2000吨等新型干法水泥生产线;正在筹备的有浙江尖峰集团(上市公司)在黄石铁山的日产5000吨和湖北华祥公司及湖北永兴公司分别在黄石大冶及京山的日产2500吨熟料的新型干法水泥生产线等。三是台湾亚东水泥公司在武汉阳逻筹备建设的年300万吨水泥项目获国家批准立项。四是钟祥、当阳、武汉江夏等地骨干立窑水泥企业积极发展新型干法水泥,其中钟祥的钟厦水泥公司和当阳长坂坡水泥公司的日产1800吨及1200吨水泥熟料生产已于年内开工。上述项目中的多数将于近——两年内建成,新增新型干法水泥生产能力约1000万吨,可使湖北新型干法水泥占水泥总产量的比例由目前的25%提高到40%以上。

(二)新型建材及装饰装修发展加快

年内开工的较大项目有:马来西亚中甫公司在宜都建设的年产600万m2高档内墙砖项目一期工程、大地陶瓷公司在当阳建设的年产200万m2墙地砖、宜都长江陶瓷公司年产60万件中高档卫生洁具以及鄂州、仙桃、黄石、荆门、襄樊、沙市等地的化学建材、新型墙材及无机非金属新材料等等。

(三)省直属单位改革取得突破性进展

根据湖北省委和省政府有关文件精神,省建材主管部门在确保稳定的前提下,采取一厂一策进行分类指导,积极稳步地推进省直属单位的改革:2003年4月,完成了湖北应城石膏矿下放孝感市管理的有关事宜;5月份,省刘家场水泥厂下放荆州市管理的工作完成;6月份,省建材招待所改制方案得到省国企改革领导小组办公室批准,通过整体出售、资产变现,妥善安置了全体(34名)职工;下半年,省建材工业学校与省教育学院成功合并。

(四)省建材机构改革顺利进行

2003年6月,湖北省委常委会议研究决定,撤销六个工业部门的行业管理办公室,组建包括省建材在内的六个省级行业投资促进中心。湖北省建材行业投资促进中心的主要职责是加强招商引资力度,跟踪服务重大建设项目,参与制订行业发展规划,促进结构调整,加强调查研究,提出发展对策与建议,贯彻产业政策,收集和发布行业信息及协调行业协会的相关工作等。该中心在编人员31名,内设综合处、业务一处、业务二处及离退休干部管理处。

撰稿:张声武

湖北省印刷行业发展概况

根据国家新闻出版总署关于印刷企业“十五”后三年总量结构布局宏观调控指导意见,2003 年湖北省新闻出版局在对印刷企业进行控制总量、优化结构、合理布局、提高质量、规范经营方面,继续坚持整顿与规范、扶优与治劣相结合的原则,通过加强日常监管,完善宏观调控手段,优化产业结构布局,促进了湖北印刷业的良性循环和健康发展,对今后的行业管理及发展的宏观调控都将起到积极的作用。

一、2003 年印刷行业基本情况

2003 年我省印刷企业股份制改造的步伐加快,通过改制,实现投资主体多元化,不同体制印刷企业并存,我省印刷业已形成国有、民营、三资企业共同发展的格局。企业通过改制找到了符合自身特点的企业资产组织形式,转换了机制,增强了活力,提高了市场竞争力。

(一)现有企业情况

全省现有各类印刷企业 7800 多家,其中出版物印刷企业 280 家、包装装潢印刷企业 310 家、内部资料及专项印刷企业 420 多家、其他印刷企业 2000 多家;三印企业(打字复印)5100 多家。印刷企业从业人员 10 万余人。固定资产 5000 万以上的企业近 30 家。其中年销售收入 3000 万元以上的企业 20 余家。

(二)出版印刷

2003 年湖北省出版印刷图书、期刊、报纸总印张为 631.01 万千印张,折合用纸量 146327 吨。其中书籍用纸 16266 吨,占总量 11.11%;课本用纸 26600 吨,占总量 18.18%;期刊用纸 13372 吨,占总量 9.14%;报纸用纸 90089 吨,占总量 61.57%。与上年相比,用纸量增长 11.69%,其中:书籍用纸减少 2.79%;课本用纸增长 8.78%;期刊用纸增长 7.16%;报纸用纸增长 16.47%。

2003 年全省共出版印刷图书 5254 种,总印数 28295 万册,总印张 173.37 万千印张,折合用纸量 40745 吨。与上年相比,种数增长 3.98%,总印数减少 10.21%,总印张减少 4.96%。

2003 年全省共出版印刷期刊 400 种,平均期印数 986 万册(平均一种期印数 2.47 万册),总印数 18531 万册,总印张 65.60 万千印张,折合用纸量 15416 吨。与上年相比,种数增长 0.76%,总印数增长 18.40%,总印张增长 15.28%。

2003 年全省共出版印刷报纸 163 种(其中校报 44 种),平均期印数 655 万份(平均一种期印数 4.02 万份),总印数 162845 万份,总印张 570.58 万千印张,折合用纸量 131234 吨。与上年相比,种数持平,总印数增长 11.05%,总印张增长 45.67%。

(三)印刷质量水平

我省印刷企业经过这些年的高新技术改造,印刷业生产能力及技术水平有较快进步,新设备新材料新工艺新技术以及科学的经营和管理模式的应用,促进了我省印刷品质量的不断提高。图书、教材、期刊和报纸的印制质量总体水平在全国评比中取得了比较好的成绩。新闻出版总署组织的全国书刊印装质量检测评比中,我省 2402 个品种、32303 个印张被评为一等品,并有 1 个品种被评为署优等品,实现了我省署优等品零的突破。一等品品种印张数的全国综合排名湖北省列第 6 名,基本上体现了我省书刊产品的印刷质量水平和实力。

二、印刷行业经营特点

(一)控制总量,优化结构,合理布局

我省各地方的印刷企业发展很不平衡,其主要原因是各地区经济发达程度不同。就全省印刷行业的布局来看,我省印刷企业主要集中在武汉及其周边地区,基本形成了以武汉为中心,以"宜黄"高速公路(长江沿线)、"汉十"公路两线发展较快的印刷业格局。条件好的企业主要集中在武汉及周边地区,而西部地区企业数量较少,具有一定规模的企业更少。印刷企业的布局、结构的不合理,缺乏竞争力效益差的印刷企业数量过多,造成印刷企业的经济效益状况不甚理想。另一方面印刷企业利润不高,特别是出版物印刷企业的经营利润很薄,这有几方面的因素:一是生产力过剩。我省出版物印刷企业比较多,生产能力超过出版物印刷需求量,所有出版物印刷企业的生产都存在不饱和的问题,有些企业的年生产量不足生产能力的百分之二十。二是印刷工价偏低。出版物的印刷工价基本上由出版单位确定,而出版单位从自身的出版发行成本考虑,制定的印刷工价是偏低的,企业的获利空间不大。三是出版物印刷企业的成本加大,企业处于亏损或微利经营状况。企业不能取得好的效益,其生存和发展受到制约,这也是我省印刷企业限于维持生计,产品质量难以提高、规模不能做大的原因。

(二)开拓市场,做大做强印刷业

我省印刷企业业务量都不饱满,而每年却有数十亿的印刷加工收入外流。这反映了我省印刷产品质量与国内印刷先进水平相比,仍有很大差距,印刷产品的印制质量和产品结构还不能适应形势发展与市场变化的需要。产品档次、质量有待进一步提高,这需要我们在今后的质量管理工作和调整产品结构上继续努力,提高我省印刷业整体技术水平和产品质量,企业要加大新设备、新技术改造的力度,淘汰落后的设备和工艺,提高科学经营管理水平,增强发展后劲和竞争力,逐渐减少湖北省外流的业务。开拓国内、国际市场扩大我省印刷业的发展空间,才能使印刷业步入不断提高质量、扩大业务增进效益,寻求新的发展,以适应我国社会主义现代化建设的需要。

撰稿:湖北省印刷协会

湖北省印刷行业重点企业

企　业　名　称	通　讯　地　址	销售收入（万元）
武汉大枫股份有限公司	武汉市东西湖区吴家山六支沟	42144
武汉诚成文化投资集团股份有限公司	武汉市汉阳区龙阳大道陶家岭诚成文化工业园	32000
湖北日报社印刷厂	武汉市武昌黄鹂路 65 号	31346
武汉南洋印务股份有限公司	武汉经济技术开发区沌阳大街 190 号	26699
宜昌金三峡印务有限公司	宜昌市东山经济开发区青岛路	12026
长江日报社印刷厂	武汉市长江日报路特 1 号	9458
湖北广彩印刷股份有限公司	湖北广水市六办涂家大塘 160 号	8200
湖北新华印务有限公司	武汉市解放大道 145 号	7693（不含纸）
武汉新特装潢印刷有限公司	武汉市东西湖区金桥高科技产业园特 8 号	6962
武汉晚报社印刷厂	武汉市江岸区惠济二路 3 号	5929
武汉京华彩印有限公司	武汉市汉口站前北路特 1 号	5350
武汉新文票据印刷有限公司	武汉市武昌解放路 485 号	5000
武汉市新华印刷有限责任公司	武汉市江夏区古驿道 91 号	3603（不含纸）
人民日报社武汉印务中心	汉口解放大道 1121 号	2785（不含纸）
湖北开元印刷有限公司	咸宁温泉路 41 号	2400（不含纸）
咸宁市鄂南新华印务有限公司	咸宁市淦河大道 145 号	2312（不含纸）
文字六零三厂	襄樊市盛丰路 45 号	2045（不含纸）

湖北省轻工业发展概况

2003 年,全省轻工企业认真贯彻中央、省委经济工作会议精神,围绕发展主题,紧扣调整主线,把握新型工业化发展方向,以提高经济运行质量和效益为中心,开拓进取,扎实工作,行业经济运行整体形势较好,发展状况比较理想。生产保持较快增长,产销衔接趋好,重点行业发展比较稳定,经济效益继续提高。

(一)主要指标完成情况

生产稳定增长。2003 年全省轻工业全部国有和销售收入 500 万元及以上非国有独立核算企业(以下简称规模以上)累计完成工业总产值(不变价)616 亿元,同比增长 18.96%。其中国有及国有控股企业完成 148.5 亿元,同比增长 12. 了%;集体企业完成 73.5 亿元,同比增长 13.31%;外商和港澳台投资企业完成 128.67 亿元,同比增长 13.84%;大中型企业完成 201 亿元,同比增长 9.01%。全年完成工业增加值 208 亿元,同比增长 18.32%。

产销衔接较好。2003 年全省轻工业规模以上企业完成现价工业总产值 654.6 亿元,同比增长 18.19%。年底全省轻工产品销售率达 97.86%,同比提高 0.28 个百分点。

出口增长加速。2003 年,全省轻工业规模以上企业完成出口交货值 19.3 亿元,同比增长 27.57%。皮革、毛皮、羽毛(绒)及其制品和造纸及纸制品两个行业出口成倍增长,食品饮料行业出口同比增长 80% 以上,创近几年我省轻工产品出口的新高。

经济效益提高。2003 年,全省轻工业规模以上企业实现销售收入 588 亿元,同比增长 18.41%,实现利税 52.6 亿元,同比增长 12.7%,其中实现利润 24.3 亿元,同比增长 23.02%。

从各项经济指标完成情况看,都实现了年初确定的发展目标,出口和经济效益两项指标大大超过了预期目标。

(二)经济运行的主要特点

2003 年,全省轻工业经济运行总体形势比较稳定,发展势头较好,表现出了四个方面的突出特点。

一是生产低开高走,逐季攀升。2003 年,全省轻工业生产在国家增加投资、扩大内需和鼓励出口政策的带动下,呈现出低开高走,逐季攀升的发展形势。一季度末,全省轻工业产值增幅为 12.56%,到了二季度末,这一增幅达到了 15.4%,比一季度末增幅提高了 2.84 个百分点。三季度受高温天气影响,增幅有所减缓,累计增长 16.15%、比上半年增幅提高 0.75 个百分点。年底全省轻工业生产同比增长 18.96%,比三季度末增幅又提高了 2.81 个百分点。

二是结构调整初见成效、主要产品大面积增产。2003 年,全省轻工业统计的 60 余种可比产品生产增长的有 43 种,增产面达 71.67%。一批与固定资产投资和人们日常生活消费相关的轻工产品生产增幅较大。其中乳制品(+70.55%)、罐头(+55.37%)、糕点(+70%)、液体乳(+38.85%)、机制纸板(+24.56%)、日用塑料制品(+56.7%)、冷冻箱(+46.08%)、房间空调器(+31.13%)、灯泡(+75.28%)、金属制包装物品(+62.06%)、纸制品(+47.73%)、羽绒服装(+30.22%)、日用玻璃制品(+27.3%)、工艺美术制品(+24.6%)、钢钉(+25.75%)。少数结构调整滞后的轻工产品出现严重减产,其中,合成洗衣粉同比减产 66.25%,牙膏同比减产 43.13%,排油烟机同比减产51.46%,不锈钢制品同比减产 36.51%,钟同比减产 77.4%。

三是主导行业稳定增长,对全省轻工业经济运行的拉动作用增大。食品、饮料、制浆造纸、塑料制品、金属制品、家电及照明器具是全省轻工业的主导行业,2003 年,六大行业共完成工业产值 512.74 亿元,占全省轻工业的 83.2%,同比增长 19.04%。其中:食品行业(包括食品制造业、食品加工业)完成产值 230 亿元,同比增长 19.24%。饮料行业完成产值 76 亿元,同比增长 10.54%。造纸行业完成产值 53.8 亿元,同比增长 15.01%。塑料行业完成产值 76.4 亿元,同比增长 24%。金属制品行业完成产值 14 亿元,同比增长

22.21%。家电及照明器具行业完成产值30.8亿元，同比增长25.22%，六大行业净增产值82亿元、拉动全省轻工业生产增长15个百分点以上。

四是地市全线飘红，七市继续领先。2003年，全省17个市州轻工生产全面增长，最高增幅达48.89%、其中，武汉、孝感、荆州、黄冈、宜昌、随州、仙桃等市一路领先，生产快速增长，效益大幅提高，依次列全省轻工业经济总量前七名，成为全省轻工业经济运行的发动机，有力地支撑了全省轻工业经济发展。七市轻工业全年新增产值75.4亿元，占全省轻工业同期新增产值的77%，拉动全省轻工业生产增长14.6个百分点。新增利税4.5亿元，占全省轻工业同期新增利税的76.6%，拉动全省轻工业利税增长9.76个百分点。其中新增利润3.73亿元，占全省轻工业新增利润的82%，拉动全省轻工业利润增长18个百分点以上。

（三）存在的问题

2003年，全省轻工业经济运行虽然取得了一定成绩，但整体素质仍然不高，结构性矛盾依然突出，存在着四个方面的主要问题。

一是投入不足。我省轻工业投入不足的问题长期存在，近几年更加明显。“九五”期间，全省轻工业年均完成固定资产投资13.2亿元，低于同期河南、河北、福建、上海、广东等省市年均投入20多亿元的水平，仅为山东、江苏等省的1/3。“十五”头两年，投入虽比“九五”有所增长、均保持了20%以上的增长水平，但与广东、山东、江苏、浙江等省市比仍低10个百分点左右。投入不足，直接导致了技术改造欠帐，装备水平落后，企业核心竞争力难以形成，行业新的经济增长点不多。

二是结构不优。我省轻工业一方面生产能力过剩，总量供大于求的矛盾十分突出，另一方面缺少精品名牌，技术含量高、附加值高的产品供给不足，满足不了市场需求、滞后于消费结构的升级。产品的市场竞争能力较弱，市场占有率水平不高。结构不优还突出表现为企业平均规模小和外向度低两个方面。2003年全省轻工企业平均销售收入仅3302万元，低于全国轻工企业4572万元的平均水平，更低于江苏、上海、广东等省5000多万元以上的水平，不足山东省平均水平7000多万元的一半。全省轻工企业出口交货值占行业总产值比重仅为3%左右，远远低于全国轻工业30%以上的平均水平。

三是发展不快。目前，我省轻工业发展面临着严峻的挑战，有被挤出十强的危险。行业经济增长的基础比较脆弱，质量和效益不太稳定，综合经济实力不强，与沿海经济发展较快省市差距越拉越大，周边省市赶超我省的势头比较猛，距离越来越近。2003年全国轻工业生产同比增长22.47%，高出我省轻工业生产增幅3.51个百分点。广东、浙江、山东等省市继续保持20%以上的高速增长，湖南、安徽、四川等省市也在以20%以上的发展速度追赶我省。

四是企业不活。2003年，全省轻工业各类经济成分企业都不同程度的存在着活力不足的问题。国有及国有控股企业生产同比增长13.7%。集体企业生产同比增长13，引%，外商和港澳台投资企业同比增长13.8斗%，均低于全省轻工业增长的平均水牛。更为严峻的是大中型企业生产同比仅增长9.01%，低于全省轻工业平均增幅近10个百分点。我们重点调度白勺30家企业除生产同比增长19.64%、高于行业平均水平外，实观利税和实现利润同比分别增长8.88%和10.28%，明显低于行业平均水平。12户重点企业同比减少利润。武汉塑料集团、武汉小天鹅洗衣机有限公司、黄石东贝集团等一批基础和条件较好的重点企业相继出现亏损。

撰稿：吴奇宝

湖北省机械工业发展概况

2003年,在省委省政府的正确领导下,全省机械汽车行业广大干部职工以邓小平理论和"三个代表"重要思想为指导,全面贯彻党的十六大和十六届三中全会以及中央、全省经济工作会议精神,紧紧抓住发展这个第一要务,以提高经济增长质量和效益为中心,加大结构调整力度,深化企业改革,确保企业稳定,推进技术管理创新,不断提高企业整体素质和核心竞争力,全行业保持良好的经济运行态势,为湖北经济改革发展作出了积极贡献。

一、生产经营持续快速发展,行业经济运行态势良好

2003年,全省机械汽车行业完成工业总产值(不变价)1151亿元,同比增长10.1%,其中汽车行业完成工业总产值711亿元,同比增长7.3%;全行业完成产品销售收入1067亿元,同比增长17.4%,实现利税85.8亿元,同比下降19.1%。其中,实现利润总额39亿元,同比下降40.5%(不计东风的重组费用和各项计提,全省利税总额与上年基本持平)。完成汽车产量32.23万辆,同比下降2.5%。造成行业增速不高和部分行业企业效益下滑的主要原因:一是非典的影响。一季度产值增幅为30.3%,由于非典影响,尔后逐月回落。二是原材料价格大幅涨价,利润被大幅转移。如生铁由年初的1200—1300元/吨,上涨至年终的2100—2200元/吨。三是部分产品结构不适应市场的需求。1—12月轿车增长25%。而载重车下降11.2%,改装车同比增长0.03%。

我省机械汽车工业主要经济技术指标在全国机械汽车工业中的位次,工业总产值、工业增加值、产品销售收入居全国同行业第7位,利税总额居第8位。

2003年,我省机械汽车行业经济运行呈现以下特点:

(一)经济运行走势呈前高后低态势

从生产增长速度看,由一季度25.7%的增长速度到上半年降为13.9%,到10月份累计增长速度又降到10.1%。

(二)非国有经济增长强劲,国有经济增长乏力

全年国有及国有控股企业生产同比增长2.3%,中资及港澳台企业生产同比增长24.3%,股份制企业生产同比增长22%。

(三)大型企业贡献突出

全行业93个大型企业(原口径)全年共完成工业总产值743.6亿元,占全行业的64.6%,同比增长4.9%。

(四)汽车行业的支撑作用加强,是我省经济增长的主体

全年汽车行业完成工业总产值711亿元,同比增长7.3%,占全行业的62%。

二、以推进产权制度改革为重点,深化国企改革,建立现代企业制度

(一)大力推进产权制度改革。加大引进各方资本改造国企,采取股份制改造,产权出售、转让,开展合资合作等多种形式对国企重组。

(二)抓好省直属企业改革。直属企业在省机械汽车行业管理办公室的指导下,采取各个击破的方法,省机械工业经济技术开发公司、省机械设备进出口公司、省农机公司等已进行了改制,湖北第二机床厂批准政策性破产,省机电院整体加入湖北工学院,省机械工业学校与黄石四家中专学校合并,组建了新的湖北省机械工业学校。

(三)企业管理工作得到了加强。为了强化管理,加速现代企业制度的建立,一是认真开展了厂长、经理现代管理知识的培训;二是为完善法人治理结构,规范企业改制和管理,采取典型引路、经验交流等,通过不懈努力,一批企业如三环集团公司等达到管理基础规范目标。

三、加快技术创新，质量、安全、管理进步，提高机械汽车企业竞争力

2003 年全行业坚持依靠技术进步，运用高新技术和先进适用技术改造传统机械制造业，增强企业后劲。

（一）积极做好规划发展工作

省机械汽车办按照省政府统一要求，经过大量艰苦细致工作，起草、修订、完成了《湖北省机械汽车行业新型工业化规划》，完成了《关于加快湖北汽车零部件发展的若干意见》，起草了《湖北省汽车零部件工业发展规划》。

（二）切实抓好技术改造和固定资产投资工作，促进产业升级

一是积极组织国家和省重点项目的申报；

二是积极组织机电产品出口专项的申报；

三是组织重大项目的开发工作。在省计委、省科技厅的支持下，以省级科技攻关计划项目评审、中小科技型企业基金项目评审和中小型科技型企业发展基金项目评审等为基础，筛选一批重大项目，支持企业开发生产。如：东风汽车股份有限公司开发 6BTAA230 马力大功率发动机，在最大限度的挖掘康明斯发动机潜力，对缸体、喷油泵、增压器、活塞、活塞环进行改进，达到国际同类产品的先进水平；联合十多家高等院校、科研院所承担国家 863 电动汽车重大专项中混合动力轿车和混合动力客车两个整车开发项目，目前已取得实质性进展，为优秀质量管理班组奖，11 人次获湖北省优秀质量工作者称号。

省机械汽车办会同相关协会两次组织全省机械汽车行业 ISO/TS16949 体系认证质量宣贯会，推动了全省机械汽车行业企业质量管理上档次，上水平。

四、以项目为重点，做好招商引资工作

为了更好地跟进东风公司发展，组织了省内汽车零部件企业赴日本、韩国开展招商引资活动。在日本东京召开了“中国——湖北省日本汽车零部件企业经济技术合作洽谈会”，与日本自动车部品工业会签订了友好合作协议，三环集团、东风实业公司等企业与日韩有关企业签订了合资合作协议。协助省机械设备进出口公司获得了 2003 年 3000 吨橡胶进口配额。接待了日本阿未诺株式会社长考察武重，接待了马来西亚华商会来鄂寻找改装车合作伙伴，接待了美国硅谷创新集团总裁及香港贸易发展局代表等。争取外商来鄂投资合作。

招商引资促企业发展。2003 年，省机械汽车行办选筛确定了一批重点项目，多种途径对外进行招商。武汉市机械汽车行业新增合资项目 14 项，目前总合资项目达到 144 个，签约总投资额约 21 亿美元。红旗电工公司与位列世界 500 强的日本古河公司达成资金技术合资合作意向，生产铝合金线缆，提升产品技术档次。宜都机电公司与上海中国华源集团合作开发垃圾处理、污水处理设备。宜昌叉车公司与上海通用合作生产钢结构厂房，培育企业新的经济增长点。荆州九龙公司利用港方资金开发生产汽车驾驶室翻转器等。

五、树立廉洁、文明、务实、高效的工作作风，在机构改革中平稳过渡，圆满完成各项工作任务

2003 年是省机械汽车行办机构改革过渡的最后一年。撤消行办，成立省机械汽车行业投资促进中心。为确保机构平稳过渡，根据省委、省政府统一部署，结合本单位实际情况，制定了《内部机构“三定”实施意见》，明确提出了机构改革的指导思想、原则要求、总体框架、处室职能及编制。处室职能设置体现面向市场，向招商引资、行业投资规划和信息服务倾斜的原则。人员配置坚持实行竞争上岗、双向选择。在各项工作中，积极推行目标责任制管理，制定完善干部工作实绩考核评估指标体系，年初确定目标任务，年终考核兑现结帐。在工作任务繁重，人员相对减少，一岗多责的情况下，大家团结一心，扎实工作，做到了思想不乱、人心不散、工作不断，保质保量完成了省委、省政府赋予的工作任务。

2003 年行业各项工作虽然取得了很大成绩，但也存在不少困难和问题，主要表现在：行业企业技术进步和结构调整的步伐不快，行业管理乏力和服务滞后等问题较为突出。

一是行业发展不平衡，经济运行的质量和效益主要依靠汽车、机床、电工等产业，特别是东风公司和三环集团等一些大型企业集团的支撑。

二是产品结构不合理，零部件配套能力明显滞后于整车的发展，名牌产品不多。

三是资金不足、融资渠道不畅，许多企业尤其是中小企业产品有销路，但生产设备老化，质量不稳定。

四是市县机械汽车工业除少数企业外，生产经营普遍困难。

五是信息服务落后。全省机械行业管理机构基本撤销，行业体系断档，信息网络尚未形成，在一定程度

上影响了行业的发展。

湖北省机械工业主要经济指标

行　　业	企业数（个）	全部从业人员平均人数（人）	工业总产值（不变价）（亿元）	产品销售收　　入（亿元）	产品销售税金及附加（万元）	利润总额（亿元）	固定资产净值平均余额（亿元）
合计	1214	420048	1151	1067	90122	39	396
农业机械	54	11362	14.17	11.5	526	09	4.21
工程机械	12	2836	3.75	3.69	730	0.09	0.87
机床工具	73	21412	18.20	18.2	1649	0.12	8.37
机械基础件	120	32230	34.66	29.19	2122	0.51	16.66
石化通用机械	130	32892	70.67	54.29	3536	2.1	20.76
重型矿山机械	44	17159	16.28	13.56	760	-0.56	7.65
汽车及零件	363	199828	710.96	732.53	67407	29.03	260.09
电工电器	219	49961	166.07	125.39	7899	4.55	47.63
仪器仪表	73	21835	24.92	18.71	2527	0.86	11.44
食品包装机械	12	4348	16.02	14.00	368	0.81	5.65
文化办公设备	4	1814	6.76	4.75	137	0.12	0.96

撰稿：李一萍

三、企业景气监测

资料整理：刘鄂松　彭　刚
叶祯祥　王国正

生产经营明显回升　经济发展再现生机

——2003年三季度湖北企业景气调查报告

三季度，随着“非典”疫情得到有效的控制，各项针对受损行业的救助措施的落实到位，全省企业生产经营呈现明显回升走势。据全省企业景气监测结果显示：三季度，全省企业景气指数为120.8，比二季度回升10.3点，略低于一季度。与此同时，企业家对宏观经济和本行业发展的前景在“非典”过后乐观看好。三季度企业家信心指数达124.7，比二季度上升12.5点，与一季度水平基本持平。

一、国民经济协调发展，各行业生产经营全面回升

（一）八大行业的生产经营全面提升

三季度，工业、建筑业、交通运输邮政业、批发和零售业、社会服务业、房地产业、信息传输业、住宿和餐饮业等八大行业的企业景气指数比二季度均有不同程度回升。其中工业、批发和零售业、信息业的企业景气指数分别达到125.3、124.1和140.6，均高于全省平均水平。除交通运输邮政业接近“景气”临界值外，其它7大行业均在“景气”区间运行。尤其是社会服务业、住宿和餐饮业的经营状况明显反弹，基本恢复至“非典”前的经营水平。

（二）国有企业、外商及港澳台投资企业景气指数创新高

今年以来，我省国有企业、股份制企业、外商及港澳台投资企业生产经营形势明显好于全省平均水平。三季度，国有企业景气指数为119.1，是近几年的最高纪录；股份有限公司、有限责任公司的企业景气指数较去年同期和二季度均有所上升；外商及港澳台投资企业的企业景气指数创145.4的历史新高；私营企业景气指数为111.1点，比二季度上升11.1点；集体企业景气指数为83.8，仍处于不景气状况。

（三）大型企业对经济的拉动作用显著

今年以来，我省大型企业景气指数一直保持全省领先地位，即使在“非典”期间，大型企业所受影响比中小企业也要小得多。三季度，大型企业景气指数达到159.2，高于全省平均水平38.4点，创造历史最好水平。中小企业的经营也有一定改善，其企业景气指数在三季度达到106.2。特别是中型企业的企业景气指数创下110.3的历史新高。

二、三季度企业生产经营的突出特点

（一）生产发展速度加快，经济效益明显回升

“非典”过后，生产加快。三季度企业生产总量景气指数为114.6，比上期提高16.5点，是今年的最好水平。

企业效益与生产同步增长。三季度，全省税后利润景气指数达到今年最好水平110.8。从三季度的调查情况看，工业、批发和零售业、房地产业、建筑业均保持较好水平，对效益改善贡献突出；住宿业、餐饮业和社会服务业的盈利水平在受到“非典”的重创之后快速回升到“景气”区间。

（二）国内消费市场保持活跃，市场销售稳步增长

三季度，我省市场强劲回升对企业景气指数的提升带来了积极效应。“非典”疫情结束后，三季度全省消费品市场出现了近几年少有的城乡共荣的景象，餐饮业恢复了“非典”前的火爆局面。

从批发和零售业的景气状况来看，三季度批发和零售业企业景气指数为124.1，比一季度提高6.4点；同比提高3.6点；餐饮业的企业景气指数为115.0，与年初的旺季水平相当。另外，批发业、零售业以及工业企业的商品销售量增加，它们的销售景气指数均达到几年来最好水平

（三）企业固定资产投资增加

今年以来，全省企业固定资产投资景气指数由一季度的112.4逐季上升到三季度的119.4，创历年最好水平。分行业看，工业制造业、信息传输业的企业固定资产投资景气指数分别达126.2和129.3，领先其他行业。

从企业登记注册类型来看，国有企业、股份有限公司、有限责任公司、私营企业的固定资产投资景气指数均处于近几年的最高位；外商及港澳台投资企业的追加投资景气指数也保持在114.8的水平。

（四）企业劳动力需求有所回升

三季度，企业劳动力需求景气指数达99.6点，贴近“景气”临界点。不仅比“非典”期间的二季度大幅上升16.1点，更是达到近年来难得的最好水平。分行业看，建筑业劳动力需求持续旺盛；工业企业劳动力需求也在平稳上升；第三产业劳动力需求在“非典”过后快速上升，批发和零售业、住宿和餐饮业的劳动力需求景气指数恢复到年初的水平。三季度企业劳动力需求回升对缓解就业压力给出了一个积极的信号，但与我省严峻的就业形势相比仍存在很大差距。

三、企业对四季度企业景气走势的判断

就经济发展速度看，目前中国经济正进入一个新增长时期的上升阶段。2001年全国GDP增长7.5%，2002年增长8%；尽管受到“非典”疫情的影响，今年上半年全国GDP的增长仍在8.2%的较高位置。在此背景下，我省经济生活中也出现了一些新的增长点。一是三峡电站的并网发电成功，不仅产生了直接的效益，而且将形成旅游观光等新的经济增长点。二是国内迄今为止最大的汽车工业合资项目——东风汽车有限公司的创立，将使湖北汽车优势凸现，并将带动冶金、机械、汽配以及各种新材料、新技术等相关产业链的发展。三是汽车、通信和住房等热点商品的旺销。这些无疑将给我省企业注入新的活力，四季度和全年经济将保持良好的发展态势。

据全省1300多家企业景气预期调查结果显示：大多数企业家对四季度我省经济形势和本行业发展前景仍充满信心，预计四季度全省企业生产经营将保持平稳上升的格局。预期企业景气指数将达到125左右，企业生产、销售、盈亏变化、货款拖欠等指标均将比本期有不同程度的提高。

四、需引起重视的几个问题

在肯定经济运行良好的同时，也要看到经济运行中出现的一些值得关注的问题。集中表现为：

（一）小企业与大企业的差距不断加大

近年来我省经济的加速发展主要靠大企业的拉动，而为数众多的小企业没有被激活。从反映企业综合生产经营状况的企业景气指数来看：2001年小型企业比大型企业平均低41点，2002年平均低45点；到2003年这种差距进一步扩大，三季度其差距扩大到近60点。

（二）部分骨干企业生产有所滑坡

三季度，我省部分骨干企业的生产总量比二季度减少。如东风汽车公司自开年以来生产持续走低，截止

8月底十堰基地累计实现工业总产值同比下降13%；与上半年相比，下滑势头又增加了2个百分点。同时其销售也由去年月增长30%下滑至现在的负增长。卡车市场的持续走低，又严重影响了众多配套企业的生产。

（三）企业生产成本上升

企业景气调查结果资料显示，三季度，工业企业生产成本费用明显趋升，其景气指数降至四年来的谷底，此外，建筑业工程结算成本、交通运输仓储及邮政业的营业成本、批发和零售业的经营费用也在增加，限制了企业经济效益的提升空间。

工业企业成本上升，一方面主要受原材料及能源购进价格上涨的影响，另一方面企业产成品库存出现积压，三季度，工业企业产成品库存景气指数较一、二季度分别下降25.3和9.8点。调查的工业企业中，产成品库存增加的企业比率比一季度提高了7.7个百分点，库存减少的企业比率下降了2.1个百分点。产品积压不仅占用了资金，也无形中增加了管理费用，导致成本的进一步的扩大。

撰稿：彭　刚

核稿：刘鄂松

企业经营稳定上行　微观经济活力显现

——2003年四季度湖北企业景气调查报告

据省企业调查队对全省1300多家企业景气调查结果显示,2003年四季度,全省企业景气指数在三季度大幅回升的基础上继续上行,微观经济层面呈现良好局面:企业产销同步增长,消费市场活跃,企业流动资金和货款回笼形势好转。预计今年首季全省企业生产经营仍将保持稳定上升态势。当前企业运营中出现的企业成本快速上升、部分企业经营回落等问题值得关注。

一、全省企业景气继续上扬

在国内宏观经济走势向好的背景下,我省企业生产经营也呈现出稳步向上的良好发展势头。据全省企业景气监测结果显示,2003年四季度,全省企业景气指数达到121.7,比上季度和上年同期分别提高0.9和1.1点。企业经营者对宏观经济和企业发展前景仍保持积极乐观的态度。全省企业家信心指数为124.5,继续在景气区间平稳运行。

(一)八大行业企业景气指数全部处于景气区间

2003年四季度,交通仓储邮政业、住宿和餐饮业、房地产业、信息传输软件业、建筑业、批零贸易业等六个行业企业生产经营继续上行,企业景气指数分别比上季度上升了1—6点,分别达到104.9、115.2、114.6、143.1、112.7和125.4。在节日临近运输市场运量增加的影响下,交通运输邮政业企业景气上升5.6点,走出不景气区间。工业对全省经济发展仍发挥重要支柱作用,四季度工业企业景气指数为124.2,并高于全省企业平均水平2.4点。工业企业39个行业门类中,黑色金属冶炼及压延加工业、非金属矿物制品业、医药制造业、食品制造业、电力、热力的生产和供应业、石油加工及炼焦业、有色金属冶炼及压延加工业等类别行业生产经营状况上升,支撑着整个工业经济的发展。

(二)股份制企业快速发展,多种所有制共同发展

四季度,股份制企业经营状况优于全省企业,推动了全省企业景气水平的提高。其中,股份有限公司,有限责任公司企业景气指数分别达到135.8和125.1点,比上季度分别上升9.4和8.9点,比上年同期分别提高10.0和11.6点。股份制企业景气指数水平及提高幅度均呈大幅跃升态势。外商及港澳台投资企业景气指数为145.0,领先全省企业水平23.3,继续雄居各类型企业之首。国有企业景气指数为114.4,在景气区间小幅回落,集体、私营企业经营状况则分别呈上升走势。

(三)中、小企业景气度同步回升,大型企业领先全省企业

四季度,中小型企业生产经营明显提升,其景气指数达到112.4,比上季度上升6.2点,其中,中型企业、小型企业景气指数分别达到116.1和108.7点,同时创出了近几年来的最好水平。由于受部分特大型企业生产经营下降的影响,大型企业景气指数比上季度下滑了14.0点。但大型企业景气指数仍居145.2的高位,继续领先全省企业水平23.5点。

二、经济运行亮点频现

在政府一系列扩大内需的措施以及国家稳健的货币信贷政策效应释放下，当前经济运行中出现了新的亮点。

(一)消费市场继续呈现活跃局面，需求对经济的推动作用进一步显现

新的消费热点持续升温，居民消费升级对经济增长的拉动作用明显。在汽车、通讯器材、商品房等一些新的消费热点持续升温的推动下，批零贸易业、住宿餐饮业、房地产业企业市场销售呈现火爆局面，企业景气加快上扬。

四季度，批零贸易业销售、购进景气指数达到144.2和147.1，均创近年来新高；房地产业完成投资景气指数创出123.5新高水平的同时，商品房销售面积也达到120.6的历史较高水平。

批零贸易业、住宿餐饮业企业经营状况延续向好，其景气指数继在三季度达到最好状况后，四季度上升1.3、2.5点，再度创出125.4、115.2的新高水平。与上年同期相比，批零贸易业、住宿餐饮业企业景气指数分别提升13.4和8.8点。房地产在受到央行加强信贷政策的影响后，2003年二、三季度企业经营状况连续两个季度下滑，但在四季度重新抬头回升。四季度，房地产业企业景气指数为114.6，上升3.1点，同比提高9.3点。

(二)企业产品市场销售价格走出低迷状态

2002年四季度，工业企业产品销售价格开始回升。工业企业产品销售价格景气指数在2003年一季度达到98.9的景气边缘，由于受“非典”影响二季度有所下滑，但在三季度回升到87.6，四季度升至101.8，这是我省工业企业产品销售价格景气指数首次步出不景气区间。

企业产品(服务)销售价格的回升，一方面反映和预示了市场供求关系的变化趋势，另一方面也反映了企业市场开拓能力的增强。工业企业产销衔接趋好，库存减少的状况也印证了这一点。四季度，工业企业产品压库大幅减少，产成品库存景气指数为123.5，比上季度和上年同期分别提高22.0和23.6点，仅次于2003年一季度水平。

(三)企业经济效益稳定，流动资金紧张状况的局面逐渐得到改善

企业经济效益好于上年同期水平。2003年四季度，企业经济效益景气指数为109.4，比上季度略有回落，但与上年同期相比仍提高0.5点。其中，批零贸易业、房地产业企业盈利景气指数分别比上季度提高20.7和8.6点，达到141.1和121.6，同时创出近年最好水平。建筑业、交通运输邮政业、信息传输业企业盈利景气指数均比上季度提高。

企业流动资金紧张局面继续缓解。近两年来，我省企业流动资金紧张局面呈逐渐缓解的趋势。至2003年四季度，全省企业流动资金景气指数为75.2，上升2.9点，虽仍处不景气区间，但达到了近年来最好水平。特别是今年各季度中小企业流动资金景气指数保持在65.0以上点位运行，全部好于上年水平，并在2003年四季度再创72.5的近年最好水平。

与此同时，企业货款回笼速度加快。四季度，企业货款拖欠景气指数回升13.1点，在经历了前两个季度的下滑后，再次回到108.7的景气区间。

三、企业营运中的突出矛盾与问题

资料显示，几年来一直制约我省企业景气水平提高的中小企业活力不足、企业资金紧张的矛盾逐渐得到缓解，微观经济出现期盼已久的良好局面。但是，当前企业经济运行中仍然存在一些突出矛盾与问题。

(一)企业原材料、能源需求与供应的矛盾凸现，企业生产成本不断上升

自2002年四季度开始，以工业、建筑业为代表的各行业企业原材料、能源供应呈现紧张局面，购进价格不断上涨。至2003年下半年，企业原材料能源需求与供应的矛盾显得更为突出。2003年四季度，工业企业原材料及能源购进价格景气指数分别下滑18.6和24.6点，跌至106.3和41.2的近5年最低水平。建筑业建筑材料购进价格景气指数也比上季度和上年同期水平下滑57.4和38.5，跌至18.7的近5年最低状态。

与此同时，企业生产成本呈不断上升趋势。2003年四季度，工业企业、建筑业企业生产成本景气指数各跌至60.0和38.4的近年最低水平。

调查中，企业经营者反映原材料、能源价格上涨过快，企业降低成本压力巨大。武汉钢铁（集团）公司、湖北三峡新型建材股份有限公司、湖北鄂西化工厂、十堰金鼎纺织集团有限公司、湖北天发实业集团有限公司等工业企业反映煤炭、矿石、电力、棉花、农产品等原材料、能源供应紧张、铁路运力不足、价格大幅上涨，企业经营压力增大，希望政府采取调控措施，帮助企业解决供需不平衡的问题。中国十五冶金建设公司、中国长江航道（集团）总公司、宜昌市公共汽车总公司等建筑企业、交通运输企业反映今年钢材及石油等燃料价格上涨幅度过大，影响企业效益下降，希望政府加强宏观调控，平抑市场价格。

（二）部分骨干企业生产经营有所回落

四季度，少数特大型企业生产经营明显回落。反映特大型企业综合生产经营状况的企业景气指数比上季度大幅下挫39.5点，跌至135.7，为近几年来最低状态。特大型企业生产总量景气指数为76.1，下跌14.8点。企业赢利、用工需求、固定资产投资景气指数均跌至不景气区间。分析表明，特大型企业景气状况走低，主要受少数企业下滑影响。一是东风汽车公司产销下滑加速。2003年1－11月份，东风汽车公司（十堰基地）总产值为221亿元，比上年同期下滑16.9%。二是武钢股份受冷轧厂技改影响，生产、销售等部分经营指标有所回落。

（三）企业劳动力需求再度呈疲软状态

2003年四季度，全省企业劳动力需求景气指数为92.8，仍然没有摆脱多年来低位不景气的状态。企业劳动力需求景气指数为92.8，比上季度下降6.8点，在全年四个季度中仅好于受“非典”影响的二季度。全部被调查企业中，仅有17.4%的企业用工需求增加，有24.6%的企业用工需求减少。企业劳动力需求景气低迷给全省扩大就业工作带来严峻压力。

（四）企业呼唤加强政府宏观调控力度和对经济环境的治理和整顿

调查中，企业反映当前部分领域出现低水平重复建设，行业无序竞争有所抬头。武汉钢铁股份有限公司反映“国内厂家之间价格竞争无序，建议国家采取针对汽车产业投资过热的四项政策，控制钢铁工业品过热发展。”武汉中百集团股份有限公司反映“武汉商业零售业新增网点过密，而且零距离的无序竞争会导致国有资产的重复浪费，期望政府以适度的调控手段平衡发展。”武汉海尔电器股份有限公司、武汉湖锦娱乐发展有限公司、孝感麻糖米酒股份有限公司等企业反映，市场竞争激烈，同行业无序竞争，经营不规范，企业必须耗费相当精力应对。

四、今年首季企业景气走势预测

2003年，我国经济经历了诸多考验，仍取得了持续、快速发展，我省经济也保持了向好发展势头。年底召开的中央经济工作会议确立了2004年宏观经济调控“稳定政策、适度调整”的方向，宏观经济政策的连续性和稳定性增强，将有助于国内经济在新的一年里继续保持快速增长的势头。

从景气调查有关指标反映看，2003年四季度，工业企业产品订货景气指数为104.0，比上年同期大幅提升18.3点。国外需求也有所上升，四季度，工业企业产品国外订货景气指数也比上年同期和上期分别提高了16.8和15.2点，反映出企业适应和开拓国内外市场能力的增强。分析2004年企业景气走势，在国内政治、经济、社会协调发展的良好背景下，我省企业家对2004年宏观经济和企业发展前景持积极、乐观的态度。

预期企业景气调查结果显示:被调查的企业家对 2004 年春季企业生产经营的判断中,认为营运状况偏好的企业占 39.7% ,认为稳定的占 50.1% ,认为偏差的仅占 10.2% 。预计 2004 年企业景气开局良好,企业经营形势仍将延续向上。

撰稿:叶祯祥

核稿:刘鄂松

企业景气稳步攀升

——2003年全省企业景气回眸与趋势判断

2003年,我省国民经济克服了“非典”等不利因素的影响,实现了持续、稳定、协调、健康发展,全省企业生产经营也承接了近年来逐步向好的运行态势。全省企业景气水平跃上新台阶,微观经济显现出一系列积极变化。与此同时,企业经营中的新旧矛盾交替出现,仍需采取措施化解。

一、企业景气跃上新台阶

2003年,企业家信心指数和企业景气指数呈现出波动运行,总体向好的运行态势:一季度全省企业家信心指数和企业景气指数双双创出近5年新高点126.1和122.3后,二季度因受“非典”影响出现较大幅度地下滑,经历了两个季度的恢复上升后,四季度分别达到121.7和124.5,虽然略低于一季度水平,但仍站立于一个新的发展平台上。

调查资料显示,反映宏观经济景气状况的企业家信心指数继续呈现梯形上升的趋势(见图一)。几年来企业家信心指数的平均水平是:1999年为89.3,2000年为106.1,2001年为112.9,2002年为121.3。2003年四个季度企业家信心指数分别为126.1、112.2、124.7和124.5,除受“非典”影响的二季度外,企业家信心指数均高于2002年水平。可以看到,在国家采取一系列扩大内需、促进经济增长的宏观调控政策措施下,特别是在省委、省政府不断推进环境改善、体制改革、作风改进和培育市场主体的背景下,企业经营和发展的环境不断改善,我省企业经营者对宏观经济和企业发展前景的信心不断增强。

同时,我省企业整体经营状况不断改善,反映企业综合生产经营状况的全省企业景气指数一年跃上一个新台阶。几年来企业景气指数的发展的平均水平:1999年为95.2,2000年为103.1,2001年为113.1,2002年为118.6。2003年四个季度全省企业景气指数分别为122.3、110.5、120.8和121.7,平均达118.8。除受“非典”影响的二季度外,全省企业景气指数均高于2002年同期水平。而2002年四个季度企业景气指数基本处于115-120的区间运行。

(一)国民经济各行业全部步入“景气”区间,工业企业继续发挥主导作用

虽然因“非典”影响,2003年各行业企业经营出现了较大幅度地波动,但是至2003年四季度,各行业企业景气指数全部同时进入“景气”区间(见表一)。从2003年各行业企业经营状况的发展看,工业生产增长和消费需求上升对全省经济增长发挥了积极作用。

——工业仍然发挥着对经济发展的主导作用。2003年工业企业景气指数(年度平均值。下同)在上年提高的基础上继续上行到124.5,并且高于全省企业5.7点。全年四个季度工业企业景气指数稳定在120以上,均高于同期全省企业水平。其中,汽车、冶金、机械、石化、电力、建材等支柱行业对工业经济的支撑作用明显。黑色(有色)金属冶炼及压延加工业、电力、热力的生产和供应业、化学纤维制造业、医药制造业、化学原料及化学制品制造业、交通运输设备制造业、仪器仪表制造业等类别企业景气指数处于125以上运行,推动了整个工业企业经营的上升。

——在汽车、通讯、商品房等热点商品持续升温的推动下,批零贸易业、房地产业企业经营继续上行,信

息传输业景气跃上高位。2003 年，批零贸易业、房地产业企业景气指数分别达到 120.6 和 115.7，在上年度上升 6.1 和 1.3 的基础上又提高了 3.3 和 4.1 点。信息传输业景气指数达到 139.5，高于全省企业述评 20.7 点。

——受“非典”影响，住宿餐饮业、交通运输仓储邮政业二季度景气指数降至“不景气“区间，社会服务业在不景气区间回落。但是，经过三、四季度的回升，2003 年末，住宿餐饮业、交通运输仓储邮政业、社会服务业均回升至景气状态，住宿餐饮业还创出了 115.2 的近年新高水平。

——建筑业企业经营先抑后扬。其一季度景气指数为 97.6，至四季度，上升至 112.7，达到全年最好水平。

表一：2003 年 1－4 季度各行业企业景气指数及对比

时期 行业	2003.1	2003.2	2003.3	2003.4	2003 年 平均数	2002 年 平均数
全省企业	122.3	110.5	120.8	121.7	118.8	118.6
工业	127.6	121.0	125.3	124.2	124.5	122.7
建筑业	97.6	95.7	101.0	112.7	101.8	112.0
交通运输仓储邮政业	109.8	54.6	99.2	104.9	92.1	101.2
批零贸易业	117.7	115.4	124.1	125.4	120.6	117.3
房地产业	119.8	117.0	111.5	114.6	115.7	111.6
社会服务业	111.5	80.8	104	100	99.1	121.7
信息传输和软件业	148.5	125.7	140.6	143.1	139.5	111.2
住宿和餐饮业	103.4	27.6	111.1	115.2	89.3	99.6

（二）多种所有制共同发展，股份制企业加快提升

——国有企业经营稳步提升。近年来，我省各级政府着力通过产权改革、机制创新，不断加强企业改革、改制的力度，国有企业在 1999 年走出低迷状态后，企业活力逐步增强。2003 年各季度，国有企业景气指数维持在 115 点以上平台运行，并在一、三季度两次创下 118.6 和 119.1 的新高。

——股份制企业跃上新台阶。近年来，股份制企业景气指数基本处于 100－120 点间运行。四季度，股份制企业景气指数达到 129.0，创下近年来的最好水平。其中，股份有限公司、有限责任公司企业景气指数分别达到 135.8 和 125.1 点，同时创出新高。股份制企业景气指数高于全省企业 7.3 点，在不同所有制类型企业中，其经营水平仅低于外资企业，高于其他所有制企业。

——外资企业经营持续向好。省委、省政府把招商引资、改善投资环境作为对外开放工作的重点来抓，促进了外资企业经营的持续上升。除受“非典”影响的二季度外，2003 年各季度景气指数在 145 以上。外资企业年度景气指数为 137.5，高于上年 135.0 的水平。

——非公企业继续得到发展。2003 年，私营企业景气指数均处于景气区间运行，四季度，景气指数达到 123.9，高于上年同期水平 20.8 点。

（三）大型企业稳定发展，中小企业经营有所改善

——大型企业延续了近年来高位上升的势头，继续成为推动全省企业发展的“火车头”。2003 年一、三季度，大型企业景气指数各达到 157.6 和 159.2，分别创出新高。2003 年度大型企业景气指数为 152.8，比上年继续提高了 2.9 点。

——中小企业经营明显改善。除受“非典”影响的二季度外，2003 年各季度景气指数均高于上年同期水

平。四季度,中小企业景气指数达到112.4,首次越过110。其中,中型企业、小型企业景气指数分别达到116.1和108.7点,同时创出了近几年来的最好水平。

二、经济运行出现转暖征兆

在政府一系列扩大内需的措施以及国家稳健的货币信贷政策效应释放下,2003年企业运行部分指标呈现积极变化,宏观经济呈现转暖迹象。

(一)企业经营理念发生变化,产销衔接趋好,市场的作用增强

近年来,在激烈的市场竞争中,我省企业营销观念发生转变。企业由以前的只注重生产,片面追求产量的增加和产值的增长,逐步向主张市场销售转变,实现"以销定产"。

2003年,工业企业产品销售景气指数与生产同步发展,企业产成品库存呈现减少趋势。2003年四季度,工业企业产成品库存景气指数为123.5,比上季度和上年同期分别提高22.0和23.6点,仅次于近年新高2003年一季度的水平。四季度,工业企业库存比上季度"减少"的企业增加了11.4%,比上年四季度减少的企业达26.0%。

(二)企业产品市场销售价格走出低迷状态

2002年四季度,工业企业产品销售价格开始回升。工业企业产品销售价格景气指数在2003年一季度达到98.9的景气边缘,由于受"非典"影响二季度有所下滑,但在三季度回升到87.6,四季度升至101.8,这是我省工业企业产品销售价格景气指数首次步出不景气区间。

工业企业产品(服务)销售价格的回升,一方面受到上游原材料、能源价格上涨的推动。另一方面也反映和预示了市场供求关系的变化趋势,以及企业市场开拓能力的增强。

(三)企业经济效益稳定,流动资金紧张状况的局面逐渐得到改善

2003年四季度企业经济效益好于上年同期水平。企业经济效益景气指数为109.4,比上季度略有回落,但与上年同期相比仍提高0.5点。其中,批零贸易业、房地产业企业盈利景气指数分别比上季度提高20.7和8.6点,达到141.1和121.6,同时创出近年最好水平。

2003年,我省企业流动资金紧张局面呈逐渐缓解的趋势。随着国家一系列支持企业发展的融资政策出台落实后,金融机构投放的货币信贷量逐步增长,我省企业特别是中小企业融资状况异常紧张的局面得到了一定的可喜变化。至2003年四季度,全省企业流动资金景气指数为75.2,上升2.9点,虽仍处不景气区间,但达到了近年来最好水平。特别是今年各季度中小企业流动资金景气指数保持在65.0以上点位运行,全部好于上年水平,并在2003年四季度再创72.5的近年最好水平。2003年四季度中小企业与全省企业流动资金景气指数的差距由上年同期的10.5点、上季度的3.3点继续缩小至2.7。

与此同时,企业货款回笼速度加快。四季度,企业货款拖欠景气指数回升13.1点,在经历了前两个季度的下滑后,再次回到108.7的景气区间。

三、企业营运中的突出矛盾与问题

资料显示,几年来一直制约我省企业景气水平提高的中小企业活力不足、企业资金紧张的矛盾逐渐得到缓解,微观经济出现期盼已久的良好局面。但是,2003年企业经济运行中仍然存在一些突出矛盾与问题。

(一)企业原材料、能源需求与供应的矛盾凸现,企业生产成本不断上升

自2002年四季度开始,以工业、建筑业为代表的各行业企业原材料、能源供应呈现紧张局面,购进价格不断上涨。至2003年下半年,企业原材料能源需求与供应的矛盾显得更为突出。2003年四季度,工业企业原材料及能源购进价格景气指数分别下滑18.6和24.6点,跌至106.3和41.2的近5年最低水平。建筑业

建筑材料购进价格景气指数也比上季度和上年同期水平下滑57.4和38.5,跌至18.7的近5年最低状态。

与此同时,企业生产成本呈不断上升趋势。至2003年四季度,工业企业、建筑业企业生产成本景气指数各跌至60.0和38.4的近年最低水平。调查中,企业经营者反映煤炭、矿石、电力、棉花、农产品等原材料、能源供应紧张、铁路运力不足、价格大幅上涨,企业经营压力增大,希望政府采取调控措施,帮助企业解决供需不平衡的问题。

(二)企业劳动力需求仍显不足,与就业压力矛盾突出

2003年,全省企业劳动力需求景气指数虽然比2002年略有回升。但是四个季度,全省企业劳动力需求景气指数仍未步出不景气区间。四季度,企业劳动力需求景气指数为92.8,比上季度下降6.8点,在全年四个季度中仅好于受“非典”影响的二季度。全部被调查企业中,仅有17.4%的企业用工需求增加,有24.6%的企业用工需求减少。企业劳动力需求景气低迷给全省扩大就业工作带来严峻压力。

(三)部分骨干企业生产经营有所回落

四季度,少数特大型企业生产经营明显回落。反映特大型企业综合生产经营状况的企业景气指数比上季度大幅下挫39.5点,跌至135.7,为近几年来最低状态。特大型企业生产总量景气指数为76.1,下跌14.8点。企业赢利、用工需求、固定资产投资景气指数均跌至不景气区间。分析表明,特大型企业景气状况走低,主要受少数企业下滑影响。一是东风汽车公司产销下滑加速。2003年1-11月份,东风汽车公司(十堰基地)总产值为221亿元,比上年同期下滑16.9%。二是武钢股份受冷轧厂技改影响,生产、销售等部分经营指标有所回落。

四、今年首季企业景气走势预测

2003年,我国乃至我省经济经历了“非典”等诸多考验,仍取得了持续、稳定、协调、健康发展。年底召开的中央经济工作会议确立了2004年宏观经济调控“稳定政策、适度调整”的方向,宏观经济政策的连续性和稳定性增强,将有助于国内经济在新的一年里继续保持快速增长的势头。全省经济工作会议也提出“要精心培育市场主体”,加大各方面的改革力度,必将推进全省企业经营地持续发展。

从景气调查有关指标反映看,2003年四季度,工业企业产品订货景气指数为104.0,比上年同期大幅提升18.3点。国外需求也有所上升,四季度,工业企业产品国外订货景气指数也比上年同期和上期分别提高了16.8和15.2点,反映出企业适应和开拓国内外市场能力的增强。分析2004年企业景气走势,在国内政治、经济、社会协调发展的良好背景下,我省企业家对2004年宏观经济和企业发展前景持积极、乐观的态度。

预期企业景气调查结果显示:被调查的企业家对2004年春季企业生产经营的判断中,认为营运状况偏好的企业占39.7%,认为稳定的占50.1%,认为偏差的仅占10.2%。预计2004年企业景气开局良好,企业经营形势仍将延续向上。

撰稿:叶祯祥

核稿:刘鄂松

经济发展增势强劲　企业景气再攀新高

——2004年一季度湖北省企业景气调查报告

今年首季,我省企业生产经营的开局形势喜人。反映企业综合生产经营状况的全省企业景气指数为127.1,在上年四季度上升0.9点基础上,再度上扬5.3点,创出6年来最好水平,其上升幅度为近年来同季度上升最高的季度。同时,在我国国民经济继续向好的大背景下,我省各行业经营者对宏观经济走势和企业发展信心进一步增强。一季度企业家信心指数首次超过130,达135.8的高位,比上期和上年同期分别提升11.3点和9.7点。调查中,企业家对行业发展前景持乐观态度的企业比例高于上期。

一、企业生产经营步上新台阶运行

(一)八大行业景气指数均在景气区间运行,工业、交通、商业、房地产业景气指数上升显著

一季度,国民经济八大行业协调发展,均运行在"景气"区间。

工业景气再度加快上行是今年首季的一个亮点。今年一季度,工业企业景气指数在去年四季度124.2的较高位再度提升至127.6,处于历史最好水平。主要工业行业:钢铁冶金业、石油加工业、化学原料制造业、医药制造业、交通设备制造业、仪器仪表业等行业的企业景气指数运行在130—170的高位。对全省工业支撑作用明显。

交通运输和邮政业景气指数比上期提升23.1点,在八大行业中,增幅最大。

批发零售业在消费品市场需求上升推动下,景气指数首次跃过130,达到137.5的高位。

房地产业受商品房市场升温的影响,景气指数达128.9,比上期上升14.4点,也为历史最高水平。

建筑业由于受季度因素影响,景气指数比上期略有回落,但仍在景气线以上运行,并明显好于去年同期水平。

社会服务业、信息传输业、住宿和餐饮业企业景气指数均比上期和同期有不同程度上升

(二)国有企业生产经营状况明显改善,其他类型企业总体稳步上升

随着我省国企改革和调整地不断深化,国有企业生产经营呈现不断改善状况,企业景气调查资料显示,近年来,国有企业景气指数不断上升,整体上已由2001年前的不景气状况,逐步步入景气区间,今年一季度,国有企业景气指数在去年四季度114.4基础上,再度上行至120.7,居历史最好水平。

股份制企业和外商投资企业一直是我省营运良好的两大类型企业,今年一季度,其景气指数继续保持高位,分别为140.6和156.0,并领先于全省平均水平。

其他类型企业中,私营企业景气指数为128.1,略高于全省平均水平,集体企业景气指数为97.7,虽仍低于景气线以下,但比上期和去年同期都有不同程度回升。

(三)大、中、小型企业生产经营均呈现稳步提高

从近几年来大、中、小型企业生产经营状况看,大型企业营运状况明显好于中小型企业,反差明显。自去年下半年来,这种状况开始逐步有所改观。目前,大型企业生产经营继续保持良好的态势,一季度大型企业景气指数达到155.2的高位;中小型企业也由过去徘徊在景气临界线附近运行,逐步步入景气区间运行,一

季度中小企业景气指数分别达到 118.6 和 115.1，均比上期和同期有不同程度上升。

二、生产经营的主要特征

（一）各大行业企业生产（业务）量进一步扩大

一季度，全省企业生产（业务）量景气指数分别比上期和去年同期上升 1.3 点和 8.5 点，其中工业制造业的上升幅度最为明显。工业企业生产保持较快增长，主要受基础原材料需求大幅度上升以及消费升级的推动，如钢铁、水泥、化工产品等基础性产品产量继续有较大上升。受春运影响，交通运输业务量景气指数大幅上升 24.8 点。其他行业，如房地产业的投资景气指数、批发零售业的业务量景气指数均有不同程度上升。

（二）产品订货继续增加，国际市场开拓力度加大

一季度企业生产增长较快，国内外需求上升是主要推动因素。一季度，工业企业产品订货景气指数达到 127.3，为近年来最高位。调查显示，制造业中订货增加和订货持平的企业比重占 87.4%，订货下降的企业仅占 12.5%。

我省企业抓住加入 WTO 后参与全球竞争的机遇，调整产品结构，努力开拓国外市场，出口订货合同增加。一季度工业企业出口订货景气指数为 119.3，与上季度基本持平，但比上年同期上升 5.13 点。

（三）企业效益呈较好水平

一季度，全省八大行业中，企业税后利润景气指数除建筑业有所回落以外，其余均在景气区间运行。其中，工业企业税后利润景气指数达到 121.4，比上期上升 10.3 点，为历史最好水平。房地产业、交通运输业、信息传输、住宿和餐饮业企业效益均处于较好状态。

（四）企业劳动力需求开始有较明显回升

一季度，我省企业劳动力需求景气指数首次步出“不景气”区间，达到 101.9，分别比上期和去年同期上升 9.1 点和 7.4 点。其中，工业企业、交通运输企业和社会服务业劳动力需求上升最为明显。调查显示：对劳动力需求不增不减的企业占 56.7%。对劳动力需求增加的企业占 22.5%，对劳动力需求下降的企业占 20.6%，这其中，需求增加的比重首次超过需求下降的比重。

三、企业营运中应关注的问题

（一）能源及原材料价格大幅上涨，企业成本快速上升

今年一季度，能源及原材料价格在去年不断上涨基础上，再度有较大幅度上升，导致企业生产成本迅速增加，这是当前企业经营中最为突出的问题。一季度，工业原材料及能源购进价格景气指数继续下滑，跌至 6 年来最低位，仅为 46.1。与此同时，企业生产成本呈现快速上升。一季度，工业企业成本景气指数滑落到 56.1 的近年来最低水平。

调查中，许多企业反映原材料、能源价格上涨过快，对企业生产经营影响巨大。武汉钢铁（集团）公司反映：“上游产品矿石、煤、电、运费价格猛涨，导致炼铁成本大幅上升，成本压力增大。”华中华能发电股份公司反映：“电煤价格大幅上涨，原材料资源区域性严重不足”。武汉燃气热力集团公司反映：“煤炭、焦炭供应紧张且价格高，质量下降，给企业生产带来极大困难”。三环集团公司、江岸车辆厂、武汉依斯特机械工程有限公司、省建筑工程总公司、十五冶金建筑公司等许多企业反映当前原材料能源涨价过快，成本增加，希望政府加强宏观调控，抑制价格上扬。

（二）在经济发展快速阶段，应十分重视企业营运质量和持续发展能力

从目前我省企业生产经营快速发展状况看，很大因素受投资需求扩张和基础原材料需求膨胀的影响。在此状况下，要十分重视经济的运行质量和企业持久发展能力。虽然目前企业生产上升较快，但企业库存也

在随之增加，一季度工业企业产成品库存景气指数比上期和去年同期分别下降6.2点和9.6点。调查也显示，与生产经营的快速增长相比，许多企业效益增长并不很显著；尤其是中小型企业效益提升不显著，一季度，中小型盈利景气指数虽然比去年同期有所增加，但与上期比下降5.9点。在调查的30个大类工业制造业中，造纸业、食品加工业、化纤制品业、塑料制品业、专用设备制造业等十三个大类企业盈利景气指数比上年四季度还有所下降。

四、上半年企业景气走势预测

据企业家对上半年预测景气调查结果显示：目前，我省企业生产经营景气指数已在较高平台上运行，总体上看，企业家对上半年继续保持这种运行态势基本认可。被调查的企业家对2004年二季度企业生产经营状况的预测判断中，45.4%的企业认为经营状况会继续向好，48.4%的企业认为经营状况将与本季度持平，认为经营状况将会下滑的企业为6.0%。预计2004年二季度企业景气指数在127—130点间运行，企业生产经营总体上仍呈平稳上升的格局。综合各行业的预测：工业企业将继续保持上升，批发零售业将会稳定或略增，交通运输业经过春运后将会有所回落，建筑业将会有较明显回升。

撰稿：刘鄂松

宏观调控显现成效　企业景气高位回调

——2004年二季度湖北省企业景气调查报告

今年初,特别是4月份以来,中央出台了一系列控制经济增长速度、调整经济增长结构的宏观调控政策,以遏制某些行业过热发展。随着各项宏观调控措施的逐步到位,全省经济运行开始朝着健康有序的方向发展。据全省1300多家企业景气监测结果显示:二季度,反映企业综合生产经营状况的企业景气指数为121.8,反映企业家对宏观经济形势判断的企业家信心指数为126.3。尽管与一季度相比分别回落5.2点和9.5点,但均好于去年同期水平11点以上。排除去年二季度"非典"时期的基点较低的因素,它们仍位于1998年我省开展企业景气调查以来的高位。

一、宏观调控效应显现,企业营运质量趋好

(一)国民经济八大行业协调发展,工业企业景气指数高位回落

当前全省企业生产经营总体形势是好的,国民经济八大行业景气指数均在"景气"区间运行。与上期比较,除社会服务业、建筑业、房地产业分别上升20.8、16.8、12.2点外,其它行业的企业景气指数均有所下降。

从企业景气调查结果可以看到:我省受宏观调控政策影响较大的行业主要表现在工业,二季度工业企业景气指数为119.3,是三年来首次低于全省平均水平。

房地产业、建筑业企业景气指数分别达到141.2和120.5,刷新历史最高纪录。

消费品市场持续回暖,1999—2003年批发和零售企业景气指数平均分别在93、110、117和121左右,2004年上半年稳定在130以上。消费结构升级换代加快,汽车、商品房等消费热点的持续繁荣了消费市场。

2004年二季度国民经济八大行业企业景气指数

行　　业	企业景气指数	比上期增长(点)	同比增长(点)
总体状况	121.8	-5.2	11.3
工业	119.3	-8.3	-1.6
建筑业	120.5	16.8	24.8
交通运输、仓储及邮电通信业	106.3	-21.7	51.7
批发和零售业	130.3	-7.1	15.0
房地产业	141.2	12.2	24.1
社会服务业	120.0	20.0	39.2
信息传输、计算机报务和软件业	148.3	-8.3	22.6
住宿和餐饮业	113.7	-6.0	86.1

（二）大型企业仍是带动全省经济增长的主要力量

二季度，大型企业景气指数为146.6点，比上期在高位有所下降，但仍优于全省平均水平24.8点。在监测企业生产营运的10项综合指标中，在生产总量、盈亏变化、固定资产投资和流动资金等等方面大型企业均好于全省平均水平12—26点。

随着一系列积极扶持中小企业的政策措施的实施，中小企业活力不断增强，其与大企业的差距正在逐渐缩小。二季度中型企业景气指数为114.9点，小型企业景气指数为110.7，已连续3个季度同时在110点以上运行。

（三）企业效益水平创六年来新高

二季度，反映企业绩效的盈亏变化景气指数为114.4，创近几年最好水平。主要得益于工业、房地产业、建筑业、批发和零售业、社会服务业等行业的效益改善。从企业规模来看，大型企业盈亏变化景气指数为141.7，其中特大型企业为153.9，均达到近几年来的最好水平。国有及国有控股企业生产质量不断提高，二季度，国有控股企业盈亏变化景气指数为115.4，比上期提升2.5点，创出了近几年来的最好水平。

特别值得一提的是企业经济效益的提高是在生产速度放慢的情况下取得的，打破了我省是“速度效益型”的常规。着实贯彻国家宏观调控政策正是优化经济结构、转变增长方式的大好时机。

（四）企业固定资产投资意愿增强

国家本轮宏观调控主要是针对政府主导的投资行为，对于民间投资行为还是以经济手段和法律手段为主。从企业景气调查看，宏观调控对我省企业投资行为没有明显影响。二季度，企业固定资产投资景气指数为117.7，达到历年来最好水平. 主要来自工业企业追加固定资产投资的拉动，其指数为历年来最好水平124.6；其次是建筑业、交通运输和邮政业的投资意愿转强，其增长幅度分别是11.8和6.0点。

非国有经济特别是海外投资及民间投资为经济的可持续发展注入了活力。二季度，集体企业、股份有限公司、有限责任公司、外商及港澳台投资企业固定资产投资景气指数均高于历年同期水平。

（五）宏观调控取得预期成效

1、加快了企业产品结构调整的步伐。据调查，武汉钢铁（集团）公司反映宏观调控政策利大于弊，其影响主要反映在原材料供应、钢材价格及发展规划三个方面，公司已调整产品结构增加市场需求的板材。宏观紧缩政策有利于我省钢铁、水泥、电解铝企业的产品结构由低端产品，向高端产品方向调整。

2、基础原材料价格的上涨势头得到有效遏制。从企业景气调查的角度来看，二季度主要原材料及能源购进价格景气指数比上期上升了25.1点，反映主要原材料及能源购进价格上涨的企业比重较一季度减少了13.9个百分点。国家出台宏观调控政策后，对钢材、水泥等基础原材料价格的影响较为突出，特别是对受控领域的钢材价格影响最大。武汉、黄石、鄂州、孝感等地部分企业反映铁精矿、铁矿石原矿、生铁、钢材、水泥价格比年初下降的幅度达到了15%—60%。

二、企业生产经营中存在的问题

在看到企业营运向积极方向变化的同时，我们也应该清醒地看到企业生产经营中出现的新情况、新问题，需要进一步密切关注。

（一）资源“瓶颈”约束仍很突出，电煤等原材料、能源供求依然紧张

原材料、燃料紧张状况没有缓解，表现为二季度工业企业主要原材料及能源供应景气指数降到历史的低谷94.0。据调查，主要是电力、热力的生产和供应、化学原料及化学制品生产、非金属矿物制品业、黑色金属冶炼及压延业等企业反映原材料、燃料紧张。

煤炭、电力紧张是目前企业生产经营中的一个突出问题，5月份全面实施《道路交通安全法》，治理车辆超载，使道路运输能力吃紧，煤炭资源持续紧张。国电长源电力股份有限公司、华中电网有限公司、武汉华中

华能发电股份有限公司和京山华贝有限公司等企业反映原煤储备不足,不能满足企业正常经营需要。

我省一些地区出现不定时拉闸限电、压负荷现象,严重制约企业生产能力。大冶有色金属公司、黄石东贝机电集团有限责任公司、湖北兴发化工集团股份有限公司等企业反映电力需求特别紧张。

(二)企业存货增加,产品订货减少

由于企业主要原材料价格由原来涨幅很大转为下调的趋势,少数用户在价格上观望市场,使产成品库存呈增加趋势。二季度,工业企业产成品库存景气指数较一季度下降6.1点。调查的工业企业中,库存增加的企业比率比一季度提高了6.7个百分点,产品积压导致企业占用资金增加。同时企业货款拖欠现象加剧,二季度工业企业货款拖欠景气指数比一季度下降6.1点。

二季度,工业企业产品订货景气指数为112.3。与一季度比较,特别是大型工业企业产品订货景气指数下降了33.5点,拖累全省订货景气指数下降了17.3点。订货减少将制约企业短期内生产经营的增长。

(三)中小企业融资难、资金不足困扰企业发展

二季度,企业流动资金景气指数为81.2。特别是中小企业反映流动资金紧缺,其景气指数比大企业低34.9点。此外,建筑企业的流动资金和货款拖欠景气指数低至52.5和81.7,如武汉市第二市政工程有限公司、中国十五冶金建设有限公司等企业反映业主拖欠工程款数额巨大,资金周转异常困难。

二季度,反映大型企业融资情况的景气指数比一季度上扬了3.0点,进入"景气"区间运行。但是中小企业的情况与大企业背道而驰,31.4%的企业反映二季度本产品类融资比上期较难;其景气指数不仅低于平均水平,而且与大企业存在34.2点的差距,中小企业融资更难。

(四)宏观调控对部分企业影响较大

由于受宏观紧缩政策的影响,我省一部分企业在一季度生产经营较好,在二季度出现快速下滑,受影响较大的主要是基础原材料生产企业。据调查,五月份以来,大冶特殊钢股份有限公司和东方钢铁有限公司因市场销路不畅被迫限产,已有几台炉子停火。鄂城钢铁集团有限责任公司是以生产线材、螺纹钢等建筑材料为主,受损较为严重,鄂钢压缩生产规模,暂停一座高炉。另一批如黄石灵成钢铁公司、兴成钢铁公司和襄樊钢铁长材有限公司等小型钢铁企业采取停产观望的办法,等待市场着陆。

三、企业对三季度生产经营状况的判断

根据上述分析,国家针对增长过快、部分行业和地区低水平重复建设的问题,采取了一系列如提高某些行业的投资项目资本金比例、提高借贷门槛、限制投资过度行业的借贷等等宏观调控措施,将加快我省经济结构优化的步伐。三季度全省经济基本上是平稳发展的格局。

据企业景气预期调查结果显示:二季度大多数企业家对我国宏观经济形势和本行业发展前景总体上谨慎乐观,二季度企业家预期信心指数为124,比一季度下降14.4点,但高于去年同期的水平。被调查的企业对三季度本企业综合生产经营状况的判断中,37.0%的企业认为经营状况会继续向好,54.5%的企业认为经营状况将与本季持平,认为经营状况将会滑坡的企业为8.5%。综合考虑企业家信心指数、产品订货等先行景气指数略有回落的因素,预期三季度企业景气指数将在120—123左右。

撰稿:彭　刚

核稿:刘鄂松

2002-2004年二季度企业家信心指数走势图

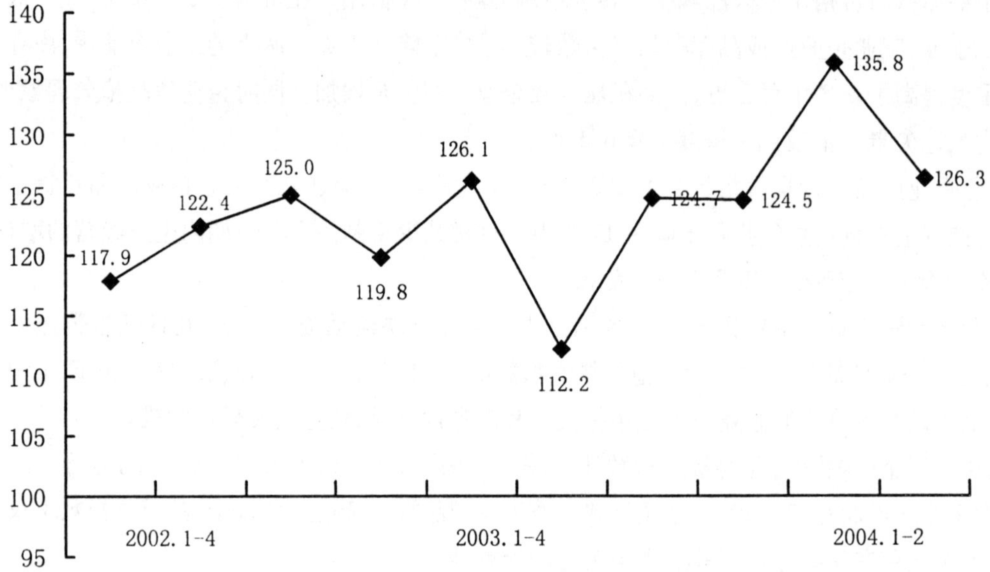

2002-2004年二季度企业景气指数走势图

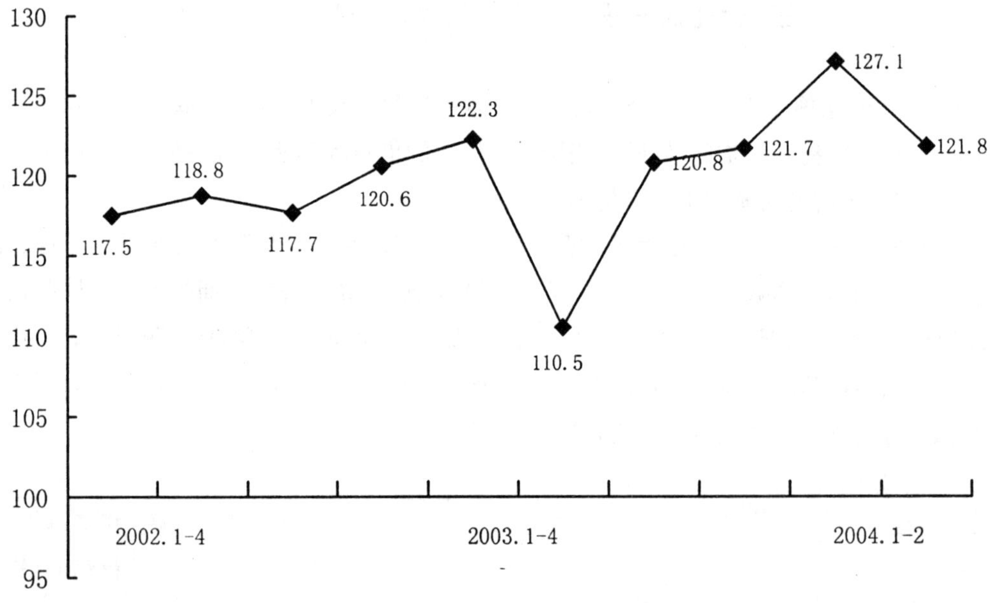

2002-2004年二季度工业企业景气指数走势图

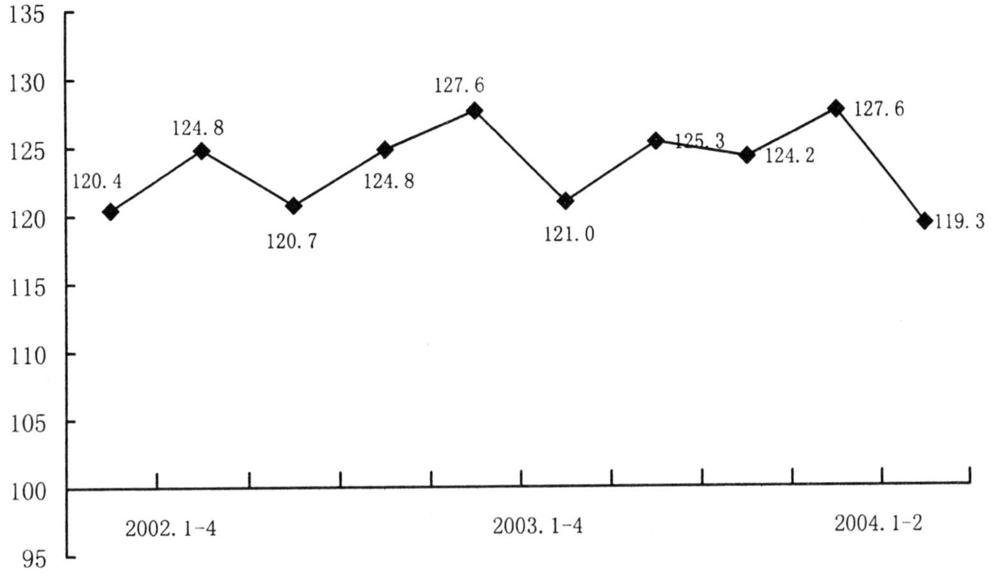

2002-2004年二季度建筑业企业景气指数走势图

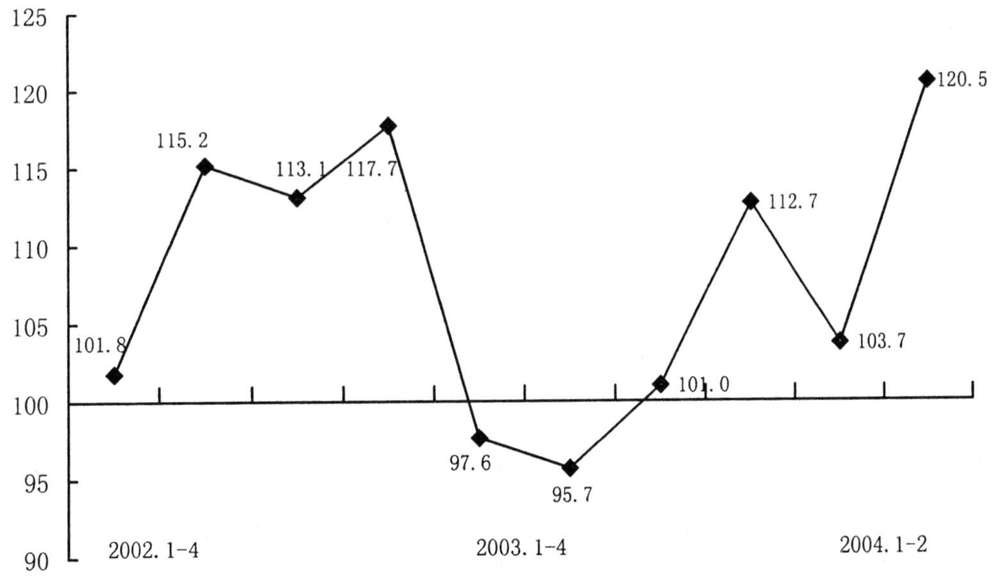

2002-2004年二季度交通运输、仓储及邮电通信业企业景气指数走势图

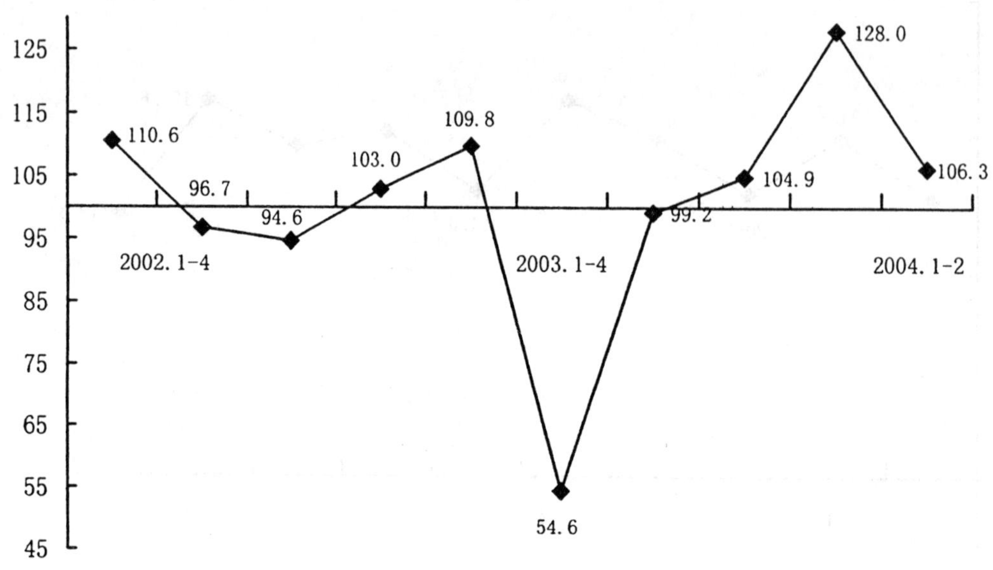

2002-2004年二季度批发和零售业企业景气指数走势图

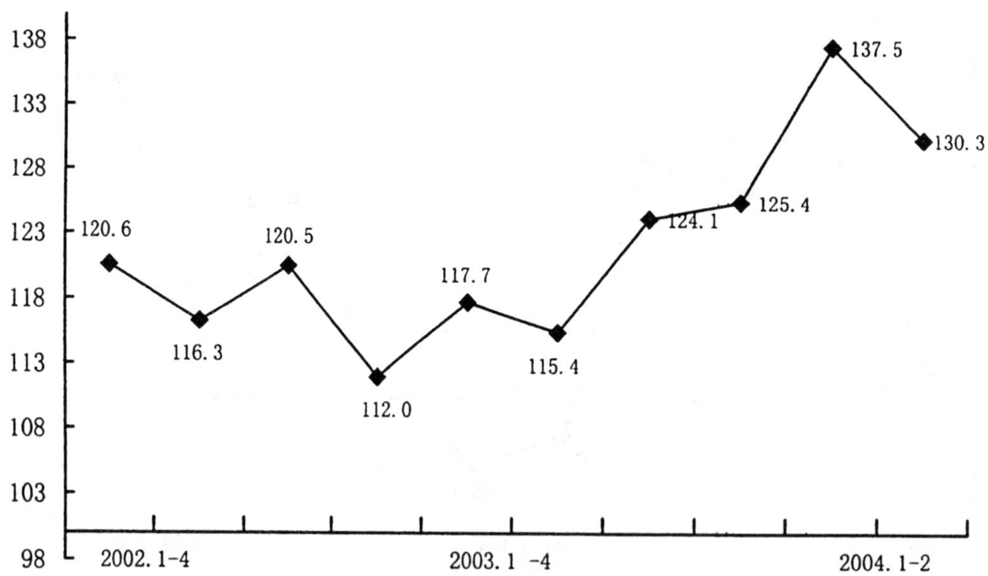

2002-2004年二季度信息传输、计算机服务和软件业企业景气指数走势图

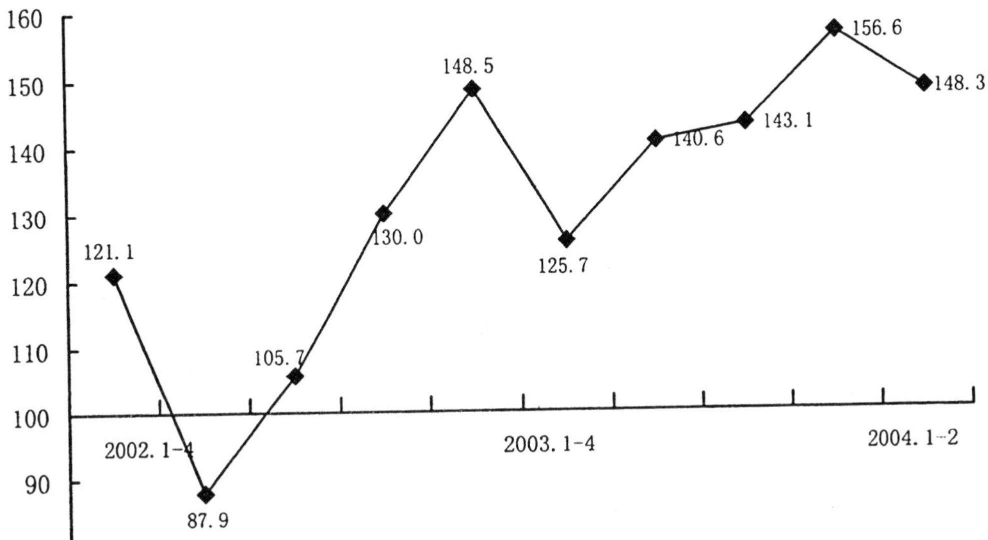

2002-2004年二季度住宿和餐饮业企业景气指数走势图

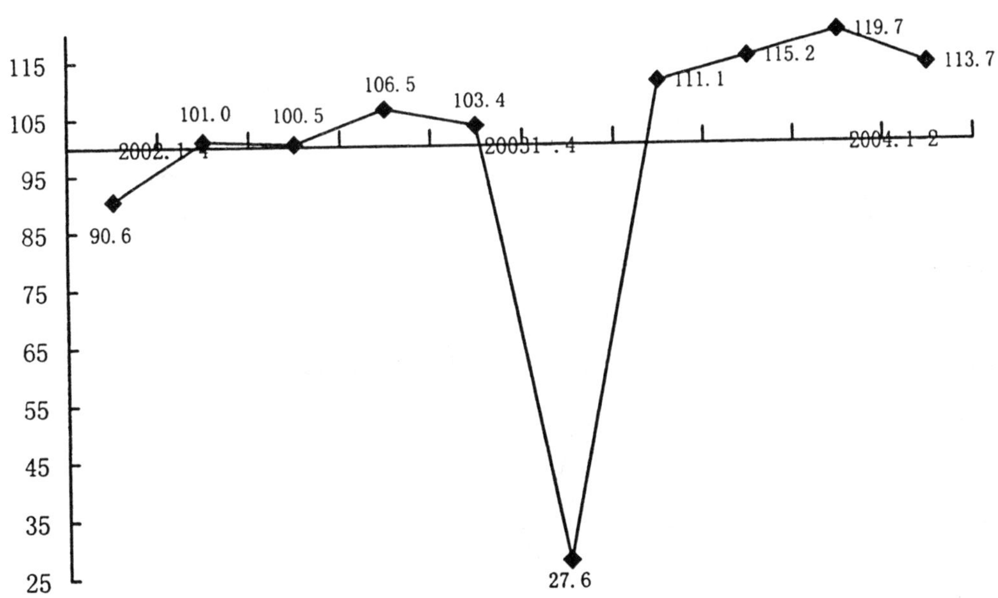

2002-2004年二季度房地产业企业景气指数走势图

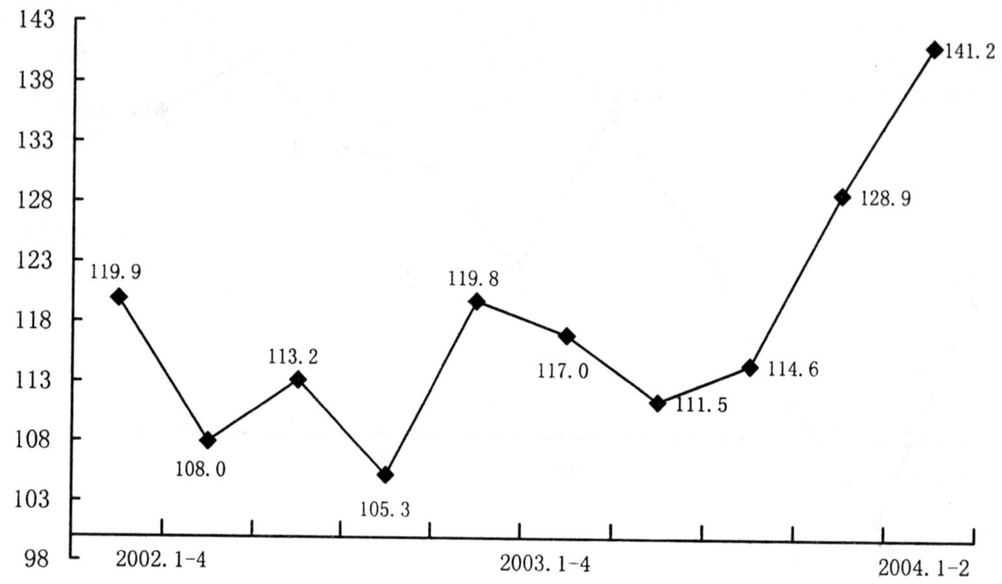

2002-2004年二季度社会服务业企业景气指数走势图

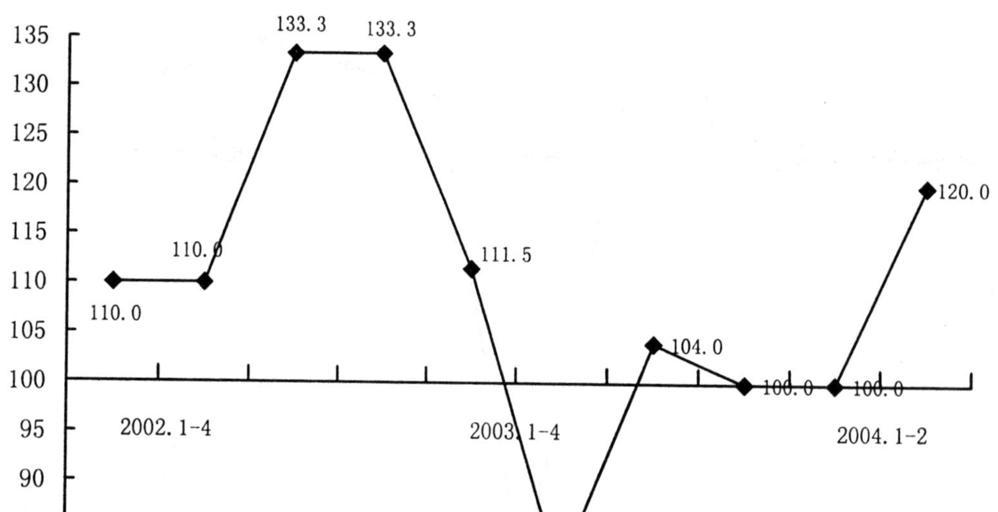

2003年3季度八大行业企业景气指数和企业家信心指数趋势图

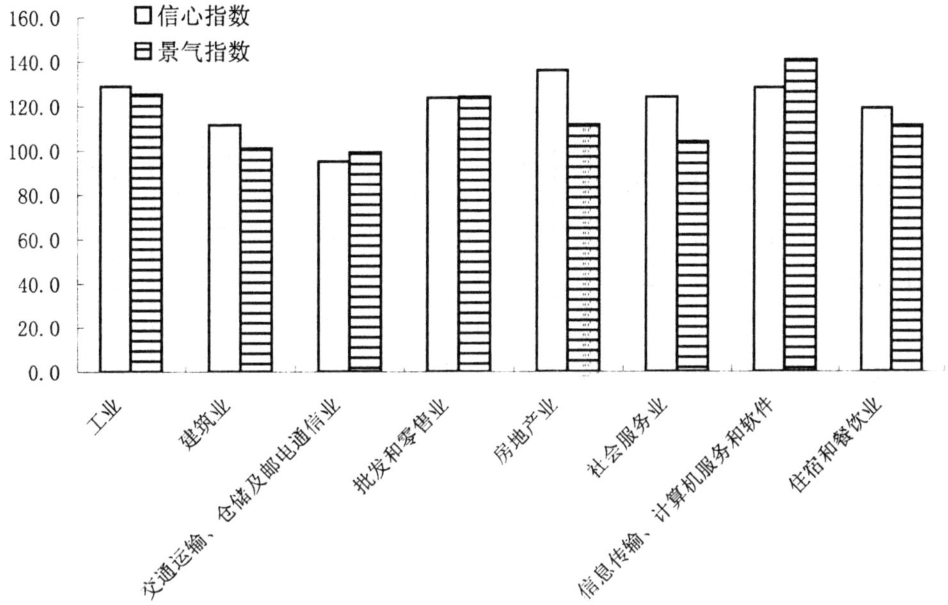

2003年4季度八大行业企业景气指数和企业家信心指数趋势图

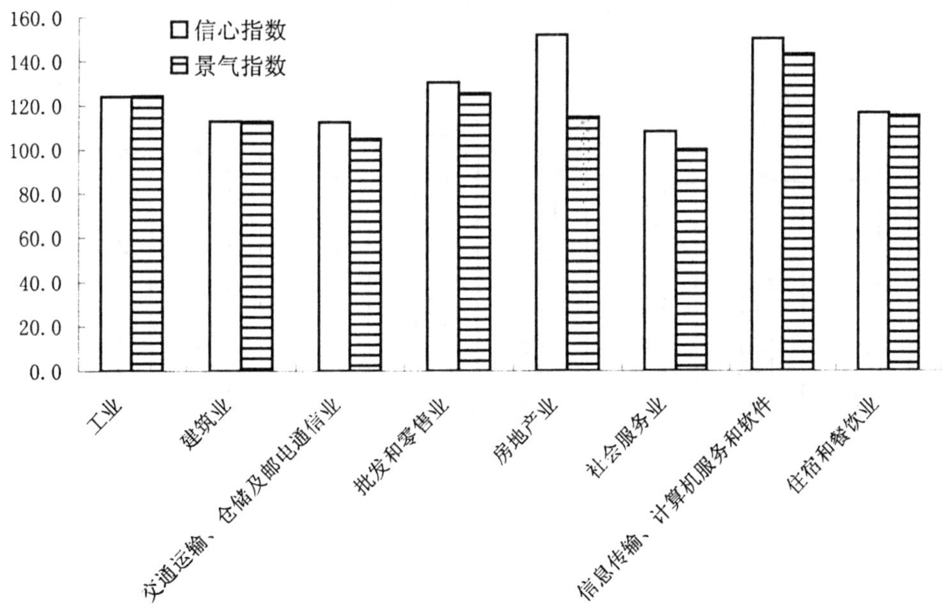

2004年1季度八大行业企业景气指数
和企业家信心指数趋势图

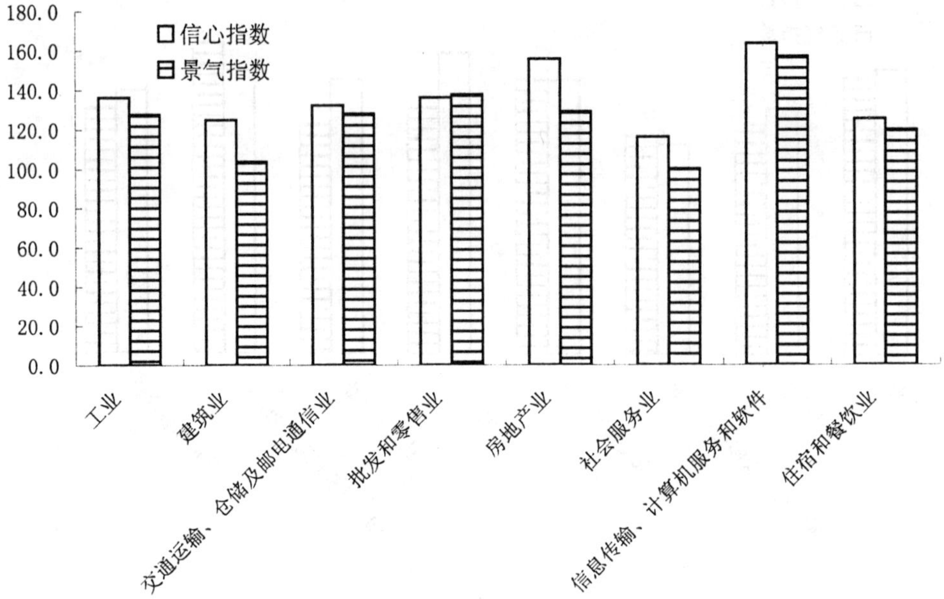

2004年2季度八大行业企业景气指数
和企业家信心指数趋势图

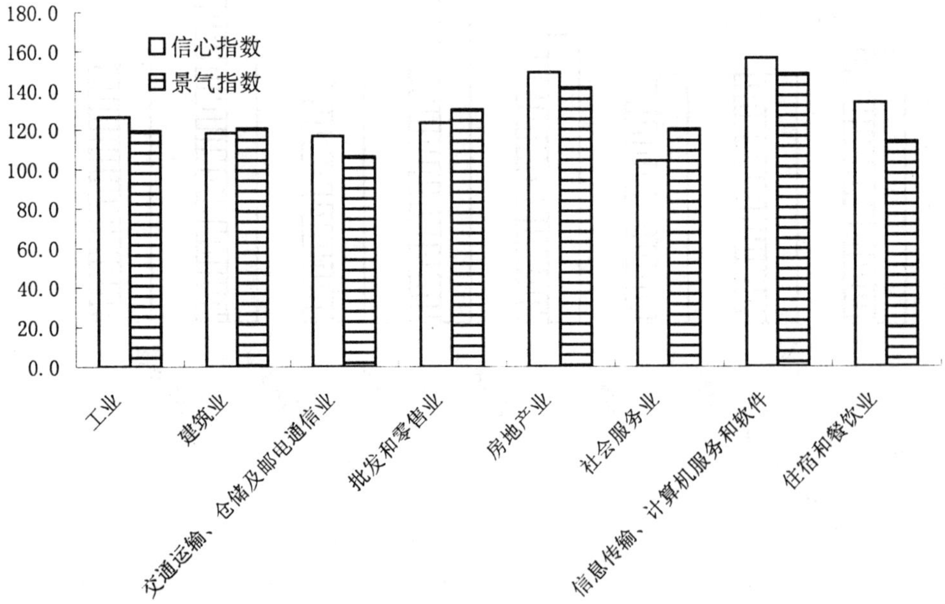

3－1　企业家对宏观经济环境的判断

项　　　　目	2003 年		2004 年	
	三季度	四季度	一季度	二季度
企业家信心指数	**124.66**	**124.51**	**135.80**	**126.34**
一、不同行业企业家信心指数				
工　业	128.93	124.03	136.17	126.45
#采掘业	100.59	123.39	156.54	135.80
制造业	129.95	123.29	139.21	126.54
电力、煤气及水的生产和供应业	125.37	129.98	114.01	127.27
建筑业	111.50	112.84	124.77	118.17
交通运输、仓储及邮电通信业	95.24	112.36	132.16	116.64
批发和零售业	123.72	130.33	135.98	123.32
房地产业	136.01	151.91	155.51	149.06
社会服务业	124.00	108.00	116.00	104.00
信息传输、计算机服务和软件	128.19	150.06	163.29	156.44
住宿和餐饮业	118.94	116.41	125.15	133.69
二、不同类型企业家信心指数				
国有企业	125.26	120.98	129.45	121.03
集体企业	98.53	112.12	108.82	96.25
股份合作企业	85.00	90.48	142.23	115.89
有限责任公司	123.35	125.45	133.15	123.20
股份有限公司	120.41	132.08	143.32	135.88
私营企业	122.22	128.26	133.33	117.54
外商及港、澳、台投资企业	140.94	144.67	168.23	162.23
三、不同规模企业家信心指数				
特大型及大型	151.09	140.39	162.81	151.86
中小型	114.63	119.00	126.54	118.43
#中　型	117.82	122.83	129.55	120.32
小　型	111.42	115.14	123.33	116.38
四、特殊企业群体企业家信心指数				
国家重点企业	179.96	119.74	183.45	153.96
国家试点企业集团成员	157.56	103.67	200.00	150.84
乡镇企业	110.81	123.12	130.09	117.50
上市公司	116.31	143.45	170.13	143.29
国有控股企业	125.62	125.19	139.24	129.85

3－2　企业综合经营景气状况

项　　　目	2003年		2004年	
	三季度	四季度	一季度	二季度
企业景气指数	**120.79**	**121.71**	**127.05**	**121.83**
一、不同行业企业的景气指数				
工　　业	125.32	124.15	127.63	119.32
#采掘业	108.02	116.48	113.67	108.28
制造业	125.75	123.84	129.48	120.53
电力、煤气及水的生产和供应业	126.36	127.66	118.19	119.20
建筑业	101.04	112.66	103.65	120.48
交通运输、仓储及邮电通信业	99.23	104.86	127.98	106.26
批发和零售业	124.11	125.40	137.47	130.34
房地产业	111.47	114.55	128.92	141.15
社会服务业	104.00	100.00	100.00	120.00
信息传输、计算机服务和软件	140.63	143.08	156.57	148.32
住宿和餐饮业	111.06	115.23	119.70	113.69
二、不同类型企业的景气指数				
国有企业	119.05	114.35	120.74	119.13
集体企业	83.82	90.41	97.75	93.94
股份合作企业	99.76	90.48	102.23	110.00
有限责任公司	116.22	125.10	120.85	115.98
股份有限公司	126.42	135.84	140.65	136.64
私营企业	111.11	123.91	128.07	115.79
外商及港、澳、台投资企业	145.42	145.01	156.01	132.19
三、不同规模企业的景气指数				
特大型及大型	159.17	145.19	155.19	146.58
中小型	106.22	112.42	116.93	112.89
#中　型	110.29	116.07	118.62	114.92
小　型	102.11	108.74	115.12	110.70
四、特殊企业群体的景气指数				
国家重点企业	179.27	123.97	168.62	143.05
国家试点企业集团成员	171.85	117.95	180.13	134.33
乡镇企业	118.56	127.43	126.31	112.17
上市公司	148.70	155.87	166.50	158.04
国有控股企业	123.87	121.74	129.73	123.97

3－3　主要行业大类企业景气指数

项　　　目	2003年		2004年	
	三季度	四季度	一季度	二季度
工　业				
农副食品加工业	87.94	118.47	116.54	100.13
饮料制造业	115.70	104.31	124.36	116.85
纺织业	111.23	86.07	99.05	92.15
纺织服装、鞋、帽制造业	152.91	138.39	113.26	113.57
印刷业和记录媒介的复制	108.25	167.77	111.69	124.67
化学原料及化学制品制造业	128.84	133.92	129.16	135.95
医药制造业	124.30	146.13	133.17	126.66
非金属矿物制品业	123.51	149.11	125.02	113.70
黑色金属冶炼及压延加工业	153.60	156.49	171.34	132.48
金属制品业	128.50	109.38	129.48	131.53
通用设备制造业	126.75	127.62	150.93	145.98
专用设备制造业	119.08	115.69	109.22	135.00
交通运输设备制造业	123.32	114.31	131.67	104.77
电气机械及器材制造业	127.28	144.15	138.82	136.94
通信设备、计算机及其他电子设备	115.57	139.06	153.17	130.38
电力、热力的生产和供应业	135.54	135.93	120.42	111.67
建筑业				
房屋和土木工程建筑业	100.85	112.40	102.25	119.33
交通运输、仓储及邮电通信业				
道路运输业	97.50	90.00	130.77	95.35
水上运输业	78.75	108.15	114.59	107.65
邮政业	83.33	116.67	100.00	100.00
批发和零售业				
批发业	123.30	120.09	139.60	127.04
零售业	123.45	132.00	134.14	133.41
房地产业	111.47	114.55	128.92	141.15
社会服务业				
商务服务业	113.33	93.33	88.89	122.22
信息传输和计算机服务及软件业				
信息传输业	143.62	151.92	176.06	171.14
住宿和餐饮业				
住宿业	111.59	114.35	113.76	110.31
餐饮业	115.00	130.00	126.09	113.64

3－4 工业企业综合经营景气状况

项目	2003 年		2004 年	
	三季度	四季度	一季度	二季度
工业企业信心指数	**128.93**	**124.03**	**136.17**	**126.45**
工业企业景气指数	**125.32**	**124.15**	**127.63**	**119.32**
一、不同类型企业的综合经营景气指数				
国有企业	127.70	114.68	118.74	118.46
集体企业	95.83	100.00	95.83	83.33
股份合作企业	80.00	75.00	102.98	106.67
有限责任公司	119.28	131.13	119.92	111.12
股份有限公司	123.14	136.35	137.38	134.48
外商及港、澳、台投资企业	143.40	141.59	157.98	129.89
二、不同规模企业的综合经营景气指数				
特大型及大型	159.67	138.09	152.41	135.89
中 小 型	108.45	117.30	115.51	111.18
#中　型	108.85	114.56	113.58	110.23
小　型	108.02	120.34	117.65	112.24
三、特殊企业群体的综合经营景气指数				
国家重点企业	184.46	125.54	182.46	150.76
乡镇企业	120.30	133.52	128.30	103.77
上市公司	143.87	142.05	157.78	150.85
四、不同观察指标的综合经营景气指数				
生产成本	73.31	59.98	56.02	66.35
生产总量	107.56	111.07	116.59	117.80
产品订货	110.59	103.97	127.32	109.98
#国外订货	70.39	85.62	93.10	91.53
产品销售量	126.03	121.07	119.33	115.57
产品销售价格	87.64	101.84	110.48	96.66
产成品库存	101.48	123.47	117.23	111.10
盈利(亏损)变化	110.34	101.69	111.98	113.97
流动资金	71.22	74.81	87.76	81.28
企业融资			80.90	74.45
货款拖欠	94.45	115.04	101.02	94.96
劳动力需求	98.95	88.25	106.24	103.24
固定资产投资	123.38	107.27	103.24	124.56
科技创新投入	120.16	110.87	109.84	120.01
原材料及能源购进价格	65.76	41.15	36.14	61.19
原材料及能源购进	124.94	106.33	98.77	94.02
设备利用率	84.14	83.11	80.74	83.84

3-5 建筑业企业综合经营景气状况

项目	2003年		2004年	
	三季度	四季度	一季度	二季度
建筑业企业家信心指数	**111.50**	**112.84**	**124.77**	**118.17**
建筑业企业景气指数	**101.04**	**112.66**	**103.65**	**120.48**
一、不同类型企业的景气指数				
国有企业	111.49	115.73	107.68	132.46
集体企业	81.25	75.00	93.75	100.00
有限责任公司	95.80	121.63	93.21	118.98
股份有限公司	92.49	112.63	143.91	100.00
二、不同规模企业的景气指数				
特大型及大型	105.99	140.83	114.22	142.67
中小型	98.59	98.57	98.59	109.86
#中型	102.86	100.00	94.44	111.11
小型	94.44	97.22	102.86	108.57
三、特殊企业群体的景气指数				
乡镇企业	100.00	100.00	100.00	127.27
国有控股企业	104.17	126.23	100.36	125.18
四、不同观察指标的景气指数				
工程合同数	130.21	121.69	101.74	134.43
#国(境)外合同	95.38	93.50	92.68	97.50
建筑工程量	118.36	128.01	91.67	147.60
新开工工程量	134.74	123.77	107.62	136.23
技术设备能力			125.07	123.63
工程进度			122.35	150.25
工程结算收入	124.07	126.87	79.58	130.81
建筑材料购进价格	57.13	18.68	31.00	101.71
工程结算成本	59.29	38.36	63.60	71.25
盈利(亏损)变化	107.02	110.16	79.52	123.92
企业融资			57.80	64.23
流动资金	48.90	52.81	53.24	52.46
货款拖欠	73.60	81.56	82.28	81.68
劳动力需求	112.62	119.56	97.26	143.00
固定资产投资	114.29	99.89	101.94	113.75

3－6　交通运输、仓储及邮政业景气状况

项　　　　目	2003 年		2004 年	
	三季度	四季度	一季度	二季度
交通运输、仓储及邮政业企业家信心指数	**95.24**	**112.36**	**132.16**	**116.64**
交通运输、仓储及邮政业企业景气指数	**99.23**	**104.86**	**127.98**	**106.26**
一、不同类型企业的景气指数				
国有企业	95.59	104.71	116.10	88.13
集体企业	66.67	111.11	125.00	112.50
有限责任公司	112.18	92.98	140.63	112.13
二、不同规模企业的景气指数				
特大型及大型	135.92	102.32	121.86	144.31
中 小 型	93.51	105.26	128.95	100.00
#中　型	97.30	119.44	150.00	115.38
小　型	90.00	92.50	110.00	85.00
三、特殊企业群体的景气指数				
国有控股企业	101.02	100.41	127.54	102.56
四、不同观察指标的景气指数				
业务预订			129.01	100.76
业务量			142.80	98.89
业务收费价格	96.16	99.46	118.24	92.99
营业成本			85.70	70.75
盈利(亏损)变化	100.81	106.51	132.72	91.82
企业融资			71.52	68.11
流动资金	33.97	51.15	60.68	53.93
货款拖欠	95.24	95.63	99.51	106.34
劳动力需求	82.98	79.10	88.38	78.89
固定资产投资	105.76	115.37	99.67	105.66

3－7 批发和零售业企业综合经营景气状况

项　　　　目	2003年		2004年	
	三季度	四季度	一季度	二季度
批发和零售业企业家信心指数	**123.72**	**130.33**	**135.98**	**123.32**
批发和零售业企业景气指数	**124.11**	**125.40**	**137.47**	**130.34**
一、主要行业综合经营景气指数				
批发业	123.30	120.09	139.60	127.04
零售业	123.45	132.00	134.14	133.41
二、不同类型企业的景气指数				
国有企业	124.39	117.29	134.46	125.23
集体企业	90.00	100.00	108.91	80.00
有限责任公司	100.99	105.51	122.53	120.00
股份有限公司	135.05	146.06	153.16	151.17
三、不同规模企业的景气指数				
大　　型	181.12	186.69	181.97	177.18
中 小 型	102.80	103.81	121.62	113.76
#中　　型	111.11	109.86	125.97	114.29
小　　型	85.71	91.18	111.76	112.50
四、特殊企业群体的景气指数				
国有控股企业	130.73	128.45	146.36	138.42
五、不同观察指标的景气指数				
购货合同			114.01	94.79
商品购进价格	95.95	73.74	68.10	78.52
商品销售	129.06	144.18	141.54	112.96
#出　　口	105.31	102.02	97.92	108.27
商品销售价格	110.59	120.91	91.65	106.71
商品库存	117.28	110.95	97.51	120.09
经营费用	66.18	70.40	78.37	84.09
盈利(亏损)变化	120.32	141.05	103.36	115.66
流动资金	95.48	90.20	84.43	101.03
企业融资			90.06	96.56
货款拖欠	112.22	106.99	97.03	99.57
劳动力需求	97.06	98.83	93.93	82.70
固定资产投资	110.49	112.56	102.91	105.75

3-8 房地产业企业综合经营景气状况

项　　目	2003 年		2004 年	
	三季度	四季度	一季度	二季度
房地产业企业家信心指数	**136.01**	**151.91**	**155.51**	**149.06**
房地产业企业气指数	**111.47**	**114.55**	**128.92**	**141.15**
一、不同类型企业的景气指数				
国有企业	80.00	113.79	125.00	130.00
有限责任公司	120.00	110.00	132.14	153.57
外商及港、澳、台投资企业	141.67	127.27	145.45	145.45
二、不同规模企业的景气指数				
大　　型	161.20	161.20	189.59	189.59
中 小 型	108.11	111.27	122.86	136.23
#中　　型	123.23	137.93	134.48	148.28
小　　型	97.73	92.86	114.63	127.50
三、特殊企业群体的景气指数				
国有控股企业	91.17	116.63	135.51	138.85
四、不同观察指标的景气指数				
土地开发面积	107.21	101.85	99.46	113.49
完成投资	122.58	123.48	103.10	123.51
新开工面积	111.16	101.96	96.95	120.64
房屋竣工面积	110.64	113.10	82.09	114.82
商品房预售面积	105.44	111.14	82.58	102.18
商品房销售面积	118.87	120.60	91.78	113.03
商品房销售价格	100.30	121.30	138.21	137.70
空置商品房面积	158.10	150.75	164.05	161.04
盈利(亏损)变化	113.00	121.58	120.83	134.66
流动资金	78.51	87.15	81.06	91.49
企业融资			82.50	80.81
货款拖欠	111.84	124.68	119.38	133.21
劳动力需求	103.47	95.67	90.90	110.90
固定资产投资	113.03	103.91	108.53	111.94

3－9　社会服务业企业综合经营景气状况

项　　　　　　目	2003年		2004年	
	三季度	四季度	一季度	二季度
社会服务业企业家信心指数	**124.00**	**108.00**	**116.00**	**104.00**
社会服务业企业景气指数	**104.00**	**100.00**	**100.00**	**120.00**
一、不同类型企业的景气指数				
国有企业	120.00	60.00	75.00	100.00
二、不同规模企业的景气指数				
大　　型	100.00	100.00	100.00	100.00
中 小 型	104.17	100.00	100.00	120.83
#中　　型	133.33	100.00	25.00	125.00
小　　型	100.00	100.00	115.00	120.00
三、特殊企业群体的景气指数				
国有控股企业	122.22	70.00	81.82	100.00
四、不同观察指标的景气指数				
业务需求			88.00	120.00
竞争能力	129.17	131.82	140.00	128.00
旅游客源（限旅行社）	130.00	30.00	57.14	171.43
收费（服务）价格	90.00	86.36	84.00	95.24
营业收入			104.00	116.00
营业成本	76.00	112.00	76.00	76.00
盈利（亏损）变化	108.33	96.00	84.00	108.00
流动资金	80.00	80.00	76.00	92.00
企业融资			75.00	64.00
货款拖欠	104.17	95.83	88.00	104.00
劳动力需求	104.00	80.00	92.00	84.00
固定资产投资	120.00	92.00	104.00	92.00

3－10 信息传输、计算机服务和软件业企业景气状况

项　　目	2003 年		2004 年	
	三季度	四季度	一季度	二季度
信息传输、计算机服务和软件业企业家信心指数	**128.19**	**150.06**	**163.29**	**156.44**
信息传输、计算机服务和软件业企业景气指数	**140.63**	**143.08**	**156.57**	**148.32**
一、不同类型企业的景气指数				
国有企业	125.00	133.33	176.92	161.39
有限责任公司	105.83	117.64	129.07	120.79
二、不同规模企业的景气指数				
特大型及大型	190.32	199.41	194.95	193.63
中 小 型	122.22	122.22	142.86	132.14
#中　型	136.36	154.55	166.67	141.67
小　型	112.50	100.00	125.00	125.00
三、特殊企业群体的景气指数				
国有控股企业	147.97	156.87	176.10	171.19
四、不同观察指标的景气指数				
产品销售(提供服务)	122.66	131.86	151.18	119.72
竞争能力	158.06	162.28	167.13	172.39
销售(收费)价格	59.45	88.57	78.28	70.93
营业收入	107.56	148.59	143.27	106.36
营业成本	80.13	80.32	87.55	83.89
盈利(亏损)变化	99.34	121.91	139.75	124.8
流动资金	106.84	102.67	98.71	99.44
企业融资			89.71	86.32
货款拖欠	96.85	90.78	82.63	91.11
劳动力需求	109.72	113.07	113.24	98.98
固定资产投资	129.28	110.29	124.54	115.67

3－11　住宿和餐饮业企业综合经营景气状况

项　　　目	2003年		2004年	
	三季度	四季度	一季度	二季度
住宿和餐饮业企业家信心指数	**118.94**	**116.41**	**125.15**	**133.69**
住宿和餐饮业企业景气指数	**111.06**	**115.23**	**119.70**	**113.69**
一、不同类型企业的景气指数				
国有企业	100.86	105.51	91.80	98.05
有限责任公司	164.71	170.59	137.50	125.00
股份有限公司	100.00	83.33	125.00	100.00
私营企业	88.89	88.89	130.77	108.33
外商及港、澳、台投资企业	136.79	141.27	164.91	137.64
二、不同规模企业的景气指数				
大　　型	124.80	131.34	170.76	170.76
中 小 型	109.72	113.89	114.86	108.22
#中　　型	121.43	125.00	114.29	117.14
小　　型	102.27	106.82	115.38	100.00
三、特殊企业群体的景气指数				
国有控股企业	108.81	108.04	95.49	98.27
四、不同观察指标的景气指数				
业务预订			93.06	88.70
业 务 量			104.28	97.63
竞争能力	126.58	117.04	139.20	132.45
客房出租	72.72	79.89	82.76	88.58
业务收费价格	84.62	86.51	85.71	89.35
营业收入	136.98	112.84	91.21	91.38
营业成本	65.24	81.43	84.29	80.53
盈利(亏损)变化	119.79	112.98	117.23	102.20
流动资金	78.49	75.26	78.16	82.88
企业融资			86.90	74.14
货款拖欠	77.94	95.76	92.35	95.17
劳动力需求	102.76	100.68	102.89	102.25
固定资产投资	113.31	103.62	114.12	104.98

3－12 国有企业综合经营景气状况

项目	2003年		2004年	
	三季度	四季度	一季度	二季度
企业家对本行业信心指数	**125.26**	**120.98**	**129.45**	**121.03**
企业综合经营景气指数	**119.05**	**114.35**	**120.74**	**119.13**
一、不同规模企业的综合经营景气指数				
特大型及大型	172.06	137.85	157.43	156.92
中　　型	104.05	111.56	113.92	110.90
小　　型	90.37	96.27	99.18	98.36
二、不同观察指标的综合经营景气指数				
生产(经营)情况	112.35	109.92	113.40	115.45
盈利(亏损)变化	109.85	103.57	105.92	109.08
流动资金情况	57.63	61.04	64.78	73.49
货款拖欠情况	90.99	107.23	99.62	101.59
劳动力需求	95.52	81.67	90.64	91.09
固定资产投资情况	119.15	100.23	94.50	108.21
产品订货			112.61	102.50
企业融资			77.16	77.70

3－13 集体企业综合经营景气状况

项目	2003年		2004年	
	三季度	四季度	一季度	二季度
企业家对本行业信心指数	**98.53**	**112.12**	**108.82**	**96.25**
企业综合经营景气指数	**83.82**	**90.41**	**97.75**	**93.94**
一、不同规模企业的综合经营景气指数				
中　　型	84.21	100.00	105.00	85.00
小　　型	82.98	82.61	91.11	97.67
二、不同观察指标的综合经营景气指数				
生产(经营)情况	111.76	110.11	102.98	124.23
盈利(亏损)变化	101.49	104.55	93.42	98.57
流动资金情况	61.76	54.05	77.94	68.18
货款拖欠情况	91.41	96.42	105.18	96.20
固定资产投资情况	101.00	100.52	108.05	112.03
劳动力需求	101.96	102.03	80.89	105.26
产品订货			105.10	103.74
企业融资			67.95	60.00

3－14 有限责任公司企业综合经营景气状况

项　　目	2003年		2004年	
	三季度	四季度	一季度	二季度
企业家对本行业信心指数	**123.35**	**125.45**	**133.15**	**123.2**
企业综合经营景气指数	**116.22**	**125.10**	**120.85**	**115.98**
一、不同规模企业的综合经营景气指数				
特大型及大型	139.42	150.18	118.51	117.40
中　　型	111.59	115.22	124.39	119.16
小　　型	106.36	118.34	119.13	112.15
二、不同观察指标的综合经营景气指数				
生产(经营)情况	120.14	125.74	123.90	111.33
盈利(亏损)变化	118.74	118.05	105.08	111.05
流动资金情况	76.70	82.19	80.06	77.02
货款拖欠情况	101.30	107.54	101.87	97.09
固定资产投资情况	120.28	110.17	109.21	120.28
劳动力需求	98.87	97.95	100.79	102.51
产品订货			118.53	105.53
企业融资			75.70	70.11

3－15 股份有限公司企业综合经营景气状况

项　　目	2003年		2004年	
	三季度	四季度	一季度	二季度
企业家对本行业信心指数	**120.41**	**132.08**	**143.32**	**135.88**
企业综合经营景气指数	**126.42**	**135.84**	**140.65**	**136.64**
一、不同规模企业的综合经营景气指数				
特大型及大型	141.77	157.43	162.42	156.41
中　　型	113.68	121.28	115.05	117.20
小　　型	117.50	115.00	145.45	130.30
二、不同观察指标的综合经营景气指数				
生产(经营)情况	125.20	127.85	130.68	122.30
盈利(亏损)变化	105.68	113.33	120.77	122.49
流动资金情况	89.76	94.07	92.11	88.43
货款拖欠情况	99.47	108.25	99.22	102.80
固定资产投资情况	124.42	128.16	111.41	125.93
劳动力需求	105.98	100.69	111.93	108.94
产品订货			128.05	116.49
企业融资			87.19	80.23

3－16　外商及港澳台投资企业综合经营景气状况

项　　　　目	2003 年		2004 年	
	三季度	四季度	一季度	二季度
企业家对本行业信心指数	**140.94**	**144.67**	**168.23**	**162.23**
企业综合经营景气指数	**145.42**	**145.01**	**156.01**	**132.19**
一、不同规模企业的综合经营景气指数				
大　　型	154.83	169.81	190.71	131.92
中　　型	159.38	141.94	138.24	126.47
小　　型	123.33	130.00	141.94	138.71
二、不同观察指标的综合经营景气指数				
生产(经营)情况	117.07	129.08	138.32	127.42
盈利(亏损)变化	125.50	123.62	136.15	126.73
流动资金情况	122.15	127.16	131.30	116.98
货款拖欠情况	94.65	116.22	84.53	87.26
固定资产投资情况	114.78	123.78	113.81	127.32
劳动力需求	113.08	118.24	133.12	123.83
产品订货			142.93	113.35
企业融资			101.7	91.04

3－17　国家重点联系企业综合经营景气状况

项　　　　目	2003 年		2004 年	
	三季度	四季度	一季度	二季度
企业家对本行业信心指数	**179.96**	**119.74**	**183.45**	**153.96**
企业综合经营景气指数	**179.27**	**123.97**	**168.62**	**143.05**
一、不同规模企业的综合经营景气指数				
特大型及大型	179.27	123.97	168.62	143.05
二、不同观察指标的综合经营景气指数				
生产(经营)情况	72.72	72.80	132.64	122.09
盈利(亏损)变化	143.65	72.93	189.76	186.70
流动资金情况	33.45	48.34	115.52	117.81
货款拖欠情况	50.44	142.87	78.30	67.26
固定资产投资情况	180.00	73.02	75.14	169.65
劳动力需求	101.68	46.04	132.38	132.18
产品订货			173.92	127.80
企业融资			100.43	100.03

3－18　乡镇企业综合经营景气状况

项　　　　　　目	2003年		2004年	
	三季度	四季度	一季度	二季度
企业家对本行业信心指数	**110.81**	**123.12**	**130.09**	**117.50**
企业综合经营景气指数	**118.56**	**127.43**	**126.31**	**112.17**
一、不同规模企业的综合经营景气指数				
中　　型	137.04	153.85	151.85	111.11
小　　型	107.41	111.32	106.52	108.89
二、不同观察指标的综合经营景气指数				
生产(经营)情况	112.94	116.82	107.89	109.33
盈利(亏损)变化	119.05	119.51	118.59	102.84
流动资金情况	84.75	92.58	97.37	82.67
货款拖欠情况	105.89	110.06	112.99	98.67
固定资产投资情况	104.75	108.06	119.74	118.66
劳动力需求	112.49	105.58	101.66	120.12
产品订货			123.68	117.33
企业融资			74.84	77.03

3－19　上市公司企业综合经营景气状况

项　　　　　　目	2003年		2004年	
	三季度	四季度	一季度	二季度
企业家对本行业信心指数	**116.31**	**143.45**	**170.13**	**143.29**
企业综合经营景气指数	**148.70**	**155.87**	**166.50**	**158.04**
一、不同规模企业的综合经营景气指数				
特大型及大型	148.44	157.07	172.42	160.43
二、不同观察指标的综合经营景气指数				
生产(经营)情况	141.34	136.79	152.68	137.86
盈利(亏损)变化	121.29	126.70	150.77	132.09
流动资金情况	116.63	140.86	137.82	125.00
货款拖欠情况	98.80	104.90	111.14	109.04
固定资产投资情况	135.34	156.03	111.09	151.55
劳动力需求	138.37	116.77	114.18	122.75
产品订货			139.19	118.59
企业融资			110.57	97.61

3－20 国有及国有控股企业综合经营景气状况

项目	2003年		2004年	
	三季度	四季度	一季度	二季度
企业家对本行业信心指数	**125.62**	**125.19**	**139.24**	**129.85**
企业综合经营景气指数	**123.87**	**121.64**	**129.73**	**123.97**
一、不同行业企业的景气指数				
工　　业	129.85	123.29	129.54	120.86
#采 掘 业	102.57	115.02	114.71	114.71
制 造 业	130.65	122.05	132.97	122.34
电力、煤气及水的生产和供应业	129.27	130.79	117.52	121.07
建 筑 业	104.17	126.23	100.36	125.18
交通运输、仓储及邮电通信业	101.02	98.85	127.54	102.56
批发和零售业	130.73	128.45	146.36	138.42
#批 发 业	132.50	126.17	150.13	137.26
零 售 业	126.14	131.85	139.52	138.55
房地产业	91.17	116.63	135.51	138.85
信息传输、计算机服务和软件	147.97	156.87	176.10	171.19
住宿和餐饮业	108.81	108.04	95.49	98.27
二、不同类型企业的景气指数				
国有企业	119.05	114.15	120.74	119.13
有限责任公司	121.37	131.75	122.62	114.38
股份有限公司	126.75	138.18	146.84	143.65
三、不同规模企业的综合经营景气指数				
特大型及大型	161.24	144.17	156.68	146.51
中　　型	106.25	111.81	117.36	113.64
小　　型	95.77	103.72	107.65	105.29
四、不同观察指标的综合经营景气指数				
生产（经营）情况	116.56	114.41	126.34	117.95
盈利（亏损）变化	112.35	107.82	112.92	115.41
流动资金情况	65.95	69.43	77.73	81.01
货款拖欠情况	92.30	109.16	94.92	96.02
固定资产投资情况	122.27	107.88	99.64	115.31
劳动力需求	99.52	88.39	96.44	97.59
产品订货			122.94	107.02
企业融资			81.12	79.49

3-21 生产总量景气状况

项 目	2003年		2004年	
	三季度	四季度	一季度	二季度
生产总量景气指数	**114.60**	**118.09**	**119.41**	**118.15**
一、不同行业企业的景气指数				
工 业	107.56	111.07	116.59	117.80
#采掘业	107.22	120.00	81.54	139.54
制造业	104.08	110.99	120.40	115.26
电力、煤气及水的生产和供应业	138.47	104.53	98.67	132.84
建筑业	118.36	128.01	91.67	147.60
交通运输、仓储及邮电通信业	130.33	117.98	142.80	98.89
批发和零售业	129.06	144.18	141.54	112.96
房地产业	122.58	123.48	103.10	123.51
社会服务业	120.00	88.00	104.00	116.00
信息传输、计算机服务和软件	122.66	131.86	151.18	119.72
住宿和餐饮业	130.65	123.91	104.28	97.63
二、不同类型企业的景气指数				
国有企业	112.36	109.92	113.40	115.45
集体企业	111.76	110.11	102.98	124.23
股份合作企业	114.76	109.52	122.23	105.00
有限责任公司	120.14	125.74	123.90	111.33
股份有限公司	125.20	127.85	130.68	122.30
私营企业	117.78	136.96	111.72	107.02
外商及港、澳、台投资企业	117.07	129.08	138.32	127.42
三、不同规模企业的景气指数				
特大型及大型	120.31	113.08	140.32	129.94
中小型	113.92	120.45	113.70	112.47
#中 型	115.16	124.26	113.39	117.91
小 型	112.68	116.63	114.04	106.56
四、特殊企业群体的景气指数				
国家重点企业	72.72	72.80	132.64	122.09
国家试点企业集团成员	88.84	50.85	116.51	101.68
乡镇企业	112.94	116.82	107.89	109.33
上市公司	141.34	136.79	152.68	137.86
国有控股企业	116.56	114.41	126.34	117.95

3－22 盈利(亏损)变化景气状况

项　　　目	2003年		2004年	
	三季度	四季度	一季度	二季度
盈利(亏损)变化景气指数	**110.76**	**109.35**	**110.14**	**114.36**
一、不同行业企业的景气指数				
工　　业	110.34	101.69	111.98	113.97
#采 掘 业	148.47	114.12	145.57	129.67
制 造 业	109.36	101.48	114.01	115.65
电力、煤气及水的生产和供应业	115.91	98.07	91.17	105.91
建 筑 业	107.02	110.16	79.52	123.92
交通运输、仓储及邮电通信业	100.81	106.51	132.72	91.82
批发和零售业	120.32	141.05	103.36	115.66
房地产业	113.00	121.58	120.83	134.66
社会服务业	108.33	96.00	84.00	108.00
信息传输、计算机服务和软件	99.34	121.91	139.75	124.80
住宿和餐饮业	119.79	112.98	117.23	102.20
二、不同类型企业的景气指数				
国有企业	109.85	103.57	105.92	109.08
集体企业	101.49	104.55	93.42	98.57
股份合作企业	85.00	85.71	77.23	67.77
有限责任公司	118.74	118.05	105.08	111.05
股份有限公司	105.68	113.33	120.77	122.49
私营企业	97.78	121.74	111.72	98.25
外商及港、澳、台投资企业	125.50	123.62	136.15	126.73
三、不同规模企业的景气指数				
特大型及大型	132.85	109.85	124.36	141.71
中 小 型	103.60	108.98	104.81	103.25
#中　型	103.38	115.35	108.10	105.85
小　型	103.83	102.58	101.30	100.44
四、特殊企业群体的景气指数				
国家重点企业	143.65	72.93	189.76	186.70
国家试点企业集团成员	144.37	76.13	194.82	194.82
乡镇企业	119.05	119.51	118.59	102.84
上市公司	121.29	126.70	150.77	132.09
国有控股企业	112.35	107.82	112.92	115.41

3－23 流动资金景气状况

项　　　　目	2003 年		2004 年	
	三季度	四季度	一季度	二季度
流动资金景气指数	**72.28**	**75.18**	**82.25**	**81.16**
一、不同行业企业的景气指数				
工　业	71.22	74.81	87.76	81.28
#采 掘 业	65.96	109.84	96.03	83.28
制 造 业	69.10	72.38	87.44	80.08
电力、煤气及水的生产和供应业	91.42	89.39	91.29	88.30
建 筑 业	48.90	52.81	53.24	52.46
交通运输、仓储及邮电通信业	33.97	51.15	60.68	53.93
批发和零售业	95.48	90.20	84.43	101.03
房地产业	78.51	87.15	81.06	91.49
社会服务业	80.00	80.00	76.00	92.00
信息传输、计算机服务和软件	106.84	102.67	98.71	99.44
住宿和餐饮业	78.49	75.26	78.16	82.88
二、不同类型企业的景气指数				
国有企业	57.63	61.04	64.78	73.49
集体企业	61.76	54.05	77.94	68.18
股份合作企业	40.00	52.15	69.11	49.11
有限责任公司	76.70	82.19	80.06	77.02
股份有限公司	89.76	94.07	92.11	88.43
私营企业	82.22	73.91	86.53	79.51
外商及港、澳、台投资企业	122.15	127.16	131.30	116.98
三、不同规模企业的景气指数				
特大型及大型	81.28	82.31	97.21	107.84
中 小 型	68.99	72.48	75.13	71.91
#中　型	66.25	73.09	74.29	71.57
小　型	71.76	71.86	76.03	72.27
四、特殊企业群体的景气指数				
国家重点企业	33.45	48.34	115.20	117.81
国家试点企业集团成员	44.95	59.61	91.10	91.10
乡镇企业	84.75	92.58	97.37	82.67
上市公司	116.63	140.86	137.82	125.00
国有控股企业	65.95	69.43	77.73	81.01

3－24 货款拖欠景气状况

项目	2003年		2004年	
	三季度	四季度	一季度	二季度
货款拖欠景气指数	**95.62**	**108.69**	**98.23**	**96.73**
一、不同行业企业的景气指数				
工　业	94.45	115.04	101.02	94.96
#采掘业	100.88	153.63	99.18	108.15
制造业	94.40	115.97	98.21	95.95
电力、煤气及水的生产和供应业	94.23	101.64	110.15	89.92
建筑业	73.60	81.56	82.28	81.68
交通运输、仓储及邮电通信业	95.24	95.63	99.51	106.34
批发和零售业	112.22	106.99	97.03	99.57
房地产业	111.84	124.68	119.38	133.21
社会服务业	104.17	95.83	88.00	104.00
信息传输、计算机服务和软件	96.85	90.78	82.63	91.11
住宿和餐饮业	77.94	95.76	92.35	95.17
二、不同类型企业的景气指数				
国有企业	90.99	107.23	99.62	101.59
集体企业	91.41	96.42	105.18	96.20
股份合作企业	110.00	95.24	110.00	105.00
有限责任公司	101.30	107.54	101.87	97.09
股份有限公司	99.47	108.26	99.22	102.80
私营企业	100.00	102.17	100.00	83.02
外商及港、澳、台投资企业	94.65	116.22	84.53	87.26
三、不同规模企业的景气指数				
特大型及大型	79.83	111.59	89.14	83.03
中小型	100.75	106.16	102.09	102.53
#中　型	99.79	109.27	106.09	103.43
小　型	101.72	103.04	97.84	101.54
四、特殊企业群体的景气指数				
国家重点企业	50.44	142.87	78.30	67.26
国家试点企业集团成员	59.68	137.89	63.85	69.03
乡镇企业	105.89	110.06	112.99	98.67
上市公司	98.80	104.90	111.14	109.04
国有控股企业	92.30	109.16	94.92	96.02

3－25　劳动力需求景气状况

项　　目	2003年		2004年	
	三季度	四季度	一季度	二季度
劳动力需求景气指数	**99.56**	**92.79**	**101.93**	**102.02**
一、不同行业企业的景气指数				
工　业	98.95	88.25	106.24	103.24
#采掘业	113.24	122.92	113.56	140.27
制造业	99.27	87.59	110.12	107.73
电力、煤气及水的生产和供应业	96.07	87.64	81.29	69.99
建筑业	112.62	119.56	97.26	143.00
交通运输、仓储及邮电通信业	82.98	79.10	88.38	78.89
批发和零售业	97.06	98.83	93.93	82.70
房地产业	103.47	95.67	90.90	110.90
社会服务业	104.00	80.00	92.00	84.00
信息传输、计算机服务和软件	109.72	113.07	113.24	98.98
住宿和餐饮业	102.76	100.68	102.89	102.25
二、不同类型企业的景气指数				
国有企业	95.52	81.67	90.64	91.09
集体企业	101.96	102.03	80.89	105.26
股份合作企业	90.00	100.00	115.00	110.00
有限责任公司	98.87	97.95	100.79	102.51
股份有限公司	105.98	100.69	111.93	108.94
私营企业	97.78	106.52	114.60	91.23
外商及港、澳、台投资企业	113.08	118.24	133.12	123.83
三、不同规模企业的景气指数				
特大型及大型	110.17	83.38	103.55	105.43
中小型	95.67	96.06	100.84	99.79
#中　型	94.54	94.48	99.39	100.20
小　型	96.81	97.65	102.38	99.34
四、特殊企业群体的景气指数				
国家重点企业	101.68	46.04	132.38	132.18
国家试点企业集团成员	101.34	38.03	150.97	110.97
乡镇企业	104.75	105.58	101.66	120.17
上市公司	138.37	116.77	114.18	122.75
国有控股企业	99.52	88.39	98.44	97.59

3－26 固定资产投资景气状况

项目	2003年		2004年	
	三季度	四季度	一季度	二季度
固定资产投资景气指数	**119.38**	**107.38**	**104.20**	**117.71**
一、不同行业企业的景气指数				
工　业	123.38	107.27	103.24	124.56
#采掘业	133.68	121.46	92.31	138.43
制造业	126.20	105.54	105.03	125.30
电力、煤气及水的生产和供应业	102.42	126.15	96.83	118.84
建筑业	114.29	99.89	101.94	113.75
交通运输、仓储及邮电通信业	105.76	115.37	99.67	105.66
批发和零售业	110.49	112.56	102.91	105.75
房地产业	113.03	103.91	108.53	111.94
社会服务业	120.00	92.00	104.00	92.00
信息传输、计算机服务和软件	129.28	110.29	124.54	115.67
住宿和餐饮业	113.31	103.62	114.12	104.98
二、不同类型企业的景气指数				
国有企业	119.15	100.23	94.50	108.21
集体企业	101.00	100.52	108.05	112.03
股份合作企业	90.00	76.19	112.23	125.00
有限责任公司	120.28	110.17	109.21	120.28
股份有限公司	124.42	128.16	111.41	125.93
私营企业	118.60	120.00	120.49	108.21
外商及港、澳、台投资企业	114.78	123.78	113.81	127.32
三、不同规模企业的景气指数				
特大型及大型	147.15	108.17	96.21	137.00
中小型	108.82	107.40	107.42	109.55
#中　型	106.57	108.32	106.68	110.87
小　型	111.09	106.47	108.21	108.11
四、特殊企业群体的景气指数				
国家重点企业	180.00	73.02	75.14	169.65
国家试点企业集团成员	167.14	67.90	70.84	160.13
乡镇企业	112.49	108.06	119.74	118.66
上市公司	135.34	156.03	111.09	151.55
国有控股企业	122.27	107.88	99.64	115.31

3－27　大型企业景气状况

项　　　　　　目	2003年		2004年	
	三季度	四季度	一季度	二季度
大型企业景气指数	**159.17**	**145.19**	**155.19**	**146.58**
一、不同行业企业的景气指数				
工　　业	159.67	138.09	152.41	135.89
建 筑 业	105.99	140.83	114.22	142.67
批发和零售业	181.12	186.69	181.43	176.68
二、不同类型企业的景气指数				
国有企业	172.06	137.85	157.43	156.92
有限责任公司	139.42	150.18	118.51	117.40
股份有限公司	141.77	157.43	162.42	156.41
外商及港、澳、台投资企业	154.83	169.81	190.71	131.92
三、特殊企业群体的景气指数				
国家重点企业	179.27	123.97	168.62	143.05
国家试点企业集团成员	183.82	120.95	175.16	142.92
乡镇企业	144.43	169.26	199.94	170.94
上市公司	148.44	157.07	172.42	160.43
国有控股企业	161.24	144.17	156.68	146.51
四、不同观察指标的综合经营景气指数				
生产(经营)情况	120.31	113.08	140.32	129.94
盈利(亏损)变化	132.85	109.85	124.36	141.71
流动资金情况	81.28	82.31	97.21	107.84
货款拖欠情况	79.83	111.59	89.14	83.03
劳动力需求	110.17	83.38	103.55	105.43
固定资产投资情况	147.15	108.17	96.21	137.00
产品订货			136.72	117.28
企业融资			99.05	102.08

3－28　中型企业景气状况

项　　　目	2003年		2004年	
	三季度	四季度	一季度	二季度
中型企业景气指数	**110.29**	**115.89**	**118.62**	**114.92**
一、不同行业企业的景气指数				
工　　业	108.85	114.56	113.58	110.23
建 筑 业	102.86	100.00	94.44	111.11
交通运输、仓储及邮电通信业	97.30	117.14	150.00	115.38
批发和零售业	111.11	109.86	125.97	114.29
房地产业	123.33	137.93	134.48	148.28
信息传输、计算机服务和软件	136.36	154.55	166.67	141.67
住宿和餐饮业	121.43	125.00	114.29	117.14
二、不同类型企业的景气指数				
国有企业	104.05	111.56	113.92	110.90
集体企业	84.21	100.00	105.00	85.00
有限责任公司	111.59	115.22	124.39	119.16
股份有限公司	113.68	121.28	115.05	117.20
外商及港、澳、台投资企业	159.38	141.94	138.24	126.47
三、特殊企业群体的景气指数				
乡镇企业	137.04	153.85	151.85	111.11
上市公司	137.50	137.50	125.00	150.00
国有控股企业	106.25	111.81	117.36	113.64
四、不同观察指标的综合经营景气指数				
生产(经营)情况	115.16	124.26	113.39	117.91
盈利(亏损)变化	103.38	115.35	108.10	105.85
流动资金情况	66.25	73.09	74.29	71.57
货款拖欠情况	99.79	109.27	106.09	103.43
劳动力需求	94.54	94.48	99.39	100.20
固定资产投资情况	106.57	108.32	106.68	110.87
产品订货			112.78	105.06
企业融资			75.36	68.44

3－29 小型企业景气状况

项目	2003年		2004年	
	三季度	四季度	一季度	二季度
小型企业景气指数	**102.11**	**108.74**	**115.12**	**110.70**
一、不同行业企业的景气指数				
工　业	108.02	120.34	117.65	112.24
建筑业	94.44	97.22	102.86	108.57
交通运输、仓储及邮电通信业	90.00	92.50	110.00	85.00
批发和零售业	85.71	91.18	111.76	112.50
房地产业	97.73	92.86	114.63	127.50
社会服务业	100.00	100.00	115.00	120.00
信息传输、计算机服务和软件	112.50	100.00	125.00	125.00
住宿和餐饮业	102.27	106.82	115.38	100.00
二、不同类型企业的景气指数				
国有企业	90.37	96.27	99.18	98.36
集体企业	82.98	82.61	91.11	97.67
有限责任公司	106.36	118.34	119.13	112.15
股份有限公司	117.50	115.00	145.45	130.30
私营企业	111.76	120.00	133.33	117.14
外商及港、澳、台投资企业	123.33	130.00	141.94	138.71
三、特殊企业群体的景气指数				
乡镇企业	107.41	111.32	106.52	108.89
国有控股企业	95.77	103.72	107.65	105.29
四、不同观察指标的综合经营景气指数				
生产（经营）情况	112.68	116.63	114.04	106.56
盈利（亏损）变化	103.83	102.58	101.3	100.44
流动资金情况	71.76	71.86	76.03	72.27
货款拖欠情况	101.72	103.04	97.84	101.54
劳动力需求	96.81	97.65	102.38	99.34
固定资产投资情况	111.09	106.47	108.21	108.11
产品订货			113.42	103.31
企业融资			70.48	67.34

四、骨干企业

资料整理：蒋宇飞　王　虹
胡树泉　祁　炜

打造"政策性漏斗",加快国有大中型企业改制重组

——从108户重点企业分析我省国有资产退出通道

从1994年我省建立现代企业制度试点工作至今已10年。对我省108户重点企业的跟踪监测表明:仍有11家国有企业(工厂制企业),有23家国有独资公司。这说明纯国有企业比重仍然过大,达31.5%。108户企业总资产中国有资产依然占相当的比重。这说明我省国有企业国有股"一股独大"的现象较为突出,国有资产退出步伐较慢。本文着重分析重点企业的资产变化情况,提出我省国有资产退出的一些建议,供各级领导参考。

一、重点企业的资产构成、变动情况分析

108户重点企业(包括中央管理企业、国务院和省级重点企业、现代企业制度原国家和省试点企业等)是我省大中型企业的主体,是我省经济的脊梁,也是我省大中型企业改革的"重中之重"。其改革成功与否直接影响着全省企业改革的成败。然而,从1994年我省开展建立现代企业制度试点工作,至今已历经10年,这一工作推进得艰难而缓慢,国有资产退出步伐较慢。

从注册资本来看,2003年108户重点企业构成结构如表一:

	企业单位数(个)		注册资本合计(亿元,下同)		国家资本		法人资本		个人资本		外商资本	
	单位数	比重(%)	资本额(亿元)	比重(%)	资本额(亿元)	比重(%)	资本额(亿元)	比重(%)	资本额(亿元)	比重(%)	资本额(亿元)	比重(%)
总计	108	100	535	100	277.9	51.9	205.77	38.5	17.65	3.3	27.6	5.2
按控股类型分												
国有绝对控股	69	63.9	491.3	91.8	370.4	55	189.48	38.6	8.1	1.7	22.7	4.6
国有相对控股	18	16.7	23.2	4.3	6.17	26.6	8.2	35.5	6.8	29.3	1.9	8.2
集体控股	4	3.7	5.73	1.1			0.36	6.3	0.035	0.6		
其它	17	15.7	14.7	2.8	1.3	9	7.68	52	2.68	18.2	2.98	20.2
按登记注册类型分												
国有企业	11	10.2	166.6	31.1	166.6	100						
国有独资公司	23	21.3	55.1	10.3	54.15	98.3	0.93	1.7				
其他有限责任公司	36	33.3	207.1	38.7	43.07	20.8	151.4	73.1	5.9	2.9	1.88	0.9
股份有限公司	36	33.3	40.69	7.6	14.1	34.7	9.6	23.5	11.7	28.8	4.63	11.4
中外合资企业	1	0.9	65	12.1			43.9	67.5			21.1	32.5

从上表看出:108户企业535亿元注册资本中,国家资本和法人资本达483.7亿元,占90.4%(其中国家资本277.94亿元,占51.9%)。按控股情况分,国有及国有控股企业注册资本达514.56亿元,占96.2%。

按登记注册类型分，纯国有企业（工厂制企业）和国有独资公司注册资本达221.7亿元，占41.4%；有限责任公司（不包括国有独资公司）注册资本为207.1亿元，占注册资本为38.7%；股份有限公司注册资本为40.69亿元，占7.6%。这说明注册资本中我省国有成份占有绝对优势，相反其他资本则显得严重不足。

从资产变动情况来看，2003年108户重点企业变动情况如表二：

	资产总计（亿元）		
	本年实际	去年同期	同比（%）
总计	4425.17	3668.8	20.6
按控股类型分			
国有绝对控股	4190.3	3415.6	22.7
国有相对控股	157.9	142.95	10.5
集体绝对控股	27.09	25.39	6.7
其它	49.78	84.9	-41.4
按登记注册类型分			
国有企业	2182.8	1853.4	17.8
国有独资公司	383.67	341.2	12.4
其他有限责任公司	1452.7	1093.9	32.8
股份有限公司	260.96	241.5	8.1
中外合资企业	141.17	134.57	4.9
其它	3.84	4.2	-8.4

从上表看出：108户企业2003年资产达4425.17亿元，同比增长20.6%。从控股情况来看，国有及国有控股企业资产达4348.3亿元，占98.3%。其中，国有绝对控股企业资产达4190.3亿元，占108户资产的94.7%。从登记注册类型来看，纯国有企业（工厂制企业）和国有独资公司资产达2566.47亿元，占全部108户资产的58%。这说明我省国企中绝大部分国有资产尚未退出，我省股权多元化和国有资产退出步伐亟待加快。

从纯国有企业数量来看，108家企业中仍有11家国有企业（非公司制企业），有23家国有独资公司。这说明我省重点企业中有三分之一的国有企业股权结构单一，国有股“一股独大”的现象较为突出，国有资产退出步伐较慢。

二、我省国有资产退出存在的问题和障碍

近几年的改革实践表明，大量国有资产退出还存在诸多问题和障碍，急需解决和排除。

（一）“三难”问题较为突出

一是大中型企业国有资产退出难。实践证明，中小企业的“双退”改革在我省是成功的，但大中型企业国有资产重组和退出急需研究和探索。如武重、冶钢等一大批企业拥有几亿、几十亿的国有资产，其生产工艺不宜拆分，中小投资者无力对其进行整体收购，而战略投资者一时也不愿进入，实现产权多元化面临诸多难题。二是资产变现难。大多数国有企业，资产质量都不高，净资产极少，企业改制过程中，一般都是划出部分资产安置职工，但由于地方经济发展水平的限制，划出安置职工的部分资产很难变现，有的甚至是打白条。三是劣势企业退出市场难。据统计，截止去年7月我省还有86个劣势企业项目急需退出市场，所需核呆规

模均在4000万元以上，涉及银行贷款本息130亿元。

（二）改革成本支付困难

一是职工安置资金缺口较大。由于目前改制企业大多数是困难企业，历史欠账多，加上同级财政比较困难，兜底资金难落实，破产费用缺口较大，职工安置费用往往没有着落，资金缺口大。据不完全统计，截止去年7月全省职工安置缺口高达96亿元。二是社保资金欠账太多。社保压力大，担保人员多，征收比例低，退休人员增长过快，年退休增长率达10%，养老金入不敷出；部分离退休人员未参与医疗保险，财政兜底压力大。仅去年襄轴和湖北化纤两企业欠缴职工基本养老保险费就高达4523万元。

（三）企业改革政策不落实、不配套

一是企业改革政策难落实。如规定企业改制时房地产交易契税先征后返，但进了财政后，再返还就很难；如规定改制企业出售住房包括出售住房使用权，可用于安置职工，但这部分资金由住房资金中心控制，企业无法支配；再如规定企业出售或出租国有资产所得收入、土地出让金出让、转让收入，要首先用于支付职工经济补偿或一次性安置费，补缴欠缴的社会保险费等政策债权银行不同意，认为变现资产可以优先用于补缴社会保险金和欠缴的职工债权，但不能首先用于安置职工。二是企业改革政策不配套。主要表现在两个方面：一方面有些政策衔接不到位，操作比较困难。比如有关政策规定，对距法定退休年龄5年之内和工龄超过30年的职工，实行内部退养制度，职工内部退养期间，应由改组后的企业为其发放生活费。对此项政策，各地普遍反映强烈。这不仅加大了改革成本，造成职工间不平等，据反映，执行内退政策比领取一次性安置费，人均多四、五万元。纺织行业女工，许多40多岁就享受内退政策，造成与其他职工不平衡。而且造成管理困难，许多国有企业改组为民营企业后，不便再管理内退职工。再如有关企业改革政策规定，对改制中的土地、房产过户规定只收50元的过户登记费，不收土地转让金，而《土地法》规定要收取转让金、测量费等费用，这个规定无法落实。据有关部门估算，转让金、测量费等几项费用之和相当于在当地重新征地的费用。又如，1999年国家公布了新的《土地法》，而我省有关的实施条例还是1990年的，无法配套；另一方面，社会化管理改革远远跟不上国企改革步伐，加重了企业的负担。企业改制后的有关社会职能仍交不出去，企业员工居住地无人管理；党、团职能和计划生育工作仍采取计划经济下由企业代管的办法，使企业承担了不应承担的多项社会事务。

（四）上市公司整体质量不高，股份有限公司遗留问题不少

从1997年以来，我省上市公司整体经营业绩呈逐年下滑的态势，亏损公司比例不断增加，ST猴王、ST生态、ST康赛、ST襄轴、ST幸福等5家上市公司由于连续亏损而被进行ST处理，占全国的6%；ST生态、ST襄轴和国投原宜3家公司已面临依法暂停上市和依法退市的风险；2003年，仅有3家上市公司通过配股、增发等方式进行了再融资，筹资金额6.15亿元。股份有限公司遗留问题主要是股本金不到位，在2000年以前成立的股份有限公司中，社会法人股金不能足额到位的约占12%；内部职工股或工会委员会持股超比例、超范围募集，据统计，截止去年内部职工股（含工会持股）超发的有152家，涉及股本达5.55亿股；社会不稳定因素增加，相当一部分企业出现经营性亏损，甚至关门倒闭，企业违规发行的个人股无法回购，许多股民不断到政府上访，人大、政协代表也每年提出提（议）案，要求切实解决个人股回购问题，但确实有相当一部分无力解决，面临很大的不稳定隐患，政府面临巨大压力，这是当前股份制企业中最难解决而又必须面对的问题。

（五）配套改革滞后

一是从金融环境看，一些地方由于担心被金融部门列为“高风险区”，依法破产工作不敢大胆推进。银行信贷机制满足不了产业结构调整所需的多品种、多层次资金需求。资本市场不发达，难以为大量的未上市企业提供资本金支持和融资渠道，使得国有企业筹集技术改造、兼并重组资金十分困难，而全社会资金有相当一部分却处于闲置状态，乃至衍生为短期套利的社会游资。二是从投资和服务环境看，近年来湖北的基本建设投资投向国有企业的比重较低，投资项目的行政审批制度严重影响着企业的发展。一些地方对企业的服务意识、服务措施仍未到位，“一站式”服务被部分投资者称作“收发室”，因为很多问题在“窗口”并不能

得到及时解决，部门内部审批手续还是相当繁琐。有些地方的“三乱”现象仍然存在。三是从社会保障环境看，社保体系还不完善、覆盖面不广。企业无法大力推进分离分流，企业负担无法很快减下来，企业富余人员的安置问题越来越突出，职工下岗和再就业压力还在增加。四是从市场环境看，突出表现在产权市场不完善，企业产权退出渠道不畅通，证券市场上信息流动慢且不真实、圈钱、欺骗小股东等问题还比较突出。而场外并购、二板市场和三板市场等其他产权退出通道也很不健全，甚至还没有建立，严重阻碍了产权改革的推进。

三、积极打造“政策性漏斗”，加大国有资产退出步伐

湖北的国资总量达1829.7亿元，居全国第十二位，其中经营性资产739.4亿元，所占比例高达40.4%。这充分说明了我省的国有资产急需从企业中退出，退到行政事业性领域，从而将更多竞争性领域的舞台让给民营企业。我省国资改革还有许多工作要做，空间还很大。通过股份制实现股权多元化是国有大中型企业改革的方向。同时，湖北地处中部的“中部”，应充分利用自己的区位优势，打造“政策性漏斗”，加大国有资产退出步伐。

国有资产退出通道主要有：一是破产，包括依法破产和进入国家计划的政策性破产。破产重组是实现国有资本退出的主要通道。二是改制，主要包括有限责任公司、股份有限公司、股份合作制三种形式。大企业、大集团争起整体上市，进行股份制改造。如武钢集团今年已实现整体上市，对全省国企改革起到良好的推动作用。三是转让重组退出。

对于我省来说，当前着重应抓好以下几项工作。

一是要充分利用“壳”资源，进行重组

湖北省上市公司资产重组进展较为缓慢，成效不太明显，部分已经进行重组的公司如ST华信、ST猴王等仍然徘徊在退市边缘。这几年在推进上市公司资产重组方面做了大量工作，但成绩不太理想，特别是部分公司因为经营管理不善而沦落为ST，这部分公司又占用良好的“壳”资源，而其他一些质地优良的企业却只能望“壳”兴叹，应加快推进上市公司购并重组。在推进过程中，必须转变观念，改变过去纯粹“保壳、保牌”的挽救型重组和地方保护主义色彩，立足全省产业发展规划，以培育资本市场蓝筹、地区经济发展龙头企业为目标，鼓励上市公司进行以市场为主导、以提高经济效益为核心的实质性购并重组，坚决杜绝报表重组、盲目重组。鼓励和支持绩优公司实施跨地区、跨行业、跨所有制的兼并收购，充分发挥武钢集团、东风汽车公司等重点企业的行业地位，争取在钢铁、汽车、商业、化工、光电子等行业培育大盘蓝筹股，同时，加快“国退民进”步伐，对大部分国有控股上市公司引入战略投资者，在上市公司股权民营化上大胆突破。

对于拥有58家上市公司的证券大省来说，湖北上市公司资产重组需要实现三个突破：一是要改变过去修修补补式的资产重组模式，立足湖北产业发展规划，以培育资本市场蓝筹、地区经济发展龙头为目标，实现上市公司资产重组新突破。过去，湖北一些公司的资产重组以扭亏为终极目标，在企业困难时突击进行一些资产重组，实现一些重组收益和投资收益，避免“戴帽”；一些公司仅仅以达到再融资条件为目标，从集团中装入一些相对盈利能力好的资产。这种零打碎敲、修修补补式的重组模式并没有使公司走出困境，湖北上市公司近几年的业绩报告也表明，湖北板块整体盈利能力较弱，没有形成具有市场影响力的龙头股。在上市公司资产规模、股本规模、销售收入和净利润规模、融资规模等排名中，湖北上市公司已经不能进入前十名。在资本市场越来越重视蓝筹概念股的环境下，湖北上市公司资产重组也必须围绕“蓝筹目标”实现突破。以武钢股份为例，如果增发融资创新顺利，公司将“吃进”武钢集团全部钢铁主业资产，届时公司也真正重组成为资本市场蓝筹股。东风汽车、葛洲坝、中国凤凰、大冶特钢等公司具备良好基础，如果能够实现重组突破，同样有望进入蓝筹概念。；二是要在“国退民进”上加快步伐，对大部分国有控股的上市公司引入新的战略投资者，实现上市公司股权民营化突破。最近几年，湖北部分上市公司已经引进了民营大股东，但是湖北上市公司中国有控股的仍然还有41家，占全部58家上市公司的70%，这一比例相对较高。在推进国有企业产权

改革大潮中，有必要通过引进国际、国内知名大企业、大财团参与股权购并，推进上市公司民营化和产权多元化进程；三是要积极发挥地方政府作用，实现政府主导、稳步推进的上市公司资产重组新格局。基于湖北公司国有控股占据主导地位，在资产重组中地方政府必须发挥更积极的主导推动作用。以ST襄轴为例，这两年一直在为扭亏和重组而努力，但是企业人员包袱太重，导致战略投资者不赶轻易进行股权收购。去年在政府的积极引导协调下，困绕公司重组的富裕员工身份买断补偿问题得到了较好解决，为下一步资产重组奠定了基础。在推进地方上市公司进行资产重组时，政府应在充分调研的基础上，制定切实可行的上市公司产权调整、资产重组优惠政策和实施细则，引导公司实施有利于企业持续发展的资产重组活动，全力提升湖北上市公司的整体质量。

二是要努力解决好“人从哪里来，钱往哪里去”的问题

“钱从哪里来，人往哪里去”曾是十多年前资金匮乏、冗员沉重的国企面临的改革难题。而今，新一轮国资国企改革面临的难题则是“人从哪里来，钱往哪里去?”这里的“人”，指的是合格的职业经理人；“钱”则指的是退出的国有资本。对“人”，加大市场化选拔经营者的力度，实行经营者公开招聘，探索产权代表竞争上岗。管理人员不再是过去的组织配置而是转变为市场配置。为此必须建立三条通道，构建三个平台，给予四个保障：三条通道是，企业职工身份转换的通道，资产处置通道，企业法人退出通道。通过三条通道实现国有劣势企业的有序退出；三个平台是产权交易平台、职工安置平台、改制成本筹集平台。通过三个平台实现国有资产的优化配置；四个保障是建立再就业、失业救济、最低生活保障、大病医疗救助四个保障体系，实现改革发展和稳定的良性互动。

撰稿：胡树泉

核稿：陈　正　蒋宇飞

深化改革　　稳步成长

——2003年全省重点企业改革成效及其运营状况

湖北省企业调查队对全省108户重点企业改革及其运营的监测表明，重点企业改制持续推进，进入新的发展阶段：产权结构多元化，法人治理结构更趋合理，企业资产规模不断壮大，研究开发费用投入力度加强，创利能力不断提高。与此同时，企业改革与发展过程中触及的一些深层次问题尚需进一步加以解决。

一、企业改革不断深化进入新的发展阶段

列入跟踪监测的重点企业中大型企业70户，占64.8%，中型和小型企业各有33户和5户，分别占30.6%和4.6%；按主营行业分，工业企业有91户，占84.3%；批发贸易零售业企业9户，占8.3%，建筑业、运输邮电业和房地产业分别有2户、4户和2户；从企业控股情况看，国有及国有控股企业有87家，占80.6%，集体控股企业4家，占3.7%，其他控股类型17家，占15.7%。

（一）企业改革继续深化，企业家对未来充满信心

截至2003年底，全省108户重点企业中有96户企业改造为公司制企业。从改制企业的类型看，股份有限公司和其他有限责任公司是企业的主要形式，分别有36户和35户，各占公司制企业的37.5%和36.4%；其次是国有独资公司，有23户，占公司制企业的24%。改制企业对改制后经营状况及效果的总体评价比较满意，认为“效果很好”及“效果较好”的企业所占比重达72.9%，有87.1%的企业经营者对未来发展充满信心。

企业产权制度是现代企业制度的一个重要内容。目前，我省绝大多数的重点企业已按《公司法》的有关规定，清产核资、界定产权，建立了较为明确出资人制度，形成产权明晰、多元股权结构的新型公司体制。调查资料还显示：重点企业中有37.4%的企业法定出资人数为2－5人，有31.8%的企业法定人数为5人以上。

法人治理是企业制度创新的重要标志，是建立现代企业制度的核心内容。在改制企业中，有59.3%、88.9%和80.6的重点企业分别成立了股东会、董事会和监事会，其中法人治理结构完善（即“新三会”均建立）的企业占了59.3%。

多数企业认为，“新三会”能较好的行使各自的职权。在成立股东会的企业中，有93.8%的企业能够行使审议批准董事会的报告、审议批准公司的利润分配方案和弥补亏损的方案、修改公司章程等职权；在成立董事会的企业中，99%的企业能够行使决定经营计划和投资方案、制定公司的年度财务预决算方案的职权，有97.9%的企业能够行使制定公司的利润分配方案和弥补亏损方案的职权；在成立监事会的企业中，96.6%的企业能够对董事、经理执行公司职务时违反法律、法规或者公司章程的行为进行监督，有97.7%的企业能够行使检查公司财务的职权等。

在监事会成员多为公司内部人员的条件下，为了强化董事会的监督职能和董事间的相互监督意识，拓宽独立监督的空间，不少企业设立了独立董事。截止去年底，在已成立董事会的96家重点企业中，已有26家设立了独立董事，占27.1%。资料还表明，设有独立董事的26家企业比已成立董事会，但未设独立董事的70家企业取得了更好的经营成效。

（二）继续推进“三项制度”改革，企业机制创新实现新的突破

改革劳动、人事、分配制度,使之符合市场经济发展要求,是建立现代企业制度的一项重要内容。监测结果显示:我省重点企业在加快推进劳动、人事、分配制度改革方面取得了较大进展。有97.2%的企业已全面实行劳动合同制度,78.7%的企业已实行全员竞争上岗制度和企业内部管理人员公开竞聘、择优录用制度,但仍有两成多的企业还保留了计划经济体制下的身份界限;以岗位工资为主的多样化分配体系基本形成,95.3%的企业实行岗位工资制,67.3%的企业实行科技人员收入分配激励机制,24.3%的企业实行工资集体协商制度;另有15.9%的企业实行职工持股分配制。

(三)剥离企业办社会力度加大,企业负担进一步减轻

2003年,我省重点企业在"主辅分离"工作上进行了积极探索,取得了一定的进展。截止2003年底,108户重点企业中,43%的企业已无社会性服务机构,比上一年上升6.6个百分点。在存在企业办社会服务机构情况的重点企业中,29.5%的企业已将社会性服务机构全部从企业中剥离出来实行独立核算,分离率在50%以上的占24.6%,分离率在50%以下的占8.2%;但值得注意的是,仍有37.7%户企业没有将企业办社会性服务机构从企业中剥离。

(四)努力实现企业管理科学化,培育企业核心竞争力

近年来,我省重点企业在新的市场环境下,以建立现代企业制度为契机,加强企业内部管理,加大内部机构改革力度,在坚持以人为本的原则下充分挖掘人力资本潜能。2003年,全省108家重点企业中有80.6%的企业建立了以降低成本、提高效率为目的的奖惩制度并能严格执行,这一比例较去年略有增长。76.9%的企业通过了有"国际绿卡"之誉的ISO9000国际质量体系认证,16.7%的企业通过了ISO14000环境管理系列标准认证,均比上年增长5.7个百分点。另外,有51.9%的企业建立了自己的商业网站,在电子商务日益普及的今天,网站作为企业对外的一扇窗口,将在生产经营中发挥越来越大的作用。

(五)企业经营者综合素质普遍提高

建设一支高素质的企业领导队伍是加快全省经济发展,提高企业经济效益的关键。近年来,湖北省在抓好企业领导干部配备和提高企业领导素质方面取得明显成效。调查结果显示,一支年富力强,具有较高学识水平和丰富管理经验的企业家队伍正在逐步形成。

企业领导层的年龄结构渐趋合理。总经理年龄在40岁以下24人,占22.2%;40—50岁53人,占49.1%;50岁以上31人,占28.7%;从任职年限看,任现职5年以下的68人,占63%;任现职6—10年的31人,占28.7%;任现职11年以上的9人,占8.3%。上述数据表明,近几年,我省一大批年富力强的年轻企业家逐步走上企业领导岗位,为企业长远发展奠定了坚实基础。

企业领导层的文化素质普遍较高。总经理的文化程度多在大学本科以上。其中博士4人,占3.7%;硕士31人,占28.7%。

专业对口,实际经验丰富。总经理所学专业主要是理工科技类、经济学类和管理学类,分别占全部企业的32.4%、32.4%和28.7%;而所学专业为文史哲法类和其他类的只占4.6%和1.9%。同时从从业经历来看,79.6%的重点企业总经理任职前从事企业管理,而任职前从事工程技术、由党政机关到企业任职和从事科学研究的重点企业总经理分别只占11.1%、8.3%和0.9%。

知识结构改善,逐步熟悉国际商务规则。被调查企业中,有1户企业经理层的全体成员全都熟悉国际商务规则,有近三成的企业,其经理层中熟悉国际商务规则人员的比重在50-100%这一区间。上述数据表明,我省重点企业管理层中已有相当一部分人开始熟悉国际商务规则,这为企业今后进一步参与国际竞争打下了相应的基础。

二、企业经营绩效趋好,实力加强

(一)规模不断壮大,运营效率明显提升

截止去年末,108户重点企业资产总计为4425.2亿元,比上年增长20.6%,户均资产达到40.97亿元;

股东(所有者)权益达到1933.0亿元,同比增长30.0%。资产超过100亿元的企业有7家,占总数的6.5%。从登记注册类型看,其他有限责任公司资产增长最快,为32.8%,国有企业及国有独资公司增长为17.8%和12.4%。

重点企业总资产使用率为48.33%,同比上升7.55个百分点;资产利税率为6.37%,同比上升0.82个百分点;净资产收益率为6.26%,比上年增长0.94个百分点;总资产报酬率为4.04%,上升0.47个百分点。

(二)企业利税大幅增长,经济效益不断提高

2003年,我省重点企业的整体经营水平良好,利税大幅增长,经济效益继续提高。108户重点企业实现营业收入2169.6亿元,比上年增长43.0%;出口销售总额47.6亿元,同比增长13.5%;全年实现利润145.6亿元,同比增长55.4%。按主营行业分,工业企业增幅最大,达56.3%;按控股情况分,国有绝对控股增幅最大,达60.0%。利润超过亿元的企业有10家,其中东风汽车工业投资有限公司、武汉钢铁(集团)公司、武汉烟草集团有限公司、神龙汽车有限公司、中国长江三峡开发总公司五家企业利润超过5亿元。108户企业全年应交所得税24.7亿元,同比增长68.6%;应交增值税88.9亿元,增长26.2%。

(三)技术开发投入加大,企业发展后劲增强

2003年,重点企业中91户工业企业投入研究开发费用27.75亿元,比上年增长14.0%,研究开发费用占主营业务收入比例1.44%。这些企业中已有67户建立了技术中心,占73.6%。其中,技术中心由国家级认定、省级认定的分别为10户和41户。67家企业投入研究开发费用27.63亿元,平均每个企业为4100万元。研究开发费用超过亿元的有4家企业:东风汽车工业投资有限公司,武汉钢铁(集团)公司,武汉邮电科学研究院、神龙汽车有限公司。重点企业中91家工业企业共有研究开发人员20783人,比去年增长7.2%,而研究开发人员劳动报酬达60263万元,同比增长44.2%,人均达到2.90万元。以上数据表明:在市场竞争日趋激烈的今天,企业越来越深刻的认识到自主知识产权在竞争中的核心地位。

(四)资产结构进一步改善

2003年末,重点企业资产负债率、长期负债与资产总计比率分别为56.3%和25.5%,比上年同期下降了3.1个百分点和2.1个百分点,资产结构在步入合理区间后得到进一步改善。

(五)富余职工持续分流,劳动生产率大幅提高,人均报酬较快增长

企业积极减员增效,促使企业的富余人员继续得以分流。截止2003年末,108户重点企业从业人员52.84万人,较上年下降了1.0%,其中在岗职工下降1.9%。有15%的企业已无富余职工,在存在富余职工的企业中,64.8%的企业采用提前退休方式分流富余职工,81.3%的企业根据自身空缺岗位需要,对富余职工进行职业再培训,从而达到内部消化的目的。

通过对富余职工的分流,企业劳动生产率得到大幅提高,重点企业全员劳动生产率比去年同期上升44.4%。与此同时,企业职工人均收入也得到较快提高。去年末,重点企业在岗职工劳动报酬为90.7亿元,同比增长13.5%,人均报酬1.79万元,增长15.5%。

三、存在的问题

调查表明,我省重点企业2003年取得较好业绩在很大程度上得益于少数几家大企业的出色表现。如果剔除东风汽车工业投资有限公司、武汉钢铁(集团)公司、中国长江三峡开发总公司三家公司,其余企业在过去一年的表现并不乐观。据此测算:105家重点企业资产总计比去年上升7.6个百分点,股东(所有者)权益合计同比上升2.8%,营业收入比去年增长16.4%,应交所得税和应交增值税较去年提高24.0%和7.2%,均远低于全部108户重点企业平均增长。这说明我省重点企业普遍还存在着效率不高,观念不新,创利能力不强,发展不够的问题。

(一)部分企业形式上改制而实质上未改制

在96户改制为公司制的企业中,有32家没有成立股东会,1家企业没有成立董事会,10家企业未成立

监事会。剔除《公司法》允许可以不设股东会的23家国有独资公司,没有成立股东会的比例达8.3%。

(二)企业用人机制不够灵活,政企不分的现象仍然存在

通过调查发现,我省重点企业经营者职业化和市场化配置发展不足,相当部分企业家官员化。政府有关部门对企业仍干预过多、过细,不少政府机构和企业主管部门存在继续沿用计划经济管理体制下管理企业的模式管理和控制企业的痕迹。108户重点企业总经理只有2人是通过社会公开招聘聘任。

(三)优势企业不多,创新能力不强

相比全国而言,我省行业优势不明显,名优企业屈指可数。2003年我省重点企业中工业企业科技创新投入系数R&D仅有1.44,离正常区间系数相差1.56,甚至低于上年R&D1.85的水平,呈现出"收入增长多,投入增长少"的现象。未建立技术中心的24户工业企业2003年共投入的研究开发费用仅一千多万元,其中不少企业投入为零。可见,我省重点企业的科技投入不足已成为制约企业发展和技术升级的主要症结之一。因此,大力支持我省优势企业,重点扶持行业内大型企业和科技创新公司力度应进一步加大。

(四)对企业家的激励和监督机制不够完善

全省重点企业中有1/3的企业认为推进改革的主要障碍是缺乏激励和约束机制,在已改制的96户重点企业中,只有62.5%的企业实行了经营者年薪制,22.9%的企业实行了经营者持有股权期权,这一比例对于实现提高企业家的积极性的目的显然过低。而企业家手中的权力相对比较集中,不受监督的权力必然导致腐败。所以,对企业家应激励和约束并重。要全面推行资产经营者的收入与企业经营效益,资产保值增值,产品的市场占有率和企业发展后劲挂钩,要充分发挥现代企业制度中董事会、总经理、监事会三权分立,相互制约、科学管理的作用。此外,还要积极培育经营者市场,促使优胜劣汰的机制早日形成。

另外,部分企业采取脱壳改制应予关注。调查中发现,一些地方的部分企业在第二次改制时"脱壳""逃债"现象不容忽视。

撰稿:祁　炜

核稿:陈　正　蒋宇飞

4－1　湖北省骨干企业主要经济指标(1)

（2003 年）　　　　单位:万元

	单位数(个)	注册资本合计					
		本年实际	国家资本	集体资本	法人资本	个人资本	外商资本
总计	**108**	**5350497**	**2779356**	**60676**	**2057722**	**176506**	**276237**
按控股情况分							
国有及国有控股小计	87	5145533	2766010	6507	1977288	149356	246372
国有绝对控股	69	4913229	2704227	5407	1894816	81407	227372
国有相对控股	18	232304	61783	1100	82472	67949	19000
集体控股小计	4	57324	0	53381	3593	350	0
集体绝对控股	4	57324	0	53381	3593	350	0
集体相对控股	0	0	0	0	0	0	0
其他	17	147640	13346	788	76841	26800	29865
按主营行业分							
农、林、牧、渔业	0	0	0	0	0	0	0
工业小计	91	4753122	2412235	55028	1871282	138340	276237
采矿业	3	290516	286178	0	4338	0	0
制造业	84	3769334	1568682	53914	1743002	127499	276237
电力、燃气及水的生产和供应业	4	693272	557375	1114	123942	10841	0
建筑业	2	186401	32579	0	153822	0	0
交通运输、仓储和邮政业	4	288754	285237	254	0	3263	0
信息传输、计算机服务和软件业	0	0	0	0	0	0	0
批发和零售业	9	112432	39517	5394	32618	34903	0
住宿和餐饮业	0	0	0	0	0	0	0
金融业	0	0	0	0	0	0	0
房地产业	2	9788	9788	0	0	0	0
按登记注册类型分							
国有企业	11	1666099	1666099	0	0	0	0
公司制企业小计	96	3679004	1113257	55282	2057722	176506	276237
国有独资企业	23	550805	541493	0	9312	0	0
其他有限责任公司	36	2071331	430692	48587	1513809	59459	18784
股份有限公司	36	406868	141072	6695	95789	117047	46265
中外合资企业	1	650000	0	0	438812	0	211188
港澳台合资企业	0	0	0	0	0	0	0
其他	1	5394	0	5394	0	0	0
按企业规模分							
大型	70	5146733	2681473	48585	2001853	138585	276237
中型	33	192420	90035	10991	55869	35525	0
小型	5	11344	7848	1100	0	2396	0
其他	0	0	0	0	0	0	0
按三次产业分							
第一产业	0	0	0	0	0	0	0
第二产业	93	4939523	2444814	55028	2025104	138340	276237
第三产业	15	410974	334542	5648	32618	38166	0
按重点企业类型分							
中央企业	6	2476140	1245687	0	1230453	0	0
520 户国家重点企业	20	2561999	1162152	45419	1266296	56682	31450
原 512 户国家重点企业	2	226616	72794	0	153822	0	0
省级重点企业	66	4310334	2064288	48771	1829829	123674	243772
现企国家百户试点企业	4	179997	169885	800	9312	0	0
现企省级试点企业	79	2432632	1708730	56987	480321	141495	45099
国家试点企业集团母公司	4	1966263	735810	0	1230453	0	0

4－1 湖北省骨干企业主要经济指标(2)

(2003年)　　　　单位:万元

	年末资产总计		固定资产原价		累计折旧	
	2002年	2003年	2002年	2003年	2002年	2003年
总计	**36688498**	**44251670**	**15055059**	**21504040**	**4867229**	**6798356**
按控股情况分						
国有及国有控股小计	35585661	43482971	14591566	21111092	4703173	6646845
国有绝对控股	34156124	41903459	13783378	20167870	4514123	6417519
国有相对控股	1429537	1579512	808188	943222	189050	229326
集体控股小计	253881	270900	78967	93045	20513	22960
集体绝对控股	253881	270900	78967	93045	20513	22960
集体相对控股	0	0	0	0	0	0
其他	848956	497799	384526	299903	143543	128551
按主营行业分						
农、林、牧、渔业	0	0	0	0	0	0
工业小计	33344252	40342020	12710279	18988209	4030747	5863270
采矿业	1188999	1068955	826181	856538	165512	160375
制造业	20188158	24480047	9825761	13203617	3434699	5162815
电力、燃气及水的生产和供应业	11967095	14793018	2058337	4928054	430536	540080
建筑业	875367	1223464	579616	609983	244273	254371
交通运输、仓储和邮政业	1641128	1854462	1366368	1450720	525069	599504
信息传输、计算机服务和软件业	0	0	0	0	0	0
批发和零售业	801060	813200	394325	451600	64918	79516
住宿和餐饮业	0	0	0	0	0	0
金融业	0	0	0	0	0	0
房地产业	26691	18524	4471	3528	2222	1695
按登记注册类型分						
国有企业	18534932	21828251	3901567	9365571	1207786	2479155
公司制企业小计	18111665	22385035	11147284	12134496	3657117	4316745
国有独资企业	3412203	3836684	2166818	2336115	699821	800201
其他有限责任公司	10938803	14527014	6500072	7146102	2293789	2715541
股份有限公司	2414983	2609583	1391948	1525680	380246	434907
中外合资企业	1345676	1411754	1088446	1126599	283261	366096
港澳台合资企业	0	0	0	0	0	0
其他	41901	38384	6208	3973	2326	2456
按企业规模分						
大型	35681486	43268525	14585116	21023209	4713524	6631992
中型	983556	955888	459503	472051	148675	162907
小型	23456	27257	10440	8780	5030	3457
其他	0	0	0	0	0	0
按三次产业分						
第一产业	0	0	0	0	0	0
第二产业	34219619	41565484	13289895	19598192	4275020	6117641
第三产业	2468879	2686186	1765164	1905848	592209	680715
按重点企业类型分						
中央企业	22968765	29850101	7044825	13041034	2416970	4001861
520户国家重点企业	16039923	20163260	8237113	11430499	3054338	4667496
原512户国家重点企业	1191319	1531585	796632	838430	308000	327166
省级重点企业	23248151	27641836	12568919	15999010	4274407	6097614
现企国家百户试点企业	884655	950009	426710	432080	213772	222612
现企省级试点企业	14527814	16085205	7446305	10303381	2548060	3946299
国家试点企业集团母公司	12124692	16271815	6105571	9228464	2349322	3869633

4－1　湖北省骨干企业主要经济指标(3)

(2003 年)

单位:万元

	本年折旧		累计对外投资		本年对外投资	
	2002 年	2003 年	2002 年	2003 年	2002 年	2003 年
总计	**667305**	**936010**	**3160200**	**2368688**	**267447**	**245995**
按控股情况分						
国有及国有控股小计	649128	917422	3121993	2346292	259712	236137
国有绝对控股	616706	879231	3078018	2301737	254698	229374
国有相对控股	32422	38191	43975	44555	5014	6763
集体控股小计	4121	3116	6426	7806	1820	1380
集体绝对控股	4121	3116	6426	7806	1820	1380
集体相对控股	0	0	0	0	0	0
其他	14056	15472	31781	14590	5915	8478
按主营行业分						
农、林、牧、渔业	0	0	0	0	0	0
工业小计	585583	845442	3072431	2273468	237383	236504
采矿业	16010	15955	19948	26382	0	6364
制造业	506999	719943	2716124	1923940	152677	65142
电力、燃气及水的生产和供应业	62574	109544	336359	323146	84706	164998
建筑业	29134	10119	77220	82368	26500	5148
交通运输、仓储和邮政业	39777	65628	1492	1498	1182	6
信息传输、计算机服务和软件业	0	0	0	0	0	0
批发和零售业	12736	14746	9057	11354	2382	4337
住宿和餐饮业	0	0	0	0	0	0
金融业	0	0	0	0	0	0
房地产业	75	75	0	0	0	0
按登记注册类型分						
国有企业	116897	278427	2590166	1758783	162696	156702
公司制企业小计	550283	657453	570034	609905	104751	89293
国有独资企业	75159	107591	150169	153576	42330	15933
其他有限责任公司	336683	400159	284281	275156	44568	20821
股份有限公司	57717	66869	134040	179132	17853	52539
中外合资企业	80724	82834	1544	2041	0	0
港澳台合资企业	0	0	0	0	0	0
其他	125	130	0	0	0	0
按企业规模分						
大型	646595	906169	3101258	2306184	254599	236989
中型	19992	29199	58609	62458	12838	9006
小型	718	642	333	46	10	0
其他	0	0	0	0	0	0
按三次产业分						
第一产业	0	0	0	0	0	0
第二产业	614717	855561	3149651	2355836	263883	241652
第三产业	52588	80449	10549	12852	3564	4343
按重点企业类型分						
中央企业	313789	517077	2615190	1777601	182355	153432
520 户国家重点企业	385028	565180	2561044	1764198	104436	36221
原 512 户国家重点企业	36270	19166	90531	92885	31097	5557
省级重点企业	577436	808188	2807793	2053156	135217	97460
现企国家百户试点企业	11055	10405	73627	71088	12002	10166
现企省级试点企业	282832	405536	2736701	1939536	154808	58404
国家试点企业集团母公司	293536	449536	2397415	1599224	102824	18132

4－1 湖北省骨干企业主要经济指标(4)

(2003 年)　　单位:万元

	存货		流动资产年平均余额		年末负债合计	
	2002 年	2003 年	2002 年	2003 年	2002 年	2003 年
总计	**2974568**	**3734096**	**11056176**	**14221596**	**21814749**	**24921442**
按控股情况分						
国有及国有控股小计	2745580	3642251	10515280	13843400	21226538	24515607
国有绝对控股	2632946	3482798	10000742	13269111	20365444	23517269
国有相对控股	112634	159453	514538	574289	861094	998338
集体控股小计	25225	31356	159286	152030	81259	97417
集体绝对控股	25225	31356	159286	152030	81259	97417
集体相对控股	0	0	0	0	0	0
其他	203763	60489	381610	226166	506952	308418
按主营行业分						
农、林、牧、渔业	0	0	0	0	0	0
工业小计	2635028	3315039	9777310	12778512	19386786	22040068
采矿业	88304	87762	407210	337255	858742	862664
制造业	2540643	3220179	8537342	10110449	11904490	13535260
电力、燃气及水的生产和供应业	6081	7098	832758	2330808	6623554	7642144
建筑业	110184	110297	321067	337982	539474	807574
交通运输、仓储和邮政业	152247	208144	637167	789611	1313628	1480256
信息传输、计算机服务和软件业	0	0	0	0	0	0
批发和零售业	74826	99400	307161	303493	556999	579547
住宿和餐饮业	0	0	0	0	0	0
金融业	0	0	0	0	0	0
房地产业	2283	1216	13471	11998	17862	13997
按登记注册类型分						
国有企业	727725	998533	3310419	5205029	10191841	11862966
公司制企业小计	2245240	2733591	7707775	8987008	11590683	13029231
国有独资企业	368921	412328	1330153	1547586	2190694	2463797
其他有限责任公司	1496002	1733118	5071042	6006883	7112310	8116898
股份有限公司	224076	258472	866348	931260	1382773	1582262
中外合资企业	156241	329673	440232	501279	904906	866274
港澳台合资企业	0	0	0	0	0	0
其他	1603	1972	37982	29559	32225	29245
按企业规模分						
大型	2846179	3608813	10568763	13752314	21232962	24352777
中型	123655	120619	478017	460053	567048	556146
小型	4734	4664	9396	9229	14739	12519
其他	0	0	0	0	0	0
按三次产业分						
第一产业	0	0	0	0	0	0
第二产业	2745212	3425336	10098377	13116494	19926260	22847642
第三产业	229356	308760	957799	1105102	1888489	2073800
按重点企业类型分						
中央企业	1226629	1802033	5461344	8243211	12914276	15372590
520 户国家重点企业	1582105	2124726	6235362	7533897	9826422	11412505
原 512 户国家重点企业	163360	159764	423712	485792	715824	980485
省级重点企业	2549147	3280517	9204066	10843926	14538688	16390725
现企国家百户试点企业	126168	124138	431149	478759	495199	546603
现企省级试点企业	1122767	1457738	4703764	5297958	9372527	10820186
国家试点企业集团母公司	1111889	1687060	4588809	5873721	7318441	8865278

4-1 湖北省骨干企业主要经济指标(5)

(2003年)　　单位:万元

	流动负债		年末股东(所有者)权益合计		股本(实收资本)	
	2002年	2003年	2002年	2003年	2002年	2003年
总计	**11702035**	**13651248**	**14873749**	**19330228**	**9714291**	**12748702**
按控股情况分						
国有及国有控股小计	11201785	13302106	14359123	18967364	9405815	12553087
国有绝对控股	10564703	12534115	13790680	18386190	9175547	12322187
国有相对控股	637082	767991	568443	581174	230268	230900
集体控股小计	71198	94331	172622	173483	57146	58162
集体绝对控股	71198	94331	172622	173483	57146	58162
集体相对控股	0	0	0	0	0	0
其他	429052	254811	342004	189381	251330	137453
按主营行业分						
农、林、牧、渔业	0	0	0	0	0	0
工业小计	10113055	11810005	13957466	18301952	9084575	12118618
采矿业	333154	360210	330257	206291	255230	255230
制造业	9455014	10252738	8283668	10944787	4252794	6595692
电力、燃气及水的生产和供应业	324887	1197057	5343541	7150874	4576551	5267696
建筑业	417240	506630	335893	415890	185980	185580
交通运输、仓储和邮政业	679082	819555	327500	374206	327827	328761
信息传输、计算机服务和软件业	0	0	0	0	0	0
批发和零售业	475156	501421	244061	233653	106121	105955
住宿和餐饮业	0	0	0	0	0	0
金融业	0	0	0	0	0	0
房地产业	17502	13637	8829	4527	9788	9788
按登记注册类型分						
国有企业	3483781	4834902	8343091	9965285	5966125	6681178
公司制企业小计	8186029	8787101	6520982	9355804	3742772	6062130
国有独资企业	1286256	1465144	1221509	1372887	676751	647305
其他有限责任公司	5406262	5610563	3826493	6410116	2055317	4362370
股份有限公司	1006422	1187666	1032210	1027321	410704	402455
中外合资企业	487089	523728	440770	545480	600000	650000
港澳台合资企业	0	0	0	0	0	0
其他	32225	29245	9676	9139	5394	5394
按企业规模分						
大型	11263055	13211413	14448524	18915748	9498007	12535104
中型	426208	431276	416508	399742	205023	202249
小型	12772	8559	8717	14738	11261	11349
其他	0	0	0	0	0	0
按三次产业分						
第一产业	0	0	0	0	0	0
第二产业	10530295	12316635	14293359	18717842	9270555	12304198
第三产业	1171740	1334613	580390	612386	443736	444504
按重点企业类型分						
中央企业	6201105	7749981	10054489	14477511	6705938	9787546
520户国家重点企业	7121344	7804352	6213501	8750755	3036340	5324318
原512户国家重点企业	568348	648823	475495	551100	300727	303699
省级重点企业	10086858	11019866	8709463	11251111	4803940	7152623
现企国家百户试点企业	448016	469720	389456	403406	234873	234983
现企省级试点企业	5537023	6260589	5155287	5265019	2704481	2727318
国家试点企业集团母公司	5910542	6564145	4806251	7406537	2311596	4707422

4－1　湖北省骨干企业主要经济指标(6)

(2003 年)　　　　单位:万元

	营业收入		主营业务收入		主营业务成本	
	2002 年	2003 年	2002 年	2003 年	2002 年	2003 年
总计	**15174423**	**21695534**	**14960178**	**21384760**	**11681733**	**17144331**
按控股情况分						
国有及国有控股小计	14624815	21200931	14415055	20892554	11263485	16768672
国有绝对控股	13819933	20181867	13624319	19894934	10618174	15949395
国有相对控股	804882	1019064	790736	997620	645311	819277
集体控股小计	146855	145231	146409	144391	125946	124691
集体绝对控股	146855	145231	146409	144391	125946	124691
集体相对控股	0	0	0	0	0	0
其他	402753	349372	398714	347815	292302	250968
按主营行业分						
农、林、牧、渔业	0	0	0	0	0	0
工业小计	13312931	19438908	13169667	19202478	10163393	15278616
采矿业	262504	316290	246821	300959	202080	249782
制造业	12620756	18431316	12493493	18211840	9711987	14707827
电力、燃气及水的生产和供应业	429671	691302	429353	689679	249326	321007
建筑业	516493	570398	466413	520302	390949	446770
交通运输、仓储和邮政业	727230	1027171	718674	1017435	602089	865552
信息传输、计算机服务和软件业	0	0	0	0	0	0
批发和零售业	603996	659011	591651	644499	511996	553288
住宿和餐饮业	0	0	0	0	0	0
金融业	0	0	0	0	0	0
房地产业	13773	46	13773	46	13306	105
按登记注册类型分						
国有企业	3746263	5116600	3627236	4912175	3080301	4021766
公司制企业小计	11403905	16565199	11308687	16458850	8577653	13108892
国有独资企业	1729603	1977209	1718437	1962884	1448092	1616354
其他有限责任公司	7287001	11773616	7224784	11711568	5338689	9373942
股份有限公司	1448841	1684671	1427006	1654695	1124335	1313119
中外合资企业	938460	1129703	938460	1129703	666537	805477
港澳台合资企业	0	0	0	0	0	0
其他	24255	13735	24255	13735	23779	13673
按企业规模分						
大型	14509380	21072811	14301936	20768168	11141495	16649566
中型	651283	607992	644530	601890	528986	481828
小型	13760	14731	13712	14702	11252	12937
其他	0	0	0	0	0	0
按三次产业分						
第一产业	0	0	0	0	0	0
第二产业	13829424	20009306	13636080	19722780	10554342	15725386
第三产业	1344999	1686228	1324098	1661980	1127391	1418945
按重点企业类型分						
中央企业	8562453	14114434	8416932	13886900	6683752	11446899
520 户国家重点企业	9770415	15209535	9676071	15029804	7620578	12302408
原 512 户国家重点企业	685465	751187	632058	694604	535676	598724
省级重点企业	13110571	19309007	12979720	19085346	10114936	15438143
现企国家百户试点企业	414367	484081	413975	483630	341934	377034
现企省级试点企业	6492870	8022265	6321447	7759203	5422304	6600008
国家试点企业集团母公司	8154563	13484631	8019414	13267657	6440407	11134465

4－1 湖北省骨干企业主要经济指标(7)

(2003 年)

单位:万元

	主营业务税金及附加		其他业务收入		新产品销售收入	
	2002 年	2003 年	2002 年	2003 年	2002 年	2003 年
总计	**393682**	**474406**	**214245**	**310774**	**5564798**	**6409927**
按控股情况分						
国有及国有控股小计	386349	468246	209760	308377	5465209	6326604
国有绝对控股	382850	463865	195614	286933	5426312	6273883
国有相对控股	3499	4381	14146	21444	38897	52721
集体控股小计	377	356	446	840	66383	51724
集体绝对控股	377	356	446	840	66383	51724
集体相对控股	0	0	0	0	0	0
其他	6956	5804	4039	1557	33206	31599
按主营行业分						
农、林、牧、渔业	0	0	0	0	0	0
工业小计	364675	441383	143264	236430	5564798	6409927
采矿业	1925	2356	15683	15331	0	0
制造业	355998	428548	127263	219476	5564798	6409927
电力、燃气及水的生产和供应业	6752	10479	318	1623	0	0
建筑业	13160	15505	50080	50096	0	0
交通运输、仓储和邮政业	13688	15210	8556	9736	0	0
信息传输、计算机服务和软件业	0	0	0	0	0	0
批发和零售业	2153	2307	12345	14512	0	0
住宿和餐饮业	0	0	0	0	0	0
金融业	0	0	0	0	0	0
房地产业	6	1	0	0	0	0
按登记注册类型分						
国有企业	74821	86578	119027	204425	158669	254768
公司制企业小计	318861	387828	95218	106349	5406129	6155159
国有独资企业	8538	9708	11166	14325	237191	162978
其他有限责任公司	260212	318529	62217	62048	4243255	5135254
股份有限公司	14004	16565	21835	29976	51466	46644
中外合资企业	36107	43026	0	0	874217	810283
港澳台合资企业	0	0	0	0	0	0
其他	0	0	0	0	0	0
按企业规模分						
大型	390786	471594	207444	304643	5486381	6366590
中型	2790	2715	6753	6102	78153	43265
小型	106	97	48	29	264	72
其他	0	0	0	0	0	0
按三次产业分						
第一产业	0	0	0	0	0	0
第二产业	377835	456888	193344	286526	5564798	6409927
第三产业	15847	17518	20901	24248	0	0
按重点企业类型分						
中央企业	89669	125923	145521	227534	4265267	5228420
520 户国家重点企业	260457	323112	94344	179731	4521487	5381637
原 512 户国家重点企业	13886	16144	53407	56583	0	0
省级重点企业	365943	440759	130851	223661	5493129	6368767
现企国家百户试点企业	1998	2131	392	451	22136	84031
现企省级试点企业	55917	64744	171423	263062	365320	438829
国家试点企业集团母公司	84295	117722	135149	216974	4265267	5228420

4－1 湖北省骨干企业主要经济指标(8)

(2003年)

单位:万元

	出口销售总额		存货跌价损失和营业、管理、财务等费用合计		税金	
	2002年	2003年	2002年	2003年	2002年	2003年
总计	**419569**	**476257**	**2085630**	**2762892**	**48260**	**66868**
按控股情况分						
国有及国有控股小计	393968	444581	1994143	2689888	44642	63895
国有绝对控股	338376	385110	1870348	2531147	41853	60521
国有相对控股	55592	59471	123795	158741	2789	3374
集体控股小计	6150	7532	12096	12717	1085	818
集体绝对控股	6150	7532	12096	12717	1085	818
集体相对控股	0	0	0	0	0	0
其他	19451	24144	79391	60287	2533	2155
按主营行业分						
农、林、牧、渔业	0	0	0	0	0	0
工业小计	255297	326905	1824127	2474512	43869	61772
采矿业	18556	18671	70782	74186	2198	1896
制造业	235986	307816	1653588	2274492	40546	58610
电力、燃气及水的生产和供应业	755	418	99757	125834	1125	1266
建筑业	0	0	69990	69013	811	807
交通运输、仓储和邮政业	160000	145000	107336	112746	1191	1362
信息传输、计算机服务和软件业	0	0	0	0	0	0
批发和零售业	4272	4352	82750	105154	2382	2925
住宿和餐饮业	0	0	0	0	0	0
金融业	0	0	0	0	0	0
房地产业	0	0	1427	1467	7	2
按登记注册类型分						
国有企业	194279	178532	504087	592140	15235	14289
公司制企业小计	225290	297725	1580633	2169262	32971	52497
国有独资企业	70394	85621	220757	249255	4108	8321
其他有限责任公司	79518	128512	978978	1489381	18925	31626
股份有限公司	71783	80842	237494	265000	9147	10980
中外合资企业	3595	2750	143404	165626	791	1570
港澳台合资企业	0	0	0	0	0	0
其他	0	0	910	1490	54	82
按企业规模分						
大型	377752	433622	2002500	2681138	46123	63805
中型	41784	42635	80801	79661	2065	3015
小型	33	0	2329	2093	72	48
其他	0	0	0	0	0	0
按三次产业分						
第一产业	0	0	0	0	0	0
第二产业	255297	326905	1894117	2543525	44680	62579
第三产业	164272	149352	191513	219367	3580	4289
按重点企业类型分						
中央企业	186252	197429	1032640	1616066	16430	29599
520户国家重点企业	239148	271729	1182166	1798246	23375	36539
原512户国家重点企业	10606	3650	89204	89278	1695	1648
省级重点企业	398950	450323	1741896	2400021	42463	59383
现企国家百户试点企业	7589	6916	56883	71954	1173	4320
现企省级试点企业	296600	317508	872166	1013290	25730	27347
国家试点企业集团母公司	181135	186218	936594	1530876	16180	29232

4-1 湖北省骨干企业主要经济指标(9)

(2003年)　　单位:万元

	劳动、待业保险费		利息支出		投资收益	
	2002年	2003年	2002年	2003年	2002年	2003年
总计	**142174**	**176303**	**373123**	**330272**	**160598**	**231509**
按控股情况分						
国有及国有控股小计	137276	170882	365806	325095	155876	231712
国有绝对控股	133144	166127	339344	296535	154249	229952
国有相对控股	4132	4755	26462	28560	1627	1760
集体控股小计	500	569	-303	272	1685	402
集体绝对控股	500	569	-303	272	1685	402
集体相对控股	0	0	0	0	0	0
其他	4398	4852	7620	4905	3037	-605
按主营行业分						
农、林、牧、渔业	0	0	0	0	0	0
工业小计	107164	138548	312218	275358	151522	227960
采矿业	7406	4471	11518	7686	2461	1389
制造业	96837	130862	236362	205215	143398	219013
电力、燃气及水的生产和供应业	2921	3215	64338	62457	5663	7558
建筑业	11023	12082	15003	12370	3900	2000
交通运输、仓储和邮政业	21242	22952	33553	27877	3919	986
信息传输、计算机服务和软件业	0	0	0	0	0	0
批发和零售业	2650	2616	12222	14437	1102	438
住宿和餐饮业	0	0	0	0	0	0
金融业	0	0	0	0	0	0
房地产业	95	105	127	230	155	125
按登记注册类型分						
国有企业	53187	47589	96230	92437	126111	213235
公司制企业小计	88809	128451	277389	237528	33985	18074
国有独资企业	19693	19749	43483	41832	10584	4821
其他有限责任公司	59827	99498	160497	136132	14800	7248
股份有限公司	9049	8944	40745	42431	7987	5577
中外合资企业	240	260	32664	17133	614	428
港澳台合资企业	0	0	0	0	0	0
其他	178	263	-496	307	502	200
按企业规模分						
大型	136723	170417	361398	316518	157425	229776
中型	5045	5440	11303	13501	3005	1608
小型	406	446	422	253	168	125
其他	0	0	0	0	0	0
按三次产业分						
第一产业	0	0	0	0	0	0
第二产业	118187	150630	327221	287728	155422	229960
第三产业	23987	25673	45902	42544	5176	1549
按重点企业类型分						
中央企业	71666	110443	156589	134338	133236	211553
520户国家重点企业	78667	116910	200250	184875	135206	212360
原512户国家重点企业	13478	15094	20675	18524	4242	1798
省级重点企业	118021	151429	308233	270030	151077	223674
现企国家百户试点企业	5025	6026	8654	11157	3935	2121
现企省级试点企业	82815	82106	190806	187711	136763	216424
国家试点企业集团母公司	71129	109509	133494	114070	129833	205903

4-1 湖北省骨干企业主要经济指标(10)

(2003 年)　　单位:万元

	营业外收入		利润总额		应交所得税	
	2002 年	2003 年	2002 年	2003 年	2002 年	2003 年
总计	**74404**	**67254**	**937059**	**1455747**	**146237**	**246562**
按控股情况分						
国有及国有控股小计	71771	66171	913024	1445552	136909	240155
国有绝对控股	67795	62679	878377	1405088	126975	225516
国有相对控股	3976	3492	34647	40464	9934	14639
集体控股小计	246	211	7520	8606	3349	2334
集体绝对控股	246	211	7520	8606	3349	2334
集体相对控股	0	0	0	0	0	0
其他	2387	872	16515	1589	5979	4073
按主营行业分						
农、林、牧、渔业	0	0	0	0	0	0
工业小计	44887	48644	933586	1459406	138230	235037
采矿业	977	1982	-9772	-5173	1807	1975
制造业	43328	45931	867368	1206683	112396	136522
电力、燃气及水的生产和供应业	582	731	75990	257896	24027	96540
建筑业	3284	3021	-3984	-5079	0	7
交通运输、仓储和邮政业	24321	13668	761	-621	3554	7370
信息传输、计算机服务和软件业	0	0	0	0	0	0
批发和零售业	1911	1905	7276	3485	4453	4148
住宿和餐饮业	0	0	0	0	0	0
金融业	0	0	0	0	0	0
房地产业	1	16	-580	-1444	0	0
按登记注册类型分						
国有企业	34151	19972	153160	453485	25898	120127
公司制企业小计	40222	47278	783888	1002254	120339	126435
国有独资企业	4039	6653	42603	66776	23210	27661
其他有限责任公司	28807	36109	617615	791849	76945	74625
股份有限公司	4433	4309	69561	74077	20184	24149
中外合资企业	2943	207	54109	69552	0	0
港澳台合资企业	0	0	0	0	0	0
其他	31	4	11	8	0	0
按企业规模分						
大型	62052	55972	906361	1441360	137433	237863
中型	12352	11278	30784	14486	8673	8590
小型	0	4	-86	-99	131	109
其他	0	0	0	0	0	0
按三次产业分						
第一产业	0	0	0	0	0	0
第二产业	48171	51665	929602	1454327	138230	235044
第三产业	26233	15589	7457	1420	8007	11518
按重点企业类型分						
中央企业	39701	40230	746965	1171716	79383	166676
520 户国家重点企业	39546	42120	733955	1061080	89834	110937
原 512 户国家重点企业	3322	3747	-3383	-4284	0	0
省级重点企业	56457	50907	867622	1205033	119751	144709
现企国家百户试点企业	526	722	16359	19466	6294	5403
现企省级试点企业	53305	39915	138091	299683	45116	72498
国家试点企业集团母公司	38659	39932	688924	934201	60572	75372

4-1 湖北省骨干企业主要经济指标(11)

(2003 年)

单位:万元

	应交增值税		固定资产投资完成额		研究开发费用	
	2002 年	2003 年	2002 年	2003 年	2002 年	2003 年
总计	**704617**	**889045**	**2957607**	**2862966**	**248755**	**282259**
按控股情况分						
国有及国有控股小计	681608	871039	2936207	2829882	241797	272681
国有绝对控股	653491	835199	2871298	2743733	237746	260785
国有相对控股	28117	35840	64909	86149	4051	11896
集体控股小计	4389	3193	8888	22007	1754	2175
集体绝对控股	4389	3193	8888	22007	1754	2175
集体相对控股	0	0	0	0	0	0
其他	18620	14813	12512	11077	5204	7403
按主营行业分						
农、林、牧、渔业	0	0	0	0	0	0
工业小计	681968	868159	2811582	2773276	243350	277459
采矿业	8323	14171	28269	53864	300	1797
制造业	620241	757380	1056423	1397754	236829	271896
电力、燃气及水的生产和供应业	53404	96608	1726890	1321658	6221	3766
建筑业	2800	3000	48043	40399	3700	3300
交通运输、仓储和邮政业	5739	3345	93913	49291	1705	1500
信息传输、计算机服务和软件业	0	0	0	0	0	0
批发和零售业	14294	14544	4069	0	0	0
住宿和餐饮业	0	0	0	0	0	0
金融业	0	0	0	0	0	0
房地产业	-184	-3	0	0	0	0
按登记注册类型分						
国有企业	93220	184662	2113284	1754109	92411	70257
公司制企业小计	611397	704383	844323	1108857	156344	212002
国有独资企业	61824	81807	113406	125786	8692	11321
其他有限责任公司	422797	501939	547968	723732	114375	153819
股份有限公司	62120	68869	114637	139449	11521	20084
中外合资企业	64656	51768	68312	119890	21756	26778
港澳台合资企业	0	0	0	0	0	0
其他	0	0	0	0	0	0
按企业规模分						
大型	682863	864826	2907204	2791657	240059	264057
中型	21089	23535	49598	70854	8693	18201
小型	665	684	805	455	3	1
其他	0	0	0	0	0	0
按三次产业分						
第一产业	0	0	0	0	0	0
第二产业	684768	871159	2859625	2813675	247050	280759
第三产业	19849	17886	97982	49291	1705	1500
按重点企业类型分						
中央企业	387005	541410	2384099	2154728	196086	211033
520 户国家重点企业	462770	600734	973918	1200279	188600	202257
原 512 户国家重点企业	9918	13051	61656	65489	4072	3626
省级重点企业	629621	773345	1231035	1512797	225469	253943
现企国家百户试点企业	8058	14361	15072	11085	3395	3769
现企省级试点企业	162327	230570	803306	911810	101100	88884
国家试点企业集团母公司	350464	471113	763891	949709	183340	195775

4-2 湖北省骨干企业从业人员人数(1)

(2003 年)

单位:人

	从业人员年末人数		在岗职工	
	2002 年	2003 年	2002 年	2003 年
总计	**533592**	**528405**	**515806**	**506179**
按控股情况分				
国有及国有控股小计	498297	500967	482799	480229
国有绝对控股	468523	463796	453271	443422
国有相对控股	29774	37171	29528	36807
集体控股小计	3801	3877	3427	3569
集体绝对控股	3801	3877	3427	3569
集体相对控股	0	0	0	0
其他	31494	23561	29580	22381
按主营行业分				
农、林、牧、渔业	0	0	0	0
工业小计	417678	426135	400469	405703
采矿业	26775	27089	24523	25183
制造业	376711	384903	361816	366408
电力、燃气及水的生产和供应业	14192	14143	14130	14112
建筑业	41492	31671	41205	30291
交通运输、仓储和邮政业	59666	53936	59442	53592
信息传输、计算机服务和软件业	0	0	0	0
批发和零售业	14577	16587	14511	16517
住宿和餐饮业	0	0	0	0
金融业	0	0	0	0
房地产业	179	76	179	76
按登记注册类型分				
国有企业	151526	155589	147875	152035
公司制企业小计	381949	372629	367814	353957
国有独资企业	89812	87616	88647	86069
其他有限责任公司	234597	222990	223248	207195
股份有限公司	51831	55597	50236	54306
中外合资企业	5709	6426	5683	6387
港澳台合资企业	0	0	0	0
其他	117	187	117	187
按企业规模分				
大型	495869	491613	479940	470822
中型	35288	34429	33431	32994
小型	2435	2363	2435	2363
其他	0	0	0	0
按三次产业分				
第一产业	0	0	0	0
第二产业	459170	457806	441674	435994
第三产业	74422	70599	74132	70185
按重点企业类型分				
中央企业	241162	244801	231270	231293
520 户国家重点企业	267231	276510	257813	262542
原 512 户国家重点企业	57473	42125	57238	41511
省级重点企业	424202	429657	409581	410288
现企国家百户试点企业	17482	17023	17317	16783
现企省级试点企业	303117	299269	299058	294498
国家试点企业集团母公司	227864	230389	219124	216930

4-2 湖北省骨干企业从业人员人数(2)

(2003年)

单位:人

	其他从业人员		研究开发人员	
	2002年	2003年	2002年	2003年
总计	**17786**	**22226**	**20824**	**22189**
按控股情况分				
国有及国有控股小计	15498	20738	19786	21362
国有绝对控股	15252	20374	18943	20449
国有相对控股	246	364	843	913
集体控股小计	374	308	115	90
集体绝对控股	374	308	115	90
集体相对控股	0	0	0	0
其他	1914	1180	923	737
按主营行业分				
农、林、牧、渔业	0	0	0	0
工业小计	17209	20432	19385	20783
采矿业	2252	1906	485	463
制造业	14895	18495	18191	19438
电力、燃气及水的生产和供应业	62	31	709	882
建筑业	287	1380	1040	1100
交通运输、仓储和邮政业	224	344	393	300
信息传输、计算机服务和软件业	0	0	0	0
批发和零售业	66	70	6	6
住宿和餐饮业	0	0	0	0
金融业	0	0	0	0
房地产业	0	0	0	0
按登记注册类型分				
国有企业	3651	3554	2867	4111
公司制企业小计	14135	18672	17957	18078
国有独资企业	1165	1547	2045	2414
其他有限责任公司	11349	15795	13105	12691
股份有限公司	1595	1291	1742	1845
中外合资企业	26	39	1065	1128
港澳台合资企业	0	0	0	0
其他	0	0	0	0
按企业规模分				
大型	15929	20791	19983	21277
中型	1857	1435	825	898
小型	0	0	16	14
其他	0	0	0	0
按三次产业分				
第一产业	0	0	0	0
第二产业	17496	21812	20425	21883
第三产业	290	414	399	306
按重点企业类型分				
中央企业	9892	13508	13379	14174
520户国家重点企业	9418	13968	13409	13110
原512户国家重点企业	235	614	1182	1302
省级重点企业	14621	19369	17887	17891
现企国家百户试点企业	165	240	414	666
现企省级试点企业	4059	4771	6046	6671
国家试点企业集团母公司	8740	13459	12203	11730

4－2　湖北省骨干企业从业人员劳动报酬(1)

（2003 年）　　　　单位:万元

	从业人员劳动报酬		在岗职工劳动报酬	
	2002 年	2003 年	2002 年	2003 年
总计	**827075**	**948229**	**799615**	**907205**
按控股情况分				
国有及国有控股小计	798255	921708	771784	881524
国有绝对控股	768897	883300	742580	843383
国有相对控股	29358	38408	29204	38141
集体控股小计	4682	5645	4581	5300
集体绝对控股	4682	5645	4581	5300
集体相对控股	0	0	0	0
其他	24138	20876	23250	20381
按主营行业分				
农、林、牧、渔业	0	0	0	0
工业小计	663736	777306	636872	738560
采矿业	41580	47020	38172	44667
制造业	585015	688637	561630	652268
电力、燃气及水的生产和供应业	37141	41649	37070	41625
建筑业	58712	59862	58299	58116
交通运输、仓储和邮政业	89566	92538	89437	92334
信息传输、计算机服务和软件业	0	0	0	0
批发和零售业	14847	18405	14793	18077
住宿和餐饮业	0	0	0	0
金融业	0	0	0	0
房地产业	214	118	214	118
按登记注册类型分				
国有企业	268814	336832	264465	332473
公司制企业小计	558042	610955	534931	574553
国有独资企业	93096	95328	91556	94183
其他有限责任公司	389352	429945	369035	395949
股份有限公司	53913	63627	53070	63020
中外合资企业	21681	22055	21270	21401
港澳台合资企业	0	0	0	0
其他	219	442	219	179
按企业规模分				
大型	792056	910521	765286	870412
中型	33338	35952	32648	35037
小型	1681	1756	1681	1756
其他	0	0	0	0
按三次产业分				
第一产业	0	0	0	0
第二产业	722448	837168	695171	796676
第三产业	104627	111061	104444	110529
按重点企业类型分				
中央企业	469361	563127	449584	530161
520 户国家重点企业	463640	560134	443259	526963
原 512 户国家重点企业	77003	77609	76650	76864
省级重点企业	677198	791908	651559	753894
现企国家百户试点企业	20596	23426	20498	23310
现企省级试点企业	398724	469524	396378	465578
国家试点企业集团母公司	433428	525444	414341	492681

4-2 湖北省骨干企业从业人员劳动报酬(2)

（2003 年）　　单位:万元

	其他从业人员劳动报酬		研究开发人员劳动报酬	
	2002 年	2003 年	2002 年	2003 年
总计	**27460**	**41024**	**44447**	**62731**
按控股情况分				
国有及国有控股小计	26471	40184	43201	61420
国有绝对控股	26317	39917	42023	60020
国有相对控股	154	267	1178	1400
集体控股小计	101	345	127	109
集体绝对控股	101	345	127	109
集体相对控股	0	0	0	0
其他	888	495	1119	1202
按主营行业分				
农、林、牧、渔业	0	0	0	0
工业小计	26864	38746	41791	60263
采矿业	3408	2353	925	981
制造业	23385	36369	39118	56482
电力、燃气及水的生产和供应业	71	24	1748	2800
建筑业	413	1746	1700	1800
交通运输、仓储和邮政业	129	204	945	659
信息传输、计算机服务和软件业	0	0	0	0
批发和零售业	54	328	11	9
住宿和餐饮业	0	0	0	0
金融业	0	0	0	0
房地产业	0	0	0	0
按登记注册类型分				
国有企业	4349	4359	6835	10501
公司制企业小计	23111	36402	37612	52230
国有独资企业	1540	1145	3186	3628
其他有限责任公司	20317	33996	27709	40250
股份有限公司	843	607	2457	2838
中外合资企业	411	654	4260	5514
港澳台合资企业	0	0	0	0
其他	0	263	0	0
按企业规模分				
大型	26770	40109	43271	61417
中型	690	915	1154	1295
小型	0	0	22	19
其他	0	0	0	0
按三次产业分				
第一产业	0	0	0	0
第二产业	27277	40492	43491	62063
第三产业	183	532	956	668
按重点企业类型分				
中央企业	19777	32966	29902	44840
520 户国家重点企业	20381	33171	28983	42138
原 512 户国家重点企业	353	745	1767	1982
省级重点企业	25639	38014	38013	53306
现企国家百户试点企业	98	116	908	1256
现企省级试点企业	2346	3946	10059	13034
国家试点企业集团母公司	19087	32763	26471	38608

4－4　湖北省骨干企业主要经济效益指标(1)

(2003年)　　单位:%

	资产负债率		劳动生产率(万元/人)		销售利润率	
	2002年	2003年	2002年	2003年	2002年	2003年
总计	**59.46**	**56.32**	**28.44**	**41.06**	**6.18**	**6.71**
按控股情况分						
国有及国有控股小计	59.65	56.38	29.35	42.32	6.24	6.82
国有绝对控股	59.62	56.12	29.50	43.51	6.36	6.96
国有相对控股	60.24	63.21	27.03	27.42	4.30	3.97
集体控股小计	32.01	35.96	38.64	37.46	5.12	5.93
集体绝对控股	32.01	35.96	38.64	37.46	5.12	5.93
集体相对控股	0.00	0.00	0.00	0.00	0.00	0.00
其他	59.71	61.96	12.79	14.83	4.10	0.45
按主营行业分						
农、林、牧、渔业	0.00	0.00	0.00	0.00	0.00	0.00
工业小计	58.14	54.63	31.87	45.62	7.01	7.51
采矿业	72.22	80.70	9.80	11.68	-3.72	-1.64
制造业	58.97	55.29	33.50	47.89	6.87	6.55
电力、燃气及水的生产和供应业	55.35	51.66	30.28	48.88	17.69	37.31
建筑业	61.63	66.01	12.45	18.01	-0.77	-0.89
交通运输、仓储和邮政业	80.04	79.82	12.19	19.04	0.10	-0.06
信息传输、计算机服务和软件业	0.00	0.00	0.00	0.00	0.00	0.00
批发和零售业	69.53	71.27	41.43	39.73	1.20	0.53
住宿和餐饮业	0.00	0.00	0.00	0.00	0.00	0.00
金融业	0.00	0.00	0.00	0.00	0.00	0.00
房地产业	66.92	75.56	76.94	0.61	-4.21	-3139.13
按登记注册类型分						
国有企业	54.99	54.35	24.72	32.89	4.09	8.86
公司制企业小计	64.00	58.21	29.86	44.45	6.87	6.05
国有独资企业	64.20	64.22	19.26	22.57	2.46	3.38
其他有限责任公司	65.02	55.87	31.06	52.80	8.48	6.73
股份有限公司	57.26	60.63	27.95	30.30	4.80	4.40
中外合资企业	67.25	61.36	164.38	175.80	5.77	6.16
港澳台合资企业	0.00	0.00	0.00	0.00	0.00	0.00
其他	76.91	76.19	207.31	73.45	0.05	0.06
按企业规模分						
大型	59.51	56.28	29.26	42.86	6.25	6.84
中型	57.65	58.18	18.46	17.66	4.73	2.38
小型	62.84	45.93	5.65	6.23	-0.63	-0.67
其他	0.00	0.00	0.00	0.00	0.00	0.00
按三次产业分						
第一产业	0.00	0.00	0.00	0.00	0.00	0.00
第二产业	58.23	54.97	30.12	43.71	6.72	7.27
第三产业	76.49	77.20	18.07	23.88	0.55	0.08
按重点企业类型分						
中央企业	56.23	51.50	35.50	57.66	8.72	8.30
520户国家重点企业	61.26	56.60	36.56	55.01	7.51	6.98
原512户国家重点企业	60.09	64.02	11.93	17.83	-0.49	-0.57
省级重点企业	62.54	59.30	30.91	44.94	6.62	6.24
现企国家百户试点企业	55.98	57.54	23.70	28.44	3.95	4.02
现企省级试点企业	64.51	67.27	21.42	26.81	2.13	3.74
国家试点企业集团母公司	60.36	54.48	35.79	58.53	8.45	6.93

4－4　湖北省骨干企业主要经济效益指标(2)

(2003年)　　单位:%

	成本费用利润率		资产利税率		总资产使用率	
	2002年	2003年	2002年	2003年	2002年	2003年
总计	**6.81**	**7.31**	**5.55**	**6.37**	**40.78**	**48.33**
按控股情况分						
国有及国有控股小计	6.89	7.43	5.57	6.40	40.51	48.05
国有绝对控股	7.03	7.60	5.61	6.45	39.89	47.48
国有相对控股	4.50	4.14	4.64	5.11	55.31	63.16
集体控股小计	5.45	6.26	4.84	4.49	57.67	53.30
集体绝对控股	5.45	6.26	4.84	4.49	57.67	53.30
集体相对控股	0.00	0.00	0.00	0.00	0.00	0.00
其他	4.44	0.51	4.96	4.46	46.97	69.87
按主营行业分						
农、林、牧、渔业	0.00	0.00	0.00	0.00	0.00	0.00
工业小计	7.79	8.22	5.94	6.86	39.50	47.60
采矿业	-3.58	-1.60	0.04	1.06	20.76	28.15
制造业	7.63	7.11	9.13	9.77	61.89	74.39
电力、燃气及水的生产和供应业	21.77	57.72	1.14	2.47	3.59	4.66
建筑业	-0.86	-0.98	1.37	1.10	53.28	42.53
交通运输、仓储和邮政业	0.11	-0.06	1.23	0.97	43.79	54.86
信息传输、计算机服务和软件业	0.00	0.00	0.00	0.00	0.00	0.00
批发和零售业	1.22	0.53	2.96	2.50	73.86	79.25
住宿和餐饮业	0.00	0.00	0.00	0.00	0.00	0.00
金融业	0.00	0.00	0.00	0.00	0.00	0.00
房地产业	-3.94	-91.86	-2.84	-7.81	51.60	0.25
按登记注册类型分						
国有企业	4.27	9.83	1.73	3.32	19.57	22.50
公司制企业小计	7.72	6.56	9.46	9.36	62.44	73.53
国有独资企业	2.55	3.58	3.31	4.13	50.36	51.16
其他有限责任公司	9.78	7.29	11.89	11.10	66.05	80.62
股份有限公司	5.11	4.69	6.03	6.11	59.09	63.41
中外合资企业	6.68	7.16	11.51	11.64	69.74	80.02
港澳台合资企业	0.00	0.00	0.00	0.00	0.00	0.00
其他	0.04	0.05	0.03	0.02	57.89	35.78
按企业规模分						
大型	6.90	7.46	5.55	6.42	40.08	48.00
中型	5.05	2.58	5.56	4.26	65.53	62.97
小型	-0.63	-0.66	2.92	2.50	58.46	53.94
其他	0.00	0.00	0.00	0.00	0.00	0.00
按三次产业分						
第一产业	0.00	0.00	0.00	0.00	0.00	0.00
第二产业	7.47	7.96	5.82	6.69	39.85	47.45
第三产业	0.57	0.09	1.75	1.37	53.63	61.87
按重点企业类型分						
中央企业	9.68	8.97	5.33	6.16	36.65	46.52
520户国家重点企业	8.34	7.53	9.08	9.84	60.32	74.54
原512户国家重点企业	-0.54	-0.62	1.71	1.63	53.06	45.35
省级重点企业	7.32	6.76	8.01	8.75	55.83	69.05
现企国家百户试点企业	4.10	4.34	2.99	3.79	46.80	50.91
现企省级试点企业	2.19	3.94	2.45	3.70	43.51	48.24
国家试点企业集团母公司	9.34	7.38	9.27	9.36	66.14	81.54

4-4 湖北省骨干企业主要经济效益指标(3)

(2003年)

单位:%

	流动资产比率		长期负债与资产总计比率		研究开发费用与营业收入比率	
	2002年	2003年	2002年	2003年	2002年	2003年
总计	**30.14**	**32.14**	**27.56**	**25.47**	**1.64**	**1.30**
按控股情况分						
国有及国有控股小计	29.55	31.84	28.17	25.79	1.65	1.29
国有绝对控股	29.28	31.67	28.69	26.21	1.72	1.29
国有相对控股	35.99	36.36	15.67	14.58	0.50	1.17
集体控股小计	62.74	56.12	3.96	1.14	1.19	1.50
集体绝对控股	62.74	56.12	3.96	1.14	1.19	1.50
集体相对控股	0.00	0.00	0.00	0.00	0.00	0.00
其他	44.95	45.43	9.18	10.77	1.29	2.12
按主营行业分						
农、林、牧、渔业	0.00	0.00	0.00	0.00	0.00	0.00
工业小计	29.32	31.68	27.81	25.36	1.83	1.43
采矿业	34.25	31.55	44.20	47.00	0.11	0.57
制造业	42.29	41.30	12.13	13.41	1.88	1.48
电力、燃气及水的生产和供应业	6.96	15.76	52.63	43.57	1.45	0.54
建筑业	36.68	27.63	13.96	24.60	0.72	0.58
交通运输、仓储和邮政业	38.82	42.58	38.67	35.63	0.23	0.15
信息传输、计算机服务和软件业	0.00	0.00	0.00	0.00	0.00	0.00
批发和零售业	38.34	37.32	10.22	9.61	0.00	0.00
住宿和餐饮业	0.00	0.00	0.00	0.00	0.00	0.00
金融业	0.00	0.00	0.00	0.00	0.00	0.00
房地产业	50.47	64.77	1.35	1.94	0.00	0.00
按登记注册类型分						
国有企业	17.86	23.85	36.19	32.20	2.47	1.37
公司制企业小计	42.56	40.15	18.80	18.95	1.37	1.28
国有独资企业	38.98	40.34	26.51	26.03	0.50	0.57
其他有限责任公司	46.36	41.35	15.60	17.25	1.57	1.31
股份有限公司	35.87	35.69	15.58	15.12	0.80	1.19
中外合资企业	32.71	35.51	31.05	24.26	2.32	2.37
港澳台合资企业	0.00	0.00	0.00	0.00	0.00	0.00
其他	90.65	77.01	0.00	0.00	0.00	0.00
按企业规模分						
大型	29.62	31.78	27.94	25.75	1.65	1.25
中型	48.60	48.13	14.32	13.06	1.33	2.99
小型	40.06	33.86	8.39	14.53	0.02	0.01
其他	0.00	0.00	0.00	0.00	0.00	0.00
按三次产业分						
第一产业	0.00	0.00	0.00	0.00	0.00	0.00
第二产业	29.51	31.56	27.46	25.34	1.79	1.40
第三产业	38.79	41.14	29.03	27.52	0.13	0.09
按重点企业类型分						
中央企业	23.78	27.62	29.23	25.54	2.29	1.50
520户国家重点企业	38.87	37.36	16.86	17.89	1.93	1.33
原512户国家重点企业	35.57	31.72	12.38	21.65	0.59	0.48
省级重点企业	39.59	39.23	19.15	19.43	1.72	1.32
现企国家百户试点企业	48.74	50.40	5.33	8.09	0.82	0.78
现企省级试点企业	32.38	32.94	26.40	28.35	1.56	1.11
国家试点企业集团母公司	37.85	36.10	11.61	14.14	2.25	1.45

4-4 湖北省骨干企业主要经济效益指标(4)

(2003年)

单位:%

	资金利润率		净资产收益率		总资产报酬率	
	2002年	2003年	2002年	2003年	2002年	2003年
总计	**4.41**	**5.03**	**5.32**	**6.26**	**3.57**	**4.04**
按控股情况分						
国有及国有控股小计	4.47	5.11	5.41	6.36	3.59	4.07
国有绝对控股	4.56	5.20	5.45	6.42	3.57	4.06
国有相对控股	3.06	3.14	4.35	4.44	4.27	4.37
集体控股小计	3.45	3.87	2.42	3.62	2.84	3.28
集体绝对控股	3.45	3.87	2.42	3.62	2.84	3.28
集体相对控股	0.00	0.00	0.00	0.00	0.00	0.00
其他	2.65	0.40	3.08	-1.31	2.84	1.30
按主营行业分						
农、林、牧、渔业	0.00	0.00	0.00	0.00	0.00	0.00
工业小计	5.06	5.63	5.70	6.69	3.74	4.30
采矿业	-0.92	-0.50	-3.51	-3.47	0.15	0.24
制造业	5.81	6.65	9.11	9.78	5.47	5.77
电力、燃气及水的生产和供应业	3.09	3.84	0.97	2.26	1.17	2.17
建筑业	-0.61	-0.73	-1.19	-1.22	1.26	0.60
交通运输、仓储和邮政业	0.05	-0.04	-0.85	-2.14	2.09	1.47
信息传输、计算机服务和软件业	0.00	0.00	0.00	0.00	0.00	0.00
批发和零售业	1.14	0.52	1.16	-0.28	2.43	2.20
住宿和餐饮业	0.00	0.00	0.00	0.00	0.00	0.00
金融业	0.00	0.00	0.00	0.00	0.00	0.00
房地产业	-3.69	-10.44	-6.57	-31.90	-1.70	-6.55
按登记注册类型分						
国有企业	2.55	3.75	1.53	3.35	1.35	2.50
公司制企业小计	5.16	5.96	10.18	9.36	5.86	5.54
国有独资企业	1.52	2.17	1.59	2.85	2.52	2.83
其他有限责任公司	6.66	7.59	14.13	11.19	7.11	6.39
股份有限公司	3.70	3.66	4.78	4.86	4.57	4.46
中外合资企业	4.34	5.51	12.28	12.75	6.45	6.14
港澳台合资企业	0.00	0.00	0.00	0.00	0.00	0.00
其他	0.03	0.03	0.11	0.09	-1.16	0.82
按企业规模分						
大型	4.43	5.12	5.32	6.36	3.55	4.06
中型	3.90	1.88	5.31	1.47	4.28	2.93
小型	-0.58	-0.68	-2.49	-1.41	1.43	0.56
其他	0.00	0.00	0.00	0.00	0.00	0.00
按三次产业分						
第一产业	0.00	0.00	0.00	0.00	0.00	0.00
第二产业	4.86	5.47	5.54	6.51	3.67	4.19
第三产业	0.35	0.06	-0.09	-1.65	2.16	1.64
按重点企业类型分						
中央企业	7.40	6.78	6.64	6.94	3.93	4.38
520户国家重点企业	6.43	7.42	10.37	10.86	5.82	6.18
原512户国家重点企业	-0.37	-0.43	-0.71	-0.78	1.45	0.93
省级重点企业	4.96	5.81	8.59	9.42	5.06	5.34
现企国家百户试点企业	2.54	2.83	2.58	3.49	2.83	3.22
现企省级试点企业	1.44	2.57	1.80	4.31	2.26	3.03
国家试点企业集团母公司	8.26	8.32	13.07	11.60	6.78	6.44

4-5 湖北省骨干企业调查问卷汇总资料(1)

(2003年)

单位:个、%

	总计		国有及国有绝对控股		国有相对控股	
	单位数	比重	单位数	比重	单位数	比重
合计	**108**	**100.0**	**87**	**100.0**	**18**	**100.0**
确定为现企制度试点企业情况						
企业为现企制度试点企业	81	75.0	63	72.4	15	83.3
试点时间1994-1997年	81	100.0	63	100.0	15	100.0
试点时间1997年以后	0	0.0	0	0.0	0	0.0
企业为公司制企业	96	88.9	76	87.4	18	100.0
注册登记为公司制企业的时间在1994年以前	4	4.2	3	3.9	1	5.6
注册登记为公司制企业的时间在1994-1997年	72	75.0	60	78.9	15	83.3
注册登记为公司制企业的时间在1997年以后	20	20.8	13	17.1	2	11.1
总经理简历						
40岁及以下	24	22.2	18	20.7	4	22.2
41-50岁	53	49.1	42	48.3	9	50.0
51岁及以上	31	28.7	27	31.0	5	27.8
男	107	99.1	86	98.9	18	100.0
女	1	0.9	1	1.1	0	0.0
工龄10年及以下	2	1.9	1	1.1	0	0.0
工龄11-20年	22	20.4	16	18.4	3	16.7
工龄21年及以上	84	77.8	70	80.5	15	83.3
任现职5年及以下	68	63.0	53	60.9	11	61.1
任现职6-10年	31	28.7	26	29.9	4	22.2
任现职11年及以上	9	8.3	8	9.2	3	16.7
从事管理10年及以下	17	15.7	11	12.6	2	11.1
从事管理11-20年	56	51.9	47	54.0	9	50.0
从事管理21年及以上	35	32.4	29	33.3	7	38.9
总经理文化程度						
博士	4	3.7	2	2.3	1	5.6
硕士	31	28.7	28	32.2	5	27.8
大学本科	45	41.7	36	41.4	4	22.2
大学专科	25	23.1	19	21.8	6	33.3
中专或高中	2	1.9	1	1.1	1	5.6
其他	1	0.9	1	1.1	1	5.6
总经理以前职业						
科学研究人员	1	0.9	1	1.1	0	0.0
工程技术人员	12	11.1	10	11.5	1	5.6
企业管理人员	86	79.6	69	79.3	16	88.9
党政机关人员	9	8.3	7	8.0	1	5.6
其他	0	0.0	0	0.0	0	0.0
总经理学历所属专业						
理工科技类	35	32.4	31	35.6	4	22.2
经济学类	35	32.4	30	34.5	8	44.4
文史哲法类	5	4.6	3	3.4	0	0.0
管理学类	31	28.7	22	25.3	5	27.8
其他	2	1.9	1	1.1	1	5.6
总经理产生方式						
主管部门任命	14	13.0	14	16.1	1	5.6
董事会聘任	52	48.1	35	40.2	12	66.7
政府提名董事会聘任	20	18.5	20	23.0	4	22.2
职代会选举上级任命	5	4.6	4	4.6	1	5.6
社会公开招聘	2	1.9	1	1.1	0	0.0
上级组织部门任命	14	13.0	13	14.9	0	0.0
其他	1	0.9	0	0.0	0	0.0
企业经理层中多数人员的文化程度						
博士	0	0.0	0	0.0	0	0.0
硕士	9	8.3	8	9.2	2	11.1
大学本科	56	51.9	45	51.7	6	33.3
大学专科	40	37.0	31	35.6	8	44.4

4-5 湖北省骨干企业调查问卷汇总资料(2)

(2003年)

单位:个、%

	总计		国有及国有绝对控股		国有相对控股	
	单位数	比重	单位数	比重	单位数	比重
中专或高中	2	1.9	2	2.3	1	5.6
其他	1	0.9	1	1.1	1	5.6
企业经理层中熟悉国际商务的人员比重						
100%	1	0.9	1	1.1	0	0.0
50%-100%	32	29.6	29	33.3	8	44.4
50%以下	75	69.4	57	65.5	10	55.6
中层管理人员产生方式						
总经理自主决定	22	20.4	16	18.4	1	5.6
总经理提名主管部门批	6	5.6	6	6.9	2	11.1
总经理提名董事会聘任	45	41.7	36	41.4	11	61.1
主管部门提名并决定	1	0.9	1	1.1	1	5.6
职代会选举主管部门任命	0	0.0	0	0.0	0	0.0
公开招聘	19	17.6	15	17.2	3	16.7
其他	15	13.9	13	14.9	0	0.0
从业人员中具有大专以上文化程度的比重						
50%及以上	15	13.9	14	16.1	1	5.6
20%-50%	58	53.7	42	48.3	11	61.1
10%-20%	28	25.9	25	28.7	4	22.2
10%以下	7	6.5	6	6.9	2	11.1
行政管理人员占全部从业人员的比重						
50%及以上	1	0.9	1	1.1	0	0.0
20%-50%	9	8.3	8	9.2	3	16.7
10%-20%	64	59.3	53	60.9	14	77.8
10%以下	34	31.5	25	28.7	1	5.6
行政管理人员劳动报酬占全部从业人员的比重						
50%及以上	1	0.9	1	1.1	0	0.0
20%-50%	31	28.7	24	27.6	11	61.1
10%-20%	49	45.4	41	47.1	6	33.3
10%以下	27	25.0	21	24.1	1	5.6
董事长产生方式						
政府部门任命	32	33.3	32	41.6	2	11.1
董事会选举产生	52	54.2	37	48.1	14	77.8
资产运营机构指定	2	2.1	2	2.6	1	5.6
股东会任命	6	6.3	3	3.9	1	5.6
其他	4	4.2	3	3.9	0	0.0
企业出资人情况						
有明确出资人	107	99.1	86	98.9	18	100.0
出资人法定人数为1人	33	30.8	32	37.2	0	0.0
出资人法定人数为2-5人	40	37.4	30	34.9	7	38.9
出资人法定人数为5人以上	34	31.8	24	27.9	11	61.1
企业组织机构组建情况						
成立了股东会	64	59.3	47	54.0	18	100.0
成立了董事会	96	88.9	77	88.5	18	100.0
设立独立董事	26	27.1	21	27.3	6	33.3
董事长与总经理由一人兼任	40	37.0	29	33.3	7	38.9
兼任原因						
《公司法》允许	8	20.0	7	24.1	1	14.3
机构部门同意	15	37.5	13	44.8	0	0.0
董事会决定	23	57.5	14	48.3	6	85.7
正向分设过度	6	15.0	4	13.8	1	14.3
暂无分设必要	6	15.0	3	10.3	0	0.0
其他	6	15.0	5	17.2	0	0.0
成立了监事会	87	80.6	68	78.2	18	100.0

4-5 湖北省骨干企业调查问卷汇总资料(3)

(2003 年)　　　　单位:个、%

	总计		国有及国有绝对控股		国有相对控股	
	单位数	比重	单位数	比重	单位数	比重
股东会职权行使情况						
决定经营方针和投资计划	62	96.9	45	95.7	16	88.9
选举和更换董事	59	92.2	44	93.6	17	94.4
选举和更换监事	60	93.8	43	91.5	16	88.9
审议批准董事会报告	63	98.4	46	97.9	18	100.0
审议批准监事会报告	62	96.9	45	95.7	17	94.4
审议批准财务方案	63	98.4	46	97.9	18	100.0
审议批准利润分配方案	60	93.8	44	93.6	16	88.9
决定增减注册资本	51	79.7	37	78.7	14	77.8
决定发行债券	35	54.7	24	51.1	8	44.4
决定转让出资	43	67.2	31	66.0	12	66.7
决定公司合分等事项	54	84.4	38	80.9	16	88.9
修改公司章程	62	96.9	45	95.7	17	94.4
董事会职权行使情况						
召集股东会	64	66.7	47	61.0	18	100.0
执行股东会决议	64	66.7	47	61.0	18	100.0
决定经营计划和投资方案	95	99.0	76	98.7	18	100.0
制订财务方案	95	99.0	76	98.7	18	100.0
制订利润分配方案	94	97.9	75	97.4	17	94.4
制订注册资本增减方案	91	94.8	73	94.8	18	100.0
拟定公司合分等事项方案	91	94.8	73	94.8	18	100.0
决定内部管理机构设置	95	99.0	76	98.7	17	94.4
聘任或解聘公司经理	75	78.1	57	74.0	15	83.3
经理提名,聘或解聘高管人员	87	90.6	68	88.3	18	100.0
制定公司基本管理制度	94	97.9	75	97.4	17	94.4
监事会职权行使情况						
检查公司财务	85	97.7	66	97.1	16	88.9
对董事和经理进行监督	84	96.6	66	97.1	17	94.4
纠正损害公司利益行为	83	95.4	65	95.6	17	94.4
提议召开临时股东会	59	67.8	43	63.2	16	88.9
其它职权	85	97.7	66	97.1	17	94.4
总经理职权行使情况						
主持生产经营管理	106	98.1	86	98.9	18	100.0
组织实施经营、投资方案	107	99.1	86	98.9	18	100.0
拟订管理制度及机构方案	108	100.0	87	100.0	18	100.0
聘或解聘高层管理人员	101	93.5	80	92.0	17	94.4
聘或解聘负责管理人员	99	91.7	79	90.8	17	94.4
企业劳动人事分配制度改革情况						
已全面实行劳动合同制度	105	97.2	84	96.6	17	94.4
已实行全员竞争上岗制度	85	78.7	64	73.6	14	77.8
仍存在干部和工人身份界限	26	24.1	25	28.7	3	16.7
内部管理人员已实行公开竞聘	86	79.6	67	77.0	14	77.8
企业能足额缴纳社会保险费	101	93.5	80	92.0	16	88.9
企业是否实行以下分配方法						
企业经营者年薪制	64	59.3	49	56.3	11	61.1
企业经营者持有股权期权	22	20.4	16	18.4	9	50.0
岗位工资为主的工资制	103	95.4	83	95.4	18	100.0
科技人员收入分配激励机制	73	67.6	55	63.2	11	61.1
职工持股分配制	17	15.7	14	16.1	7	38.9
工资集体协商制度	26	24.1	19	21.8	8	44.4
企业技术创新情况						
企业已建立技术中心	70	64.8	58	66.7	9	50.0
国家级认定	10	14.3	9	15.5	1	11.1
省级认定	44	62.9	36	62.1	7	77.8

4－5　湖北省骨干企业调查问卷汇总资料(4)

（2003 年）　　　　单位：个、%

	总计		国有及国有绝对控股		国有相对控股	
	单位数	比重	单位数	比重	单位数	比重
其他级别认定	16	22.9	13	22.4	1	11.1
技术中心设施、经费和人员是否满足需要						
完全满足	3	4.3	3	5.2	0	0.0
基本满足	60	85.7	48	82.8	9	100.0
不满足	7	10.0	7	12.1	0	0.0
企业获新产品新技术途径						
自主开发	73	67.6	62	71.3	11	61.1
委托开发	30	27.8	24	27.6	4	22.2
与院校科研机构联合开发	61	56.5	51	58.6	10	55.6
接受技术成果转让	29	26.9	21	24.1	5	27.8
引进技术消化吸收和创新	69	63.9	56	64.4	11	61.1
其他	17	15.7	16	18.4	3	16.7
企业近三年专利申请授权及应用情况						
获得国内专利申请授权	557	100.0	520	100.0	7	100.0
已应用专利	494	88.7	461	88.7	5	71.4
获得美国专利申请授权	1	100.0	1	100.0	0	0.0
已应用专利	1	100.0	1	100.0	0	0.0
企业建立商业网站情况						
已经建立	56	51.9	49	56.3	8	44.4
企业主要产品(服务)国内市场占有率						
50%及以上	2	1.9	2	2.3	0	0.0
20%－50%	5	4.6	5	5.7	0	0.0
10%－20%	13	12.0	10	11.5	4	22.2
1%－10%	61	56.5	48	55.2	9	50.0
1%以下	27	25.0	22	25.3	5	27.8
企业在银行的信用等级						
AAA 级	62	57.4	48	55.2	10	55.6
AA 级	25	23.1	20	23.0	5	27.8
A 级	6	5.6	5	5.7	1	5.6
BBB 级	1	0.9	1	1.1	1	5.6
BB 级	3	2.8	3	3.4	0	0.0
B 级	1	0.9	1	1.1	0	0.0
CCC 级	0	0.0	0	0.0	0	0.0
CC 级	0	0.0	0	0.0	0	0.0
C 级	0	0.0	0	0.0	0	0.0
企业是否有奖惩制度						
有，并且能严格执行	87	80.6	67	77.0	15	83.3
有，但很难严格执行	21	19.4	20	23.0	3	16.7
无	0	0.0	0	0.0	0	0.0
企业质量管理情况						
企业已通过 ISO9000 认证	83	76.9	69	79.3	15	83.3
企业已通过 ISO14000 认证	18	16.7	15	17.2	5	27.8
上市公司情况						
企业为上市公司	12	11.1	10	11.5	7	38.9
A 股	12	100.0	10	100.0	7	100.0
B 股	1	8.3	1	10.0	1	14.3
H 股	0	0.0	0	0.0	0	0.0
企业签订"债转股"协议情况						
已签订"债转股"协议	21	19.4	19	21.8	3	16.7
1999 年签订协议	1	4.8	1	5.3	0	0.0
2000 年签订协议	15	71.4	15	78.9	2	66.7
2001 年签订协议	4	19.0	3	15.8	1	33.3
2002 年签订协议	1	4.8	0	0.0	0	0.0
2003 年签订协议	0	0.0	0	0.0	0	0.0

4－5 湖北省骨干企业调查问卷汇总资料(5)

(2003 年)

单位:个、%

	总计		国有及国有绝对控股		国有相对控股	
	单位数	比重	单位数	比重	单位数	比重
协议"债转股"总额(万元)	1858947	100.0	1849450	100.0	27651	100.0
1999 年债转股总额(万元)	3013	0.2	3013	0.2	0	0.0
2000 年债转股总额(万元)	1202797	64.7	1202797	65.0	22151	80.1
2001 年债转股总额(万元)	652240	35.1	643640	34.8	5500	19.9
2002 年债转股总额(万元)	897	0.0	0	0.0	0	0.0
2003 年债转股总额(万元)	0	0.0	0	0.0	0	0.0
企业分离富余职工的主要去向						
安排到其他单位	14	15.2	12	15.6	2	12.5
企业内部消化	75	81.5	61	79.2	13	81.3
失业	16	17.4	14	18.2	0	0.0
提前退休	60	65.2	53	68.8	10	62.5
其他	42	45.7	35	45.5	7	43.8
本企业无富余职工	16	14.8	10	11.5	2	11.1
企业办社会性服务机构分离情况						
全部分离	18	29.0	11	21.6	3	75.0
分离 50% 及以上	15	24.2	13	25.5	1	25.0
分离 50% 以下	5	8.1	5	9.8	0	0.0
没有分离	24	38.7	22	43.1	0	0.0
本企业无上述机构	46	42.6	36	41.4	14	77.8
国有企业未实行公司制主要原因						
没有改制计划	2	18.2	2	18.2	0	0.0
准备实行,现未启动	3	27.3	3	27.3	0	0.0
正在进行公司制改制	4	36.4	4	36.4	0	0.0
准备实行非公司制形式	2	18.2	2	18.2	0	0.0
公司制企业未进行注册登记的						
正在办理	0	0.0	0	0.0	0	0.0
暂未进行登记	0	0.0	0	0.0	0	0.0
其他	0	0.0	0	0.0	0	0.0
推进改革的主要障碍						
社会保障制度不完善	63	58.3	53	60.9	9	50.0
政府转变职能滞后	45	41.7	39	44.8	10	55.6
历史包袱沉重	52	48.1	45	51.7	6	33.3
产权不明确	32	29.6	26	29.9	5	27.8
市场体系不健全	48	44.4	42	48.3	10	55.6
缺乏激励和约束机制	36	33.3	31	35.6	8	44.4
影响生产经营主要因素						
市场需求不足	35	32.4	29	33.3	7	38.9
负债过高、利息负担重	44	40.7	39	44.8	9	50.0
资金紧缺	52	48.1	43	49.4	9	50.0
企业相互拖欠资金	25	23.1	20	23.0	5	27.8
人员过剩	26	24.1	22	25.3	4	22.2
设备及技术落后	36	33.3	26	29.9	1	5.6
原材料等价格偏高	49	45.4	36	41.4	9	50.0
管理机制不完善	32	29.6	27	31.0	5	27.8
改制后的总体评价						
效果很好	9	9.4	6	7.9	3	16.7
效果较好	61	63.5	46	60.5	12	66.7
效果一般	18	18.8	16	21.1	2	11.1
尚未见效	8	8.3	8	10.5	1	5.6
对未来发展前景预测						
很好	26	24.1	18	20.7	7	38.9
较好	68	63.0	57	65.5	9	50.0
一般	14	13.0	12	13.8	2	11.1

4-5 湖北省骨干企业调查问卷汇总资料(6)

(2003年) 单位:个、%

	集体相对控股		其他	
	单位数	比重	单位数	比重
合计	**4**	**100.0**	**17**	**100.0**
确定为现企制度试点企业情况				
企业为现企制度试点企业	4	100.0	14	82.4
试点时间1994-1997年	4	100.0	14	100.0
试点时间1997年以后	0	0.0	0	0.0
企业为公司制企业	3	75.0	17	100.0
注册登记为公司制企业的时间在1994年以前	1	33.3	1	5.9
注册登记为公司制企业的时间在1994-1997年	3	100.0	9	52.9
注册登记为公司制企业的时间在1997年以后	0	0.0	7	41.2
总经理简历				
40岁及以下	1	25.0	5	29.4
41-50岁	2	50.0	9	52.9
51岁及以上	1	25.0	3	17.6
男	4	100.0	17	100.0
女	0	0.0	0	0.0
工龄10年及以下	1	25.0	0	0.0
工龄11-20年	0	0.0	6	35.3
工龄21年及以上	3	75.0	11	64.7
任现职5年及以下	4	100.0	11	64.7
任现职6-10年	0	0.0	5	29.4
任现职11年及以上	0	0.0	1	5.9
从事管理10年及以下	2	50.0	4	23.5
从事管理11-20年	1	25.0	8	47.1
从事管理21年及以上	1	25.0	5	29.4
总经理文化程度				
博士	1	25.0	1	5.9
硕士	2	50.0	1	5.9
大学本科	1	25.0	8	47.1
大学专科	0	0.0	6	35.3
中专或高中	0	0.0	1	5.9
其他	0	0.0	0	0.0
总经理以前职业				
科学研究人员	0	0.0	0	0.0
工程技术人员	0	0.0	2	11.8
企业管理人员	3	75.0	14	82.4
党政机关人员	1	25.0	1	5.9
其他	0	0.0	0	0.0
总经理学历所属专业				
理工科技类	0	0.0	4	23.5
经济学类	2	50.0	3	17.6
文史哲法类	0	0.0	2	11.8
管理学类	2	50.0	7	41.2
其他	0	0.0	1	5.9
总经理产生方式				
主管部门任命	0	0.0	0	0.0
董事会聘任	3	75.0	14	82.4
政府提名董事会聘任	0	0.0	0	0.0
职代会选举上级任命	0	0.0	1	5.9
社会公开招聘	0	0.0	1	5.9
上级组织部门任命	1	25.0	0	0.0
其他	0	0.0	1	5.9
企业经理层中多数人员的文化程度				
博士	0	0.0	0	0.0
硕士	0	0.0	1	5.9
大学本科	3	75.0	8	47.1
大学专科	1	25.0	8	47.1

4-5 湖北省骨干企业调查问卷汇总资料(7)

(2003 年)　　　　单位:个、%

	集体相对控股		其　他	
	单位数	比　重	单位数	比　重
中专或高中	0	0.0	0	0.0
其他	0	0.0	0	0.0
企业经理层中熟悉国际商务的人员比重				
100%	0	0.0	0	0.0
50% -100%	0	0.0	3	17.6
50%以下	4	100.0	14	82.4
中层管理人员产生方式				
总经理自主决定	2	50.0	4	23.5
总经理提名主管部门批	0	0.0	0	0.0
总经理提名董事会聘任	0	0.0	9	52.9
主管部门提名并决定	0	0.0	0	0.0
职代会选举主管部门任命	0	0.0	0	0.0
公开招聘	1	25.0	3	17.6
其他	1	25.0	1	5.9
从业人员中具有大专以上文化程度的比重				
50%及以上	0	0.0	1	5.9
20% -50%	4	100.0	12	70.6
10% -20%	0	0.0	3	17.6
10%以下	0	0.0	1	5.9
行政管理人员占全部从业人员的比重				
50%及以上	0	0.0	0	0.0
20% -50%	1	25.0	0	0.0
10% -20%	2	50.0	9	52.9
10%以下	1	25.0	8	47.1
行政管理人员劳动报酬占全部从业人员的比重				
50%及以上	0	0.0	0	0.0
20% -50%	1	25.0	6	35.3
10% -20%	2	50.0	6	35.3
10%以下	1	25.0	5	29.4
董事长产生方式				
政府部门任命	0	0.0	0	0.0
董事会选举产生	2	66.7	13	81.3
资产运营机构指定	0	0.0	0	0.0
股东会任命	1	33.3	2	12.5
其他	0	0.0	1	6.3
企业出资人情况				
有明确出资人	4	100.0	17	100.0
出资人法定人数为1人	1	25.0	0	0.0
出资人法定人数为2-5人	1	25.0	9	52.9
出资人法定人数为5人以上	2	50.0	8	47.1
企业组织机构组建情况				
成立了股东会	3	75.0	14	82.4
成立了董事会	3	75.0	16	94.1
设立独立董事	2	66.7	3	18.8
董事长与总经理由一人兼任	1	25.0	10	58.8
兼任原因				
《公司法》允许	0	0.0	1	10.0
机构部门同意	0	0.0	2	20.0
董事会决定	1	100.0	8	80.0
正向分设过度	1	100.0	1	10.0
暂无分设必要	0	0.0	3	30.0
其他	0	0.0	1	10.0
成立了监事会	3	75.0	16	94.1

4－5　湖北省骨干企业调查问卷汇总资料(8)

(2003年)　　　　单位:个、%

	集体相对控股		其　他	
	单位数	比　重	单位数	比　重
股东会职权行使情况				
决定经营方针和投资计划	3	100.0	14	100.0
选举和更换董事	3	100.0	12	85.7
选举和更换监事	3	100.0	14	100.0
审议批准董事会报告	3	100.0	14	100.0
审议批准监事会报告	3	100.0	14	100.0
审议批准财务方案	3	100.0	14	100.0
审议批准利润分配方案	3	100.0	13	92.9
决定增减注册资本	2	66.7	12	85.7
决定发行债券	2	66.7	9	64.3
决定转让出资	2	66.7	10	71.4
决定公司合分等事项	3	100.0	13	92.9
修改公司章程	3	100.0	14	100.0
董事会职权行使情况				
召集股东会	3	100.0	14	87.5
执行股东会决议	3	100.0	14	87.5
决定经营计划和投资方案	3	100.0	16	100.0
制订财务方案	3	100.0	16	100.0
制订利润分配方案	3	100.0	16	100.0
制订注册资本增减方案	3	100.0	15	93.8
拟定公司合分等事项方案	3	100.0	15	93.8
决定内部管理机构设置	3	100.0	16	100.0
聘任或解聘公司经理	3	100.0	15	93.8
经理提名,聘或解聘高管人员	3	100.0	16	100.0
制定公司基本管理制度	3	100.0	16	100.0
监事会职权行使情况				
检查公司财务	3	100.0	16	100.0
对董事和经理进行监督	3	100.0	15	93.8
纠正损害公司利益行为	3	100.0	15	93.8
提议召开临时股东会	3	100.0	13	81.3
其它职权	3	100.0	16	100.0
总经理职权行使情况				
主持生产经营管理	3	75.0	17	100.0
组织实施经营、投资方案	4	100.0	17	100.0
拟订管理制度及机构方案	4	100.0	17	100.0
聘或解聘高层管理人员	4	100.0	17	100.0
聘或解聘负责管理人员	3	75.0	17	100.0
企业劳动人事分配制度改革情况				
已全面实行劳动合同制度	4	100.0	17	100.0
已实行全员竞争上岗制度	4	100.0	17	100.0
仍存在干部和工人身份界限	0	0.0	1	5.9
内部管理人员已实行公开竞聘	4	100.0	15	88.2
企业能足额缴纳社会保险费	4	100.0	17	100.0
企业是否实行以下分配方法				
企业经营者年薪制	1	25.0	14	82.4
企业经营者持有股权期权	0	0.0	6	35.3
岗位工资为主的工资制	4	100.0	16	94.1
科技人员收入分配激励机制	3	75.0	15	88.2
职工持股分配制	1	25.0	2	11.8
工资集体协商制度	2	50.0	5	29.4
企业技术创新情况				
企业已建立技术中心	3	75.0	9	52.9
国家级认定	1	33.3	0	0.0
省级认定	2	66.7	6	66.7

4－5　湖北省骨干企业调查问卷汇总资料(9)

(2003 年)　　　　　　　　单位:个、%

	集体相对控股		其　他	
	单位数	比　重	单位数	比　重
其他级别认定	0	0.0	3	33.3
技术中心设施、经费和人员是否满足需要				
完全满足	0	0.0	0	0.0
基本满足	3	100.0	9	100.0
不满足	0	0.0	0	0.0
企业获新产品新技术途径				
自主开发	3	75.0	8	47.1
委托开发	1	25.0	5	29.4
与院校科研机构联合开发	2	50.0	8	47.1
接受技术成果转让	1	25.0	7	41.2
引进技术消化吸收和创新	3	75.0	10	58.8
其他	0	0.0	1	5.9
企业近三年专利申请授权及应用情况				
获得国内专利申请授权	30	100.0	7	100.0
已应用专利	27	90.0	6	85.7
获得美国专利申请授权	0	0.0	0	0.0
已应用专利	0	0.0	0	0.0
企业建立商业网站情况				
已经建立	3	75.0	4	23.5
企业主要产品(服务)国内市场占有率				
50% 及以上	0	0.0	0	0.0
20% －50%	0	0.0	0	0.0
10% －20%	0	0.0	3	17.6
1% －10%	3	75.0	10	58.8
1% 以下	1	25.0	4	23.5
企业在银行的信用等级				
AAA 级	3	75.0	11	64.7
AA 级	1	25.0	4	23.5
A 级	0	0.0	1	5.9
BBB 级	0	0.0	0	0.0
BB 级	0	0.0	0	0.0
B 级	0	0.0	0	0.0
CCC 级	0	0.0	0	0.0
CC 级	0	0.0	0	0.0
C 级	0	0.0	0	0.0
企业是否有奖惩制度				
有,并且能严格执行	3	75.0	17	100.0
有,但很难严格执行	1	25.0	0	0.0
无	0	0.0	0	0.0
企业质量管理情况				
企业已通过 ISO9000 认证	2	50.0	12	70.6
企业已通过 ISO14000 认证	0	0.0	3	17.6
上市公司情况				
企业为上市公司	1	25.0	1	5.9
A 股	1	100.0	1	100.0
B 股	0	0.0	0	0.0
H 股	0	0.0	0	0.0
企业签订"债转股"协议情况				
已签订"债转股"协议	0	0.0	2	11.8
1999 年签订协议	0	0.0	0	0.0
2000 年签订协议	0	0.0	0	0.0
2001 年签订协议	0	0.0	1	50.0
2002 年签订协议	0	0.0	1	50.0
2003 年签订协议	0	0.0	0	0.0

4-5 湖北省骨干企业调查问卷汇总资料(10)

(2003年)　　单位:个、%

	集体相对控股		其　他	
	单位数	比　重	单位数	比　重
协议"债转股"总额(万元)	0	0.0	9497	100.0
1999年债转股总额(万元)	0	0.0	0	0.0
2000年债转股总额(万元)	0	0.0	0	0.0
2001年债转股总额(万元)	0	0.0	8600	90.6
2002年债转股总额(万元)	0	0.0	897	9.4
2003年债转股总额(万元)	0	0.0	0	0.0
企业分离富余职工的主要去向				
安排到其他单位	1	33.3	1	8.3
企业内部消化	3	100.0	11	91.7
失业	1	33.3	1	8.3
提前退休	2	66.7	5	41.7
其他	2	66.7	5	41.7
本企业无富余职工	1	25.0	5	29.4
企业办社会性服务机构分离情况				
全部分离	1	100.0	6	60.0
分离50%及以上	0	0.0	2	20.0
分离50%以下	0	0.0	0	0.0
没有分离	0	0.0	2	20.0
本企业无上述机构	3	75.0	7	41.2
国有企业未实行公司制主要原因				
没有改制计划	0	0.0	0	0.0
准备实行,现未启动	0	0.0	0	0.0
正在进行公司制改制	0	0.0	0	0.0
准备实行非公司制形式	0	0.0	0	0.0
公司制企业未进行注册登记的				
正在办理	0	0.0	0	0.0
暂未进行登记	0	0.0	0	0.0
其他	0	0.0	0	0.0
推进改革的主要障碍				
社会保障制度不完善	3	75.0	7	41.2
政府转变职能滞后	3	75.0	3	17.6
历史包袱沉重	1	25.0	6	35.3
产权不明确	2	50.0	4	23.5
市场体系不健全	1	25.0	5	29.4
缺乏激励和约束机制	2	50.0	3	17.6
影响生产经营主要因素				
市场需求不足	1	25.0	5	29.4
负债过高、利息负担重	1	25.0	4	23.5
资金紧缺	1	25.0	8	47.1
企业相互拖欠资金	1	25.0	4	23.5
人员过剩	1	25.0	3	17.6
设备及技术落后	2	50.0	8	47.1
原材料等价格偏高	3	75.0	10	58.8
管理机制不完善	2	50.0	3	17.6
改制后的总体评价				
效果很好	0	0.0	3	17.6
效果较好	3	100.0	12	70.6
效果一般	0	0.0	2	11.8
尚未见效	0	0.0	0	0.0
对未来发展前景预测				
很好	2	50.0	6	35.3
较好	68	1700.0	9	52.9
一般	0	0.0	2	11.8

4－5　湖北省骨干企业调查问卷汇总资料(11)

(2003 年)　　　　单位:个、%

	总计		大　型		中　型		小　型	
	单位数	比　重	单位数	比　重	单位数	比　重	单位数	比　重
合计	**108**	**100.0**	**70**	**100.0**	**33**	**100.0**	**5**	**100.0**
确定为现企制度试点企业情况								
企业为现企制度试点企业	81	75.0	51	72.9	26	78.8	4	80.0
试点时间 1994－1997 年	81	100.0	51	100.0	26	100.0	4	100.0
试点时间 1997 年以后	0	0.0	0	0.0	0	0.0	0	0.0
企业为公司制企业	96	88.9	61	87.1	30	90.9	5	100.0
注册登记为公司制企业的时间在 1994 年以前	4	4.2	12	19.7	4	13.3	0	0.0
注册登记为公司制企业的时间在 1994－1997 年	72	75.0	51	83.6	18	60.0	3	60.0
注册登记为公司制企业的时间在 1997 年以后	20	20.8	7	11.5	11	36.7	2	40.0
总经理简历								
40 岁及以下	24	22.2	13	18.6	10	30.3	1	20.0
41－50 岁	53	49.1	32	45.7	18	54.5	3	60.0
51 岁及以上	31	28.7	25	35.7	5	15.2	1	20.0
男	107	99.1	70	100.0	32	97.0	5	100.0
女	1	0.9	0	0.0	1	3.0	0	0.0
工龄 10 年及以下	2	1.9	0	0.0	2	6.1	0	0.0
工龄 11－20 年	22	20.4	13	18.6	7	21.2	2	40.0
工龄 21 年及以上	84	77.8	57	81.4	24	72.7	3	60.0
任现职 5 年及以下	68	63.0	41	58.6	23	69.7	4	80.0
任现职 6－10 年	31	28.7	23	32.9	8	24.2	0	0.0
任现职 11 年及以上	9	8.3	6	8.6	2	6.1	1	20.0
从事管理 10 年及以下	17	15.7	9	12.9	8	24.2	0	0.0
从事管理 11－20 年	56	51.9	35	50.0	18	54.5	3	60.0
从事管理 21 年及以上	35	32.4	26	37.1	7	21.2	2	40.0
总经理文化程度								
博士	4	3.7	3	4.3	1	3.0	0	0.0
硕士	31	28.7	26	37.1	5	15.2	0	0.0
大学本科	45	41.7	27	38.6	16	48.5	2	40.0
大学专科	25	23.1	14	20.0	9	27.3	2	40.0
中专或高中	2	1.9	0	0.0	2	6.1	0	0.0
其他	1	0.9	0	0.0	0	0.0	1	20.0
总经理以前职业								
科学研究人员	1	0.9	1	1.4	0	0.0	0	0.0
工程技术人员	12	11.1	6	8.6	6	18.2	0	0.0
企业管理人员	86	79.6	58	82.9	24	72.7	4	80.0
党政机关人员	9	8.3	5	7.1	3	9.1	1	20.0
其他	0	0.0	0	0.0	0	0.0	0	0.0
总经理学历所属专业								
理工科技类	35	32.4	24	34.3	11	33.3	0	0.0
经济学类	35	32.4	23	32.9	11	33.3	1	20.0
文史哲法类	5	4.6	2	2.9	2	6.1	1	20.0
管理学类	31	28.7	21	30.0	8	24.2	2	40.0
其他	2	1.9	0	0.0	1	3.0	1	20.0
总经理产生方式								
主管部门任命	14	13.0	10	14.3	3	9.1	1	20.0
董事会聘任	52	48.1	25	35.7	24	72.7	3	60.0
政府提名董事会聘任	20	18.5	16	22.9	3	9.1	1	20.0
职代会选举上级任命	5	4.6	3	4.3	2	6.1	0	0.0
社会公开招聘	2	1.9	2	2.9	0	0.0	0	0.0
上级组织部门任命	14	13.0	13	18.6	1	3.0	0	0.0
其他	1	0.9	1	1.4	0	0.0	0	0.0
企业经理层中多数人员的文化程度								
博士	0	0.0	0	0.0	0	0.0	0	0.0
硕士	9	8.3	8	11.4	1	3.0	0	0.0
大学本科	56	51.9	41	58.6	15	45.5	0	0.0
大学专科	40	37.0	21	30.0	15	45.5	4	80.0

4-5 湖北省骨干企业调查问卷汇总资料(12)

(2003 年)

单位:个、%

	总计		大型		中型		小型	
	单位数	比重	单位数	比重	单位数	比重	单位数	比重
中专或高中	2	1.9	0	0.0	2	6.1	0	0.0
其他	1	0.9	0	0.0	0	0.0	1	20.0
企业经理层中多数人员的文化程度								
100%	1	0.9	1	1.4	0	0.0	0	0.0
50%-100%	32	29.6	27	38.6	5	15.2	0	0.0
50%以下	75	69.4	42	60.0	28	84.8	5	100.0
中层管理人员产生方式								
总经理自主决定	22	20.4	14	20.0	7	21.2	1	20.0
总经理提名主管部门批	6	5.6	5	7.1	1	3.0	0	0.0
总经理提名董事会聘任	45	41.7	25	35.7	17	51.5	3	60.0
主管部门提名并决定	1	0.9	0	0.0	0	0.0	1	20.0
职代会选举主管部门任命	0	0.0	0	0.0	0	0.0	0	0.0
公开招聘	19	17.6	14	20.0	5	15.2	0	0.0
其他	15	13.9	12	17.1	3	9.1	0	0.0
从业人员中具有大专以上文化程度的比重								
50%及以上	15	13.9	10	14.3	4	12.1	1	20.0
20%-50%	58	53.7	36	51.4	20	60.6	2	40.0
10%-20%	28	25.9	19	27.1	8	24.2	1	20.0
10%以下	7	6.5	5	7.1	1	3.0	1	20.0
行政管理人员占全部从业人员的比重								
50%及以上	1	0.9	0	0.0	0	0.0	1	20.0
20%-50%	9	8.3	6	8.6	3	9.1	0	0.0
10%-20%	64	59.3	39	55.7	22	66.7	3	60.0
10%以下	34	31.5	25	35.7	8	24.2	1	20.0
行政管理人员劳动报酬占全部从业人员的比重								
50%及以上	1	0.9	0	0.0	0	0.0	1	20.0
20%-50%	31	28.7	20	28.6	10	30.3	1	20.0
10%-20%	49	45.4	32	45.7	16	48.5	1	20.0
10%以下	27	25.0	18	25.7	7	21.2	2	40.0
董事长产生方式								
政府部门任命	32	33.3	25	41.7	6	19.4	1	20.0
董事会选举产生	52	54.2	29	48.3	19	61.3	4	80.0
资产运营机构指定	2	2.1	1	1.7	1	3.2	0	0.0
股东会任命	6	6.3	2	3.3	4	12.9	0	0.0
其他	4	4.2	3	5.0	1	3.2	0	0.0
企业出资人情况								
有明确出资人	107	99.1	69	98.6	33	100.0	5	100.0
出资人法定人数为1人	33	30.8	25	36.2	7	21.2	1	20.0
出资人法定人数为2-5人	40	37.4	25	36.2	13	39.4	2	40.0
出资人法定人数为5人以上	34	31.8	19	27.5	13	39.4	2	40.0
企业组织机构组建情况								
成立了股东会	64	59.3	37	52.9	23	69.7	4	80.0
成立了董事会	96	88.9	60	85.7	31	93.9	5	100.0
设立独立董事	26	27.1	22	36.7	3	9.7	1	20.0
董事长与总经理由一人兼任	40	37.0	21	30.0	16	48.5	3	60.0
兼任原因								
《公司法》允许	8	20.0	7	33.3	1	6.3	0	0.0
机构部门同意	15	37.5	11	52.4	4	25.0	0	0.0
董事会决定	23	57.5	8	38.1	12	75.0	3	100.0
正向分设过度	6	15.0	2	9.5	3	18.8	1	33.3
暂无分设必要	6	15.0	4	19.0	2	12.5	0	0.0
其他	6	15.0	4	19.0	2	12.5	0	0.0
成立了监事会	87	80.6	54	77.1	29	87.9	4	80.0

4－5 湖北省骨干企业调查问卷汇总资料(13)

(2003 年)

单位:个、%

	总计		大型		中型		小型	
	单位数	比重	单位数	比重	单位数	比重	单位数	比重
股东会职权行使情况								
决定经营方针和投资计划	62	96.9	37	100.0	22	95.7	3	75.0
选举和更换董事	59	92.2	35	94.6	20	87.0	4	100.0
选举和更换监事	60	93.8	35	94.6	22	95.7	3	75.0
审议批准董事会报告	63	98.4	36	97.3	23	100.0	4	100.0
审议批准监事会报告	62	96.9	36	97.3	22	95.7	4	100.0
审议批准财务方案	63	98.4	36	97.3	23	100.0	4	100.0
审议批准利润分配方案	60	93.8	35	94.6	22	95.7	3	75.0
决定增减注册资本	51	79.7	30	81.1	19	82.6	2	50.0
决定发行债券	35	54.7	23	62.2	10	43.5	2	50.0
决定转让出资	43	67.2	24	64.9	17	73.9	2	50.0
决定公司合分等事项	54	84.4	29	78.4	22	95.7	3	75.0
修改公司章程	62	96.9	36	97.3	22	95.7	4	100.0
董事会职权行使情况								
召集股东会	64	66.7	37	61.7	23	74.2	4	80.0
执行股东会决议	64	66.7	37	61.7	23	74.2	4	80.0
决定经营计划和投资方案	95	99.0	60	100.0	30	96.8	5	100.0
制订财务方案	95	99.0	60	100.0	30	96.8	5	100.0
制订利润分配方案	94	97.9	59	98.3	30	96.8	5	100.0
制订注册资本增减方案	91	94.8	58	96.7	29	93.5	4	80.0
拟定公司合分等事项方案	91	94.8	58	96.7	29	93.5	4	80.0
决定内部管理机构设置	95	99.0	60	100.0	30	96.8	5	100.0
聘任或解聘公司经理	75	78.1	48	80.0	25	80.6	2	40.0
经理提名,聘或解聘高管人员	87	90.6	52	86.7	30	96.8	5	100.0
制定公司基本管理制度	94	97.9	59	98.3	30	96.8	5	100.0
监事会职权行使情况								
检查公司财务	85	97.7	54	100.0	28	96.6	3	75.0
对董事和经理进行监督	84	96.6	53	98.1	27	93.1	4	100.0
纠正损害公司利益行为	83	95.4	52	96.3	27	93.1	4	100.0
提议召开临时股东会	59	67.8	34	63.0	22	75.9	3	75.0
其它职权	85	97.7	53	98.1	28	96.6	4	100.0
总经理职权行使情况								
主持生产经营管理	106	98.1	69	98.6	32	97.0	5	100.0
组织实施经营、投资方案	107	99.1	70	100.0	32	97.0	5	100.0
拟订管理制度及机构方案	108	100.0	70	100.0	33	100.0	5	100.0
聘或解聘高层管理人员	101	93.5	65	92.9	31	93.9	5	100.0
聘或解聘负责管理人员	99	91.7	64	91.4	31	93.9	4	80.0
企业劳动人事分配制度改革情况								
已全面实行劳动合同制度	105	97.2	69	98.6	32	97.0	4	80.0
已实行全员竞争上岗制度	85	78.7	52	74.3	30	90.9	3	60.0
仍存在干部和工人身份界限	26	24.1	20	28.6	5	15.2	1	20.0
内部管理人员已实行公开竞聘	86	79.6	57	81.4	26	78.8	3	60.0
企业能足额缴纳社会保险费	101	93.5	66	94.3	31	93.9	4	80.0
企业是否实行以下分配方法								
企业经营者年薪制	64	59.3	45	64.3	17	51.5	2	40.0
企业经营者持有股权期权	22	20.4	13	18.6	9	27.3	0	0.0
岗位工资为主的工资制	103	95.4	67	95.7	31	93.9	5	100.0
科技人员收入分配激励机制	73	67.6	49	70.0	21	63.6	3	60.0
职工持股分配制	17	15.7	8	11.4	9	27.3	0	0.0
工资集体协商制度	26	24.1	16	22.9	8	24.2	2	40.0
企业技术创新情况								
企业已建立技术中心	70	64.8	55	78.6	14	42.4	1	20.0
国家级认定	10	14.3	10	18.2	0	0.0	0	0.0
省级认定	44	62.9	34	61.8	10	71.4	0	0.0

4－5　湖北省骨干企业调查问卷汇总资料(14)

(2003 年)

单位:个、%

	总计		大　型		中　型		小　型	
	单位数	比　重	单位数	比　重	单位数	比　重	单位数	比　重
其他级别认定	16	22.9	11	20.0	4	28.6	1	100.0
技术中心设施、经费和人员是否满足需要								
完全满足	3	4.3	3	5.5	0	0.0	0	0.0
基本满足	60	85.7	46	83.6	13	92.9	1	100.0
不满足	7	10.0	6	10.9	1	7.1	0	0.0
企业获新产品新技术途径								
自主开发	73	67.6	52	74.3	20	60.6	1	20.0
委托开发	30	27.8	19	27.1	9	27.3	2	40.0
与院校科研机构联合开发	61	56.5	42	60.0	18	54.5	1	20.0
接受技术成果转让	29	26.9	16	22.9	11	33.3	2	40.0
引进技术消化吸收和创新	69	63.9	43	61.4	24	72.7	2	40.0
其他	17	15.7	11	15.7	5	15.2	1	20.0
企业近三年专利申请授权及应用情况								
获得国内专利申请授权	557	100.0	496	100.0	61	100.0	0	0.0
已应用专利	494	88.7	441	88.9	53	86.9	0	0.0
获得美国专利申请授权	1	100.0	1	100.0	0	0.0	0	0.0
已应用专利	1	100.0	1	100.0	0	0.0	0	0.0
企业建立商业网站情况								
已经建立	56	51.9	41	58.6	15	45.5	0	0.0
企业主要产品(服务)国内市场占有率								
50%及以上	2	1.9	1	1.4	1	3.0	0	0.0
20%－50%	5	4.6	5	7.1	0	0.0	0	0.0
10%－20%	13	12.0	10	14.3	3	9.1	0	0.0
1%－10%	61	56.5	38	54.3	21	63.6	2	40.0
1%以下	27	25.0	16	22.9	8	24.2	3	60.0
企业在银行的信用等级								
AAA 级	62	57.4	44	62.9	16	48.5	2	40.0
AA 级	25	23.1	14	20.0	10	30.3	1	20.0
A 级	6	5.6	3	4.3	3	9.1	0	0.0
BBB 级	1	0.9	0	0.0	1	3.0	0	0.0
BB 级	3	2.8	2	2.9	0	0.0	1	20.0
B 级	1	0.9	1	1.4	0	0.0	0	0.0
CCC 级	0	0.0	0	0.0	0	0.0	0	0.0
CC 级	0	0.0	0	0.0	0	0.0	0	0.0
C 级	0	0.0	0	0.0	0	0.0	0	0.0
企业是否有奖惩制度								
有,并且能严格执行	87	80.6	57	81.4	27	81.8	3	60.0
有,但很难严格执行	21	19.4	13	18.6	6	18.2	2	40.0
无	0	0.0	0	0.0	0	0.0	0	0.0
企业质量管理情况								
企业已通过 ISO9000 认证	83	76.9	58	82.9	23	69.7	2	40.0
企业已通过 ISO14000 认证	18	16.7	13	18.6	4	12.1	1	20.0
上市公司情况								
企业为上市公司	12	11.1	9	12.9	3	9.1	0	0.0
A 股	12	100.0	9	100.0	3	100.0	0	0.0
B 股	1	8.3	1	11.1	0	0.0	0	0.0
H 股	0	0.0	0	0.0	0	0.0	0	0.0
企业签订"债转股"协议情况								
已签订"债转股"协议	21	19.4	19	27.1	2	6.1	0	0.0
1999 年签订协议	1	4.8	1	5.3	0	0.0	0	0.0
2000 年签订协议	15	71.4	13	68.4	2	100.0	0	0.0
2001 年签订协议	4	19.0	4	21.1	0	0.0	0	0.0
2002 年签订协议	1	4.8	1	5.3	0	0.0	0	0.0
2003 年签订协议	0	0.0	0	0.0	0	0.0	0	0.0

4－5　湖北省骨干企业调查问卷汇总资料(15)

(2003 年)　　单位:个、%

	总计		大　型		中　型		小　型	
	单位数	比　重	单位数	比　重	单位数	比　重	单位数	比　重
协议“债转股”总额(万元)	1858947	100.0	1855947	100.0	3000	100.0	0	0.0
1999 年债转股总额(万元)	3013	0.2	3013	0.2	0	0.0	0	0.0
2000 年债转股总额(万元)	1202797	64.7	1199797	64.6	3000	100.0	0	0.0
2001 年债转股总额(万元)	652240	35.1	652240	35.1	0	0.0	0	0.0
2002 年债转股总额(万元)	897	0.0	897	0.0	0	0.0	0	0.0
2003 年债转股总额(万元)	0	0.0	0	0.0	0	0.0	0	0.0
企业分离富余职工的主要去向								
安排到其他单位	14	15.2	11	17.5	3	11.5	0	0.0
企业内部消化	75	81.5	54	85.7	18	69.2	3	100.0
失业	16	17.4	8	12.7	7	26.9	1	33.3
提前退休	60	65.2	43	68.3	15	57.7	2	66.7
其他	42	45.7	26	41.3	16	61.5	0	0.0
本企业无富余职工	16	14.8	7	10.0	7	21.2	2	40.0
企业办社会性服务机构分离情况								
全部分离	18	29.0	11	24.4	6	42.9	1	33.3
分离 50% 及以上	15	24.2	10	22.2	4	28.6	1	33.3
分离 50% 以下	5	8.1	5	11.1	0	0.0	0	0.0
没有分离	24	38.7	19	42.2	4	28.6	1	33.3
本企业无上述机构	46	42.6	25	35.7	19	57.6	2	40.0
国有企业未实行公司制主要原因								
没有改制计划	2	18.2	2	22.2	0	0.0	0	0.0
准备实行,现未启动	3	27.3	3	33.3	0	0.0	0	0.0
正在进行公司制改制	4	36.4	2	22.2	2	100.0	0	0.0
准备实行非公司制形式	2	18.2	2	22.2	0	0.0	0	0.0
公司制企业未进行注册登记的								
正在办理	0	0.0	0	0.0	0	0.0	0	0.0
暂未进行登记	0	0.0	0	0.0	0	0.0	0	0.0
其他	0	0.0	0	0.0	0	0.0	0	0.0
推进改革的主要障碍								
社会保障制度不完善	63	58.3	44	62.9	16	48.5	3	60.0
政府转变职能滞后	45	41.7	29	41.4	14	42.4	2	40.0
历史包袱沉重	52	48.1	35	50.0	16	48.5	1	20.0
产权不明确	32	29.6	18	25.7	13	39.4	1	20.0
市场体系不健全	48	44.4	33	47.1	13	39.4	2	40.0
缺乏激励和约束机制	36	33.3	22	31.4	11	33.3	3	60.0
影响生产经营主要因素								
市场需求不足	35	32.4	24	34.3	10	30.3	1	20.0
负债过高、利息负担重	44	40.7	27	38.6	15	45.5	2	40.0
资金紧缺	52	48.1	31	44.3	18	54.5	3	60.0
企业相互拖欠资金	25	23.1	16	22.9	8	24.2	1	20.0
人员过剩	26	24.1	20	28.6	6	18.2	0	0.0
设备及技术落后	36	33.3	21	30.0	12	36.4	3	60.0
原材料等价格偏高	49	45.4	30	42.9	16	48.5	3	60.0
管理机制不完善	32	29.6	22	31.4	8	24.2	2	40.0
改制后的总体评价								
效果很好	9	9.4	6	9.8	3	10.0	0	0.0
效果较好	61	63.5	40	65.6	18	60.0	3	60.0
效果一般	18	18.8	12	19.7	5	16.7	1	20.0
尚未见效	8	8.3	3	4.9	4	13.3	1	20.0
对未来发展前景预测								
很好	26	24.1	13	18.6	11	33.3	2	40.0
较好	68	63.0	51	72.9	16	48.5	1	20.0
一般	14	13.0	6	8.6	6	18.2	2	40.0

4-5 湖北省骨干企业调查问卷汇总资料(16)

(2003 年)

单位:个、%

	总计		国有企业		国有独资企业		其他有限责任公司	
	单位数	比 重	单位数	比 重	单位数	比 重	单位数	比 重
合计	**108**	**100.0**	**11**	**100.0**	**23**	**100.0**	**36**	**100.0**
确定为现企制度试点企业情况								
企业为现企制度试点企业	81	75.0	6	54.5	17	73.9	31	86.1
试点时间 1994-1997 年	81	100.0	6	100.0	17	100.0	31	100.0
试点时间 1997 年以后	0	0.0	0	0.0	0	0.0	0	0.0
企业为公司制企业	96	88.9	0	0.0	23	100.0	36	100.0
注册登记为公司制企业的时间在 1994 年以前	4	4.2	11	0.0	1	4.3	0	0.0
注册登记为公司制企业的时间在 1994-1997 年	72	75.0	0	0.0	16	69.6	25	69.4
注册登记为公司制企业的时间在 1997 年以后	20	20.8	0	0.0	6	26.1	11	30.6
总经理简历								
40 岁及以下	24	22.2	0	0.0	6	26.1	7	19.4
41-50 岁	53	49.1	4	36.4	10	43.5	20	55.6
51 岁及以上	31	28.7	7	63.6	7	30.4	9	25.0
男	107	99.1	11	100.0	23	100.0	35	97.2
女	1	0.9	0	0.0	0	0.0	1	2.8
工龄 10 年及以下	2	1.9	0	0.0	0	0.0	0	0.0
工龄 11-20 年	22	20.4	0	0.0	5	21.7	8	22.2
工龄 21 年及以上	84	77.8	11	100.0	18	78.3	28	77.8
任现职 5 年及以下	68	63.0	9	81.8	13	56.5	20	55.6
任现职 6-10 年	31	28.7	2	18.2	8	34.8	12	33.3
任现职 11 年及以上	9	8.3	0	0.0	2	8.7	4	11.1
从事管理 10 年及以下	17	15.7	1	9.1	2	8.7	3	8.3
从事管理 11-20 年	56	51.9	3	27.3	14	60.9	23	63.9
从事管理 21 年及以上	35	32.4	7	63.6	7	30.4	10	27.8
总经理文化程度								
博士	4	3.7	0	0.0	1	4.3	0	0.0
硕士	31	28.7	3	27.3	8	34.8	9	25.0
大学本科	45	41.7	6	54.5	8	34.8	19	52.8
大学专科	25	23.1	2	18.2	6	26.1	7	19.4
中专或高中	2	1.9	0	0.0	0	0.0	1	2.8
其他	1	0.9	0	0.0	0	0.0	0	0.0
总经理以前职业								
科学研究人员	1	0.9	1	9.1	0	0.0	0	0.0
工程技术人员	12	11.1	1	9.1	3	13.0	6	16.7
企业管理人员	86	79.6	9	81.8	18	78.3	25	69.4
党政机关人员	9	8.3	0	0.0	2	8.7	5	13.9
其他	0	0.0	0	0.0	0	0.0	0	0.0
总经理学历所属专业								
理工科技类	35	32.4	7	63.6	7	30.4	11	30.6
经济学类	35	32.4	2	18.2	10	43.5	11	30.6
文史哲法类	5	4.6	1	9.1	2	8.7	2	5.6
管理学类	31	28.7	1	9.1	4	17.4	12	33.3
其他	2	1.9	0	0.0	0	0.0	0	0.0
总经理产生方式								
主管部门任命	14	13.0	8	72.7	2	8.7	2	5.6
董事会聘任	52	48.1	1	9.1	4	17.4	22	61.1
政府提名董事会聘任	20	18.5	0	0.0	8	34.8	6	16.7
职代会选举上级任命	5	4.6	0	0.0	1	4.3	2	5.6
社会公开招聘	2	1.9	0	0.0	0	0.0	1	2.8
上级组织部门任命	14	13.0	2	18.2	8	34.8	2	5.6
其他	1	0.9	0	0.0	0	0.0	1	2.8
企业经理层中多数人员的文化程度								
博士	0	0.0	0	0.0	0	0.0	0	0.0
硕士	9	8.3	2	18.2	1	4.3	2	5.6
大学本科	56	51.9	7	63.6	14	60.9	19	52.8
大学专科	40	37.0	2	18.2	8	34.8	14	38.9

4-5 湖北省骨干企业调查问卷汇总资料(17)

(2003 年)

单位:个、%

	总计		国有企业		国有独资企业		其他有限责任公司	
	单位数	比重	单位数	比重	单位数	比重	单位数	比重
中专或高中	2	1.9	0	0.0	0	0.0	1	2.8
其他	1	0.9	0	0.0	0	0.0	0	0.0
企业经理层中多数人员的文化程度								
100%	1	0.9	1	9.1	0	0.0	0	0.0
50%-100%	32	29.6	4	36.4	7	30.4	8	22.2
50%以下	75	69.4	6	54.5	16	69.6	28	77.8
中层管理人员产生方式								
总经理自主决定	22	20.4	1	9.1	6	26.1	8	22.2
总经理提名主管部门批	6	5.6	3	27.3	0	0.0	1	2.8
总经理提名董事会聘任	45	41.7	0	0.0	10	43.5	15	41.7
主管部门提名并决定	1	0.9	0	0.0	0	0.0	0	0.0
职代会选举主管部门任命	0	0.0	0	0.0	0	0.0	0	0.0
公开招聘	19	17.6	1	9.1	4	17.4	7	19.4
其他	15	13.9	6	54.5	3	13.0	5	13.9
从业人员中具有大专以上文化程度的比重								
50%及以上	15	13.9	2	18.2	5	21.7	1	2.8
20%-50%	58	53.7	7	63.6	8	34.8	21	58.3
10%-20%	28	25.9	2	18.2	7	30.4	11	30.6
10%以下	7	6.5	0	0.0	3	13.0	3	8.3
行政管理人员占全部从业人员的比重								
50%及以上	1	0.9	0	0.0	1	4.3	0	0.0
20%-50%	9	8.3	0	0.0	3	13.0	1	2.8
10%-20%	64	59.3	6	54.5	10	43.5	23	63.9
10%以下	34	31.5	5	45.5	9	39.1	12	33.3
行政管理人员劳动报酬占全部从业人员的比重								
50%及以上	1	0.9	0	0.0	1	4.3	0	0.0
20%-50%	31	28.7	1	9.1	4	17.4	9	25.0
10%-20%	49	45.4	7	63.6	9	39.1	16	44.4
10%以下	27	25.0	3	27.3	9	39.1	11	30.6
董事长产生方式								
政府部门任命	32	33.3	1	100.0	17	73.9	10	28.6
董事会选举产生	52	54.2	0	0.0	5	21.7	21	60.0
资产运营机构指定	2	2.1	0	0.0	0	0.0	1	2.9
股东会任命	6	6.3	0	0.0	0	0.0	1	2.9
其他	4	4.2	0	0.0	1	4.3	2	5.7
企业出资人情况								
有明确出资人	107	99.1	10	90.9	23	100.0	36	100.0
出资人法定人数为1人	33	30.8	10	100.0	22	95.7	0	0.0
出资人法定人数为2-5人	40	37.4	0	0.0	1	4.3	29	80.6
出资人法定人数为5人以上	34	31.8	0	0.0	0	0.0	7	19.4
企业组织机构组建情况								
成立了股东会	64	59.3	0	0.0	0	0.0	28	77.8
成立了董事会	96	88.9	1	9.1	23	100.0	35	97.2
设立独立董事	26	27.1	0	0.0	5	21.7	6	17.1
董事长与总经理由一人兼任	40	37.0	1	9.1	6	26.1	20	55.6
兼任原因								
《公司法》允许	8	20.0	0	0.0	2	33.3	4	20.0
机构部门同意	15	37.5	0	0.0	5	83.3	7	35.0
董事会决定	23	57.5	0	0.0	1	16.7	11	55.0
正向分设过度	6	15.0	0	0.0	0	0.0	4	20.0
暂无分设必要	6	15.0	0	0.0	1	16.7	2	10.0
其他	6	15.0	1	100.0	1	16.7	4	20.0
成立了监事会	87	80.6	1	9.1	16	69.6	34	94.4

4-5 湖北省骨干企业调查问卷汇总资料(18)

(2003 年)

单位:个、%

	总计		国有企业		国有独资企业		其他有限责任公司	
	单位数	比　重	单位数	比　重	单位数	比　重	单位数	比　重
股东会职权行使情况								
决定经营方针和投资计划	62	96.9	0	0.0	0	0.0	28	100.0
选举和更换董事	59	92.2	0	0.0	0	0.0	25	89.3
选举和更换监事	60	93.8	0	0.0	0	0.0	26	92.9
审议批准董事会报告	63	98.4	0	0.0	0	0.0	27	96.4
审议批准监事会报告	62	96.9	0	0.0	0	0.0	27	96.4
审议批准财务方案	63	98.4	0	0.0	0	0.0	27	96.4
审议批准利润分配方案	60	93.8	0	0.0	0	0.0	26	92.9
决定增减注册资本	51	79.7	0	0.0	0	0.0	18	64.3
决定发行债券	35	54.7	0	0.0	0	0.0	12	42.9
决定转让出资	43	67.2	0	0.0	0	0.0	18	64.3
决定公司合分等事项	54	84.4	0	0.0	0	0.0	20	71.4
修改公司章程	62	96.9	0	0.0	0	0.0	27	96.4
董事会职权行使情况								
召集股东会	64	66.7	0	0.0	1	4.3	27	77.1
执行股东会决议	64	66.7	0	0.0	1	4.3	27	77.1
决定经营计划和投资方案	95	99.0	1	100.0	22	95.7	35	100.0
制订财务方案	95	99.0	1	100.0	22	95.7	35	100.0
制订利润分配方案	94	97.9	1	100.0	22	95.7	35	100.0
制订注册资本增减方案	91	94.8	1	100.0	21	91.3	32	91.4
拟定公司合分等事项方案	91	94.8	1	100.0	21	91.3	32	91.4
决定内部管理机构设置	95	99.0	1	100.0	23	100.0	35	100.0
聘任或解聘公司经理	75	78.1	0	0.0	13	56.5	28	80.0
经理提名,聘或解聘高管人员	87	90.6	1	100.0	16	69.6	33	94.3
制定公司基本管理制度	94	97.9	1	100.0	23	100.0	34	97.1
监事会职权行使情况								
检查公司财务	85	97.7	1	100.0	16	100.0	34	100.0
对董事和经理进行监督	84	96.6	1	100.0	15	93.8	33	97.1
纠正损害公司利益行为	83	95.4	1	100.0	15	93.8	32	94.1
提议召开临时股东会	59	67.8	0	0.0	1	6.3	24	70.6
其它职权	85	97.7	1	100.0	16	100.0	33	97.1
总经理职权行使情况								
主持生产经营管理	106	98.1	10	90.9	23	100.0	36	100.0
组织实施经营、投资方案	107	99.1	11	100.0	22	95.7	36	100.0
拟订管理制度及机构方案	108	100.0	11	100.0	23	100.0	36	100.0
聘或解聘高层管理人员	101	93.5	11	100.0	20	87.0	32	88.9
聘或解聘负责管理人员	99	91.7	10	90.9	20	87.0	33	91.7
企业劳动人事分配制度改革情况								
已全面实行劳动合同制度	105	97.2	11	100.0	22	95.7	36	100.0
已实行全员竞争上岗制度	85	78.7	6	54.5	14	60.9	33	91.7
仍存在干部和工人身份界限	26	24.1	5	45.5	10	43.5	4	11.1
内部管理人员已实行公开竞聘	86	79.6	7	63.6	16	69.6	32	88.9
企业能足额缴纳社会保险费	101	93.5	11	100.0	20	87.0	34	94.4
企业是否实行以下分配方法								
企业经营者年薪制	64	59.3	4	36.4	11	47.8	23	63.9
企业经营者持有股权期权	22	20.4	0	0.0	3	13.0	6	16.7
岗位工资为主的工资制	103	95.4	11	100.0	22	95.7	32	88.9
科技人员收入分配激励机制	73	67.6	5	45.5	15	65.2	26	72.2
职工持股分配制	17	15.7	0	0.0	1	4.3	6	16.7
工资集体协商制度	26	24.1	0	0.0	7	30.4	7	19.4
企业技术创新情况								
企业已建立技术中心	70	64.8	7	63.6	18	78.3	24	66.7
国家级认定	10	14.3	3	42.9	1	5.6	4	16.7
省级认定	44	62.9	3	42.9	11	61.1	16	66.7

4-5 湖北省骨干企业调查问卷汇总资料(19)

(2003年)　　单位:个、%

	总计		国有企业		国有独资企业		其他有限责任公司	
	单位数	比 重	单位数	比 重	单位数	比 重	单位数	比 重
其他级别认定	16	22.9	1	14.3	6	33.3	4	16.7
技术中心设施、经费和人员是否满足需要								
完全满足	3	4.3	0	0.0	1	5.6	1	4.2
基本满足	60	85.7	7	100.0	15	83.3	19	79.2
不满足	7	10.0	0	0.0	2	11.1	4	16.7
企业获新产品新技术途径								
自主开发	73	67.6	8	72.7	17	73.9	25	69.4
委托开发	30	27.8	5	45.5	8	34.8	8	22.2
与院校科研机构联合开发	61	56.5	6	54.5	17	73.9	20	55.6
接受技术成果转让	29	26.9	1	9.1	7	30.4	10	27.8
引进技术消化吸收和创新	69	63.9	5	45.5	13	56.5	27	75.0
其他	17	15.7	5	45.5	3	13.0	4	11.1
企业近三年专利申请授权及应用情况								
获得国内专利申请授权	557	100.0	202	100.0	204	100.0	90	100.0
已应用专利	494	88.7	185	91.6	178	87.3	78	86.7
获得美国专利申请授权	1	100.0	1	100.0	0	0.0	0	0.0
已应用专利	1	100.0	1	100.0	0	0.0	0	0.0
企业建立商业网站情况								
已经建立	56	51.9	7	63.6	12	52.2	16	44.4
企业主要产品(服务)国内市场占有率								
50%及以上	2	1.9	0	0.0	1	4.3	1	2.8
20%-50%	5	4.6	0	0.0	1	4.3	3	8.3
10%-20%	13	12.0	0	0.0	2	8.7	5	13.9
1%-10%	61	56.5	6	54.5	13	56.5	20	55.6
1%以下	27	25.0	5	45.5	6	26.1	7	19.4
企业在银行的信用等级								
AAA级	62	57.4	7	63.6	10	43.5	23	63.9
AA级	25	23.1	1	9.1	5	21.7	11	30.6
A级	6	5.6	2	18.2	1	4.3	0	0.0
BBB级	1	0.9	0	0.0	0	0.0	0	0.0
BB级	3	2.8	0	0.0	3	13.0	0	0.0
B级	1	0.9	0	0.0	1	4.3	0	0.0
CCC级	0	0.0	0	0.0	0	0.0	0	0.0
CC级	0	0.0	0	0.0	0	0.0	0	0.0
C级	0	0.0	0	0.0	0	0.0	0	0.0
企业是否有奖惩制度								
有,并且能严格执行	87	80.6	8	72.7	16	69.6	32	88.9
有,但很难严格执行	21	19.4	3	27.3	7	30.4	4	11.1
无	0	0.0	0	0.0	0	0.0	0	0.0
企业质量管理情况								
企业已通过ISO9000认证	83	76.9	6	54.5	17	73.9	30	83.3
企业已通过ISO14000认证	18	16.7	0	0.0	4	17.4	8	22.2
上市公司情况								
企业为上市公司	12	11.1	0	0.0	0	0.0	0	0.0
A股	12	100.0	0	0.0	0	0.0	0	0.0
B股	1	8.3	0	0.0	0	0.0	0	0.0
H股	0	0.0	0	0.0	0	0.0	0	0.0
企业签订"债转股"协议情况								
已签订"债转股"协议	21	19.4	3	27.3	6	26.1	9	25.0
1999年签订协议	1	4.8	0	0.0	0	0.0	1	11.1
2000年签订协议	15	71.4	3	100.0	6	100.0	4	44.4
2001年签订协议	4	19.0	0	0.0	0	0.0	4	44.4
2002年签订协议	1	4.8	0	0.0	0	0.0	0	0.0
2003年签订协议	0	0.0	0	0.0	0	0.0	0	0.0

4-5 湖北省骨干企业调查问卷汇总资料(20)

(2003 年)

单位:个、%

	总计		国有企业		国有独资企业		其他有限责任公司	
	单位数	比重	单位数	比重	单位数	比重	单位数	比重
协议"债转股"总额(万元)	1858947	100.0	409897	100.0	451116	100.0	762937	100.0
1999 年债转股总额(万元)	3013	0.2	0	0.0	0	0.0	3013	0.4
2000 年债转股总额(万元)	1202797	64.7	409897	100.0	451116	100.0	107684	14.1
2001 年债转股总额(万元)	652240	35.1	0	0.0	0	0.0	652240	85.5
2002 年债转股总额(万元)	897	0.0	0	0.0	0	0.0	0	0.0
2003 年债转股总额(万元)	0	0.0	0	0.0	0	0.0	0	0.0
企业分离富余职工的主要去向								
安排到其他单位	14	15.2	3	27.3	3	15.8	5	16.1
企业内部消化	75	81.5	7	63.6	15	78.9	27	87.1
失业	16	17.4	3	27.3	6	31.6	3	9.7
提前退休	60	65.2	8	72.7	14	73.7	21	67.7
其他	42	45.7	9	81.8	9	47.4	12	38.7
本企业无富余职工	16	14.8	0	0.0	4	17.4	5	13.9
企业办社会性服务机构分离情况								
全部分离	18	29.0	0	0.0	1	6.3	10	41.7
分离 50% 及以上	15	24.2	0	0.0	7	43.8	3	12.5
分离 50% 以下	5	8.1	0	0.0	3	18.8	2	8.3
没有分离	24	38.7	9	100.0	5	31.3	9	37.5
本企业无上述机构	46	42.6	2	18.2	7	30.4	12	33.3
国有企业未实行公司制主要原因								
没有改制计划	2	18.2	2	18.2	0	0.0	0	0.0
准备实行,现未启动	3	27.3	3	27.3	0	0.0	0	0.0
正在进行公司制改制	4	36.4	4	36.4	0	0.0	0	0.0
准备实行非公司制形式	2	18.2	2	18.2	0	0.0	0	0.0
公司制企业未进行注册登记的								
正在办理	0	0.0	0	0.0	0	0.0	0	0.0
暂未进行登记	0	0.0	0	0.0	0	0.0	0	0.0
其他	0	0.0	0	0.0	0	0.0	0	0.0
推进改革的主要障碍								
社会保障制度不完善	63	58.3	5	45.5	15	65.2	22	61.1
政府转变职能滞后	45	41.7	6	54.5	10	43.5	10	27.8
历史包袱沉重	52	48.1	7	63.6	14	60.9	17	47.2
产权不明确	32	29.6	3	27.3	6	26.1	13	36.1
市场体系不健全	48	44.4	5	45.5	9	39.1	17	47.2
缺乏激励和约束机制	36	33.3	3	27.3	10	43.5	8	22.2
影响生产经营主要因素								
市场需求不足	35	32.4	4	36.4	5	21.7	14	38.9
负债过高、利息负担重	44	40.7	4	36.4	9	39.1	16	44.4
资金紧缺	52	48.1	5	45.5	12	52.2	18	50.0
企业相互拖欠资金	25	23.1	3	27.3	2	8.7	10	27.8
人员过剩	26	24.1	3	27.3	6	26.1	8	22.2
设备及技术落后	36	33.3	3	27.3	12	52.2	10	27.8
原材料等价格偏高	49	45.4	4	36.4	8	34.8	21	58.3
管理机制不完善	32	29.6	4	36.4	9	39.1	7	19.4
改制后的总体评价								
效果很好	9	9.4	0	0.0	1	4.3	2	5.6
效果较好	61	63.5	0	0.0	14	60.9	23	63.9
效果一般	18	18.8	0	0.0	5	21.7	9	25.0
尚未见效	8	8.3	0	0.0	3	13.0	2	5.6
对未来发展前景预测								
很好	26	24.1	2	18.2	3	13.0	8	22.2
较好	68	63.0	9	81.8	15	65.2	23	63.9
一般	14	13.0	0	0.0	5	21.7	5	13.9

4-5 湖北省骨干企业调查问卷汇总资料(21)

(2003年)　　　　单位:个、%

	总计		股份有限公司		其他	
	单位数	比重	单位数	比重	单位数	比重
合计	**108**	**100.0**	**36**	**100.0**	**1**	**100.0**
确定为现企制度试点企业情况						
企业为现企制度试点企业	81	75.0	26	72.2	1	100.0
试点时间1994-1997年	81	100.0	26	100.0	1	100.0
试点时间1997年以后	0	0.0	0	0.0	0	0.0
企业为公司制企业	96	88.9	36	100.0	0	0.0
注册登记为公司制企业的时间在1994年以前	4	4.2	2	5.6	1	0.0
注册登记为公司制企业的时间在1994-1997年	72	75.0	31	86.1	0	0.0
注册登记为公司制企业的时间在1997年以后	20	20.8	3	8.3	0	0.0
总经理简历						
40岁及以下	24	22.2	10	27.8	0	0.0
41-50岁	53	49.1	18	50.0	1	100.0
51岁及以上	31	28.7	8	22.2	0	0.0
男	107	99.1	36	100.0	1	100.0
女	1	0.9	0	0.0	0	0.0
工龄10年及以下	2	1.9	2	5.6	0	0.0
工龄11-20年	22	20.4	8	22.2	0	0.0
工龄21年及以上	84	77.8	26	72.2	1	100.0
任现职5年及以下	68	63.0	24	66.7	1	100.0
任现职6-10年	31	28.7	9	25.0	0	0.0
任现职11年及以上	9	8.3	3	8.3	0	0.0
从事管理10年及以下	17	15.7	10	27.8	1	100.0
从事管理11-20年	56	51.9	15	41.7	0	0.0
从事管理21年及以上	35	32.4	11	30.6	0	0.0
总经理文化程度						
博士	4	3.7	2	5.6	1	100.0
硕士	31	28.7	10	27.8	0	0.0
大学本科	45	41.7	12	33.3	0	0.0
大学专科	25	23.1	10	27.8	0	0.0
中专或高中	2	1.9	1	2.8	0	0.0
其他	1	0.9	1	2.8	0	0.0
总经理以前职业						
科学研究人员	1	0.9	0	0.0	0	0.0
工程技术人员	12	11.1	2	5.6	0	0.0
企业管理人员	86	79.6	33	91.7	0	0.0
党政机关人员	9	8.3	1	2.8	1	100.0
其他	0	0.0	0	0.0	0	0.0
总经理学历所属专业						
理工科技类	35	32.4	9	25.0	0	0.0
经济学类	35	32.4	11	30.6	1	100.0
文史哲法类	5	4.6	0	0.0	0	0.0
管理学类	31	28.7	14	38.9	0	0.0
其他	2	1.9	2	5.6	0	0.0
总经理产生方式						
主管部门任命	14	13.0	2	5.6	0	0.0
董事会聘任	52	48.1	25	69.4	0	0.0
政府提名董事会聘任	20	18.5	6	16.7	0	0.0
职代会选举上级任命	5	4.6	2	5.6	0	0.0
社会公开招聘	2	1.9	1	2.8	0	0.0
上级组织部门任命	14	13.0	0	0.0	1	100.0
其他	1	0.9	0	0.0	0	0.0
企业经理层中多数人员的文化程度						
博士	0	0.0	0	0.0	0	0.0
硕士	9	8.3	4	11.1	0	0.0
大学本科	56	51.9	14	38.9	1	100.0
大学专科	40	37.0	16	44.4	0	0.0

4－5　湖北省骨干企业调查问卷汇总资料(22)

(2003 年)　　单位:个、%

	总计		股份有限公司		其他	
	单位数	比重	单位数	比重	单位数	比重
中专或高中	2	1.9	1	2.8	0	0.0
其他	1	0.9	1	2.8	0	0.0
企业经理层中多数人员的文化程度						
100%	1	0.9	0	0.0	0	0.0
50%－100%	32	29.6	12	33.3	0	0.0
50%以下	75	69.4	24	66.7	1	100.0
中层管理人员产生方式						
总经理自主决定	22	20.4	6	16.7	0	0.0
总经理提名主管部门批	6	5.6	2	5.6	0	0.0
总经理提名董事会聘任	45	41.7	20	55.6	0	0.0
主管部门提名并决定	1	0.9	1	2.8	0	0.0
职代会选举主管部门任命	0	0.0	0	0.0	0	0.0
公开招聘	19	17.6	6	16.7	1	100.0
其他	15	13.9	1	2.8	0	0.0
从业人员中具有大专以上文化程度的比重						
50%及以上	15	13.9	7	19.4	0	0.0
20%－50%	58	53.7	20	55.6	1	100.0
10%－20%	28	25.9	8	22.2	0	0.0
10%以下	7	6.5	1	2.8	0	0.0
行政管理人员占全部从业人员的比重						
50%及以上	1	0.9	0	0.0	0	0.0
20%－50%	9	8.3	4	11.1	1	100.0
10%－20%	64	59.3	24	66.7	0	0.0
10%以下	34	31.5	8	22.2	0	0.0
行政管理人员劳动报酬占全部从业人员的比重						
50%及以上	1	0.9	0	0.0	0	0.0
20%－50%	31	28.7	17	47.2	0	0.0
10%－20%	49	45.4	15	41.7	1	100.0
10%以下	27	25.0	4	11.1	0	0.0
董事长产生方式						
政府部门任命	32	33.3	4	11.1	0	0.0
董事会选举产生	52	54.2	26	72.2	0	0.0
资产运营机构指定	2	2.1	1	2.8	0	0.0
股东会任命	6	6.3	5	13.9	0	0.0
其他	4	4.2	0	0.0	0	0.0
企业出资人情况						
有明确出资人	107	99.1	36	100.0	1	100.0
出资人法定人数为1人	33	30.8	0	0.0	1	100.0
出资人法定人数为2－5人	40	37.4	9	25.0	0	0.0
出资人法定人数为5人以上	34	31.8	27	75.0	0	0.0
企业组织机构组建情况						
成立了股东会	64	59.3	36	100.0	0	0.0
成立了董事会	96	88.9	36	100.0	0	0.0
设立独立董事	26	27.1	14	38.9	0	0.0
董事长与总经理由一人兼任	40	37.0	13	36.1	0	0.0
兼任原因						
《公司法》允许	8	20.0	2	15.4	0	0.0
机构部门同意	15	37.5	3	23.1	0	0.0
董事会决定	23	57.5	11	84.6	0	0.0
正向分设过度	6	15.0	2	15.4	0	0.0
暂无分设必要	6	15.0	3	23.1	0	0.0
其他	6	15.0	0	0.0	0	0.0
成立了监事会	87	80.6	36	100.0	0	0.0

4－5 湖北省骨干企业调查问卷汇总资料(23)

(2003年)

单位:个、%

	总计		股份有限公司		其他	
	单位数	比重	单位数	比重	单位数	比重
股东会职权行使情况						
决定经营方针和投资计划	62	96.9	34	94.4	0	0.0
选举和更换董事	59	92.2	34	94.4	0	0.0
选举和更换监事	60	93.8	34	94.4	0	0.0
审议批准董事会报告	63	98.4	36	100.0	0	0.0
审议批准监事会报告	62	96.9	35	97.2	0	0.0
审议批准财务方案	63	98.4	36	100.0	0	0.0
审议批准利润分配方案	60	93.8	34	94.4	0	0.0
决定增减注册资本	51	79.7	33	91.7	0	0.0
决定发行债券	35	54.7	23	63.9	0	0.0
决定转让出资	43	67.2	25	69.4	0	0.0
决定公司合分等事项	54	84.4	34	94.4	0	0.0
修改公司章程	62	96.9	35	97.2	0	0.0
董事会职权行使情况						
召集股东会	64	66.7	36	100.0	0	0.0
执行股东会决议	64	66.7	36	100.0	0	0.0
决定经营计划和投资方案	95	99.0	36	100.0	0	0.0
制订财务方案	95	99.0	36	100.0	0	0.0
制订利润分配方案	94	97.9	35	97.2	0	0.0
制订注册资本增减方案	91	94.8	36	100.0	0	0.0
拟定公司合分等事项方案	91	94.8	36	100.0	0	0.0
决定内部管理机构设置	95	99.0	35	97.2	0	0.0
聘任或解聘公司经理	75	78.1	33	91.7	0	0.0
经理提名,聘或解聘高管人员	87	90.6	36	100.0	0	0.0
制定公司基本管理制度	94	97.9	35	97.2	0	0.0
监事会职权行使情况						
检查公司财务	85	97.7	34	94.4	0	0.0
对董事和经理进行监督	84	96.6	35	97.2	0	0.0
纠正损害公司利益行为	83	95.4	35	97.2	0	0.0
提议召开临时股东会	59	67.8	34	94.4	0	0.0
其它职权	85	97.7	35	97.2	0	0.0
总经理职权行使情况						
主持生产经营管理	106	98.1	36	100.0	0	0.0
组织实施经营、投资方案	107	99.1	36	100.0	1	100.0
拟订管理制度及机构方案	108	100.0	36	100.0	1	100.0
聘或解聘高层管理人员	101	93.5	36	100.0	1	100.0
聘或解聘负责管理人员	99	91.7	35	97.2	0	0.0
企业劳动人事分配制度改革情况						
已全面实行劳动合同制度	105	97.2	34	94.4	1	100.0
已实行全员竞争上岗制度	85	78.7	30	83.3	1	100.0
仍存在干部和工人身份界限	26	24.1	6	16.7	0	0.0
内部管理人员已实行公开竞聘	86	79.6	29	80.6	1	100.0
企业能足额缴纳社会保险费	101	93.5	34	94.4	1	100.0
企业是否实行以下分配方法						
企业经营者年薪制	64	59.3	26	72.2	0	0.0
企业经营者持有股权期权	22	20.4	13	36.1	0	0.0
岗位工资为主的工资制	103	95.4	36	100.0	1	100.0
科技人员收入分配激励机制	73	67.6	26	72.2	0	0.0
职工持股分配制	17	15.7	10	27.8	0	0.0
工资集体协商制度	26	24.1	10	27.8	1	100.0
企业技术创新情况						
企业已建立技术中心	70	64.8	20	55.6	0	0.0
国家级认定	10	14.3	2	10.0	0	0.0
省级认定	44	62.9	13	65.0	0	0.0

4-5 湖北省骨干企业调查问卷汇总资料(24)

(2003年)

单位:个、%

	总计		股份有限公司		其他	
	单位数	比重	单位数	比重	单位数	比重
其他级别认定	16	22.9	5	25.0	0	0.0
技术中心设施、经费和人员是否满足需要						
完全满足	3	4.3	1	5.0	0	0.0
基本满足	60	85.7	18	90.0	0	0.0
不满足	7	10.0	1	5.0	0	0.0
企业获新产品新技术途径						
自主开发	73	67.6	23	63.9	0	0.0
委托开发	30	27.8	9	25.0	0	0.0
与院校科研机构联合开发	61	56.5	18	50.0	0	0.0
接受技术成果转让	29	26.9	11	30.6	0	0.0
引进技术消化吸收和创新	69	63.9	22	61.1	1	100.0
其他	17	15.7	5	13.9	0	0.0
企业近三年专利申请授权及应用情况						
获得国内专利申请授权	557	100.0	42	100.0	0	0.0
已应用专利	494	88.7	34	81.0	0	0.0
获得美国专利申请授权	1	100.0	0	0.0	0	0.0
已应用专利	1	100.0	0	0.0	0	0.0
企业建立商业网站情况						
已经建立	56	51.9	19	52.8	1	100.0
企业主要产品(服务)国内市场占有率						
50%及以上	2	1.9	0	0.0	0	0.0
20%-50%	5	4.6	1	2.8	0	0.0
10%-20%	13	12.0	6	16.7	0	0.0
1%-10%	61	56.5	21	58.3	0	0.0
1%以下	27	25.0	8	22.2	1	100.0
企业在银行的信用等级						
AAA级	62	57.4	21	58.3	0	0.0
AA级	25	23.1	7	19.4	1	100.0
A级	6	5.6	3	8.3	0	0.0
BBB级	1	0.9	1	2.8	0	0.0
BB级	3	2.8	0	0.0	0	0.0
B级	1	0.9	0	0.0	0	0.0
CCC级	0	0.0	0	0.0	0	0.0
CC级	0	0.0	0	0.0	0	0.0
C级	0	0.0	0	0.0	0	0.0
企业是否有奖惩制度						
有,并且能严格执行	87	80.6	30	83.3	0	0.0
有,但很难严格执行	21	19.4	6	16.7	1	100.0
无	0	0.0	0	0.0	0	0.0
企业质量管理情况						
企业已通过ISO9000认证	83	76.9	29	80.6	0	0.0
企业已通过ISO14000认证	18	16.7	5	13.9	0	0.0
上市公司情况						
企业为上市公司	12	11.1	12	33.3	0	0.0
A股	12	100.0	12	100.0	0	0.0
B股	1	8.3	1	8.3	0	0.0
H股	0	0.0	0	0.0	0	0.0
企业签订"债转股"协议情况						
已签订"债转股"协议	21	19.4	2	5.6	0	0.0
1999年签订协议	1	4.8	0	0.0	0	0.0
2000年签订协议	15	71.4	1	50.0	0	0.0
2001年签订协议	4	19.0	0	0.0	0	0.0
2002年签订协议	1	4.8	1	50.0	0	0.0
2003年签订协议	0	0.0	0	0.0	0	0.0

4－5　湖北省骨干企业调查问卷汇总资料(25)

(2003 年)　　　　单位:个、%

	总计		股份有限公司		其他	
	单位数	比重	单位数	比重	单位数	比重
协议"债转股"总额(万元)	1858947	100.0	997	100.0	0	0.0
1999 年债转股总额(万元)	3013	0.2	0	0.0	0	0.0
2000 年债转股总额(万元)	1202797	64.7	100	10.0	0	0.0
2001 年债转股总额(万元)	652240	35.1	0	0.0	0	0.0
2002 年债转股总额(万元)	897	0.0	897	90.0	0	0.0
2003 年债转股总额(万元)	0	0.0	0	0.0	0	0.0
企业分离富余职工的主要去向						
安排到其他单位	14	15.2	3	10.0	0	0.0
企业内部消化	75	81.5	25	83.3	1	100.0
失业	16	17.4	3	10.0	1	100.0
提前退休	60	65.2	16	53.3	1	100.0
其他	42	45.7	11	36.7	1	100.0
本企业无富余职工	16	14.8	6	16.7	0	0.0
企业办社会性服务机构分离情况						
全部分离	18	29.0	7	53.8	0	0.0
分离 50% 及以上	15	24.2	5	38.5	0	0.0
分离 50% 以下	5	8.1	0	0.0	0	0.0
没有分离	24	38.7	1	7.7	0	0.0
本企业无上述机构	46	42.6	23	63.9	1	100.0
国有企业未实行公司制主要原因						
没有改制计划	2	18.2	0	0.0	0	0.0
准备实行,现未启动	3	27.3	0	0.0	0	0.0
正在进行公司制改制	4	36.4	0	0.0	0	0.0
准备实行非公司制形式	2	18.2	0	0.0	0	0.0
公司制企业未进行注册登记的						
正在办理	0	0.0	0	0.0	0	0.0
暂未进行登记	0	0.0	0	0.0	0	0.0
其他	0	0.0	0	0.0	0	0.0
推进改革的主要障碍						
社会保障制度不完善	63	58.3	20	55.6	1	100.0
政府转变职能滞后	45	41.7	18	50.0	1	100.0
历史包袱沉重	52	48.1	14	38.9	0	0.0
产权不明确	32	29.6	8	22.2	1	100.0
市场体系不健全	48	44.4	16	44.4	0	0.0
缺乏激励和约束机制	36	33.3	15	41.7	0	0.0
影响生产经营主要因素						
市场需求不足	35	32.4	11	30.6	1	100.0
负债过高、利息负担重	44	40.7	15	41.7	0	0.0
资金紧缺	52	48.1	17	47.2	0	0.0
企业相互拖欠资金	25	23.1	9	25.0	1	100.0
人员过剩	26	24.1	9	25.0	0	0.0
设备及技术落后	36	33.3	11	30.6	0	0.0
原材料等价格偏高	49	45.4	15	41.7	1	100.0
管理机制不完善	32	29.6	12	33.3	0	0.0
改制后的总体评价						
效果很好	9	9.4	6	16.7	0	0.0
效果较好	61	63.5	23	63.9	0	0.0
效果一般	18	18.8	4	11.1	0	0.0
尚未见效	8	8.3	3	8.3	0	0.0
对未来发展前景预测						
很好	26	24.1	12	33.3	1	100.0
较好	68	63.0	20	55.6	0	0.0
一般	14	13.0	4	11.1	0	0.0

五、重点企业

资料整理：蒋宇飞　王　虹
　　　　　胡树泉　祁　炜

5-1 湖北省国家重点企业主要经济指标(1)

(2003 年)　　单位:万元

	单位数(个)	资本金合计					
		本年实际	国家资本	集体资本	法人资本	个人资本	外商资本
总计	**20**	**2561999**	**1162152**	**45419**	**1266296**	**56682**	**31450**
按控股情况分							
国有及国有控股小计	18	2509058	1162152	1775	1256999	56682	31450
国有绝对控股	16	2464267	1147570	1775	1253852	46020	15050
国有相对控股	2	44791	14582	0	3147	10662	16400
集体控股小计	1	43644	0	43644	0	0	0
集体绝对控股	1	43644	0	43644	0	0	0
集体相对控股	0	0	0	0	0	0	0
其他	1	9297	0	0	9297	0	0
按主营行业分							
农、林、牧、渔业	0	0	0	0	0	0	0
工业小计	19	2300150	900303	45419	1266296	56682	31450
采矿业	0	0	0	0	0	0	0
制造业	17	2040445	762566	45419	1144328	56682	31450
电力、燃气及水的生产和供应业	2	259705	137737	0	121968	0	0
建筑业	0	0	0	0	0	0	0
交通运输、仓储和邮政业	1	261849	261849	0	0	0	0
按登记注册类型分							
国有企业	2	735810	735810	0	0	0	0
公司制企业小计	18	1826189	426342	45419	1266296	56682	31450
国有独资企业	5	220098	210786	0	9312	0	0
其他有限责任公司	10	1557130	199271	45419	1251770	45620	15050
股份有限公司	3	48961	16285	0	5214	11062	16400
中外合资企业	0	0	0	0	0	0	0
港澳台合资企业	0	0	0	0	0	0	0
其他	0	0	0	0	0	0	0
按企业规模分							
大型	20	2561999	1162152	45419	1266296	56682	31450
中型	0	0	0	0	0	0	0
小型	0	0	0	0	0	0	0
其他	0	0	0	0	0	0	0
按三次产业分							
第一产业	0	0	0	0	0	0	0
第二产业	19	2300150	900303	45419	1266296	56682	31450
第三产业	1	261849	261849	0	0	0	0
按重点企业类型分							
中央企业	3	1812441	735810	0	1076631	0	0
520 户国家重点企业	20	2561999	1162152	45419	1266296	56682	31450
原 512 户国家重点企业	0	0	0	0	0	0	0
省级重点企业	20	2561999	1162152	45419	1266296	56682	31450
现企国家百户试点企业	2	160938	151626	0	9312	0	0
现企省级试点企业	15	1358390	1073901	43644	177463	51882	11500
国家试点企业集团母公司	3	1812441	735810	0	1076631	0	0

5-1 湖北省国家重点企业主要经济指标(2)

(2003 年)　　　　单位:万元

	年末资产总计		固定资产原价		累计折旧	
	2002 年	2003 年	2002 年	2003 年	2002 年	2003 年
总计	**16039923**	**20163260**	**8237113**	**11430499**	**3054338**	**4667496**
按控股情况分						
国有及国有控股小计	15524731	19929143	8077896	11328462	3020097	4646590
国有绝对控股	15234382	19546352	7839300	11040498	2955126	4565883
国有相对控股	290349	382791	238596	287964	64971	80707
集体控股小计	154037	170814	57871	74865	13893	16329
集体绝对控股	154037	170814	57871	74865	13893	16329
集体相对控股	0	0	0	0	0	0
其他	361155	63303	101346	27172	20348	4577
按主营行业分						
农、林、牧、渔业	0	0	0	0	0	0
工业小计	14468746	18376732	6905355	10014388	2545753	4083252
采矿业	0	0	0	0	0	0
制造业	13059515	16859391	5906803	9012290	2207925	3701321
电力、燃气及水的生产和供应业	1409231	1517341	998552	1002098	337828	381931
建筑业	0	0	0	0	0	0
交通运输、仓储和邮政业	1571177	1786528	1331758	1416111	508585	584244
按登记注册类型分						
国有企业	5665913	6254878	2128869	4643046	857312	2040636
公司制企业小计	10374010	13908382	6108244	6787453	2197026	2626860
国有独资企业	1202338	1356692	609649	634701	277133	297713
其他有限责任公司	8849162	12131869	5247280	5852404	1850998	2244275
股份有限公司	322510	419821	251315	300348	68895	84872
中外合资企业	0	0	0	0	0	0
港澳台合资企业	0	0	0	0	0	0
其他	0	0	0	0	0	0
按企业规模分						
大型	16039923	20163260	8237113	11430499	3054338	4667496
中型	0	0	0	0	0	0
小型	0	0	0	0	0	0
其他	0	0	0	0	0	0
按三次产业分						
第一产业	0	0	0	0	0	0
第二产业	14468746	18376732	6905355	10014388	2545753	4083252
第三产业	1571177	1786528	1331758	1416111	508585	584244
按重点企业类型分						
中央企业	11304692	15121815	5555571	8648464	2109322	3619633
520 户国家重点企业	16039923	20163260	8237113	11430499	3054338	4667496
原 512 户国家重点企业	0	0	0	0	0	0
省级重点企业	16039923	20163260	8237113	11430499	3054338	4667496
现企国家百户试点企业	478558	500457	329776	326518	170497	177413
现企省级试点企业	8945950	9885202	4125789	6736220	1564408	2832121
国家试点企业集团母公司	11304692	15121815	5555571	8648464	2109322	3619633

5－1 湖北省国家重点企业主要经济指标(3)

(2003 年)　　单位:万元

	本年折旧		累计对外投资		本年对外投资	
	2002 年	2003 年	2002 年	2003 年	2002 年	2003 年
总计	**385028**	**565180**	**2561044**	**1764198**	**104436**	**36221**
按控股情况分						
国有及国有控股小计	381090	562133	2551166	1759592	104436	36221
国有绝对控股	369040	549284	2542820	1752583	103286	34621
国有相对控股	12050	12849	8346	7009	1150	1600
集体控股小计	3415	2256	4606	4606	0	0
集体绝对控股	3415	2256	4606	4606	0	0
集体相对控股	0	0	0	0	0	0
其他	523	791	5272	0	0	0
按主营行业分						
农、林、牧、渔业	0	0	0	0	0	0
工业小计	347242	501380	2561044	1764198	104436	36221
采矿业	0	0	0	0	0	0
制造业	302922	457277	2467879	1666666	96804	28341
电力、燃气及水的生产和供应业	44320	44103	93165	97532	7632	7880
建筑业	0	0	0	0	0	0
交通运输、仓储和邮政业	37786	63800	0	0	0	0
按登记注册类型分						
国有企业	67803	162892	2321415	1518224	76324	13132
公司制企业小计	317225	402288	239629	245974	28112	23089
国有独资企业	18751	22989	74136	69531	12240	8006
其他有限责任公司	286176	366209	157147	169434	14722	13483
股份有限公司	12298	13090	8346	7009	1150	1600
中外合资企业	0	0	0	0	0	0
港澳台合资企业	0	0	0	0	0	0
其他	0	0	0	0	0	0
按企业规模分						
大型	385028	565180	2561044	1764198	104436	36221
中型	0	0	0	0	0	0
小型	0	0	0	0	0	0
其他	0	0	0	0	0	0
按三次产业分						
第一产业	0	0	0	0	0	0
第二产业	347242	501380	2561044	1764198	104436	36221
第三产业	37786	63800	0	0	0	0
按重点企业类型分						
中央企业	264536	439536	2321415	1518224	76324	13132
520 户国家重点企业	385028	565180	2561044	1764198	104436	36221
原 512 户国家重点企业	0	0	0	0	0	0
省级重点企业	385028	565180	2561044	1764198	104436	36221
现企国家百户试点企业	8124	8157	65164	60559	8274	8006
现企省级试点企业	157630	253457	2527157	1737299	97127	34928
国家试点企业集团母公司	264536	439536	2321415	1518224	76324	13132

5-1 湖北省国家重点企业主要经济指标(4)

(2003 年)

单位:万元

	存货		流动资产年平均余额		年末负债合计	
	2002 年	2003 年	2002 年	2003 年	2002 年	2003 年
总计	**1582105**	**2124726**	**6235362**	**7533897**	**9826422**	**11412505**
按控股情况分						
国有及国有控股小计	1433377	2096840	6002540	7427318	9574529	11305879
国有绝对控股	1416604	2065481	5935301	7337002	9384067	11047700
国有相对控股	16773	31359	67239	90316	190462	258179
集体控股小计	21128	25385	86933	99354	36142	52742
集体绝对控股	21128	25385	86933	99354	36142	52742
集体相对控股	0	0	0	0	0	0
其他	127600	2501	145889	7225	215751	53884
按主营行业分						
农、林、牧、渔业	0	0	0	0	0	0
工业小计	1435756	1922857	5624859	6771935	8562746	9976816
采矿业	0	0	0	0	0	0
制造业	1435045	1922249	5265020	6439252	7477085	8787319
电力、燃气及水的生产和供应业	711	608	359839	332683	1085661	1189497
建筑业	0	0	0	0	0	0
交通运输、仓储和邮政业	146349	201869	610503	761962	1263676	1435689
按登记注册类型分						
国有企业	208461	462405	1250677	1526827	3291803	3995990
公司制企业小计	1373644	1662321	4984685	6007070	6534619	7416515
国有独资企业	126986	158141	619445	699056	689374	743939
其他有限责任公司	1226993	1470066	4280688	5202843	5646310	6403758
股份有限公司	19665	34114	84552	105171	198935	268818
中外合资企业	0	0	0	0	0	0
港澳台合资企业	0	0	0	0	0	0
其他	0	0	0	0	0	0
按企业规模分						
大型	1582105	2124726	6235362	7533897	9826422	11412505
中型	0	0	0	0	0	0
小型	0	0	0	0	0	0
其他	0	0	0	0	0	0
按三次产业分						
第一产业	0	0	0	0	0	0
第二产业	1435756	1922857	5624859	6771935	8562746	9976816
第三产业	146349	201869	610503	761962	1263676	1435689
按重点企业类型分						
中央企业	1001889	1577060	4289309	5564721	6798441	8095278
520 户国家重点企业	1582105	2124726	6235362	7533897	9826422	11412505
原 512 户国家重点企业	0	0	0	0	0	0
省级重点企业	1582105	2124726	6235362	7533897	9826422	11412505
现企国家百户试点企业	27875	37737	211278	212060	209313	209952
现企省级试点企业	405209	683416	2462272	2841811	5449453	6412032
国家试点企业集团母公司	1001889	1577060	4289309	5564721	6798441	8095278

5－1 湖北省国家重点企业主要经济指标(5)

(2003 年)　　单位:万元

	流动负债		年末股东(所有者)权益合计		股本(实收资本)	
	2002 年	2003 年	2002 年	2003 年	2002 年	2003 年
总计	**7121344**	**7804352**	**6213501**	**8750755**	**3036340**	**5324318**
按控股情况分						
国有及国有控股小计	6913284	7713850	5950202	8623264	2891745	5270539
国有绝对控股	6820212	7585354	5850315	8498652	2846954	5225748
国有相对控股	93072	128496	99887	124612	44791	44791
集体控股小计	29134	52734	117895	118072	43466	44482
集体绝对控股	29134	52734	117895	118072	43466	44482
集体相对控股	0	0	0	0	0	0
其他	178926	37768	145404	9419	101129	9297
按主营行业分						
农、林、牧、渔业	0	0	0	0	0	0
工业小计	6484831	7025047	5906000	8399916	2735122	5023100
采矿业	0	0	0	0	0	0
制造业	6343009	6900003	5582430	8072072	2475759	4758374
电力、燃气及水的生产和供应业	141822	125044	323570	327844	259363	264726
建筑业	0	0	0	0	0	0
交通运输、仓储和邮政业	636513	779305	307501	350839	301218	301218
按登记注册类型分						
国有企业	2003904	2445245	2374110	2258888	1081885	1083088
公司制企业小计	5117440	5359107	3839391	6491867	1954455	4241230
国有独资企业	578051	631687	512964	612753	259368	225668
其他有限责任公司	4437844	4588285	3202852	5728111	1646126	3966601
股份有限公司	101545	139135	123575	151003	48961	48961
中外合资企业	0	0	0	0	0	0
港澳台合资企业	0	0	0	0	0	0
其他	0	0	0	0	0	0
按企业规模分						
大型	7121344	7804352	6213501	8750755	3036340	5324318
中型	0	0	0	0	0	0
小型	0	0	0	0	0	0
其他	0	0	0	0	0	0
按三次产业分						
第一产业	0	0	0	0	0	0
第二产业	6484831	7025047	5906000	8399916	2735122	5023100
第三产业	636513	779305	307501	350839	301218	301218
按重点企业类型分						
中央企业	5510542	6094145	4506251	7026537	2158196	4554422
520 户国家重点企业	7121344	7804352	6213501	8750755	3036340	5324318
原 512 户国家重点企业	0	0	0	0	0	0
省级重点企业	7121344	7804352	6213501	8750755	3036340	5324318
现企国家百户试点企业	170998	165918	269245	290505	151147	151626
现企省级试点企业	2946599	3465659	3496497	3473170	1703742	1716929
国家试点企业集团母公司	5510542	6094145	4506251	7026537	2158196	4554422

5－1 湖北省国家重点企业主要经济指标(6)

(2003 年)

单位:万元

	营业收入		主营业务收入		主营业务成本	
	2002 年	2003 年	2002 年	2003 年	2002 年	2003 年
总计	**9770415**	**15209535**	**9676071**	**15029804**	**7620578**	**12302408**
按控股情况分						
国有及国有控股小计	9583569	15086525	9491995	14907490	7464235	12195274
国有绝对控股	9454293	14900618	9365452	14729973	7368190	12064745
国有相对控股	129276	185907	126543	177517	96045	130529
集体控股小计	108702	115918	108329	115492	94824	101805
集体绝对控股	108702	115918	108329	115492	94824	101805
集体相对控股	0	0	0	0	0	0
其他	78144	7092	75747	6822	61519	5329
按主营行业分						
农、林、牧、渔业	0	0	0	0	0	0
工业小计	9082615	14222232	8988271	14042501	7046369	11463739
采矿业	0	0	0	0	0	0
制造业	8915062	14030326	8820731	13850714	6950294	11370528
电力、燃气及水的生产和供应业	167553	191906	167540	191787	96075	93211
建筑业	0	0	0	0	0	0
交通运输、仓储和邮政业	687800	987303	687800	987303	574209	838669
按登记注册类型分						
国有企业	2483139	3437718	2398594	3271045	2227945	2935813
公司制企业小计	7287276	11771817	7277477	11758759	5392633	9366595
国有独资企业	797344	803814	795877	802342	683616	661230
其他有限责任公司	6341942	10764652	6336343	10761456	4606676	8569219
股份有限公司	147990	203351	145257	194961	102341	136146
中外合资企业	0	0	0	0	0	0
港澳台合资企业	0	0	0	0	0	0
其他	0	0	0	0	0	0
按企业规模分						
大型	9770415	15209535	9676071	15029804	7620578	12302408
中型	0	0	0	0	0	0
小型	0	0	0	0	0	0
其他	0	0	0	0	0	0
按三次产业分						
第一产业	0	0	0	0	0	0
第二产业	9082615	14222232	8988271	14042501	7046369	11463739
第三产业	687800	987303	687800	987303	574209	838669
按重点企业类型分						
中央企业	7654563	12934631	7569414	12767657	6065407	10707365
520 户国家重点企业	9770415	15209535	9676071	15029804	7620578	12302408
原 512 户国家重点企业	0	0	0	0	0	0
省级重点企业	9770415	15209535	9676071	15029804	7620578	12302408
现企国家百户试点企业	281339	289921	281339	289921	238002	218096
现企省级试点企业	3662623	4738771	3575052	4566914	3193404	3970875
国家试点企业集团母公司	7654563	12934631	7569414	12767657	6065407	10707365

5-1 湖北省国家重点企业主要经济指标(7)

(2003 年)　　单位:万元

	主营业务税金及附加		其他业务收入		新产品销售收入	
	2002 年	2003 年	2002 年	2003 年	2002 年	2003 年
总计	**260457**	**323112**	**94344**	**179731**	**4521487**	**5381637**
按控股情况分						
国有及国有控股小计	259412	322847	91574	179035	4460823	5329944
国有绝对控股	258403	321352	88841	170645	4460823	5329944
国有相对控股	1009	1495	2733	8390	0	0
集体控股小计	279	223	373	426	60664	51693
集体绝对控股	279	223	373	426	60664	51693
集体相对控股	0	0	0	0	0	0
其他	766	42	2397	270	0	0
按主营行业分						
农、林、牧、渔业	0	0	0	0	0	0
工业小计	247292	308418	94344	179731	4521487	5381637
采矿业	0	0	0	0	0	0
制造业	245251	306320	94331	179612	4521487	5381637
电力、燃气及水的生产和供应业	2041	2098	13	119	0	0
建筑业	0	0	0	0	0	0
交通运输、仓储和邮政业	13165	14694	0	0	0	0
按登记注册类型分						
国有企业	15599	20148	84545	166673	156768	251708
公司制企业小计	244858	302964	9799	13058	4364719	5129929
国有独资企业	2934	2885	1467	1472	181500	69895
其他有限责任公司	240691	298360	5599	3196	4181382	5058905
股份有限公司	1233	1719	2733	8390	1837	1129
中外合资企业	0	0	0	0	0	0
港澳台合资企业	0	0	0	0	0	0
其他	0	0	0	0	0	0
按企业规模分						
大型	260457	323112	94344	179731	4521487	5381637
中型	0	0	0	0	0	0
小型	0	0	0	0	0	0
其他	0	0	0	0	0	0
按三次产业分						
第一产业	0	0	0	0	0	0
第二产业	247292	308418	94344	179731	4521487	5381637
第三产业	13165	14694	0	0	0	0
按重点企业类型分						
中央企业	71295	102722	85149	166974	4265267	5228420
520 户国家重点企业	260457	323112	94344	179731	4521487	5381637
原 512 户国家重点企业	0	0	0	0	0	0
省级重点企业	260457	323112	94344	179731	4521487	5381637
现企国家百户试点企业	1329	1321	0	0	12530	11579
现企省级试点企业	21773	26109	87571	171857	244018	346609
国家试点企业集团母公司	71295	102722	85149	166974	4265267	5228420

5－1 湖北省国家重点企业主要经济指标(8)

(2003 年)　　　　单位:万元

	出口销售总额		存货跌价损失和营业、管理、财务等费用合计		税　金	
	2002 年	2003 年	2002 年	2003 年	2002 年	2003 年
总计	**239148**	**271729**	**1182166**	**1798246**	**23375**	**36539**
按控股情况分						
国有及国有控股小计	232998	264197	1164905	1790209	21806	35958
国有绝对控股	232998	264197	1138439	1757217	21404	35383
国有相对控股	0	0	26466	32992	402	575
集体控股小计	6150	7532	5897	6514	848	581
集体绝对控股	6150	7532	5897	6514	848	581
集体相对控股	0	0	0	0	0	0
其他	0	0	11364	1523	721	0
按主营行业分						
农、林、牧、渔业	0	0	0	0	0	0
工业小计	79148	126729	1080567	1691608	22359	35339
采矿业	0	0	0	0	0	0
制造业	78393	126311	1022431	1621086	21933	34812
电力、燃气及水的生产和供应业	755	418	58136	70522	426	527
建筑业	0	0	0	0	0	0
交通运输、仓储和邮政业	160000	145000	101599	106638	1016	1200
按登记注册类型分						
国有企业	160000	145000	234457	326419	6041	5790
公司制企业小计	79148	126729	947709	1471827	17334	30749
国有独资企业	13314	11658	88705	96000	1111	1398
其他有限责任公司	65802	115013	823083	1333748	15753	28701
股份有限公司	32	58	35921	42079	470	650
中外合资企业	0	0	0	0	0	0
港澳台合资企业	0	0	0	0	0	0
其他	0	0	0	0	0	0
按企业规模分						
大型	239148	271729	1182166	1798246	23375	36539
中型	0	0	0	0	0	0
小型	0	0	0	0	0	0
其他	0	0	0	0	0	0
按三次产业分						
第一产业	0	0	0	0	0	0
第二产业	79148	126729	1080567	1691608	22359	35339
第三产业	160000	145000	101599	106638	1016	1200
按重点企业类型分						
中央企业	181135	186218	867094	1461876	15372	28432
520 户国家重点企业	239148	271729	1182166	1798246	23375	36539
原 512 户国家重点企业	0	0	0	0	0	0
省级重点企业	239148	271729	1182166	1798246	23375	36539
现企国家百户试点企业	7587	6916	27032	38879	452	504
现企省级试点企业	211486	225534	429276	533099	12193	12034
国家试点企业集团母公司	181135	186218	867094	1461876	15372	28432

5-1 湖北省国家重点企业主要经济指标(9)

(2003年)

单位:万元

	劳动、待业保险费		利息支出		投资收益	
	2002年	2003年	2002年	2003年	2002年	2003年
总计	**78667**	**116910**	**200250**	**184875**	**135206**	**212360**
按控股情况分						
国有及国有控股小计	77837	116635	198091	185004	133535	212202
国有绝对控股	77616	116075	189366	175314	133466	212202
国有相对控股	221	560	8725	9690	69	0
集体控股小计	128	133	-172	-456	424	158
集体绝对控股	128	133	-172	-456	424	158
集体相对控股	0	0	0	0	0	0
其他	702	142	2331	327	1247	0
按主营行业分						
农、林、牧、渔业	0	0	0	0	0	0
工业小计	59384	95924	167516	157435	131381	211383
采矿业	0	0	0	0	0	0
制造业	56989	93288	128899	118867	129852	210349
电力、燃气及水的生产和供应业	2395	2636	38617	38568	1529	1034
建筑业	0	0	0	0	0	0
交通运输、仓储和邮政业	19283	20986	32734	27440	3825	977
按登记注册类型分						
国有企业	27703	28285	53871	56219	121268	205843
公司制企业小计	50964	88625	146379	128656	13938	6517
国有独资企业	8192	9058	9568	12381	3737	633
其他有限责任公司	42029	78759	128199	106616	9479	5048
股份有限公司	743	808	8612	9659	722	836
中外合资企业	0	0	0	0	0	0
港澳台合资企业	0	0	0	0	0	0
其他	0	0	0	0	0	0
按企业规模分						
大型	78667	116910	200250	184875	135206	212360
中型	0	0	0	0	0	0
小型	0	0	0	0	0	0
其他	0	0	0	0	0	0
按三次产业分						
第一产业	0	0	0	0	0	0
第二产业	59384	95924	167516	157435	131381	211383
第三产业	19283	20986	32734	27440	3825	977
按重点企业类型分						
中央企业	60129	97509	118494	101070	125933	203903
520户国家重点企业	78667	116910	200250	184875	135206	212360
原512户国家重点企业	0	0	0	0	0	0
省级重点企业	78667	116910	200250	184875	135206	212360
现企国家百户试点企业	3415	3910	3568	5855	1210	629
现企省级试点企业	37947	39514	116964	122623	127421	212429
国家试点企业集团母公司	60129	97509	118494	101070	125933	203903

5-1 湖北省国家重点企业主要经济指标(10)

(2003年)

单位:万元

	营业外收入		利润总额		应交所得税	
	2002年	2003年	2002年	2003年	2002年	2003年
总计	**39546**	**42120**	**733955**	**1061080**	**89834**	**110937**
按控股情况分						
国有及国有控股小计	37799	41893	725025	1053535	86122	108950
国有绝对控股	37787	41752	720090	1037706	85272	104355
国有相对控股	12	141	4935	15829	850	4595
集体控股小计	210	205	5559	7364	2600	1927
集体绝对控股	210	205	5559	7364	2600	1927
集体相对控股	0	0	0	0	0	0
其他	1537	22	3371	181	1112	60
按主营行业分						
农、林、牧、渔业	0	0	0	0	0	0
工业小计	24383	37083	731969	1060021	86336	103570
采矿业	0	0	0	0	0	0
制造业	24025	36560	720003	1045404	82601	100309
电力、燃气及水的生产和供应业	358	523	11966	14617	3735	3261
建筑业	0	0	0	0	0	0
交通运输、仓储和邮政业	15163	5037	1986	1059	3498	7367
按登记注册类型分						
国有企业	25673	15754	85461	202925	3502	26727
公司制企业小计	13873	26366	648494	858155	86332	84210
国有独资企业	1361	3143	19635	26926	8980	5741
其他有限责任公司	12495	23079	620599	812254	75649	73159
股份有限公司	17	144	8260	18975	1703	5310
中外合资企业	0	0	0	0	0	0
港澳台合资企业	0	0	0	0	0	0
其他	0	0	0	0	0	0
按企业规模分						
大型	39546	42120	733955	1061080	89834	110937
中型	0	0	0	0	0	0
小型	0	0	0	0	0	0
其他	0	0	0	0	0	0
按三次产业分						
第一产业	0	0	0	0	0	0
第二产业	24383	37083	731969	1060021	86336	103570
第三产业	15163	5037	1986	1059	3498	7367
按重点企业类型分						
中央企业	35559	36932	692924	939301	60572	75372
520户国家重点企业	39546	42120	733955	1061080	89834	110937
原512户国家重点企业	0	0	0	0	0	0
省级重点企业	39546	42120	733955	1061080	89834	110937
现企国家百户试点企业	409	695	14505	16067	4896	3735
现企省级试点企业	27590	20131	83195	256395	20624	41388
国家试点企业集团母公司	35559	36932	692924	939301	60572	75372

5-1 湖北省国家重点企业主要经济指标(11)

(2003年)　　单位:万元

	应交增值税		固定资产投资完成额		研究开发费用	
	2002年	2003年	2002年	2003年	2002年	2003年
总计	**462770**	**600734**	**973918**	**1200279**	**188600**	**202257**
按控股情况分						
国有及国有控股小计	457336	598708	973141	1200279	186940	200257
国有绝对控股	449729	587240	941239	1147922	186691	200099
国有相对控股	7607	11468	31902	52357	249	158
集体控股小计	3015	1859	0	0	1500	2000
集体绝对控股	3015	1859	0	0	1500	2000
集体相对控股	0	0	0	0	0	0
其他	2419	167	777	0	160	0
按主营行业分						
农、林、牧、渔业	0	0	0	0	0	0
工业小计	457142	597517	882521	1152369	186895	200757
采矿业	0	0	0	0	0	0
制造业	439280	573736	750888	1021863	183184	197147
电力、燃气及水的生产和供应业	17862	23781	131633	130506	3711	3610
建筑业	0	0	0	0	0	0
交通运输、仓储和邮政业	5628	3217	91397	47910	1705	1500
按登记注册类型分						
国有企业	29289	75219	445131	475440	78680	52748
公司制企业小计	433481	525515	528787	724839	109920	149509
国有独资企业	20582	27542	21580	11973	2131	2158
其他有限责任公司	403122	484288	474578	657528	107206	146533
股份有限公司	9777	13685	32629	55338	583	818
中外合资企业	0	0	0	0	0	0
港澳台合资企业	0	0	0	0	0	0
其他	0	0	0	0	0	0
按企业规模分						
大型	462770	600734	973918	1200279	188600	202257
中型	0	0	0	0	0	0
小型	0	0	0	0	0	0
其他	0	0	0	0	0	0
按三次产业分						
第一产业	0	0	0	0	0	0
第二产业	457142	597517	882521	1152369	186895	200757
第三产业	5628	3217	91397	47910	1705	1500
按重点企业类型分						
中央企业	347664	468113	715891	909709	179640	192475
520户国家重点企业	462770	600734	973918	1200279	188600	202257
原512户国家重点企业	0	0	0	0	0	0
省级重点企业	462770	600734	973918	1200279	188600	202257
现企国家百户试点企业	4532	11313	4824	3723	848	1253
现企省级试点企业	78214	132211	632352	690056	85736	60864
国家试点企业集团母公司	347664	468113	715891	909709	179640	192475

5-2 湖北省国家重点企业从业人员人数(1)

(2003年) 单位:人

	从业人员年末人数		在岗职工	
	2002年	2003年	2002年	2003年
总计	**267231**	**276510**	**257813**	**262542**
按控股情况分				
国有及国有控股小计	254984	268830	245566	254862
国有绝对控股	251372	263620	241954	249652
国有相对控股	3612	5210	3612	5210
集体控股小计	2345	2460	2345	2460
集体绝对控股	2345	2460	2345	2460
集体相对控股	0	0	0	0
其他	9902	5220	9902	5220
按主营行业分				
农、林、牧、渔业	0	0	0	0
工业小计	212477	226951	203145	213074
采矿业	0	0	0	0
制造业	208202	222691	198892	208845
电力、燃气及水的生产和供应业	4275	4260	4253	4229
建筑业	0	0	0	0
交通运输、仓储和邮政业	54754	49559	54668	49468
按登记注册类型分				
国有企业	78915	86768	78829	86677
公司制企业小计	188316	189742	178984	175865
国有独资企业	30535	29500	30004	29039
其他有限责任公司	153528	154455	144727	141039
股份有限公司	4253	5787	4253	5787
中外合资企业	0	0	0	0
港澳台合资企业	0	0	0	0
其他	0	0	0	0
按企业规模分				
大型	267231	276510	257813	262542
中型	0	0	0	0
小型	0	0	0	0
其他	0	0	0	0
按三次产业分				
第一产业	0	0	0	0
第二产业	212477	226951	203145	213074
第三产业	54754	49559	54668	49468
按重点企业类型分				
中央企业	187361	200138	178834	186953
520户国家重点企业	267231	276510	257813	262542
原512户国家重点企业	0	0	0	0
省级重点企业	267231	276510	257813	262542
现企国家百户试点企业	10067	9905	10045	9874
现企省级试点企业	130704	138055	130236	137611
国家试点企业集团母公司	187361	200138	178834	186953

5－2 湖北省国家重点企业从业人员人数(2)

(2003年)　　　　单位:人

	其他从业人员		研究开发人员	
	2002年	2003年	2002年	2003年
总计	**9418**	**13968**	**13409**	**13110**
按控股情况分				
国有及国有控股小计	9418	13968	13105	12992
国有绝对控股	9418	13968	13038	12936
国有相对控股	0	0	67	56
集体控股小计	0	0	42	36
集体绝对控股	0	0	42	36
集体相对控股	0	0	0	0
其他	0	0	262	82
按主营行业分				
农、林、牧、渔业	0	0	0	0
工业小计	9332	13877	13016	12810
采矿业	0	0	0	0
制造业	9310	13846	12382	12003
电力、燃气及水的生产和供应业	22	31	634	807
建筑业	0	0	0	0
交通运输、仓储和邮政业	86	91	393	300
按登记注册类型分				
国有企业	86	91	1053	978
公司制企业小计	9332	13877	12356	12132
国有独资企业	531	461	951	1161
其他有限责任公司	8801	13416	11235	10815
股份有限公司	0	0	170	156
中外合资企业	0	0	0	0
港澳台合资企业	0	0	0	0
其他	0	0	0	0
按企业规模分				
大型	9418	13968	13409	13110
中型	0	0	0	0
小型	0	0	0	0
其他	0	0	0	0
按三次产业分				
第一产业	0	0	0	0
第二产业	9332	13877	13016	12810
第三产业	86	91	393	300
按重点企业类型分				
中央企业	8527	13185	11163	10630
520户国家重点企业	9418	13968	13409	13110
原512户国家重点企业	0	0	0	0
省级重点企业	9418	13968	13409	13110
现企国家百户试点企业	22	31	267	490
现企省级试点企业	468	444	2600	2968
国家试点企业集团母公司	8527	13185	11163	10630

5-3 湖北省国家重点企业从业人员劳动报酬(1)

(2003年) 单位:万元

	从业人员劳动报酬		在岗职工劳动报酬	
	2002年	2003年	2002年	2003年
总计	**463640**	**560134**	**443259**	**526963**
按控股情况分				
国有及国有控股小计	453911	552259	433530	519088
国有绝对控股	448556	545267	428175	512096
国有相对控股	5355	6992	5355	6992
集体控股小计	3665	4221	3665	4221
集体绝对控股	3665	4221	3665	4221
集体相对控股	0	0	0	0
其他	6064	3654	6064	3654
按主营行业分				
农、林、牧、渔业	0	0	0	0
工业小计	381921	475326	361612	442204
采矿业	0	0	0	0
制造业	372973	465626	352675	432528
电力、燃气及水的生产和供应业	8948	9700	8937	9676
建筑业	0	0	0	0
交通运输、仓储和邮政业	81719	84808	81647	84759
按登记注册类型分				
国有企业	133131	187650	133059	187601
公司制企业小计	330509	372484	310200	339362
国有独资企业	32272	34050	30993	33534
其他有限责任公司	291930	330473	272900	297867
股份有限公司	6307	7961	6307	7961
中外合资企业	0	0	0	0
港澳台合资企业	0	0	0	0
其他	0	0	0	0
按企业规模分				
大型	463640	560134	443259	526963
中型	0	0	0	0
小型	0	0	0	0
其他	0	0	0	0
按三次产业分				
第一产业	0	0	0	0
第二产业	381921	475326	361612	442204
第三产业	81719	84808	81647	84759
按重点企业类型分				
中央企业	375879	467275	357122	434930
520户国家重点企业	463640	560134	443259	526963
原512户国家重点企业	0	0	0	0
省级重点企业	463640	560134	443259	526963
现企国家百户试点企业	12110	13011	12099	12987
现企省级试点企业	186561	245459	186133	245076
国家试点企业集团母公司	375879	467275	357122	434930

5－3 湖北省国家重点企业从业人员劳动报酬(2)

(2003 年)　　　　单位:万元

	其他从业人员劳动报酬		研究开发人员劳动报酬	
	2002 年	2003 年	2002 年	2003 年
总计	**20381**	**33171**	**28983**	**42138**
按控股情况分				
国有及国有控股小计	20381	33171	28745	42018
国有绝对控股	20381	33171	28628	41913
国有相对控股	0	0	117	105
集体控股小计	0	0	52	51
集体绝对控股	0	0	52	51
集体相对控股	0	0	0	0
其他	0	0	186	69
按主营行业分				
农、林、牧、渔业	0	0	0	0
工业小计	20309	33122	28038	41479
采矿业	0	0	0	0
制造业	20298	33098	26500	38919
电力、燃气及水的生产和供应业	11	24	1538	2560
建筑业	0	0	0	0
交通运输、仓储和邮政业	72	49	945	659
按登记注册类型分				
国有企业	72	49	2390	3110
公司制企业小计	20309	33122	26593	39028
国有独资企业	1279	516	1794	1837
其他有限责任公司	19030	32606	24512	36906
股份有限公司	0	0	287	285
中外合资企业	0	0	0	0
港澳台合资企业	0	0	0	0
其他	0	0	0	0
按企业规模分				
大型	20381	33171	28983	42138
中型	0	0	0	0
小型	0	0	0	0
其他	0	0	0	0
按三次产业分				
第一产业	0	0	0	0
第二产业	20309	33122	28038	41479
第三产业	72	49	945	659
按重点企业类型分				
中央企业	18757	32345	24771	36808
520 户国家重点企业	20381	33171	28983	42138
原 512 户国家重点企业	0	0	0	0
省级重点企业	20381	33171	28983	42138
现企国家百户试点企业	11	24	471	748
现企省级试点企业	428	383	5171	7276
国家试点企业集团母公司	18757	32345	24771	36808

5－4 湖北省国家重点企业主要经济效益指标(1)

(2003 年)　　单位:%

	成本费用利润率		资产利税率		总资产使用率	
	2002 年	2003 年	2002 年	2003 年	2002 年	2003 年
总计	**8.34**	**7.53**	**9.08**	**9.84**	**60.32**	**74.54**
按控股情况分						
国有及国有控股小计	8.40	7.53	9.29	9.91	61.14	74.80
国有绝对控股	8.47	7.51	9.37	9.96	61.48	75.36
国有相对控股	4.03	9.68	4.67	7.52	43.58	46.37
集体控股小计	5.52	6.80	5.75	5.53	70.33	67.61
集体绝对控股	5.52	6.80	5.75	5.53	70.33	67.61
集体相对控股	0.00	0.00	0.00	0.00	0.00	0.00
其他	4.63	2.64	1.82	0.62	20.97	10.78
按主营行业分						
农、林、牧、渔业	0.00	0.00	0.00	0.00	0.00	0.00
工业小计	9.01	8.06	9.93	10.70	62.12	76.41
采矿业	0.00	0.00	0.00	0.00	0.00	0.00
制造业	9.03	8.05	10.75	11.42	67.54	82.15
电力、燃气及水的生产和供应业	7.76	8.93	2.26	2.67	11.89	12.64
建筑业	0.00	0.00	0.00	0.00	0.00	0.00
交通运输、仓储和邮政业	0.29	0.11	1.32	1.06	43.78	55.26
按登记注册类型分						
国有企业	3.47	6.22	2.30	4.77	42.33	52.30
公司制企业小计	10.23	7.92	12.79	12.13	70.15	84.54
国有独资企业	2.54	3.56	3.59	4.23	66.19	59.14
其他有限责任公司	11.43	8.20	14.29	13.15	71.60	88.70
股份有限公司	5.97	10.65	5.98	8.19	45.04	46.44
中外合资企业	0.00	0.00	0.00	0.00	0.00	0.00
港澳台合资企业	0.00	0.00	0.00	0.00	0.00	0.00
其他	0.00	0.00	0.00	0.00	0.00	0.00
按企业规模分						
大型	8.34	7.53	9.08	9.84	60.32	74.54
中型	0.00	0.00	0.00	0.00	0.00	0.00
小型	0.00	0.00	0.00	0.00	0.00	0.00
其他	0.00	0.00	0.00	0.00	0.00	0.00
按三次产业分						
第一产业	0.00	0.00	0.00	0.00	0.00	0.00
第二产业	9.01	8.06	9.93	10.70	62.12	76.41
第三产业	0.29	0.11	1.32	1.06	43.78	55.26
按重点企业类型分						
中央企业	10.00	7.72	9.84	9.99	66.96	84.43
520 户国家重点企业	8.34	7.53	9.08	9.84	60.32	74.54
原 512 户国家重点企业	0.00	0.00	0.00	0.00	0.00	0.00
省级重点企业	8.34	7.53	9.08	9.84	60.32	74.54
现企国家百户试点企业	5.47	6.25	4.26	5.73	58.79	57.93
现企省级试点企业	2.30	5.69	2.05	4.20	39.96	46.20
国家试点企业集团母公司	10.00	7.72	9.84	9.99	66.96	84.43

5－4 湖北省国家重点企业主要经济效益指标(2)

(2003年)

单位:%

	资产负债率		长期负债与资产总计比率		研究开发费用与主营业务收入比率	
	2002年	2003年	2002年	2003年	2002年	2003年
总计	**61.26**	**56.60**	**16.86**	**17.89**	**1.95**	**1.35**
按控股情况分						
国有及国有控股小计	61.67	56.73	17.14	18.02	1.97	1.34
国有绝对控股	61.60	56.52	16.83	17.71	1.99	1.36
国有相对控股	65.60	67.45	33.54	33.88	0.20	0.09
集体控股小计	23.46	30.88	4.55	0.00	1.38	1.73
集体绝对控股	23.46	30.88	4.55	0.00	1.38	1.73
集体相对控股	0.00	0.00	0.00	0.00	0.00	0.00
其他	59.74	85.12	10.20	25.46	0.21	0.00
按主营行业分						
农、林、牧、渔业	0.00	0.00	0.00	0.00	0.00	0.00
工业小计	59.18	54.29	14.36	16.06	2.08	1.43
采矿业	0.00	0.00	0.00	0.00	0.00	0.00
制造业	57.25	52.12	8.68	11.19	2.08	1.42
电力、燃气及水的生产和供应业	77.04	78.39	66.98	70.15	2.21	1.88
建筑业	0.00	0.00	0.00	0.00	0.00	0.00
交通运输、仓储和邮政业	80.43	80.36	39.92	36.74	0.25	0.15
按登记注册类型分						
国有企业	58.10	63.89	22.73	24.79	3.28	1.61
公司制企业小计	62.99	53.32	13.66	14.79	1.51	1.27
国有独资企业	57.34	54.83	9.26	8.27	0.27	0.27
其他有限责任公司	63.81	52.78	13.66	14.96	1.69	1.36
股份有限公司	61.68	64.03	30.20	30.89	0.40	0.42
中外合资企业	0.00	0.00	0.00	0.00	0.00	0.00
港澳台合资企业	0.00	0.00	0.00	0.00	0.00	0.00
其他	0.00	0.00	0.00	0.00	0.00	0.00
按企业规模分						
大型	61.26	56.60	16.86	17.89	1.95	1.35
中型	0.00	0.00	0.00	0.00	0.00	0.00
小型	0.00	0.00	0.00	0.00	0.00	0.00
其他	0.00	0.00	0.00	0.00	0.00	0.00
按三次产业分						
第一产业	0.00	0.00	0.00	0.00	0.00	0.00
第二产业	59.18	54.29	14.36	16.06	2.08	1.43
第三产业	80.43	80.36	39.92	36.74	0.25	0.15
按重点企业类型分						
中央企业	60.14	53.53	11.39	13.23	2.37	1.51
520户国家重点企业	61.26	56.60	16.86	17.89	1.95	1.35
原512户国家重点企业	0.00	0.00	0.00	0.00	0.00	0.00
省级重点企业	61.26	56.60	16.86	17.89	1.95	1.35
现企国家百户试点企业	43.74	41.95	8.01	8.80	0.30	0.43
现企省级试点企业	60.92	64.86	27.98	29.81	2.40	1.33
国家试点企业集团母公司	60.14	53.53	11.39	13.23	2.37	1.51

5-4 湖北省国家重点企业主要经济效益指标(3)

(2003年)　　　　单位:%

	资金利润率		净资产收益率		总资产报酬率	
	2002年	2003年	2002年	2003年	2002年	2003年
总计	**6.43**	**7.42**	**10.37**	**10.86**	**5.82**	**6.18**
按控股情况分						
国有及国有控股小计	6.56	7.47	10.74	10.95	5.95	6.21
国有绝对控股	6.66	7.51	10.85	10.98	5.97	6.21
国有相对控股	2.05	5.32	4.09	9.02	4.70	6.67
集体控股小计	4.25	4.66	2.51	4.60	3.50	4.04
集体绝对控股	4.25	4.66	2.51	4.60	3.50	4.04
集体相对控股	0.00	0.00	0.00	0.00	0.00	0.00
其他	1.49	0.61	1.55	1.28	1.58	0.80
按主营行业分						
农、林、牧、渔业	0.00	0.00	0.00	0.00	0.00	0.00
工业小计	7.33	8.34	10.93	11.39	6.22	6.62
采矿业	0.00	0.00	0.00	0.00	0.00	0.00
制造业	8.03	8.90	11.42	11.71	6.50	6.91
电力、燃气及水的生产和供应业	1.17	1.53	2.54	3.46	3.59	3.51
建筑业	0.00	0.00	0.00	0.00	0.00	0.00
交通运输、仓储和邮政业	0.14	0.07	-0.49	-1.80	2.21	1.60
按登记注册类型分						
国有企业	3.39	4.91	3.45	7.80	2.46	4.14
公司制企业小计	7.29	8.44	14.64	11.92	7.66	7.10
国有独资企业	2.06	2.60	2.08	3.46	2.43	2.90
其他有限责任公司	8.08	9.22	17.01	12.90	8.46	7.57
股份有限公司	3.09	5.92	5.31	9.05	5.23	6.82
中外合资企业	0.00	0.00	0.00	0.00	0.00	0.00
港澳台合资企业	0.00	0.00	0.00	0.00	0.00	0.00
其他	0.00	0.00	0.00	0.00	0.00	0.00
按企业规模分						
大型	6.43	7.42	10.37	10.86	5.82	6.18
中型	0.00	0.00	0.00	0.00	0.00	0.00
小型	0.00	0.00	0.00	0.00	0.00	0.00
其他	0.00	0.00	0.00	0.00	0.00	0.00
按三次产业分						
第一产业	0.00	0.00	0.00	0.00	0.00	0.00
第二产业	7.33	8.34	10.93	11.39	6.22	6.62
第三产业	0.14	0.07	-0.49	-1.80	2.21	1.60
按重点企业类型分						
中央企业	8.96	8.87	14.03	12.30	7.18	6.88
520户国家重点企业	6.43	7.42	10.37	10.86	5.82	6.18
原512户国家重点企业	0.00	0.00	0.00	0.00	0.00	0.00
省级重点企业	6.43	7.42	10.37	10.86	5.82	6.18
现企国家百户试点企业	3.91	4.45	3.57	4.25	3.78	4.38
现企省级试点企业	1.66	3.80	1.79	6.19	2.24	3.83
国家试点企业集团母公司	8.96	8.87	14.03	12.30	7.18	6.88

六、上市公司

资料整理：蒋宇飞　王　虹
胡树泉　祁　炜

全省上市公司2003年年报情况分析

根据上市公司信息披露有关规定，我省上市公司2003年报于2004年4月30日披露完毕。我们对全省上市公司2003年报情况进一步进行了统计分析。综合分析显示，我省上市公司2003年度整体经营业绩呈现止跌回升势头，市场形象呈现总体向好的发展态势，但与全国平均水平相比，仍存在较大差距。上市公司发展中存在的突出问题和矛盾仍没有得到根本解决，做好上市公司工作任重道远。

一、2003年上市公司经营业绩情况

（一）整体经营业绩止跌回升

资产规模有所提高。截至2003年12月31日，全省58家上市公司总股本达到183.91亿股（户平股本3.17亿股），比上年增加6.07%；总资产991.34亿元（户平总资产17.09亿元），比上年增加了12.98%；净资产478.25亿元（户平净资产8.25亿元），比去年增加2.23%。

主要财务指标有所好转。全省上市公司平均主营业务收入8.917亿元，比上年8.35亿元增长6.78%；平均净利润2343.61万元，比上年1998.16万元增长17.28%；平均每股收益0.0739元，比上年0.0668元增长10.62%；平均净资产收益率2.84%，比上年2.47%增长0.37个百分点。

亏损户数和亏损额有所下降。2003年度我省共有7家公司亏损，比上年亏损10家（不含生态农业公司）减少3家；共计亏损12.8亿元，比上年亏损15.48亿元减亏2.68亿元，亏损局面有所好转。亏损公司全部集中在1998年以前上市公司。

（二）整体业绩与全国平均水平比较仍存在较大差距

业绩平均水平和增幅均未达到全国平均水平的一半。见下表：

指标（平均值）	绝对数			比上年增幅（%）		
	湖北	全国	湖北占全国值比例	湖北	全国	湖北低于全国值（百分点）
主营收入（亿元）	8.917	19.59	45.52%	6.78	28.75	21.97
净利润（万元）	2343.61	9640	24.42%	17.28	42.61	25.33
每股收益（元）	0.074	0.195	37.30%	10.62	31.13	20.51
净资产收益率（%）	2.84%	7.8%	38.34%	14.97	28.08	13.11

主要指标位次与我省经济在全国的位次存在较大差距。我省上市公司主要财务指标平均主营业务收入、每股收益、净利润、净资产收益率分别在全国排名为：22名、23名、24名、24名，与我省经济实力在全国排名靠前所处地位不太相符。

业绩水平与周边省份相比也存在一定差距。我省上市公司主要财务指标与湖南、安徽、江西、河南、四川相比，存在一定差距。见下表：

省份	平均主营业务收入		平均净利润		每股收益		净资产收益率	
	数值	全国排名	数值	全国排名	数值	全国排名	数值	全国排名
湖北	8.917	22	0.234	24	0.074	23	2.84	24
湖南	11.614	17	0.493	15	0.1778	16	5.37	20
安徽	14.251	11	1.229	3	0.2736	2	9.74	2
河南	14.720	10	1.004	7	0.2444	7	7.77	10
四川	11.059	18	0.369	21	0.1235	22	4.02	22
江西	12.087	16	0.462	18	0.1265	21	4.77	21

（三）整体发展不平衡的格局进一步凸现

全省上市公司业绩水平上升和下降各占一半并且呈现两极分化。2003 年净利润上升的公司有 32 家、净资产收益率上升的有 25 家、每股收益上升的有 31 家，分别约占一半，其它公司呈下降趋势；两极分化更为突出，净利润超过 5000 万元的仅 11 家，净利润总额 18.57 亿元，占 51 家盈利公司净利润总值 26.42 亿元的 70.3%。净利润低于 1000 万元的有 36 家，低于 200 万元的有 13 家（包括 7 家亏损公司），7 家亏损公司亏损额 12.8 亿，冲减了 51 户盈利公司净利润额的 48.44%。

净利润贡献主要集中在三家大公司和 ST 类重组公司。净利润超过 1 亿元的 3 家公司利润总和 13.21 亿元（东汽 6.3 亿、武钢 5.7 亿、火箭 1.2 亿），基本相当于全省 58 家上市公司净利润总值。增幅超过 100% 的 11 家公司中 ST 类占 5 家。分别是 ST 幸福、ST 天发、ST 资源、ST 襄轴、ST 祥龙，该 5 家公司 2003 年全部盈利，净利润 8414.03 万元，而 2002 年则是亏损 4.2725 亿元，对上市公司整体利润增长贡献巨大。

行业领先优势公司经营稳健，但户数偏少。从我省上市公司历年运作看，具有明显行业领先优势和产品品牌优势、主营业务突出的公司经营保持稳健态势，核心竞争力进一步夯实，保持了较好的再融资能力，有 9 家公司（武钢、东汽、火箭、宜化、金环、江钻、福星、武汉石油、凯迪电力）连续两年净资产收益率达到 6% 以上，均成为在全国行业细分中的姣姣者（湖北宜化已经配股 2 次，第三次也已过会）。另外还有华新水泥、人福科技、安琪酵母、凯乐科技、京山轻机、湖北迈亚、烽火通信等保持了较强的行业竞争力，但总户数偏少。

（四）问题公司风险有所释放，但少数公司形势依然严峻

大部分问题公司风险明显释放，实现扭亏为盈。在 2002 年部分老公司上市后周期性风险集中释放的基础上，2002 年 9 家亏损公司实现大幅扭亏或减亏（2 家减亏），6 家为 ST 公司，ST 天发、ST 资源、ST 襄轴实现大幅利润增加，美尔雅实现利润 807.5 万元（2002 年亏损 3.55 亿元）。

部分主营业务不强或不明公司存在一定持续发展风险。我省上市公司中部分公司长期资产重组无实质性进展，导致公司至今仍然主营业务不强或不清，缺乏主导产业和产品，市场竞争力呈现下降趋势，主要有：武昌鱼、多佳、博盈投资、道博股份、ST 幸福、金环、力诺工业等公司。

少数问题公司形势仍然严峻。主要有 ST 华信、ST 万鸿（诚成文化）、ST 幸福、ST 猴王。具体情况如下：

1、ST 华信。华信股份由于主营业务商业不景气，房地产业没有新的项目开发等原因，公司 02 年、03 年连续亏损 2.8 亿元、1.8 亿元，已 2004 年 3 月 22 日暂停上市。目前，资产重组工作也未取得实质性进展。

2、ST 万鸿（诚成文化）。公司连续两年亏损，在 2003 年度发生亏损 7.68 亿元，已严重资不抵债，营运资金为负数，难以偿还到期债务，且存在数额巨大的诉讼和担保事项，大部分资产被抵押和封查，预计 2004 年中期将继续亏损。

3、ST 幸福。2003 年度，幸福实业实现盈利 168.54 万元，但每股净资产仅 0.02 元，且公司与农行潜江市支行借款担保合同纠纷一案已被最高人民法院驳回再审申请。

4、ST 猴王。猴王公司于 02 年、03 年分别亏损 1.6 亿元、0.995 亿元，由于公司重组工作尚未完成，资产质量尚无实质改善，且根据北京市第一中院 04 年 4 月 30 日判决，公司将令偿还贷款本金余额人民币 5000 万元及所欠利息，湖北汽车集团公司承担连带保证责任，如果重组方不能尽快注入优质资产，年内实现扭亏，则将被交易所暂停上市。

ST 幸福、ST 猴王公司仍被证券监管部门列为高风险公司。

二、业绩止跌回升的主要因素

2003 年，我省上市公司整体经营业绩止跌回升，出现好转主要有以下几个因素：

一是省委、省政府加大上市公司工作力度的体现

近年来，省委、省政府高度重视上市公司工作，研究出台了一系列支持上市公司工作发展的政策，有效地促进了上市公司整体运作水平的提高。

二是国家和省经济发展呈现强劲上升，大环境趋好

我省与全国上市公司一样，取得较好业绩的行业主要集中在五大周期性行业，这与国家加大宏观调控力度，实现国民经济快速增长的宏观环境好转有密切关系。

三是上市公司综合治理水平有所提高

我省上市公司自 1998 年业绩下滑和市场形象不佳以来，在省、市、县各级党委、政府的强有力领导和大力支持下，上市公司积极贯彻落实有关规范治理文件精神，加大治理力度，使原遗留历史问题得到了较好解决，尤其是亏损公司局面出现明显好转，对整体业绩回升产生直接效果。

四是相关部门加大工作力度的体现

在省政府分管领导的大力推动和支持下，省、市、县企业上市主管部门和中央在鄂监管部门全力配合、强化措施，加大督办指导力度，尤其是对问题公司的经营风险处置和推进资产重组工作，有效地实现了老大难问题公司的扭亏为盈，从整体上改善了主要财务指标表现。

三、整体业绩与全国平均水平存在较大差距的主要原因

近年来，我省上市公司整体经营业绩一直低于全国平均水平，2003 年还有差距加大的趋势，其产生的原因在以前的每年年报中都有详细分析，总的看仍然是：我省经济区域特征的影响、上市公司产业结构不合理、证券市场发行体制造成的历史问题、上市公司独立性较差、自身运作不规范、上市后备资源不足等。除此之外，以下原因更应引起关注：

一是规模差距进一步加大，缺乏行业优势的大块头上市公司群体

我省上市公司整体规模偏小直接导致整体市场竞争能力不高、效益水平不高、持续发展能力不强等问题，2003 年我省上市公司股本总额达到全国平均水平 5 亿股的近 6 家（武钢、东汽、葛洲坝、百科药业、中国凤凰、鄂武商），低于 3 亿股本的有 38 家公司，且具有行业优势的公司数量偏少。

二是每股净资产与全国相当，但资产盈利能力差距加大

我省上市公司平均每股净资产 2.6 元，与全国平均水平 2.69 元基本相当，但每股收益和净资产收益率差距很大，反映我省上市公司资产盈利能力不高，存量优质资产和创造效益的空间有限，上市公司“壳资源”利用效率低下，实质性资产重组偏少，上市公司整体资产难以优化。

三是体制创新水平不高，缺乏一批熟练驾驭上市公司的高层经营管理人员

我省上市公司多为原国有企业改制上市，还有一大批是乡镇集体企业或民营中小企业改制上市。上市后部分公司管理层缺乏管理大型企业的经验，创新体制难以建立，企业活力和持续发展能力难以提高。同时，缺乏利用资本市场做大做强的战略运作意识，重眼前利益，科学管理观念和运作水平不高，导致部分公司决策出现重大失误，给公司带来不利影响。

四、当前上市公司资产重组进展缓慢存在的突出问题

近年来，我省上市公司工作取得了一定成绩，积累了一些经验教训，但总体形势仍未根本好转。目前，真正解决我省上市公司诸多问题，重塑"鄂股"市场形象，最关键的是推进实质性资产重组，但我省上市公司资产重组困难重重。当前，以下问题须引起高度重视：

（一）全省上市公司资产重组缺乏整体规划，未能与我省产业结构优化升级有效衔接

从目前全省上市公司产业结构和产权结构的现状来看，我省上市公司重组大多为经营困境下的被动重组，重组时间紧迫，短期功利性强，未能有效实现证券市场配置资源与我省产业政策的结合，重组多呈现"地方主义重组、盲目性应急重组、内部控制人目的性重组"等，缺乏全省性整体利用资本市场优化地方产业结构的总体规划和指导意见，导致重组效果不佳，造成严重的资源浪费，甚至给上市公司带来巨大损失。要推进上市公司资产实质性资产重组，必须站在我省国民经济战略调整和优化产业结构的角度来统一考虑。

（二）上市公司资产重组对象把关不严，财务性重组多于实质性业务重组

近几年来，在"国有资本从一般竞争领域退出"的政策背景下，我省部分国有控股上市公司先后进行了资产重组，但总的来看，大部分公司的资产重组主要采取简单的国有股转让减持、政府回收变现资金的做法，并未真正起到"引资、引机、引智"作用，对提升上市公司经营业绩收效甚微，有的甚至出现虚假重组、配合市场炒作重组等。导致部分公司重组甚至出现业绩大幅下滑，如 2002 年进行股权重组的湖北金环、诚成文化、武汉塑料、武昌鱼重组后均出现业绩连续大幅下降，四家公司 03 年度较 02 年度净利润共计下降 9.02 亿元，而真正实施实质性业务重组的很少。

（三）上市公司对资产重组重要性认识不足，主动性重组少

目前，我省上市公司重组重点多集中在问题公司、ST 公司和亏损公司，且多为企业经营不下去的被迫重组，各地对重组工作思想不够解放，未能提前开展重组工作，不利于地方产业结构的调整，也相应导致上市公司问题的积累，如武汉市现有商业上市公司 4 家（鄂武商、武汉中商、武汉中百、汉商集团），由于近几年的过度竞争，经营业绩持续下降，均不具备再融资资格，迫切需要实施"并壳、让壳"，实现商业资源的整合，改变恶性竞争局面，支持省内支柱产业、特色产业借壳上市，但未取得实质性进展。另外，原来省政府提出"连续两年净资产收益率低于 3%"的公司均应重组，但实际上落实的很少。

（四）部分国有上市公司中经营管理层的"内部控制力"对推进上市公司资产重组造成一定障碍

长期以来，国有股权授权管理职责不清，国有上市公司中普遍存在"所有者缺位"的状况，企业的决策层与经营层结合，从而形成了"内部人控制"。部分公司出现管理层激励约束机制不全，经营层过多考虑自身利益，消极应对财务业绩披露情况，在实行 MBO 难度较大的情况下，少数公司高管人员为对上市公司资产重组采取了抵制或消极的态度，成为推进资产重组的重要障碍。

（五）重组成本过高，在一定程度上制约了上市公司资产重组

上市公司资产重组要交纳资产交易税、土地出让金和各项契税，还有资产评估、审计、法律等中介机构费用，尤其是在国有控股上市公司中，还涉及到不良资产处置、历史遗留问题、职工安置等各项费用，高额的重组费用在一定程度上阻碍了上市公司资产重组。我省与上海、深圳、广东等省市相比，缺乏具有实际操作意义的政策支持，从一定程度上令部分上市公司望而生畏，影响了重组。

五、关于下一阶段工作的意见

针对我省上市公司现实情况和存在的突出问题，要认真贯彻执行《国务院关于推进资本市场改革开放和稳定发展的若干意见》和省政府《关于进一步推进全省上市公司规范发展的若干意见》（鄂改发[2004]16 号）当前将重点做好以下几个方面工作：

（一）加快建立上市公司风险预警机制，及时防范和化解风险

积极与各地政府和证券监管部门的沟通，共同构建协同监管服务体系。切实做好问题公司风险通报和防范，充分发挥政府的主导作用，积极推动上市公司尽快提升业绩水平和可持续发展能力，提高资本市场效率，为地方经济服务。

（二）研究制定上市公司资产指导方案，积极推进上市公司资产重组

针对我省上市公司当前状况，组织有关专家和部门，研究制定上市公司资产重组指导方案，强化措施，培植龙头上市公司和招牌上市公司。并积极做好政策调研，协助企业解决实施管理层收购（MBO）中的困难，积极做好上市公司激励机制的试点工作。

（三）切实抓好重点问题公司的风险防范工作

我们将积极协调、组织有关部门和机构认真抓好停牌公司、T族公司、亏损公司的实质性重组。ST华信、ST万鸿、ST襄轴、ST幸福、ST猴王等公司要加快重组步伐，务求在年内取得实质性进展；祥龙电业、国投资源、美尔雅、天华股份、天发股份，要进一步巩固重组成果；积极规划、引导绩平公司通过并购重组，提高资产质量，增强核心竞争力。

（四）加大上市后备企业的征选和培育力度，促进一批优质后备企业进入上市辅导程序

加大对拟上市公司的培育力度，加强对企业申报上市融资的指导、协调、服务工作。要继续深入开展各项培育活动，定期召开上市后备企业座谈会，加强同中国证监会及其派出机构的联系，帮助企业解决申报工作的有关问题。积极引导后备企业探索国内主板、中小企业板、香港主板、香港创业板及境外其它证券市场多渠道上市融资。当前，要积极采取措施，组织有关中介机构深入后备企业现场指导服务，促进一批优质后备企业进入上市辅导程序。

撰稿：省发改委经济体制综合改革处

6－1 湖 北 省 上 市

（20

企业详细名称	企 业 地 址
武汉武商集团股份有限公司	湖北省武汉市汉口解放大道688号武汉广场47楼
武汉中商集团股份有限公司	湖北省武汉市武昌区中南路9号
武汉市汉商集团股份有限公司	湖北省武汉市汉阳区汉阳大道139号
武汉长江通信产业集团股份有限公司	湖北省武汉市东湖开发区16楼
武汉塑料工业集团股份有限公司	湖北省武汉市江汉区解放大道单洞路特1号A座
湖北长源电力发展股份有限公司	湖北省武汉市武昌区徐东大街351号
中国石化武汉石油(集团)股份有限公司	湖北省武汉市江汉区万松小区18栋
武汉钢铁股份有限公司	湖北省武汉市青山区沿港路3号
武汉中百集团股份有限公司	湖北省武汉市江汉区江汉路129号
武汉三镇实业控股股份有限公司	湖北省武汉市江汉区发展大道东方商厦5楼
武汉华信高新技术股份有限公司	湖北省武汉市江汉区中山大道779号
武汉东湖高新集团股份有限公司	湖北省武汉市洪山区华光大道特一号
中国石化武汉凤凰股份有限公司	湖北省武汉市青山区长青路
武汉锅炉股份有限公司	湖北省武汉市武昌区武珞路586号
武汉道博股份有限公司	湖北省武汉市佳丽广场
武汉万鸿集团股份有限公司	湖北省武汉市武昌区武珞路28号
武汉凯迪电力股份有限公司	湖北省武汉市东湖新技术开发区江夏大道特一号
葛洲坝股份有限公司	湖北省武汉市桥口区解放大道558号
长征火箭技术股份有限公司	湖北省武汉市经济技术开发区建设大道847号
华工科技产业股份有限公司	湖北省武汉市东湖开发区华中科技大学科技园华工科技
武汉精伦电子股份有限公司	湖北省武汉市东湖开发区庙山小区
江汉石油钻头股份有限公司	湖北省武汉市东湖新技术开发区庙山小区
武汉人福高科技产业股份有限公司	湖北省武汉市洪山区鲁磨路369号
武汉力诺工业股份有限公司	湖北省武汉市桥口区易家墩古田路
烽火通信科技股份有限公司	湖北省武汉市洪山区邮科院路88号
武汉祥龙电业股份有限公司	湖北省武汉市洪山区葛化街31号
湖北三环股份有限公司	湖北省武汉市武昌区武珞路356号
华新水泥股份有限公司	湖北省黄石市黄石港区黄石大道897号
黄石东贝电器股份有限公司	湖北省黄石市铁山区武黄路5号
大冶特殊钢股份有限公司	湖北省黄石市西塞山区黄石大道316号
湖北美尔雅股份有限公司	湖北省黄石市团城山开发区8号
湖北天华股份有限公司	湖北省黄石市团城山开发区桂林路1号
湖北兴发化工集团股份有限公司	湖北省宜昌市兴山县古夫镇
湖北宜化化工股份有限公司	湖北省宜昌市晓亭区晓亭大道399号
湖北安琪酵母股份有限公司	湖北省宜昌市伍家区中南路24号
猴王股份有限公司	湖北省宜昌市伍家区夷陵路304号
湖北三峡新型建材股份有限公司	湖北省宜昌当阳市经济技术开发区
湖北金环股份有限公司	湖北省襄樊市樊城区太平店
湖北新华光信息材料股份有限公司	湖北省襄樊市高新区长虹北路129号
襄阳汽车轴承股份有限公司	湖北省襄樊市襄城区轴承路1号
东风汽车股份有限公司	湖北省襄樊市汽车产业开发区东风汽车大道1号
京山轻工机械股份有限公司	湖北省荆门市京山县轻机大道78号
湖北百科药业股份有限公司	湖北省荆门市掇刀区白庙街道办事处132号
湖北金龙泉股份有限公司	湖北省荆门市金龙泉大道89号
湖北双环科技股份有限公司	湖北省孝感应城市东马坊
湖北福星科技股份有限公司	湖北省孝感汉川市沉湖福星街1号
湖北凯乐新材料科技股份有限公司	湖北省荆州市公安县斗湖堤1号
湖北博盈投资股份有限公司	湖北省荆州市公安县荆江大道178号
湖北洪城通用机械股份有限公司	湖北省荆州市沙市区红门路3号
湖北沙隆达股份有限公司	湖北省荆州市沙市区北京东路93号
天发石油股份有限公司	湖北省荆州市沙市区江汉街106号
湖北天颐科技股份有限公司	湖北省荆州市沙市区三湾路72号
湖北广济药业股份有限公司	湖北省黄冈武穴市江堤路1号
湖北潜江制药股份有限公司	湖北省潜江市横堤街特18号
湖北鄂州武昌鱼股份有限公司	湖北省鄂州市凤凰南路莲花山
湖北迈亚股份有限公司	湖北省仙桃市勉阳大道115号

03 年)

邮政编码	主要业务活动(产品)	主要业务活动(产品)	主要业务活动(产品)
430022	百货零售	批发	－－－－－－－
430071	百货批发零售	－－－－－－－	－－－－－－－
430050	批发零售		
430070	SDH 光传输设备	－－－－－－－	－－－－－－－
430022	汽车塑料油箱	汽车塑料保险杠	－－－－－－－
430077	电力及热力生产	－－－－－－－	－－－－－－－
430022	成品油批发、零售		
430080	钢铁延伸产品制造		
430021	超级市场零售		
430023	自来水生产	排水	
430020	商品零售额		
430074	房地产开发	生物医药	
430082	聚丙烯树脂	液化气	
430070	电站锅炉	工业锅炉	
430020	房地产开发	饮料	宽带网络
430060	多色印制品	塑料印刷	胶印晒版
430223	环保	电力	
430033	工业能源建筑	水泥销售	
430015	火箭航天设备	遥测遥感系统	卫星民用产品
430223	光通器件敏感元件	激光加工设备	计算机元件
430223	公用通信设备	公用多媒体通信设备	
430223	石油天然气采矿用钻头	石油机械配件	
430074	麻醉药	安全套	商品房
430035	太阳能光热转化材料		
430074	通信设备	光纤光缆	网络产品
430078	烧碱	聚氯乙烯	氯化苯
430070	汽车	汽车零部件	锻压机床
435002	水泥制造		
435006	全封闭制冷压缩机		
435001	钢压延加工	钢铁	生铁
435003	纺织服装	－	－
435003	纺织服装	电子元器件	
443711	三聚磷酸钠	六偏磷酸钠	次磷酸钠
443007	尿素	季戊四醇	－－－－
443003	活性干酵母	酵母衍生物	－－－－
443003	焊丝	－－－－	－－－－
444105	平板玻璃	玻璃深加工	－－－－
441133	粘胶纤维制造	通信产品营销	房地产开发
441003	光学玻璃玻璃制造		
441022	轴承		
441004	轻型载货汽车	内燃机	铸件
431800	单面机	五层线包装机械	
448000	布洛芬	固体片剂	聚丙烯
448000	啤酒		
432407	纯碱	氯化铵	烧碱
431608	钢丝	钢丝绳	钢绞线
434300	塑料异型材	塑料管材	土工合成材料
434300	汽车配件		
434000	阀门		
434001	烧碱	农药	
434000	成品油	液化气	
434000	色拉油	饲料	
435400	核黄素	替硝挫注射液	替硝挫片剂
433100	滴眼剂	针剂	冻干剂
436000	水产品加工	国内贸易	－－－－－－－
433000	毛毯	呢绒	－－－

6-2 湖北省上市公司主要经济指标(1)

(2003年)　　　　单位:万元

	企业单位数(个)	注册资本合计	国家资本	集体资本
总计	**56**	**2303176**	**807557**	**36410**
按控股情况分				
国有及国有控股小计	41	1933775	776346	1114
国有绝对控股	15	609282	360370	1114
国有相对控股	26	1324493	415976	0
集体控股小计	4	105159	8000	35296
集体绝对控股	2	33956	0	20296
集体相对控股	2	71203	8000	15000
其他	11	264242	23211	0
按主营行业分				
农、林、牧、渔业	0	0	0	0
工业小计	47	2047641	759791	36410
采矿业	0	0	0	0
制造业	44	1944882	736706	35296
电力、燃气及水的生产和供应业	3	102759	23085	1114
建筑业	2	81024	0	0
交通运输、仓储和邮政业	0	0	0	0
信息传输、计算机服务和软件业	0	0	0	0
批发和零售业	7	174511	47766	0
按登记注册类型分				
国有企业	0	0	0	0
公司制企业小计	56	2303176	807557	36410
国有独资企业	0	0	0	0
其他有限责任公司	0	0	0	0
股份有限公司	56	2303176	807557	36410
中外合资企业	0	0	0	0
港澳台合资企业	0	0	0	0
其他	0	0	0	0
按企业规模分				
大型	34	1311815	483310	32717
中型	20	941871	315102	3693
小型	1	24604	0	0
其他	1	24886	9145	0
按三次产业分				
第一产业	0	0	0	0
第二产业	49	2128665	759791	36410
第三产业	7	174511	47766	0
按重点企业类型分				
中央企业	0	0	0	0
520户国家重点企业	2	44791	14582	0
原512户国家重点企业	0	0	0	0
省级重点企业	13	276725	80988	16114
现企国家百户试点企业	0	0	0	0
现企省级试点企业	12	259594	77198	3693
国家试点企业集团母公司	0	0	0	0

注:由于各种原因,本表为56家上市公司汇总数据。

6－2 湖北省上市公司主要经济指标(2)

(2003 年)　　　　单位:万元

	法人资本	个人资本	外商资本
总计	**505716**	**814601**	**138892**
按控股情况分			
国有及国有控股小计	350757	696531	109027
国有绝对控股	124710	99088	24000
国有相对控股	226047	597443	85027
集体控股小计	43476	18387	0
集体绝对控股	3593	10067	0
集体相对控股	39883	8320	0
其他	111483	99683	29865
按主营行业分			
农、林、牧、渔业	0	0	0
工业小计	420107	707908	123425
采矿业	0	0	0
制造业	375745	673710	123425
电力、燃气及水的生产和供应业	44362	34198	0
建筑业	42352	38672	0
交通运输、仓储和邮政业	0	0	0
信息传输、计算机服务和软件业	0	0	0
批发和零售业	43257	68021	15467
按登记注册类型分			
国有企业	0	0	0
公司制企业小计	505716	814601	138892
国有独资企业	0	0	0
其他有限责任公司	0	0	0
股份有限公司	505716	814601	138892
中外合资企业	0	0	0
港澳台合资企业	0	0	0
其他	0	0	0
按企业规模分			
大型	307689	360707	127392
中型	189348	422228	11500
小型	0	24604	0
其他	8679	7062	0
按三次产业分			
第一产业	0	0	0
第二产业	462459	746580	123425
第三产业	43257	68021	15467
按重点企业类型分			
中央企业	0	0	0
520 户国家重点企业	3147	10662	16400
原 512 户国家重点企业	0	0	0
省级重点企业	73889	77834	27900
现企国家百户试点企业	0	0	0
现企省级试点企业	47984	89354	41365
国家试点企业集团母公司	0	0	0

6－2　湖北省上市公司主要经济指标(3)

(2003 年)　　　　单位:万元

	年末资产总计		固定资产原价		累计折旧	
	2002 年	2003 年	2002 年	2003 年	2002 年	2003 年
总　计	**8733035**	**9780530**	**4360736**	**4895673**	**1548796**	**1969356**
按控股情况分						
国有及国有控股小计	6764516	7943231	3725245	4229855	1325511	1738081
国有绝对控股	2596754	2919923	1403075	1684620	667190	981161
国有相对控股	4167762	5023308	2322170	2545235	658321	756920
集体控股小计	482002	527506	138163	165689	33010	40471
集体绝对控股	156615	207515	68702	79026	16633	20897
集体相对控股	325387	319991	69461	86663	16377	19574
其他	1486517	1309793	497328	500129	190275	190804
按主营行业分						
农、林、牧、渔业	0	0	0	0	0	0
工业小计	6978528	7644720	3433706	3843787	1354681	1734393
采矿业	0	0	0	0	0	0
制造业	6469757	7067852	3142759	3528512	1262762	1629629
电力、燃气及水的生产和供应业	508771	576868	290947	315275	91919	104764
建筑业	558792	867549	288269	318513	101032	112580
交通运输、仓储和邮政业	0	0	0	0	0	0
信息传输、计算机服务和软件业	0	0	0	0	0	0
批发和零售业	1195715	1268261	638761	733373	93083	122383
按登记注册类型分						
国有企业	0	0	0	0	0	0
公司制企业小计	8733035	9780530	4360736	4895673	1548796	1969356
国有独资企业	0	0	0	0	0	0
其他有限责任公司	0	0	0	0	0	0
股份有限公司	8733035	9780530	4360736	4895673	1548796	1969356
中外合资企业	0	0	0	0	0	0
港澳台合资企业	0	0	0	0	0	0
其他	0	0	0	0	0	0
按企业规模分						
大型	6759171	7635380	3562620	4012724	1298159	1686255
中型	1848607	2027859	771460	855119	245418	276423
小型	84698	87585	7188	8901	2158	3274
其他	40559	29706	19468	18929	3061	3404
按三次产业分						
第一产业	0	0	0	0	0	0
第二产业	7537320	8512269	3721975	4162300	1455713	1846973
第三产业	1195715	1268261	638761	733373	93083	122383
按重点企业类型分						
中央企业	0	0	0	0	0	0
520 户国家重点企业	290349	382791	238596	287964	64971	80707
原 512 户国家重点企业	0	0	0	0	0	0
省级重点企业	1857424	1690816	944633	971684	283236	306497
现企国家百户试点企业	0	0	0	0	0	0
现企省级试点企业	1361778	1424249	705279	801487	176591	206023
国家试点企业集团母公司	0	0	0	0	0	0

6－2　湖北省上市公司主要经济指标(4)

(2003 年)　　　　单位:万元

	本年折旧		累计对外投资		本年对外投资·	
	2002 年	2003 年	2002 年	2003 年	2002 年	2003 年
总　计	**216395**	**229675**	**446244**	**595209**	**103685**	**183719**
按控股情况分						
国有及国有控股小计	185723	195566	384910	507237	84479	152467
国有绝对控股	74541	73833	186007	235790	18213	65363
国有相对控股	111182	121733	198903	271447	66266	87104
集体控股小计	6962	7281	29464	52521	7516	23057
集体绝对控股	2870	4264	14117	41330	1820	27213
集体相对控股	4092	3017	15347	11191	5696	－4156
其他	23710	26828	31870	35451	11690	8195
按主营行业分						
农、林、牧、渔业	0	0	0	0	0	0
工业小计	179525	192686	416258	558890	84489	172864
采矿业	0	0	0	0	0	0
制造业	166797	179584	306339	410143	71340	124739
电力、燃气及水的生产和供应业	12728	13102	109919	148747	13149	48125
建筑业	16488	7492	20694	25733	17000	6662
交通运输、仓储和邮政业	0	0	0	0	0	0
信息传输、计算机服务和软件业	0	0	0	0	0	0
批发和零售业	20382	29497	9292	10586	2196	4193
按登记注册类型分						
国有企业	0	0	0	0	0	0
公司制企业小计	216395	229675	446244	595209	103685	183719
国有独资企业	0	0	0	0	0	0
其他有限责任公司	0	0	0	0	0	0
股份有限公司	216395	229675	446244	595209	103685	183719
中外合资企业	0	0	0	0	0	0
港澳台合资企业	0	0	0	0	0	0
其他	0	0	0	0	0	0
按企业规模分						
大型	177255	183230	293439	426606	78339	154756
中型	36982	42756	152805	168603	25346	28963
小型	2158	3274	0	0	0	0
其他	0	415	0	0	0	0
按三次产业分						
第一产业	0	0	0	0	0	0
第二产业	196013	200178	436952	584623	101489	179526
第三产业	20382	29497	9292	10586	2196	4193
按重点企业类型分						
中央企业	0	0	0	0	0	0
520 户国家重点企业	12050	12849	8346	7009	1150	1600
原 512 户国家重点企业	0	0	0	0	0	0
省级重点企业	39626	39568	113528	142080	5693	35061
现企国家百户试点企业	0	0	0	0	0	0
现企省级试点企业	27834	28585	30438	39057	7166	9526
国家试点企业集团母公司	0	0	0	0	0	0

6－2 湖北省上市公司主要经济指标(5)

(2003 年)　　　　单位:万元

	存货		流动资产年平均余额		年末负债合计	
	2002 年	2003 年	2002 年	2003 年	2002 年	2003 年
总　计	**1094832**	**1103672**	**4127219**	**4407839**	**3828958**	**4680123**
按控股情况分						
国有及国有控股小计	735466	817328	3052704	3428128	2937503	3765496
国有绝对控股	346443	363328	1272039	1382954	1019956	1188068
国有相对控股	389023	454000	1780665	2045174	1917547	2577428
集体控股小计	74264	105889	265492	289623	141791	212552
集体绝对控股	13936	14879	71902	67830	40332	80328
集体相对控股	60328	91010	193590	221793	101459	132224
其他	285102	180455	809023	690088	749664	702075
按主营行业分						
农、林、牧、渔业	0	0	0	0	0	0
工业小计	896085	867997	3438942	3659517	2879248	3369907
采矿业	0	0	0	0	0	0
制造业	887211	860074	3292617	3478329	2663440	3082602
电力、燃气及水的生产和供应业	8874	7923	146325	181188	215808	287305
建筑业	62397	54961	293098	310509	178398	459036
交通运输、仓储和邮政业	0	0	0	0	0	0
信息传输、计算机服务和软件业	0	0	0	0	0	0
批发和零售业	136350	180714	395179	437813	771312	851180
按登记注册类型分						
国有企业	0	0	0	0	0	0
公司制企业小计	1094832	1103672	4127219	4407839	3828958	4680123
国有独资企业	0	0	0	0	0	0
其他有限责任公司	0	0	0	0	0	0
股份有限公司	1094832	1103672	4127219	4407839	3828958	4680123
中外合资企业	0	0	0	0	0	0
港澳台合资企业	0	0	0	0	0	0
其他	0	0	0	0	0	0
按企业规模分						
大型	863426	847793	3125793	3353886	3045523	3714404
中型	223284	246483	928623	984548	729777	900537
小型	8115	9395	72803	69405	10117	13540
其他	7	1	0	0	43541	51642
按三次产业分						
第一产业	0	0	0	0	0	0
第二产业	958482	922958	3732040	3970026	3057646	3828943
第三产业	136350	180714	395179	437813	771312	851180
按重点企业类型分						
中央企业	0	0	0	0	0	0
520 户国家重点企业	16773	31359	67239	90316	190462	258179
原 512 户国家重点企业	0	0	0	0	0	0
省级重点企业	262093	142614	701526	606852	869717	864468
现企国家百户试点企业	0	0	0	0	0	0
现企省级试点企业	144738	174367	554858	570088	781187	870131
国家试点企业集团母公司	0	0	0	0	0	0

6－2　湖北省上市公司主要经济指标(6)

（2003 年）　　　　　　　　　　　　　　　　单位:万元

	流动负债		年末股东(所有者)权益合计		股本(实收资本)	
	2002 年	2003 年	2002 年	2003 年	2002 年	2003 年
总　计	**3095685**	**3587415**	**4904077**	**5100407**	**1658667**	**1753065**
按控股情况分						
国有及国有控股小计	2368021	2818437	3827013	4177735	1311983	1480817
国有绝对控股	882024	971664	1576798	1731855	551879	623584
国有相对控股	1485997	1846773	2250215	2445880	760104	857233
集体控股小计	103571	149316	340211	314954	61515	61515
集体绝对控股	15249	30220	116283	127187	33956	33956
集体相对控股	88322	119096	223928	187767	27559	27559
其他	624093	619662	736853	607718	285169	210733
按主营行业分						
农、林、牧、渔业	0	0	0	0	0	0
工业小计	2313461	2649644	4099280	4274813	1404132	1497538
采矿业	0	0	0	0	0	0
制造业	2188027	2469804	3806317	3985250	1301373	1394779
电力、燃气及水的生产和供应业	125434	179840	292963	289563	102759	102759
建筑业	161007	216135	380394	408513	81024	81024
交通运输、仓储和邮政业	0	0	0	0	0	0
信息传输、计算机服务和软件业	0	0	0	0	0	0
批发和零售业	621217	721636	424403	417081	173511	174503
按登记注册类型分						
国有企业	0	0	0	0	0	0
公司制企业小计	3095685	3587415	4904077	5100407	1658667	1753065
国有独资企业	0	0	0	0	0	0
其他有限责任公司	0	0	0	0	0	0
股份有限公司	3095685	3587415	4904077	5100407	1658667	1753065
中外合资企业	0	0	0	0	0	0
港澳台合资企业	0	0	0	0	0	0
其他	0	0	0	0	0	0
按企业规模分						
大型	2432207	2779095	3713648	3920976	1177168	1226134
中型	609820	743138	1118830	1127322	444310	477420
小型	10117	13540	74581	74045	12303	24625
其他	43541	51642	－2982	－21936	24886	24886
按三次产业分						
第一产业	0	0	0	0	0	0
第二产业	2474468	2865779	4479674	4683326	1485156	1578562
第三产业	621217	721636	424403	417081	173511	174503
按重点企业类型分						
中央企业	0	0	0	0	0	0
520 户国家重点企业	93072	128496	99887	124612	44791	44791
原 512 户国家重点企业	0	0	0	0	0	0
省级重点企业	610383	566326	987707	826348	324913	233081
现企国家百户试点企业	0	0	0	0	0	0
现企省级试点企业	682271	763420	580591	554118	259330	259586
国家试点企业集团母公司	0	0	0	0	0	0

6-2 湖北省上市公司主要经济指标(7)

(2003年)　　单位:万元

	营业收入(主营业务收入+其他业务收入)		主营业务收入		主营业务成本	
	2002年	2003年	2002年	2003年	2002年	2003年
总　计	**4907572**	**5399361**	**4859419**	**5289659**	**3962036**	**4323279**
按控股情况分						
国有及国有控股小计	4130311	4589652	4090527	4489868	3369868	3691645
国有绝对控股	1706587	1790000	1696776	1768602	1402832	1467355
国有相对控股	2423724	2799652	2393751	2721266	1967036	2224290
集体控股小计	248358	255631	247923	254873	200348	208803
集体绝对控股	100545	106543	100503	106211	78322	82766
集体相对控股	147813	149088	147420	148662	122026	126037
其他	528903	554078	520969	544918	391820	422831
按主营行业分						
农、林、牧、渔业	0	0	0	0	0	0
工业小计	3796954	4070050	3763618	3995730	3029058	3221943
采矿业	0	0	0	0	0	0
制造业	3628503	3858991	3595430	3784751	2903318	3054467
电力、燃气及水的生产和供应业	168451	211059	168188	210979	125740	167476
建筑业	191411	157696	191044	153176	152391	118566
交通运输、仓储和邮政业	0	0	0	0	0	0
信息传输、计算机服务和软件业	0	0	0	0	0	0
批发和零售业	919207	1171615	904757	1140753	780587	982770
按登记注册类型分						
国有企业	0	0	0	0	0	0
公司制企业小计	4907572	5399361	4859419	5289659	3962036	4323279
国有独资企业	0	0	0	0	0	0
其他有限责任公司	0	0	0	0	0	0
股份有限公司	4907572	5399361	4859419	5289659	3962036	4323279
中外合资企业	0	0	0	0	0	0
港澳台合资企业	0	0	0	0	0	0
其他	0	0	0	0	0	0
按企业规模分						
大型	4149937	4494019	4112262	4407107	3402654	3646074
中型	720927	869194	711265	847378	542610	658317
小型	36511	36091	35859	35171	16745	18887
其他	197	57	33	3	27	1
按三次产业分						
第一产业	0	0	0	0	0	0
第二产业	3988365	4227746	3954662	4148906	3181449	3340509
第三产业	919207	1171615	904757	1140753	780587	982770
按重点企业类型分						
中央企业	0	0	0	0	0	0
520户国家重点企业	129276	185907	126543	177517	96045	130529
原512户国家重点企业	0	0	0	0	0	0
省级重点企业	700092	708707	691723	697139	565722	559050
现企国家百户试点企业	0	0	0	0	0	0
现企省级试点企业	814142	889836	799929	871038	666551	723528
国家试点企业集团母公司	0	0	0	0	0	0

6－2　湖北省上市公司主要经济指标(8)

(2003年)　　　　单位:万元

	主营业务税金及附加		其他业务收入		新产品销售收入	
	2002年	2003年	2002年	2003年	2002年	2003年
总　计	**35480**	**33966**	**48153**	**109702**	**711961**	**614957**
按控股情况分						
国有及国有控股小计	25154	22264	39784	99784	524078	401100
国有绝对控股	8923	7779	9811	21398	195005	212348
国有相对控股	16231	14485	29973	78386	329073	188752
集体控股小计	1599	1607	435	758	107459	93840
集体绝对控股	228	266	42	332	37809	34351
集体相对控股	1371	1341	393	426	69650	59489
其他	8727	10095	7934	9160	80424	120017
按主营行业分						
农、林、牧、渔业	0	0	0	0	0	0
工业小计	26533	26971	33336	74320	711961	613130
采矿业	0	0	0	0	0	0
制造业	24369	23222	33073	74240	656662	522179
电力、燃气及水的生产和供应业	2164	3749	263	80	55299	90951
建筑业	5372	3265	367	4520	0	1827
交通运输、仓储和邮政业	0	0	0	0	0	0
信息传输、计算机服务和软件业	0	0	0	0	0	0
批发和零售业	3575	3730	14450	30862	0	0
按登记注册类型分						
国有企业	0	0	0	0	0	0
公司制企业小计	35480	33966	48153	109702	711961	614957
国有独资企业	0	0	0	0	0	0
其他有限责任公司	0	0	0	0	0	0
股份有限公司	35480	33966	48153	109702	711961	614957
中外合资企业	0	0	0	0	0	0
港澳台合资企业	0	0	0	0	0	0
其他	0	0	0	0	0	0
按企业规模分						
大型	27468	25326	37675	86912	614639	470827
中型	7610	8357	9662	21816	97322	144130
小型	401	283	652	920	0	0
其他	1	0	164	54	0	0
按三次产业分						
第一产业	0	0	0	0	0	0
第二产业	31905	30236	33703	78840	711961	614957
第三产业	3575	3730	14450	30862	0	0
按重点企业类型分						
中央企业	0	0	0	0	0	0
520户国家重点企业	1009	1495	2733	8390	0	0
原512户国家重点企业	0	0	0	0	0	0
省级重点企业	4123	4300	8369	11568	86835	80939
现企国家百户试点企业	0	0	0	0	0	0
现企省级试点企业	7221	7556	14213	18798	17978	18161
国家试点企业集团母公司	0	0	0	0	0	0

6－2 湖北省上市公司主要经济指标(9)

(2003 年)

单位:万元

	出口销售总额		存货跌价损失和营业、管理、财务等费用合计		税 金	
	2002 年	2003 年	2002 年	2003 年	2002 年	2003 年
总 计	**127075**	**183592**	**592006**	**618021**	**22719**	**31619**
按控股情况分						
国有及国有控股小计	108705	158921	480225	509651	15163	25543
国有绝对控股	22386	31969	151507	157280	5589	5816
国有相对控股	86319	126952	328718	352371	9574	19727
集体控股小计	17674	20442	21437	23464	536	531
集体绝对控股	8490	8730	10144	10100	391	397
集体相对控股	9184	11712	11293	13364	145	134
其他	696	4229	90344	84906	7020	5545
按主营行业分						
农、林、牧、渔业	0	0	0	0	0	0
工业小计	122803	179240	433642	429198	17487	25601
采矿业	0	0	0	0	0	0
制造业	122803	179240	418757	413796	16796	24994
电力、燃气及水的生产和供应业	0	0	14885	15402	691	607
建筑业	0	0	21168	27591	143	226
交通运输、仓储和邮政业	0	0	0	0	0	0
信息传输、计算机服务和软件业	0	0	0	0	0	0
批发和零售业	4272	4352	137196	161232	5089	5792
按登记注册类型分						
国有企业	0	0	0	0	0	0
公司制企业小计	127075	183592	592006	618021	22719	31619
国有独资企业	0	0	0	0	0	0
其他有限责任公司	0	0	0	0	0	0
股份有限公司	127075	183592	592006	618021	22719	31619
中外合资企业	0	0	0	0	0	0
港澳台合资企业	0	0	0	0	0	0
其他	0	0	0	0	0	0
按企业规模分						
大型	71674	113848	460948	482964	16100	25197
中型	55052	69260	118094	120460	6611	6238
小型	349	484	8125	9740	8	54
其他	0	0	4839	4857	0	130
按三次产业分						
第一产业	0	0	0	0	0	0
第二产业	122803	179240	454810	456789	17630	25827
第三产业	4272	4352	137196	161232	5089	5792
按重点企业类型分						
中央企业	0	0	0	0	0	0
520 户国家重点企业	0	0	26466	32992	402	575
原 512 户国家重点企业	0	0	0	0	0	0
省级重点企业	38397	46235	100527	101361	6781	6177
现企国家百户试点企业	0	0	0	0	0	0
现企省级试点企业	30069	34391	136433	158365	4280	4866
国家试点企业集团母公司	0	0	0	0	0	0

6－2 湖北省上市公司主要经济指标(10)

(2003 年)　　　　单位:万元

	劳动、待业保险费		利息支出		投资收益	
	2002 年	2003 年	2002 年	2003 年	2002 年	2003 年
总　计	**19820**	**21514**	**84450**	**92942**	**－2464**	**28660**
按控股情况分						
国有及国有控股小计	14637	16282	64892	76022	－5847	25375
国有绝对控股	5200	4165	20109	22773	6007	4736
国有相对控股	9437	12117	44783	53249	－11854	20639
集体控股小计	432	603	1742	1628	1407	944
集体绝对控股	347	510	1599	1872	1289	867
集体相对控股	85	93	143	－244	118	77
其他	4751	4629	17816	15292	1976	2341
按主营行业分						
农、林、牧、渔业	0	0	0	0	0	0
工业小计	15839	15939	59327	66557	12826	32405
采矿业	0	0	0	0	0	0
制造业	15261	15295	52448	59020	9661	29818
电力、燃气及水的生产和供应业	578	644	6879	7537	3165	2587
建筑业	243	471	3605	5541	3848	2827
交通运输、仓储和邮政业	0	0	0	0	0	0
信息传输、计算机服务和软件业	0	0	0	0	0	0
批发和零售业	3738	5104	21518	20844	－19138	－6572
按登记注册类型分						
国有企业	0	0	0	0	0	0
公司制企业小计	19820	21514	84450	92942	－2464	28660
国有独资企业	0	0	0	0	0	0
其他有限责任公司	0	0	0	0	0	0
股份有限公司	19820	21514	84450	92942	－2464	28660
中外合资企业	0	0	0	0	0	0
港澳台合资企业	0	0	0	0	0	0
其他	0	0	0	0	0	0
按企业规模分						
大型	15630	16149	66162	68676	15666	34152
中型	3976	4680	16326	22557	2602	2559
小型	214	214	236	26	－985	－1871
其他	0	471	1726	1683	－19747	－6180
按三次产业分						
第一产业	0	0	0	0	0	0
第二产业	16082	16410	62932	72098	16674	35232
第三产业	3738	5104	21518	20844	－19138	－6572
按重点企业类型分						
中央企业	0	0	0	0	0	0
520 户国家重点企业	221	560	8725	9690	69	0
原 512 户国家重点企业	0	0	0	0	0	0
省级重点企业	3578	3598	23475	24627	5484	3829
现企国家百户试点企业	0	0	0	0	0	0
现企省级试点企业	4481	4276	22208	24530	1229	1345
国家试点企业集团母公司	0	0	0	0	0	0

6－2　湖北省上市公司主要经济指标(11)

(2003 年)　　　　单位:万元

	营业外收入		利润总额		应交所得税	
	2002 年	2003 年	2002 年	2003 年	2002 年	2003 年
总　计	**8075**	**11927**	**243511**	**364106**	**89952**	**85733**
按控股情况分						
国有及国有控股小计	4899	10567	197809	319147	75331	73029
国有绝对控股	1131	865	139481	139616	42403	43319
国有相对控股	3768	9702	58328	179531	32928	29710
集体控股小计	390	491	24287	21929	5731	6030
集体绝对控股	173	280	13700	13836	4626	4566
集体相对控股	217	211	10587	8093	1105	1464
其他	2786	869	21415	23030	8890	6674
按主营行业分						
农、林、牧、渔业	0	0	0	0	0	0
工业小计	6092	7464	272793	352279	82737	75394
采矿业	0	0	0	0	0	0
制造业	5885	7457	243944	325986	76724	70352
电力、燃气及水的生产和供应业	207	7	28849	26293	6013	5042
建筑业	324	206	－1273	8250	1057	2446
交通运输、仓储和邮政业	0	0	0	0	0	0
信息传输、计算机服务和软件业	0	0	0	0	0	0
批发和零售业	1659	4257	－28009	3577	6158	7893
按登记注册类型分						
国有企业	0	0	0	0	0	0
公司制企业小计	8075	11927	243511	364106	89952	85733
国有独资企业	0	0	0	0	0	0
其他有限责任公司	0	0	0	0	0	0
股份有限公司	8075	11927	243511	364106	89952	85733
中外合资企业	0	0	0	0	0	0
港澳台合资企业	0	0	0	0	0	0
其他	0	0	0	0	0	0
按企业规模分						
大型	5732	10505	259829	326183	69386	66202
中型	2323	1402	10938	51870	18738	18886
小型	20	17	1052	5031	1828	645
其他	0	3	－28308	－18978	0	0
按三次产业分						
第一产业	0	0	0	0	0	0
第二产业	6416	7670	271520	360529	83794	77840
第三产业	1659	4257	－28009	3577	6158	7893
按重点企业类型分						
中央企业	0	0	0	0	0	0
520 户国家重点企业	12	141	4935	15829	850	3309
原 512 户国家重点企业	0	0	0	0	0	0
省级重点企业	2750	3877	25580	50753	9223	11701
现企国家百户试点企业	0	0	0	0	0	0
现企省级试点企业	2165	3904	－3502	11225	7325	6938
国家试点企业集团母公司	0	0	0	0	0	0

6-2 湖北省上市公司主要经济指标(12)

(2003年)　　　　单位:万元

	应交增值税		固定资产投资完成额		研究开发费用	
	2002年	2003年	2002年	2003年	2002年	2003年
总　计	**173003**	**194285**	**331234**	**434383**	**62507**	**62388**
按控股情况分						
国有及国有控股小计	144743	165988	232709	324472	50601	48834
国有绝对控股	61355	65627	99393	159752	17498	18369
国有相对控股	83388	100361	133316	164720	33103	30465
集体控股小计	5968	4762	61844	86952	2198	2299
集体绝对控股	2817	2683	16148	38507	539	686
集体相对控股	3151	2079	45696	48445	1659	1613
其他	22292	23535	36681	22959	9708	11255
按主营行业分						
农、林、牧、渔业	0	0	0	0	0	0
工业小计	146969	164734	291190	430641	62387	62345
采矿业	0	0	0	0	0	0
制造业	134174	151654	279372	420867	56577	58689
电力、燃气及水的生产和供应业	12795	13080	11818	9774	5810	3656
建筑业	3504	4592	33872	0	120	43
交通运输、仓储和邮政业	0	0	0	0	0	0
信息传输、计算机服务和软件业	0	0	0	0	0	0
批发和零售业	22530	24959	6172	3742	0	0
按登记注册类型分						
国有企业	0	0	0	0	0	0
公司制企业小计	173003	194285	331234	434383	62507	62388
国有独资企业	0	0	0	0	0	0
其他有限责任公司	0	0	0	0	0	0
股份有限公司	173003	194285	331234	434383	62507	62388
中外合资企业	0	0	0	0	0	0
港澳台合资企业	0	0	0	0	0	0
其他	0	0	0	0	0	0
按企业规模分						
大型	147619	165721	232416	318316	47249	44809
中型	21709	26475	98818	116067	13079	14157
小型	3675	2089	0	0	2179	3422
其他	0	0	0	0	0	0
按三次产业分						
第一产业	0	0	0	0	0	0
第二产业	150473	169326	325062	430641	62507	62388
第三产业	22530	24959	6172	3742	0	0
按重点企业类型分						
中央企业	0	0	0	0	0	0
520户国家重点企业	7607	11468	31902	52357	249	158
原512户国家重点企业	0	0	0	0	0	0
省级重点企业	31381	34356	63668	96206	5982	4133
现企国家百户试点企业	0	0	0	0	0	0
现企省级试点企业	23074	24524	29131	42317	1412	1841
国家试点企业集团母公司	0	0	0	0	0	0

6-3 湖北省上市公司从业人员人数(1)

(2003年)

单位:人

	从业人员年末人数		在岗职工	
	2002年	2003年	2002年	2003年
总 计	**133072**	**136228**	**129521**	**131122**
按控股情况分				
国有及国有控股小计	100785	108742	97415	104400
国有绝对控股	33495	34949	31306	33032
国有相对控股	67290	73793	66109	71368
集体控股小计	7520	8054	7434	8006
集体绝对控股	4395	4941	4345	4911
集体相对控股	3125	3113	3089	3095
其他	24767	19432	24672	18716
按主营行业分				
农、林、牧、渔业	0	0	0	0
工业小计	105779	105754	104159	102960
采矿业	0	0	0	0
制造业	103739	103531	102159	100737
电力、燃气及水的生产和供应业	2040	2223	2000	2223
建筑业	5958	6297	5319	4877
交通运输、仓储和邮政业	0	0	0	0
信息传输、计算机服务和软件业	0	0	0	0
批发和零售业	21335	24177	20043	23285
按登记注册类型分				
国有企业	0	0	0	0
公司制企业小计	133072	136228	129521	131122
国有独资企业	0	0	0	0
其他有限责任公司	0	0	0	0
股份有限公司	133072	136228	129521	131122
中外合资企业	0	0	0	0
港澳台合资企业	0	0	0	0
其他	0	0	0	0
按企业规模分				
大型	104056	107670	102096	103720
中型	28033	27521	26450	26373
小型	657	714	649	706
其他	326	323	326	323
按三次产业分				
第一产业	0	0	0	0
第二产业	111737	112051	109478	107837
第三产业	21335	24177	20043	23285
按重点企业类型分				
中央企业	0	0	0	0
520户国家重点企业	3612	5210	3612	5210
原512户国家重点企业	0	0	0	0
省级重点企业	35098	32974	34951	32652
现企国家百户试点企业	0	0	0	0
现企省级试点企业	29177	31602	29093	31280
国家试点企业集团母公司	0	0	0	0

6－3　湖北省上市公司从业人员人数(2)

(2003 年)　　　　单位:人

	其他从业人员		研究开发人员	
	2002 年	2003 年	2002 年	2003 年
总　计	**3551**	**5106**	**5334**	**5718**
按控股情况分				
国有及国有控股小计	3370	4342	4017	4520
国有绝对控股	2189	1917	1580	1856
国有相对控股	1181	2425	2437	2664
集体控股小计	86	48	250	225
集体绝对控股	50	30	63	53
集体相对控股	36	18	187	172
其他	95	716	1067	973
按主营行业分				
农、林、牧、渔业	0	0	0	0
工业小计	1620	2794	5334	5718
采矿业	0	0	0	0
制造业	1580	2794	5239	5615
电力、燃气及水的生产和供应业	40	0	95	103
建筑业	639	1420	0	0
交通运输、仓储和邮政业	0	0	0	0
信息传输、计算机服务和软件业	0	0	0	0
批发和零售业	1292	892	0	0
按登记注册类型分				
国有企业	0	0	0	0
公司制企业小计	3551	5106	5334	5718
国有独资企业	0	0	0	0
其他有限责任公司	0	0	0	0
股份有限公司	3551	5106	5334	5718
中外合资企业	0	0	0	0
港澳台合资企业	0	0	0	0
其他	0	0	0	0
按企业规模分				
大型	1960	3950	3960	4250
中型	1583	1148	1214	1279
小型	8	8	160	189
其他	0	0	0	0
按三次产业分				
第一产业	0	0	0	0
第二产业	2259	4214	5334	5718
第三产业	1292	892	0	0
按重点企业类型分				
中央企业	0	0	0	0
520 户国家重点企业	0	0	67	56
原 512 户国家重点企业	0	0	0	0
省级重点企业	147	322	1315	1212
现企国家百户试点企业	0	0	0	0
现企省级试点企业	84	322	597	627
国家试点企业集团母公司	0	0	0	0

6-4 湖北省上市公司从业人员劳动报酬(1)

(2003 年)

单位:万元

	从业人员劳动报酬		在岗职工劳动报酬	
	2002 年	2003 年	2002 年	2003 年
总 计	**161885**	**189092**	**157834**	**184923**
按控股情况分				
国有及国有控股小计	129869	156062	126457	152400
国有绝对控股	52141	65661	50067	63950
国有相对控股	77728	90401	76390	88450
集体控股小计	8785	9515	8640	9421
集体绝对控股	4161	4389	4041	4317
集体相对控股	4624	5126	4599	5104
其他	23231	23515	22737	23102
按主营行业分				
农、林、牧、渔业	0	0	0	0
工业小计	132072	152385	129360	149711
采矿业	0	0	0	0
制造业	127216	145976	124564	143302
电力、燃气及水的生产和供应业	4856	6409	4796	6409
建筑业	9189	11251	8679	10380
交通运输、仓储和邮政业	0	0	0	0
信息传输、计算机服务和软件业	0	0	0	0
批发和零售业	20624	25456	19795	24832
按登记注册类型分				
国有企业	0	0	0	0
公司制企业小计	161885	189092	157834	184923
国有独资企业	0	0	0	0
其他有限责任公司	0	0	0	0
股份有限公司	161885	189092	157834	184923
中外合资企业	0	0	0	0
港澳台合资企业	0	0	0	0
其他	0	0	0	0
按企业规模分				
大型	128113	149531	125384	146460
中型	32218	37893	30912	36811
小型	1314	1428	1298	1412
其他	240	240	240	240
按三次产业分				
第一产业	0	0	0	0
第二产业	141261	163636	138039	160091
第三产业	20624	25456	19795	24832
按重点企业类型分				
中央企业	0	0	0	0
520 户国家重点企业	5355	6992	5355	6992
原 512 户国家重点企业	0	0	0	0
省级重点企业	33592	35315	33422	35016
现企国家百户试点企业	0	0	0	0
现企省级试点企业	27305	31611	27234	31312
国家试点企业集团母公司	0	0	0	0

6－4 湖北省上市公司从业人员劳动报酬(2)

(2003 年)

单位:万元

	其他从业人员劳动报酬		研究开发人员劳动报酬	
	2002 年	2003 年	2002 年	2003 年
总 计	**4051**	**4169**	**11351**	**12916**
按控股情况分				
国有及国有控股小计	3412	3662	9473	10718
国有绝对控股	2074	1711	4141	5677
国有相对控股	1338	1951	5332	5041
集体控股小计	145	94	426	437
集体绝对控股	120	72	109	128
集体相对控股	25	22	317	309
其他	494	413	1452	1761
按主营行业分				
农、林、牧、渔业	0	0	0	0
工业小计	2712	2674	11351	12916
采矿业	0	0	0	0
制造业	2652	2674	11061	12526
电力、燃气及水的生产和供应业	60	0	290	390
建筑业	510	871	0	0
交通运输、仓储和邮政业	0	0	0	0
信息传输、计算机服务和软件业	0	0	0	0
批发和零售业	829	624	0	0
按登记注册类型分				
国有企业	0	0	0	0
公司制企业小计	4051	4169	11351	12916
国有独资企业	0	0	0	0
其他有限责任公司	0	0	0	0
股份有限公司	4051	4169	11351	12916
中外合资企业	0	0	0	0
港澳台合资企业	0	0	0	0
其他	0	0	0	0
按企业规模分				
大型	2729	3071	8890	9884
中型	1306	1082	2141	2654
小型	16	16	320	378
其他	0	0	0	0
按三次产业分				
第一产业	0	0	0	0
第二产业	3222	3545	11351	12916
第三产业	829	624	0	0
按重点企业类型分				
中央企业	0	0	0	0
520 户国家重点企业	0	0	112	105
原 512 户国家重点企业	0	0	0	0
省级重点企业	170	299	1703	1621
现企国家百户试点企业	0	0	0	0
现企省级试点企业	71	299	544	601
国家试点企业集团母公司	0	0	0	0

6－5 湖北省上市公司主要经济效益指标(1)

(2003 年)

单位:%

	资产负债率		劳动生产率(万元/人)		销售利润率	
	2002 年	2003 年	2002 年	2003 年	2002 年	2003 年
总　计	**43.84**	**47.85**	**36.88**	**39.63**	**4.96**	**6.74**
按控股情况分						
国有及国有控股小计	43.43	47.41	40.98	42.21	4.79	6.95
国有绝对控股	39.28	40.69	50.95	51.22	8.17	7.8
国有相对控股	46.01	51.31	36.02	37.94	2.41	6.41
集体控股小计	29.42	40.29	33.03	31.74	9.78	8.58
集体绝对控股	25.75	38.71	22.88	21.56	13.63	12.99
集体相对控股	31.18	41.32	47.3	47.89	7.16	5.43
其他	50.43	53.6	21.36	28.51	4.05	4.16
按主营行业分						
农、林、牧、渔业	0	0	0	0	0	0
工业小计	41.26	44.08	35.9	38.49	7.18	8.66
采矿业	0	0	0	0	0	0
制造业	41.17	43.61	34.98	37.27	6.72	8.45
电力、燃气及水的生产和供应业	42.42	49.8	82.57	94.94	17.13	12.46
建筑业	31.93	52.91	32.13	25.04	-0.67	5.23
交通运输、仓储和邮政业	0	0	0	0	0	0
信息传输、计算机服务和软件业	0	0	0	0	0	0
批发和零售业	64.51	67.11	43.08	48.46	-3.05	0.31
按登记注册类型分						
国有企业	0	0	0	0	0	0
公司制企业小计	43.84	47.85	36.88	39.63	4.96	6.74
国有独资企业	0	0	0	0	0	0
其他有限责任公司	0	0	0	0	0	0
股份有限公司	43.84	47.85	36.88	39.63	4.96	6.74
中外合资企业	0	0	0	0	0	0
港澳台合资企业	0	0	0	0	0	0
其他	0	0	0	0	0	0
按企业规模分						
大型	45.06	48.65	39.88	41.74	6.26	7.26
中型	39.48	44.41	25.72	31.58	1.52	5.97
小型	11.94	15.46	55.57	50.55	2.88	13.94
其他	107.35	173.84	0.6	0.18	-14369.54	-33294.74
按三次产业分						
第一产业	0	0	0	0	0	0
第二产业	40.57	44.98	35.69	37.73	6.81	8.53
第三产业	64.51	67.11	43.08	48.46	-3.05	0.31
按重点企业类型分						
中央企业	0	0	0	0	0	0
520 户国家重点企业	65.6	67.45	35.79	35.68	3.82	8.51
原 512 户国家重点企业	0	0	0	0	0	0
省级重点企业	46.82	51.13	19.95	21.49	3.65	7.16
现企国家百户试点企业	0	0	0	0	0	0
现企省级试点企业	57.37	61.09	27.9	28.16	-0.43	1.26
国家试点企业集团母公司	0	0	0	0	0	0

6－5 湖北省上市公司主要经济效益指标(2)

(2003 年)

单位:%

	成本费用利润率		资产利税率		总资产使用率	
	2002 年	2003 年	2002 年	2003 年	2002 年	2003 年
总　计	**5.35**	**7.37**	**5.18**	**6.06**	**55.64**	**54.08**
按控股情况分						
国有及国有控股小计	5.14	7.6	5.44	6.39	60.47	56.52
国有绝对控股	8.97	8.59	8.08	7.3	65.34	60.57
国有相对控股	2.54	6.97	3.79	5.86	57.43	54.17
集体控股小计	10.95	9.44	6.61	5.36	51.44	48.32
集体绝对控股	15.49	14.9	10.69	8.09	64.17	51.18
集体相对控股	7.94	5.81	4.64	3.6	45.31	46.46
其他	4.44	4.54	3.53	4.33	35.05	41.6
按主营行业分						
农、林、牧、渔业	0	0	0	0	0	0
工业小计	7.88	9.65	6.4	7.12	53.93	52.27
采矿业	0	0	0	0	0	0
制造业	7.34	9.4	6.22	7.09	55.57	53.55
电力、燃气及水的生产和供应业	20.51	14.38	8.61	7.48	33.06	36.57
建筑业	-0.73	5.64	1.36	1.86	34.19	17.66
交通运输、仓储和邮政业	0	0	0	0	0	0
信息传输、计算机服务和软件业	0	0	0	0	0	0
批发和零售业	-3.05	0.31	-0.16	2.54	75.67	89.95
按登记注册类型分						
国有企业	0	0	0	0	0	0
公司制企业小计	5.35	7.37	5.18	6.06	55.64	54.08
国有独资企业	0	0	0	0	0	0
其他有限责任公司	0	0	0	0	0	0
股份有限公司	5.35	7.37	5.18	6.06	55.64	54.08
中外合资企业	0	0	0	0	0	0
港澳台合资企业	0	0	0	0	0	0
其他	0	0	0	0	0	0
按企业规模分						
大型	6.73	7.9	6.43	6.77	60.84	57.72
中型	1.66	6.66	2.18	4.28	38.48	41.79
小型	4.23	17.57	6.05	8.45	42.34	40.16
其他	-581.75	-390.65	-69.79	-63.89	0.08	0.01
按三次产业分						
第一产业	0	0	0	0	0	0
第二产业	7.47	9.49	6.02	6.58	52.47	48.74
第三产业	-3.05	0.31	-0.16	2.54	75.67	89.95
按重点企业类型分						
中央企业	0	0	0	0	0	0
520 户国家重点企业	4.03	9.68	4.67	7.52	43.58	46.37
原 512 户国家重点企业	0	0	0	0	0	0
省级重点企业	3.84	7.69	3.29	5.29	37.24	41.23
现企国家百户试点企业	0	0	0	0	0	0
现企省级试点企业	-0.44	1.27	1.97	3.04	58.74	61.16
国家试点企业集团母公司	0	0	0	0	0	0

6－5　湖北省上市公司主要经济效益指标(3)

(2003 年)　　单位:%

	资金利润率		净资产收益率		总资产报酬率	
	2002 年	2003 年	2002 年	2003 年	2002 年	2003 年
总　计	**3.51**	**4.96**	**3.13**	**5.46**	**3.76**	**4.67**
按控股情况分						
国有及国有控股小计	3.63	5.39	3.2	5.89	3.88	4.97
国有绝对控股	6.95	6.69	6.16	5.56	6.15	5.56
国有相对控股	1.69	4.68	1.13	6.13	2.47	4.63
集体控股小计	6.55	5.29	5.45	5.05	5.4	4.47
集体绝对控股	11.05	10.98	7.8	7.29	9.77	7.57
集体相对控股	4.29	2.8	4.23	3.53	3.3	2.45
其他	1.92	2.3	1.7	2.69	2.64	2.93
按主营行业分						
农、林、牧、渔业	0	0	0	0	0	0
工业小计	4.94	6.11	4.64	6.48	4.76	5.48
采矿业	0	0	0	0	0	0
制造业	4.72	6.06	4.39	6.41	4.58	5.45
电力、燃气及水的生产和供应业	8.35	6.71	7.79	7.34	7.02	5.86
建筑业	-0.27	1.6	-0.61	1.42	0.42	1.59
交通运输、仓储和邮政业	0	0	0	0	0	0
信息传输、计算机服务和软件业	0	0	0	0	0	0
批发和零售业	-2.98	0.34	-8.05	-1.03	-0.54	1.93
按登记注册类型分						
国有企业	0	0	0	0	0	0
公司制企业小计	3.51	4.96	3.13	5.46	3.76	4.67
国有独资企业	0	0	0	0	0	0
其他有限责任公司	0	0	0	0	0	0
股份有限公司	3.51	4.96	3.13	5.46	3.76	4.67
中外合资企业	0	0	0	0	0	0
港澳台合资企业	0	0	0	0	0	0
其他	0	0	0	0	0	0
按企业规模分						
大型	4.82	5.74	5.13	6.63	4.82	5.17
中型	0.75	3.32	-0.7	2.93	1.47	3.67
小型	1.35	6.71	-1.04	5.92	1.52	5.77
其他	-172.54	-122.24	949.3	86.52	-65.54	-58.22
按三次产业分						
第一产业	0	0	0	0	0	0
第二产业	4.53	5.74	4.19	6.04	4.44	5.08
第三产业	-2.98	0.34	-8.05	-1.03	-0.54	1.93
按重点企业类型分						
中央企业	0	0	0	0	0	0
520 户国家重点企业	2.05	5.32	4.09	10.05	4.7	6.67
原 512 户国家重点企业	0	0	0	0	0	0
省级重点企业	1.88	3.99	1.66	4.73	2.64	4.46
现企国家百户试点企业	0	0	0	0	0	0
现企省级试点企业	-0.32	0.96	-1.86	0.77	1.37	2.51
国家试点企业集团母公司	0	0	0	0	0	0

注:由于各种原因缺 3 家数据。

七、企业集团

资料整理：蒋宇飞　王　虹
胡树泉　祁　炜

做大做强龙头企业　增强幅射带动能力

——2003年湖北省企业集团发展报告

企业集团的发展水平是衡量一个国家和地区经济发展水平的重要尺度。大型企业集团作为国民经济增长的支点和经济结构优化的载体,决定着区域经济增长潜能大小和核心竞争力的强弱。对41户省重点企业集团调查结果表明:我省重点企业集团呈现出规模不断扩张、主营收入稳步增加,经济效益渐趋好转的良性发展格局,一批上规模、上水平的骨干企业集团相继脱颖而出,带动了全省产业、行业结构调整与优化,促进了全省经济持续快速健康发展。

做大做强企业集团不仅是发展湖北经济的必然选择,更是实现富民强省战略的基石和关键。目前我省企业集团的规模状况如何,能否担当提升地区竞争力的重任?本文将从多角度予以透视分析,供各级领导参考。

列入2003年全省重点企业集团调查范围的集团共计41户,其中由省政府及主管部门批准成立的有26户,国务院及主管部门批准成立的有8户,其他7户。

80.5%以上的重点企业集团分布于制造业和批发零售贸易,工业企业集团占全省重点企业集团的63.4%。有87.8%的集团母公司已按《公司法》要求进行了改制,国有独资公司、股份有限公司和其他有限责任公司分别占已改制企业集团数的46.3%、24.4%和17.1%。从母公司控股情况看,国有绝对控股企业仍居主导地位,有32户,占78%;国有相对控股企业为5户;其他企业有4户。

企业集团是以母子公司为主体,通过投资及生产经营协作等多种方式,与众多的企事业单位共同组成的经济联合体。其规模的概念主要体现为资产、成员单位、营业收入、盈利和从业人员规模。调查显示:2003年我省41户重点企业集团资产总规模为2486.6亿元,成员单位有302个,全年实现营业收入1930亿元,盈亏相抵后实现利润119.58亿元,从业人员总数达到45.08万人。*

企业集团规模透视

一、资产规模

企业集团的资产是指其拥有或控制的全部资产。我省企业集团规模相对较小,规模优势和效应未能充分显现。2003年资产规模在500－1000亿元的企业集团1户;资产规模在100－500亿元的企业集团3户;资产规模在50－100亿元的企业集团为2户;资产规模在5－50亿元之间的企业集团33户;资产规模在5亿元以下的企业集团为2户。与2002年全国水平相比,我省资产五百亿元以上的企业集团数量仅占全国同等规模集团的2.3%,100－500亿元的企业集团数仅占2.0%,50－100亿元的企业集团数仅占0.94%,5－50亿元的企业集团数在全国仅占2.2%(具体数据见表一)。

二、营业收入规模

我省企业集团营业收入规模还较小,而且集团之间的差距较大。2003年41户企业集团实现的全部营业收入略高于全国集团排名第三位的中国移动通信集团(2002年排序)一年实现的营业收入。从分组来看,

* (注:41户集团包括国务院及主管部门、省级人民政府及主管部门批准组建的以及资产和营业收入均在5亿元以上的企业集团,简称省重点企业集团。下同)

营业收入上百亿元有2户，分别为东风汽车公司965.3亿元和武汉钢铁集团273.1亿元；50－100亿元的企业集团3户；5－50亿元之间的企业集团24户；1－5亿元的企业集团11户。与全国相比，我省企业集团营业收入上规模的较小（见表二）。此外，我省企业集团之间营业收入规模差异大。营业收入排名第一位的企业集团是第二位的3.5倍，是最后一位的312.6倍。企业集团的户均营业收入为47亿元。

表一：　我省集团资产规模与全国比较　（单位：户）

资产规模分组		500亿元及以上	100－500亿元	50－100亿元	5－50亿元
湖北	2002年	1	2	3	35
	2003年	1	3	2	33
全国	2002年	43	148	213	1518

表二：　我省企业集团营业收入与全国的比较　（单位：户）

营业收入规模分组		100亿元及以上	50－100亿元	5－50亿元	1－5亿元
湖北	2002年	2	3	32	9
	2003年	2	3	24	11
全国	2002年	116	133	1323	719

三、盈利规模

2003年是我省企业集团盈利状况最好的一年，盈亏相抵之后，41户企业集团共实现利润119.58亿元。从分组来看，利润达10亿元及以上的企业集团2户；5－10亿元的企业集团1户；1－5亿元的企业集团3户；利润在0.5－1亿元的企业集团10户，比上年增加2户；0.1－0.5亿元的企业集团12户；实现利润低于一千万元的企业集团数相对减少，为13户。此外，企业集团子公司亏损面较上年降低2.1个百分点，为23.5%；企业集团亏损面为21.7%（其中工业企业集团亏损面为19.4%）。

表三：　我省企业集团赢利分组情况　（单位：户）

利润总额分组	5亿元以上	1－5亿元	0.5－1亿元	0.1－0.5亿元	0.1亿元以下
2002年	3	5	8	14	16
2003年	3	3	10	12	13

四、成员规模及从业人员规模

企业集团成员单位由企业集团母公司（核心企业）、在中国境内外的全资子公司（单位）、绝对控股子公司和相对控股子公司（不包括参股和协作企业）组成。目前，我省企业集团户均成员单位数超过7个，大部分企业集团母子公司体制健全，成员单位在一定规模以上，但是还有少部分企业集团未建立母子公司体制，成员单位数在2个及以下，有的甚至为“光杆司令”。从分组来看，在41户企业集团中，成员数在5个及以上的企业集团34户，占82.9%，其中成员数在10个及以上的企业集团15户。成员数最多的企业集团成员个数达到30个，排在二三位的企业集团成员数分别为27个和19个，成员单位在2个及以下的集团为5户，占10.9%。

2003年由于部分企业集团规模扩大，经营状况转好，企业集团从业人员规模达到45万人。其中10万人以上的企业集团 1 户,5 - 10 万人的企业集团 1 户,1 - 5 万人的企业集团 5 户,0.5 - 1 万人的企业集团 11 户,0.1 - 0.5 万人的企业集团 18 户,1000 人以下的企业集团 5 户。

发展中存在的问题

影响我省企业集团做大做强除了市场、资金和体制(如人员、债务负担)等共性因素外,制约着我省企业集团做大做强的因素主要表现在:

一、企业集团不大,上规模的不多,且发展实力悬殊

我省没有一户资产在 1000 亿元以上的企业集团,资产和营业收入均在 5 亿元以上的企业集团也仅有 29 户(2002 年全国就已达到 1293 户)。集团之间发展实力差异大。资产和营业收入排在第一位的企业集团与最后一位相差三百倍,与排在第二位的相差也在两倍以上,资产规模在 5 亿元及以下的 12 户企业集团的资产总计、营业收入、利润等指标之和不及排在第一的企业集团。从目前企业集团自身发展趋势看来,如果没有大的兼并、重组浪潮和相关配套政策的支持,那么再经过五年我省也很难出现资产上 500 亿元或更多上百亿元的大型航母,在区域竞争中就很难形成扩张和渗透优势。

二、企业集团运行机制不够健全,法人治理结构不够完善

由于企业改革步履滞缓、改制不彻底等原因,我省重点企业集团的改革仍不够到位,致使企业集团的运行机制尚不够健全。集中表现在企业集团法人治理结构不够完善,缺乏有效的约束激励机制。2003 年 41 户省重点企业集团中,"新三会"(股东会、董事会、监事会)俱全的仍不足 50%。

三、开拓创新能力不强,外向扩张力度不大

重点企业集团开拓创新能力不强主要表现在两个方面,一是技术创新投入不够,高新技术、高附加值产品少。目前 41 户重点企业集团研发费用(R&D)占营业收入的比重仅为 1%,低于上海、广东、山东等省市,仍有 22% 的集团没有建立"一站两中心";二是市场开拓能力不强。比之浙江、广东、山东等省,我省企业集团的市场开拓意识比较淡薄,无论是向省外市场扩张还是争取海外市场,在国内市场有影响、在国际市场有竞争力的知名品牌也不多见。外向扩张力度不大的主要表现在省外和境外企业集团子公司不多。调查显示,17% 的企业集团经营行业单一,87.8% 的企业集团成员单位局限在省内,还没有迈出跨行业、跨区域、跨国际发展的一步。

四、政策配套和扶持力度不够,资产重组和结构调整进展乏力

调查表明,在短期内实现企业集团的跨越式、超常规发展,有赖于政策的扶持和配套。山东省在"九五"早期采取减免所得税等特殊政策,重点扶持海尔集团、青岛啤酒集团、轻骑集团、海洋化工等 8 家大企业大集团,取得显著规模经济效应。广东通过在确立电子等 5 大支柱产业中选择一批优先培育的大型企业集团,促使其成为广东经济的"台柱"。而我省虽有政策扶持的动机和办法,但扶持落实力度不够,外部政策不配套也延缓和阻碍着企业跨地区、跨行业、跨所有制资本经营,影响企业资产重组和外向扩张的进程。最新问卷调查显示,相对滞后的国有资产管理体制和产权交易市场不健全被企业集团视为发展壮大障碍的认同率分别达 65.9% 和 51.2%。同时我们看到,面对我省产业层次不高、结构雷同的状况,作为结构调整重要载体的重点企业集团,由于资产重组和扩张创新不力,使全省经济结构调整的推进与预期的进程存有差距。

做大做强企业集团的建议

大力培育和发展一批具有自主知识产权、主业突出、核心竞争力强的大企业集团,是加入 WTO 条件下增强我省企业国际竞争力的必然要求,也是实现湖北经济可持续发展的战略选择。

一、做大做强企业集团,关键是提高核心竞争力

做大是基础，做强是关键，多元化发展是企业不断壮大的必经之路，提高核心竞争力则是企业实行多元化战略的前提条件。为此，一是充分运用资本经营功能，积极扩大经营规模。发挥湖北大企业集团资产优势和潜力，加大跨地区、跨行业、跨所有制并购重组力度，实行强强联合，实现资源和生产要素有效积聚。同时，大力拓展融资渠道，通过上市、发行债券等方式扩大资金盘子，为进行控股、收购、兼并等扩张行为提供条件。二是努力精干主业，提高核心竞争力，创造品牌优势。发挥我省大企业集团在区域块状经济和产业集群中的优势和带动作用，集中现有资源，大力发展核心主业，把主业做大、做强、做精，走集约化经营道路。大力培育其核心竞争能力，积极打造高知名度、高信誉度、高科技含量、高市场占有率和高经济效益的“五高”名牌产品，增强大企业集团的凝聚力，增强大企业集团的国际国内市场竞争力。

二、注重企业中长期发展战略，提高企业创新、辐射能力

一是重视企业中长期发展战略。大力加强市场调研，注重对竞争对手、消费对象、市场环境的综合分析。认真制定企业发展战略，做到事先充分论证，吸收各方意见，以保证发展战略的科学性、前瞻性和可操作性；事中积极组织实施，并根据环境和条件的变化作适时调整，以达到预定目标。

二是加大研究与开发的力度。加大研发费用的投入，大企业集团应率先必须达到占营业收入3%的水平，然后力争达到5%以上。建立和完善以企业技术开发中心为核心的技术创新体制和运行机制，可通过年度研发费用专项资金筹集、研发费用低息或无息贷款、研发费用投入与企业税费挂钩等办法，促进大型企业集团研发费用投入的稳定增长。注意培养、引进高素质的科技人才，调动高级科技人才的积极性。积极探索联合研发的各种方式，进一步扩大与技术力量雄厚的科研院所、大专院校的合作，可通过购买科研企业的股权、让科研机构技术入股企业集团、实行与科研机构资产重组等紧密型联合等方式，加快技术成果的转化，提高企业技术开发创新能力。

三是积极实施“走出去”战略。通过品牌延伸、多元化经营、参股控股、技术及管理输出渗透、跨区并购、海外设厂等多元手段，以及产品自营进出口权、境外融资权的扩大和对外招商引资项目的落实，来加速外向拓展进程。

三、政府加强引导，为企业发展创造宽松的环境和条件

一是给予大企业集团以必要的政策扶持。政策扶持的重点要从原来的税收优惠转到企业核心竞争力的培育上来，要给予企业更多的自主权，鼓励企业集团开拓国内外市场，实行跨国、跨地区经营，支持企业上市和多渠道融资，支持企业技术创新。

二是转变政府职能，优化市场环境，建立和维护公平、公正、合理的市场竞争秩序。进一步完善社会保障制度，完善法律法规建设，努力减轻企业负担，为企业发展创造宽松的环境和条件。

撰稿：胡树泉
核稿：蒋宇飞

7－1　湖北省重点企业集团主要经济指标(1)

（2003年）　　单位:万元

	单位数（个）	年末资产总计		固定资产原价		累计折旧	
		2002年	2003年	2002年	2003年	2002年	2003年
总计	**41**	**20467192**	**24865926**	**13681792**	**15506270**	**5444640**	**5631953**
按集团审批部门分							
国务院	4	12895915	16660239	9670529	11177995	4209477	4238979
国务院主管部门	4	1109193	1277468	641333	659426	296560	321482
省级人民政府	6	1657168	1706518	841703	872034	334786	375805
省级人民政府主管部门	20	3691090	4005201	2122702	2324752	488998	568286
其他	7	1113826	1216500	405525	472063	114819	127401
按母公司控股情况分							
国有及国有控股小计	37	19875427	24398487	13507690	15373771	5403732	5602374
国有绝对控股	32	18707602	23077372	12797207	14508480	5244386	5410803
国有相对控股	5	1167825	1321115	710483	865291	159346	191571
集体及集团控股小计	3	410612	404136	102756	105327	20560	25002
集体绝对控股	0	0	0	0	0	0	0
集体相对控股	3	410612	404136	102756	105327	20560	25002
其他	1	181153	63303	71346	27172	20348	4577
按集团主营行业分							
第一产业合计	2	262092	135197	109852	65681	37353	24286
农、林、牧、渔业	2	262092	135197	109852	65681	37353	24286
第二产业合计	29	16792832	21068894	11346642	13032474	4766639	4851601
工业小计	26	15616715	19508133	10693959	12359996	4497639	4577397
采矿业	0	0	0	0	0	0	0
制造业	25	15276221	19163887	10342654	12005650	4348484	4416666
电力、燃气及水的生产和供应业	1	340494	344246	351305	354346	149155	160731
建筑业	3	1176117	1560761	652683	672478	269000	274204
第三产业合计	10	3412268	3661835	2225298	2408115	640648	756066
交通运输、仓储和邮政业	1	1571177	1786528	1331758	1416111	508585	584244
信息传输、计算机服务和软件业	0	0	0	0	0	0	0
批发和零售业	8	1214921	1241254	571577	654188	94863	118017
住宿和餐饮业	0	0	0	0	0	0	0
金融业	0	0	0	0	0	0	0
房地产业	0	0	0	0	0	0	0
其他合计	1	626170	634053	321963	337816	37200	53805
租赁和商务服务业	1	626170	634053	321963	337816	37200	53805
按母公司登记注册类型分							
国有企业	5	12388303	15901914	9218000	10696399	4001775	4021998
公司制企业小计	36	8078889	8964012	4463792	4809871	1442865	1609955
国有独资企业	19	4459891	4925540	2412876	2603090	867292	989411
其他有限责任公司	7	1946220	2283298	1298948	1351248	422774	439511
股份有限公司	10	1672778	1755174	751968	855533	152799	181033
中外合资企业	0	0	0	0	0	0	0
港澳台合资企业	0	0	0	0	0	0	0
其他	0	0	0	0	0	0	0
按母公司企业规模分							
大型	32	19479467	24043226	13318625	15171739	5343797	5534682
中型	6	692883	580913	268458	243492	69929	61162
小型	3	294842	241787	94709	91039	30914	36109
其他	0	0	0	0	0	0	0

7－1 湖北省重点企业集团主要经济指标(2)

(2003 年)　　单位:万元

	本年折旧		累计对外投资		本年对外投资	
	2002 年	2003 年	2002 年	2003 年	2002 年	2003 年
总计	**658115**	**815559**	**512711**	**490530**	**142501**	**52155**
按集团审批部门分						
国务院	494571	620563	189572	163781	88988	19257
国务院主管部门	29156	26242	53447	60108	3571	6987
省级人民政府	45706	65438	44261	47495	9049	3356
省级人民政府主管部门	72129	85014	174400	165754	38419	20071
其他	16553	18302	51031	53392	2474	2484
按母公司控股情况分						
国有及国有控股小计	655803	812626	463233	438493	140323	45096
国有绝对控股	630476	780400	432835	395985	140127	43642
国有相对控股	25327	32226	30398	42508	196	1454
集体及集团控股小计	1789	2142	44206	46765	2178	7059
集体绝对控股	0	0	0	0	0	0
集体相对控股	1789	2142	44206	46765	2178	7059
其他	523	791	5272	5272	0	0
按集团主营行业分						
第一产业合计	4127	3494	23003	15776	0	0
农、林、牧、渔业	4127	3494	23003	15776	0	0
第二产业合计	585696	709736	465887	448708	136185	41934
工业小计	554999	698365	378856	356000	108121	36934
采矿业	0	0	0	0	0	0
制造业	543121	686789	373499	347108	108121	33400
电力、燃气及水的生产和供应业	11878	11576	5357	8892	0	3534
建筑业	30697	11371	87031	92708	28064	5000
第三产业合计	68292	102329	23821	26046	6316	10221
交通运输、仓储和邮政业	37786	63800	0	0	0	0
信息传输、计算机服务和软件业	0	0	0	0	0	0
批发和零售业	18637	21923	21582	23798	6316	10221
住宿和餐饮业	0	0	0	0	0	0
金融业	0	0	0	0	0	0
房地产业	0	0	0	0	0	0
其他合计	11869	16606	2239	2248	0	0
租赁和商务服务业	11869	16606	2239	2248	0	0
按母公司登记注册类型分						
国有企业	466762	611720	144162	113887	62488	14257
公司制企业小计	191353	203839	368549	376643	80013	37898
国有独资企业	114119	138962	182931	165274	47088	15689
其他有限责任公司	51159	38817	119760	129595	28311	10927
股份有限公司	26075	26060	65858	81774	4614	11282
中外合资企业	0	0	0	0	0	0
港澳台合资企业	0	0	0	0	0	0
其他	0	0	0	0	0	0
按母公司企业规模分						
大型	643282	803953	468008	456253	138141	45615
中型	9978	7768	17627	11498	240	542
小型	4855	3838	27076	22779	4120	5998
其他	0	0	0	0	0	0

7－1 湖北省重点企业集团主要经济指标(3)

(2003 年)　　　　　　单位:万元

	存货		流动资产年平均余额		年末负债合计	
	2002 年	2003 年	2002 年	2003 年	2002 年	2003 年
总计	**2610517**	**3063822**	**8953297**	**10159033**	**11913352**	**13886981**
按集团审批部门分						
国务院	1552117	1897011	5636738	6624701	7682646	9003265
国务院主管部门	250510	303268	635328	722147	572675	694717
省级人民政府	236100	229380	811117	862282	809474	949853
省级人民政府主管部门	420887	448590	1384172	1426590	2213090	2515002
其他	150903	185573	485942	523313	635467	724144
按母公司控股情况分						
国有及国有控股小计	2522406	3013221	8673886	9979176	11717353	13680324
国有绝对控股	2393230	2843997	8292257	9534180	10968681	12810305
国有相对控股	129176	169224	381629	444996	748672	870019
集体及集团控股小计	60511	48100	213522	172632	140249	152773
集体绝对控股	0	0	0	0	0	0
集体相对控股	60511	48100	213522	172632	140249	152773
其他	27600	2501	65889	7225	55750	53884
按集团主营行业分						
第一产业合计	32981	12940	98903	37442	68680	66104
农、林、牧、渔业	32981	12940	98903	37442	68680	66104
第二产业合计	2186882	2558083	7550350	8680006	9561104	11310496
工业小计	2019436	2377655	7047318	8136232	8802987	10227589
采矿业	0	0	0	0	0	0
制造业	2000655	2356302	6912941	8015185	8665156	10085584
电力、燃气及水的生产和供应业	18781	21353	134377	121047	137831	142005
建筑业	167446	180428	503032	543774	758117	1082907
第三产业合计	390654	492799	1304044	1441585	2283568	2510381
交通运输、仓储和邮政业	146349	201869	610503	761962	1263676	1435689
信息传输、计算机服务和软件业	0	0	0	0	0	0
批发和零售业	158288	197246	512345	497256	766824	807870
住宿和餐饮业	0	0	0	0	0	0
金融业	0	0	0	0	0	0
房地产业	0	0	0	0	0	0
其他合计	86017	93684	181196	182367	253068	266822
租赁和商务服务业	86017	93684	181196	182367	253068	266822
按母公司登记注册类型分						
国有企业	1468129	1815984	5526920	6581118	7378472	8496484
公司制企业小计	1142388	1247838	3426377	3577915	4534880	5390497
国有独资企业	685723	793586	2060175	2231338	2376005	2791246
其他有限责任公司	217472	190129	657934	638717	1251918	1602555
股份有限公司	239193	264123	708268	707860	906957	996696
中外合资企业	0	0	0	0	0	0
港澳台合资企业	0	0	0	0	0	0
其他	0	0	0	0	0	0
按母公司企业规模分						
大型	2461353	2947019	8433688	9738474	11556625	13485290
中型	120965	89152	342084	292604	220355	283958
小型	28199	27651	177525	127955	136372	117733
其他	0	0	0	0	0	0

7-1 湖北省重点企业集团主要经济指标(4)

(2003 年)

单位:万元

	流动负债		年末少数股东权益		年末股东(所有者)权益合计	
	本年实际	去年同期	本年实际	去年同期	本年实际	去年同期
总计	**10214620**	**8308944**	**2823981**	**2414242**	**8154964**	**6139598**
按集团审批部门分						
国务院	6685692	5299888	2365199	2011489	5291775	3201780
国务院主管部门	628774	509444	19968	17464	562783	519054
省级人民政府	736307	624222	130590	92717	626075	754977
省级人民政府主管部门	1554961	1416302	275271	265541	1214928	1212459
其他	608886	459088	32953	27031	459403	451328
按母公司控股情况分						
国有及国有控股小计	10084013	8180496	2816498	2397570	7901665	5760504
国有绝对控股	9468556	7698872	2733951	2330669	7533116	5408252
国有相对控股	615457	481624	82547	66901	368549	352252
集体及集团控股小计	92839	89522	7483	7076	243880	263287
集体绝对控股	0	0	0	0	0	0
集体相对控股	92839	89522	7483	7076	243880	263287
其他	37768	38926	0	9596	9419	115807
按集团主营行业分						
第一产业合计	47337	49051	0	9596	69093	183816
农、林、牧、渔业	47337	49051	0	9596	69093	183816
第二产业合计	8534988	6859667	2594340	2195236	7164058	5036492
工业小计	7774867	6248394	2327785	2016106	6952759	4797622
采矿业	0	0	0	0	0	0
制造业	7653586	6138723	2307817	1998642	6770486	4612423
电力、燃气及水的生产和供应业	121281	109671	19968	17464	182273	185199
建筑业	760121	611273	266555	179130	211299	238870
第三产业合计	1632295	1400226	229641	209410	921813	919290
交通运输、仓储和邮政业	779305	636513	104817	73418	246022	234083
信息传输、计算机服务和软件业	0	0	0	0	0	0
批发和零售业	679619	604596	50561	47899	382823	400198
住宿和餐饮业	0	0	0	0	0	0
金融业	0	0	0	0	0	0
房地产业	0	0	0	0	0	0
其他合计	173371	159117	74263	88093	292968	285009
租赁和商务服务业	173371	159117	74263	88093	292968	285009
按母公司登记注册类型分						
国有企业	6453779	5096048	2105199	1833489	5300231	3176342
公司制企业小计	3760841	3212896	718782	580753	2854733	2963256
国有独资企业	2177958	1834939	335799	286083	1798495	1797803
其他有限责任公司	804089	688891	319867	233801	360876	460501
股份有限公司	778794	689066	63116	60869	695362	704952
中外合资企业	0	0	0	0	0	0
港澳台合资企业	0	0	0	0	0	0
其他	0	0	0	0	0	0
按母公司企业规模分						
大型	9903611	8026887	2815534	2397092	7742402	5525750
中型	212027	167437	7031	15968	289924	456560
小型	98982	114620	1416	1182	122638	157288
其他	0	0	0	0	0	0

7－1 湖北省重点企业集团主要经济指标(5)

(2003 年)　　单位:万元

	股本		营业收入		主营业务收入	
	2002 年	2003 年	2002 年	2003 年	2002 年	2003 年
总计	**3246159**	**3435417**	**13171169**	**19300675**	**12931611**	**18981719**
按集团审批部门分						
国务院	1802430	2154131	8646251	14136518	8449818	13871566
国务院主管部门	264195	253573	776354	928646	775548	927842
省级人民政府	426264	308272	1006688	1135332	1002412	1131868
省级人民政府主管部门	643803	620300	1997155	2223811	1965620	2185847
其他	109467	99141	744721	876368	738213	864596
按母公司控股情况分						
国有及国有控股小计	3076304	3390857	12871216	19079346	12634452	18761523
国有绝对控股	2908745	3231595	12047568	18019636	11821611	17717655
国有相对控股	167559	159262	823648	1059710	812841	1043868
集体及集团控股小计	68726	35263	221809	214237	221412	213374
集体绝对控股	0	0	0	0	0	0
集体相对控股	68726	35263	221809	214237	221412	213374
其他	101129	9297	78144	7092	75747	6822
按集团主营行业分						
第一产业合计	128629	36797	124676	31964	122279	31694
农、林、牧、渔业	128629	36797	124676	31964	122279	31694
第二产业合计	2535056	2496087	11089024	16801642	10878471	16515801
工业小计	2291281	2266056	10341376	15984049	10184658	15755335
采矿业	0	0	0	0	0	0
制造业	2153544	2128319	10157334	15756850	10000616	15528136
电力、燃气及水的生产和供应业	137737	137737	184042	227199	184042	227199
建筑业	243775	230031	747648	817593	693813	760466
第三产业合计	582474	902533	1957469	2467069	1930861	2434224
交通运输、仓储和邮政业	301218	653510	687800	987303	687800	987303
信息传输、计算机服务和软件业	0	0	0	0	0	0
批发和零售业	181256	149023	1025822	1205576	999603	1174891
住宿和餐饮业	0	0	0	0	0	0
金融业	0	0	0	0	0	0
房地产业	0	0	0	0	0	0
其他合计	100000	100000	243847	274190	243458	272030
租赁和商务服务业	100000	100000	243847	274190	243458	272030
按母公司登记注册类型分						
国有企业	1745625	2088697	8315731	13789144	8165517	13568726
公司制企业小计	1500534	1346720	4855438	5511531	4766094	5412993
国有独资企业	861989	841636	2641733	3057713	2635061	3046947
其他有限责任公司	401295	298109	930190	965392	874571	909985
股份有限公司	237250	206975	1283515	1488426	1256462	1456061
中外合资企业	0	0	0	0	0	0
港澳台合资企业	0	0	0	0	0	0
其他	0	0	0	0	0	0
按母公司企业规模分						
大型	2975869	3288384	12646833	18871922	12410403	18553931
中型	183737	93943	355353	315145	352365	314244
小型	86553	53090	168983	113608	168843	113544
其他	0	0	0	0	0	0

7－1 湖北省重点企业集团主要经济指标(6)

(2003年)　　单位:万元

	主营业务成本		主营业务税金及附加		其他业务收入	
	2002年	2003年	2002年	2003年	2002年	2003年
总计	**9975110**	**15237888**	**316146**	**384528**	**239558**	**318956**
按集团审批部门分						
国务院	6419781	11213471	108556	143709	196433	264952
国务院主管部门	449968	518882	182306	214339	806	804
省级人民政府	858025	978079	5400	5208	4276	3464
省级人民政府主管部门	1682305	1839985	10119	11197	31535	37964
其他	565031	687471	9765	10075	6508	11772
按母公司控股情况分						
国有及国有控股小计	9765250	15104589	313145	382114	236764	317823
国有绝对控股	9073529	14213729	310275	378757	225957	301981
国有相对控股	691721	890860	2870	3357	10807	15842
集体及集团控股小计	148341	127970	2235	2372	397	863
集体绝对控股	0	0	0	0	0	0
集体相对控股	148341	127970	2235	2372	397	863
其他	61519	5329	766	42	2397	270
按集团主营行业分						
第一产业合计	100212	27365	1398	461	2397	270
农、林、牧、渔业	100212	27365	1398	461	2397	270
第二产业合计	8228890	13125195	297673	365311	210553	285841
工业小计	7644576	12466701	278050	342387	156718	228714
采矿业	0	0	0	0	0	0
制造业	7505399	12301238	276727	340968	156718	228714
电力、燃气及水的生产和供应业	139177	165463	1323	1419	0	0
建筑业	584314	658494	19623	22924	53835	57127
第三产业合计	1646008	2085328	17075	18756	26608	32845
交通运输、仓储和邮政业	574209	838669	13165	14694	0	0
信息传输、计算机服务和软件业	0	0	0	0	0	0
批发和零售业	860077	1011394	3560	3710	26219	30685
住宿和餐饮业	0	0	0	0	0	0
金融业	0	0	0	0	0	0
房地产业	0	0	0	0	0	0
其他合计	211722	235265	350	352	389	2160
租赁和商务服务业	211722	235265	350	352	389	2160
按母公司登记注册类型分						
国有企业	6196393	10963060	97722	131791	150214	220418
公司制企业小计	3778717	4274828	218424	252737	89344	98538
国有独资企业	2023442	2309270	196434	229370	6672	10766
其他有限责任公司	731439	781104	15764	16835	55619	55407
股份有限公司	1023836	1184454	6226	6532	27053	32365
中外合资企业	0	0	0	0	0	0
港澳台合资企业	0	0	0	0	0	0
其他	0	0	0	0	0	0
按母公司企业规模分						
大型	9549773	14893173	313047	382130	236430	317991
中型	277281	249953	2307	1649	2988	901
小型	148056	94762	792	749	140	64
其他	0	0	0	0	0	0

7－1 湖北省重点企业集团主要经济指标(7)

（2003 年）

单位:万元

	新产品销售收入		出口销售总额		存货跌价损失和营业、管理、财务等费用合计	
	2002 年	2003 年	2002 年	2003 年	2002 年	2003 年
总计	**4551540**	**5556618**	**410040**	**454865**	**1860621**	**2431612**
按集团审批部门分						
国务院	4265267	5294724	253813	275857	1259271	1745872
国务院主管部门	9606	7298	7521	9590	95973	120330
省级人民政府	230403	175163	12968	17160	105554	108643
省级人民政府主管部门	36309	57637	131434	147848	260641	298344
其他	9955	21796	4304	4410	139182	158423
按母公司控股情况分						
国有及国有控股小计	4551540	5556618	410040	454865	1806316	2376534
国有绝对控股	4540090	5526118	392073	414266	1691114	2224304
国有相对控股	11450	30500	17967	40599	115202	152230
集体及集团控股小计	0	0	0	0	42941	53555
集体绝对控股	0	0	0	0	0	0
集体相对控股	0	0	0	0	42941	53555
其他	0	0	0	0	11364	1523
按集团主营行业分						
第一产业合计	0	0	0	0	15306	3368
农、林、牧、渔业	0	0	0	0	15306	3368
第二产业合计	4550362	5553633	199404	277875	1588733	2124437
工业小计	4550362	5553633	199404	277875	1493407	2027818
采矿业	0	0	0	0	0	0
制造业	4550362	5553633	192685	268520	1468054	1988781
电力、燃气及水的生产和供应业	0	0	6719	9355	25353	39037
建筑业	0	0	0	0	95326	96619
第三产业合计	1178	2985	210636	176990	256582	303807
交通运输、仓储和邮政业	0	0	160000	145000	101599	106638
信息传输、计算机服务和软件业	0	0	0	0	0	0
批发和零售业	0	0	50636	31990	124587	161878
住宿和餐饮业	0	0	0	0	0	0
金融业	0	0	0	0	0	0
房地产业	0	0	0	0	0	0
其他合计	1178	2985	0	0	30396	35291
租赁和商务服务业	1178	2985	0	0	30396	35291
按母公司登记注册类型分						
国有企业	4265267	5294724	253813	275857	1202327	1688372
公司制企业小计	286273	261894	156227	179008	658294	743240
国有独资企业	255785	216254	136923	136967	337374	383274
其他有限责任公司	27431	32646	1555	21801	126574	119466
股份有限公司	3057	12994	17749	20240	194346	240500
中外合资企业	0	0	0	0	0	0
港澳台合资企业	0	0	0	0	0	0
其他	0	0	0	0	0	0
按母公司企业规模分						
大型	4489039	5503796	354030	410973	1804173	2376846
中型	62501	52822	9646	16254	42908	38255
小型	0	0	46364	27638	13540	16511
其他	0	0	0	0	0	0

7－1 湖北省重点企业集团主要经济指标(8)

(2003年)　　单位:万元

	税金		劳动、待业保险费		利息支出	
	2002年	2003年	2002年	2003年	2002年	2003年
总计	**36614**	**56511**	**139217**	**140248**	**248815**	**227893**
按集团审批部门分						
国务院	21751	37169	102859	102213	151382	124177
国务院主管部门	1474	2201	10599	12863	10303	8610
省级人民政府	2709	5251	7188	5925	17046	15872
省级人民政府主管部门	9064	9954	11624	12544	58554	60542
其他	1616	1936	6947	6703	11530	18692
按母公司控股情况分						
国有及国有控股小计	34669	54911	138306	139851	244317	224569
国有绝对控股	29633	49236	134529	135245	221677	200212
国有相对控股	5036	5675	3777	4606	22640	24357
集体及集团控股小计	1224	1504	209	255	2167	2997
集体绝对控股	0	0	0	0	0	0
集体相对控股	1224	1504	209	255	2167	2997
其他	721	96	702	142	2331	327
按集团主营行业分						
第一产业合计	759	112	795	188	3108	1197
农、林、牧、渔业	759	112	795	188	3108	1197
第二产业合计	31236	51288	114109	112994	183706	171120
工业小计	30096	50175	100443	98355	164626	147266
采矿业	0	0	0	0	0	0
制造业	29412	49323	97629	93668	162039	145852
电力、燃气及水的生产和供应业	684	852	2814	4687	2587	1414
建筑业	1140	1113	13666	14639	19080	23854
第三产业合计	4619	5111	24313	27066	62001	55576
交通运输、仓储和邮政业	1016	1200	19283	20986	32734	27440
信息传输、计算机服务和软件业	0	0	0	0	0	0
批发和零售业	3463	3761	3711	4552	20090	19084
住宿和餐饮业	0	0	0	0	0	0
金融业	0	0	0	0	0	0
房地产业	0	0	0	0	0	0
其他合计	140	150	1319	1528	9177	9052
租赁和商务服务业	140	150	1319	1528	9177	9052
按母公司登记注册类型分						
国有企业	21150	36663	94549	93386	137646	112001
公司制企业小计	15464	19848	44668	46862	111169	115892
国有独资企业	6119	10124	24714	24956	57546	63021
其他有限责任公司	3127	2471	15501	16831	29765	27825
股份有限公司	6218	7253	4453	5075	23858	25046
中外合资企业	0	0	0	0	0	0
港澳台合资企业	0	0	0	0	0	0
其他	0	0	0	0	0	0
按母公司企业规模分						
大型	33925	54337	137085	139041	242220	223321
中型	2123	1841	2018	1138	3657	1857
小型	566	333	114	69	2938	2715
其他	0	0	0	0	0	0

7-1 湖北省重点企业集团主要经济指标(9)

(2003年)　　单位:万元

	投资收益		营业外收入		利润总额	
	2002年	2003年	2002年	2003年	2002年	2003年
总计	**34025**	**35353**	**48146**	**50623**	**862679**	**1195756**
按集团审批部门分						
国务院	14702	18470	41047	41354	759519	1005155
国务院主管部门	1336	2845	1088	3091	37037	76104
省级人民政府	7527	4701	2738	1153	37568	42383
省级人民政府主管部门	8308	6256	2514	3802	8882	61895
其他	2152	3081	759	1223	19673	10219
按母公司控股情况分						
国有及国有控股小计	30723	32202	46317	50428	836846	1177077
国有绝对控股	30224	30311	45420	49276	827528	1156926
国有相对控股	499	1891	897	1152	9318	20151
集体及集团控股小计	2055	3151	292	173	22462	18498
集体绝对控股	0	0	0	0	0	0
集体相对控股	2055	3151	292	173	22462	18498
其他	1247	0	1537	22	3371	181
按集团主营行业分						
第一产业合计	1247	0	1549	95	6625	1372
农、林、牧、渔业	1247	0	1549	95	6625	1372
第二产业合计	21942	28965	30108	44284	835826	1168805
工业小计	17447	26472	26514	40204	837167	1187814
采矿业	0	0	0	0	0	0
制造业	17484	26657	25962	39340	835755	1171127
电力、燃气及水的生产和供应业	-37	-185	552	864	1412	16687
建筑业	4495	2493	3594	4080	-1341	-19009
第三产业合计	10836	6388	16489	6244	20228	25579
交通运输、仓储和邮政业	3825	977	15163	5037	1986	1059
信息传输、计算机服务和软件业	0	0	0	0	0	0
批发和零售业	3075	887	836	866	10916	15125
住宿和餐饮业	0	0	0	0	0	0
金融业	0	0	0	0	0	0
房地产业	0	0	0	0	0	0
其他合计	3936	4524	490	341	7326	9395
租赁和商务服务业	3936	4524	490	341	7326	9395
按母公司登记注册类型分						
国有企业	11770	17404	38640	40450	764335	1012736
公司制企业小计	22255	17949	9506	10173	98344	183020
国有独资企业	12306	8185	3151	5320	52056	138051
其他有限责任公司	6768	4951	5217	3791	9438	3322
股份有限公司	3181	4813	1138	1062	36850	41647
中外合资企业	0	0	0	0	0	0
港澳台合资企业	0	0	0	0	0	0
其他	0	0	0	0	0	0
按母公司企业规模分						
大型	29531	33845	45976	50117	830084	1170530
中型	1999	396	2038	286	32268	25618
小型	2495	1112	132	220	327	-392
其他	0	0	0	0	0	0

7－1 湖北省重点企业集团主要经济指标(10)

(2003 年)　　单位:万元

	应交所得税		应缴增值税	
	2002 年	2003 年	2002 年	2003 年
总计	**162445**	**188104**	**677063**	**842426**
按集团审批部门分				
国务院	106295	123138	509504	648163
国务院主管部门	16092	22481	59093	76346
省级人民政府	13983	15021	43269	43628
省级人民政府主管部门	19537	22901	45927	53242
其他	6538	4563	19270	21047
按母公司控股情况分				
国有及国有控股小计	155889	183789	665609	831439
国有绝对控股	149709	176625	644439	808584
国有相对控股	6180	7164	21170	22855
集体及集团控股小计	5444	4255	9035	10820
集体绝对控股	0	0	0	0
集体相对控股	5444	4255	9035	10820
其他	1112	60	2419	167
按集团主营行业分				
第一产业合计	2186	453	2456	188
农、林、牧、渔业	2186	453	2456	188
第二产业合计	149121	171296	644909	813634
工业小计	147629	171043	640625	809135
采矿业	0	0	0	0
制造业	141526	165936	634708	797965
电力、燃气及水的生产和供应业	6103	5107	5917	11170
建筑业	1492	253	4284	4499
第三产业合计	11138	16355	29698	28604
交通运输、仓储和邮政业	3498	7367	5628	3217
信息传输、计算机服务和软件业	0	0	0	0
批发和零售业	6513	7744	23151	24267
住宿和餐饮业	0	0	0	0
金融业	0	0	0	0
房地产业	0	0	0	0
其他合计	1127	1244	919	1120
租赁和商务服务业	1127	1244	919	1120
按母公司登记注册类型分				
国有企业	106813	123331	510475	650121
公司制企业小计	55632	64773	166588	192305
国有独资企业	37426	48211	111651	136135
其他有限责任公司	5062	2870	19129	16169
股份有限公司	13144	13692	35808	40001
中外合资企业	0	0	0	0
港澳台合资企业	0	0	0	0
其他	0	0	0	0
按母公司企业规模分				
大型	150144	178796	661353	828886
中型	10844	8715	14395	12451
小型	1457	593	1315	1089
其他	0	0	0	0

7－1 湖北省重点企业集团主要经济指标(11)

(2003 年)　　单位:万元

	固定资产投资完成额		研究开发费用	
	2002 年	2003 年	2002 年	2003 年
总计	**1051511**	**1229957**	**207330**	**191152**
按集团审批部门分				
国务院	827295	1004088	188915	172460
国务院主管部门	41147	35822	1787	1750
省级人民政府	58947	47402	6843	8197
省级人民政府主管部门	86827	130402	1919	2741
其他	37295	12243	7866	6004
按母公司控股情况分				
国有及国有控股小计	1046997	1226086	203027	187753
国有绝对控股	1004546	1182255	202757	187483
国有相对控股	42451	43831	270	270
集体及集团控股小计	3737	3871	4143	3399
集体绝对控股	0	0	0	0
集体相对控股	3737	3871	4143	3399
其他	777	0	160	0
按集团主营行业分				
第一产业合计	1577	410	160	0
农、林、牧、渔业	1577	410	160	0
第二产业合计	952365	1177895	205348	189532
工业小计	886341	1137895	201648	186232
采矿业	0	0	0	0
制造业	878629	1132644	201130	185762
电力、燃气及水的生产和供应业	7712	5251	518	470
建筑业	66024	40000	3700	3300
第三产业合计	97569	51652	1822	1620
交通运输、仓储和邮政业	91397	47910	1705	1500
信息传输、计算机服务和软件业	0	0	0	0
批发和零售业	6172	3742	0	0
住宿和餐饮业	0	0	0	0
金融业	0	0	0	0
房地产业	0	0	0	0
其他合计	0	0	117	120
租赁和商务服务业	0	0	117	120
按母公司登记注册类型分				
国有企业	781079	968883	185257	169197
公司制企业小计	270432	261074	22073	21955
国有独资企业	157397	143710	11574	12248
其他有限责任公司	97707	97316	5874	5499
股份有限公司	15328	20048	4625	4208
中外合资企业	0	0	0	0
港澳台合资企业	0	0	0	0
其他	0	0	0	0
按母公司企业规模分				
大型	1040565	1206426	205296	188447
中型	10146	23121	2034	2705
小型	800	410	0	0
其他	0	0	0	0

7－2　湖北省重点企业集团从业人员人数(1)

(2003年)　　单位:人

	从业人员年末人数		在岗职工	
	2002年	2003年	2002年	2003年
总计	**468313**	**476853**	**449502**	**450820**
按集团审批部门分				
国务院	291424	304325	281058	289705
国务院主管部门	19542	19091	19405	18788
省级人民政府	49646	43534	49097	43002
省级人民政府主管部门	79224	85218	71465	74640
其他	28477	24685	28477	24685
按母公司控股情况分				
国有及国有控股小计	451141	464231	432330	438198
国有绝对控股	425179	434604	406728	408891
国有相对控股	25962	29627	25602	29307
集体及集团控股小计	7270	7402	7270	7402
集体绝对控股	0	0	0	0
集体相对控股	7270	7402	7270	7402
其他	9902	5220	9902	5220
按集团主营行业分				
第一产业合计	10454	5524	10454	5519
农、林、牧、渔业	10454	5524	10454	5519
第二产业合计	378959	394876	361886	370211
工业小计	320363	348594	308761	332167
采矿业	0	0	0	0
制造业	311868	339947	300300	323714
电力、燃气及水的生产和供应业	8495	8647	8461	8453
建筑业	58596	46282	53125	38044
第三产业合计	78900	76453	77162	75090
交通运输、仓储和邮政业	54754	49559	54668	49468
信息传输、计算机服务和软件业	0	0	0	0
批发和零售业	21594	24273	20260	23335
住宿和餐饮业	0	0	0	0
金融业	0	0	0	0
房地产业	0	0	0	0
其他合计	2552	2621	2234	2287
租赁和商务服务业	2552	2621	2234	2287
按母公司登记注册类型分				
国有企业	264166	289444	248755	267134
公司制企业小计	204147	187409	200747	183686
国有独资企业	100239	95358	99227	93841
其他有限责任公司	68896	54856	68160	53862
股份有限公司	35012	37195	33360	35983
中外合资企业	0	0	0	0
港澳台合资企业	0	0	0	0
其他	0	0	0	0
按母公司企业规模分				
大型	446148	459917	427379	433935
中型	19742	15027	19700	14981
小型	2423	1909	2423	1904
其他	0	0	0	0

7-2 湖北省重点企业集团从业人员人数(2)

(2003 年)

单位:人

	其他从业人员		研究开发人员	
	2002 年	2003 年	2002 年	2003 年
总计	**18811**	**26033**	**17065**	**18226**
按集团审批部门分				
国务院	10366	14620	13839	14438
国务院主管部门	137	303	808	861
省级人民政府	549	532	1441	1750
省级人民政府主管部门	7759	10578	645	817
其他	0	0	332	360
按母公司控股情况分				
国有及国有控股小计	18811	26033	16764	18076
国有绝对控股	18451	25713	16702	18012
国有相对控股	360	320	62	64
集体及集团控股小计	0	0	39	68
集体绝对控股	0	0	0	0
集体相对控股	0	0	39	68
其他	0	0	262	82
按集团主营行业分				
第一产业合计	0	5	282	100
农、林、牧、渔业	0	5	282	100
第二产业合计	17073	24665	16358	17791
工业小计	11602	16427	15318	16691
采矿业	0	0	0	0
制造业	11568	16233	15110	16483
电力、燃气及水的生产和供应业	34	194	208	208
建筑业	5471	8238	1040	1100
第三产业合计	1738	1363	425	335
交通运输、仓储和邮政业	86	91	393	300
信息传输、计算机服务和软件业	0	0	0	0
批发和零售业	1334	938	0	0
住宿和餐饮业	0	0	0	0
金融业	0	0	0	0
房地产业	0	0	0	0
其他合计	318	334	32	35
租赁和商务服务业	318	334	32	35
按母公司登记注册类型分				
国有企业	15411	22310	13133	13678
公司制企业小计	3400	3723	3932	4548
国有独资企业	1012	1517	2031	2750
其他有限责任公司	736	994	1680	1576
股份有限公司	1652	1212	221	222
中外合资企业	0	0	0	0
港澳台合资企业	0	0	0	0
其他	0	0	0	0
按母公司企业规模分				
大型	18769	25982	16211	17235
中型	42	46	834	973
小型	0	5	20	18
其他	0	0	0	0

7－3 湖北省重点企业集团从业人员劳动报酬(1)

(2003年) 单位:万元

	从业人员劳动报酬		在岗职工劳动报酬	
	2002年	2003年	2002年	2003年
总计	**749758**	**1105754**	**721474**	**1038841**
按集团审批部门分				
国务院	556006	894560	536919	839873
国务院主管部门	32758	37012	32667	36611
省级人民政府	53500	52960	52222	52445
省级人民政府主管部门	74944	86909	67116	75599
其他	32550	34313	32550	34313
按母公司控股情况分				
国有及国有控股小计	733525	1090472	705241	1023559
国有绝对控股	710136	1062044	682197	995438
国有相对控股	23389	28428	23044	28121
集体及集团控股小计	10169	11628	10169	11628
集体绝对控股	0	0	0	0
集体相对控股	10169	11628	10169	11628
其他	6064	3654	6064	3654
按集团主营行业分				
第一产业合计	6487	3887	6487	3885
农、林、牧、渔业	6487	3887	6487	3885
第二产业合计	638428	989622	611249	923628
工业小计	562830	911868	542152	855848
采矿业	0	0	0	0
制造业	548872	896341	528208	840650
电力、燃气及水的生产和供应业	13958	15527	13944	15198
建筑业	75598	77754	69097	67780
第三产业合计	104843	112245	103738	111328
交通运输、仓储和邮政业	81719	84808	81647	84759
信息传输、计算机服务和软件业	0	0	0	0
批发和零售业	21521	25738	20665	25086
住宿和餐饮业	0	0	0	0
金融业	0	0	0	0
房地产业	0	0	0	0
其他合计	1603	1699	1426	1483
租赁和商务服务业	1603	1699	1426	1483
按母公司登记注册类型分				
国有企业	511181	853364	486253	789539
公司制企业小计	238577	252390	235221	249302
国有独资企业	114954	123262	113396	121874
其他有限责任公司	86234	86539	85610	85770
股份有限公司	37389	42589	36215	41658
中外合资企业	0	0	0	0
港澳台合资企业	0	0	0	0
其他	0	0	0	0
按母公司企业规模分				
大型	730892	1089055	702635	1022172
中型	16452	14700	16425	14672
小型	2414	1999	2414	1997
其他	0	0	0	0

7－3 湖北省重点企业集团从业人员劳动报酬(2)

(2003 年)　　单位:万元

	其他从业人员劳动报酬		研究开发人员劳动报酬	
	2002 年	2003 年	2002 年	2003 年
总计	**28284**	**66913**	**35417**	**58517**
按集团审批部门分				
国务院	19087	54687	29876	51923
国务院主管部门	91	401	1648	1783
省级人民政府	1278	515	2335	2996
省级人民政府主管部门	7828	11310	948	1201
其他	0	0	610	614
按母公司控股情况分				
国有及国有控股小计	28284	66913	35024	58229
国有绝对控股	27939	66606	34910	58113
国有相对控股	345	307	114	116
集体及集团控股小计	0	0	207	219
集体绝对控股	0	0	0	0
集体相对控股	0	0	207	219
其他	0	0	186	69
按集团主营行业分				
第一产业合计	0	2	203	84
农、林、牧、渔业	0	2	203	84
第二产业合计	27179	65994	34245	57749
工业小计	20678	56020	32545	55949
采矿业	0	0	0	0
制造业	20664	55691	32135	55539
电力、燃气及水的生产和供应业	14	329	410	410
建筑业	6501	9974	1700	1800
第三产业合计	1105	917	969	684
交通运输、仓储和邮政业	72	49	945	659
信息传输、计算机服务和软件业	0	0	0	0
批发和零售业	856	652	0	0
住宿和餐饮业	0	0	0	0
金融业	0	0	0	0
房地产业	0	0	0	0
其他合计	177	216	24	25
租赁和商务服务业	177	216	24	25
按母公司登记注册类型分				
国有企业	24928	63825	28654	50609
公司制企业小计	3356	3088	6763	7908
国有独资企业	1558	1388	3422	4525
其他有限责任公司	624	769	2860	2922
股份有限公司	1174	931	481	461
中外合资企业	0	0	0	0
港澳台合资企业	0	0	0	0
其他	0	0	0	0
按母公司企业规模分				
大型	28257	66883	34251	56802
中型	27	28	1149	1700
小型	0	2	17	15
其他	0	0	0	0

7-4　湖北省重点企业集团主要经济效益指标(1)

(2003年)　　单位:%

	资产负债率		劳动生产率(万元/人)	
	2002年	2003年	2002年	2003年
总计	**58.21**	**55.85**	**28.12**	**40.48**
按集团审批部门分				
国务院	59.57	54.04	29.67	46.45
国务院主管部门	51.63	54.38	39.73	48.64
省级人民政府	48.85	55.66	20.28	26.08
省级人民政府主管部门	59.96	62.79	25.21	26.10
其他	57.05	59.53	26.15	35.50
按母公司控股情况分				
国有及国有控股小计	58.95	56.07	28.53	41.10
国有绝对控股	58.63	55.51	28.34	41.46
国有相对控股	64.11	65.85	31.73	35.77
集体及集团控股小计	34.16	37.80	30.51	28.94
集体绝对控股	0.00	0.00	0.00	0.00
集体相对控股	34.16	37.80	30.51	28.94
其他	30.78	85.12	7.89	1.36
按集团主营行业分				
第一产业合计	26.20	48.89	11.93	5.79
农、林、牧、渔业	26.20	48.89	11.93	5.79
第二产业合计	56.94	53.68	29.26	42.55
工业小计	56.37	52.43	32.28	45.85
采矿业	0.00	0.00	0.00	0.00
制造业	56.72	52.63	32.57	46.35
电力、燃气及水的生产和供应业	40.48	41.25	21.66	26.27
建筑业	64.46	69.38	12.76	17.67
第三产业合计	66.92	68.56	24.81	32.27
交通运输、仓储和邮政业	80.43	80.36	12.56	19.92
信息传输、计算机服务和软件业	0.00	0.00	0.00	0.00
批发和零售业	63.12	65.08	47.50	49.67
住宿和餐饮业	0.00	0.00	0.00	0.00
金融业	0.00	0.00	0.00	0.00
房地产业	0.00	0.00	0.00	0.00
其他合计	40.42	42.08	95.55	104.61
租赁和商务服务业	40.42	42.08	95.55	104.61
按母公司登记注册类型分				
国有企业	59.56	53.43	31.48	47.64
公司制企业小计	56.13	60.13	23.78	29.41
国有独资企业	53.27	56.67	26.35	32.07
其他有限责任公司	64.33	70.19	13.50	17.60
股份有限公司	54.22	56.79	36.66	40.02
中外合资企业	0.00	0.00	0.00	0.00
港澳台合资企业	0.00	0.00	0.00	0.00
其他	0.00	0.00	0.00	0.00
按母公司企业规模分				
大型	59.33	56.09	28.35	41.03
中型	31.80	48.88	18.00	20.97
小型	46.25	48.69	69.74	59.51
其他	0.00	0.00	0.00	0.00

7－4 湖北省重点企业集团主要经济效益指标(2)

(2003 年)

单位:%

	成本费用利润率		资产利税率		总资产使用率	
	2002 年	2003 年	2002 年	2003 年	2002 年	2003 年
总计	**7.29**	**6.77**	**9.07**	**9.74**	**63.18**	**76.34**
按集团审批部门分						
国务院	9.89	7.76	10.68	10.79	65.52	83.26
国务院主管部门	6.78	11.91	25.10	28.71	69.92	72.63
省级人民政府	3.90	3.90	5.20	5.35	60.49	66.33
省级人民政府主管部门	0.46	2.89	1.76	3.15	53.25	54.58
其他	2.79	1.21	4.37	3.40	66.28	71.07
按母公司控股情况分						
国有及国有控股小计	7.23	6.73	9.13	9.80	63.57	76.90
国有绝对控股	7.69	7.04	9.53	10.16	63.19	76.78
国有相对控股	1.15	1.93	2.86	3.51	69.60	79.01
集体及集团控股小计	11.74	10.19	8.22	7.84	53.92	52.80
集体绝对控股	0.00	0.00	0.00	0.00	0.00	0.00
集体相对控股	11.74	10.19	8.22	7.84	53.92	52.80
其他	4.63	2.64	3.62	0.62	41.81	10.78
按集团主营行业分						
第一产业合计	5.74	4.46	4.00	1.49	46.65	23.44
农、林、牧、渔业	5.74	4.46	4.00	1.49	46.65	23.44
第二产业合计	8.51	7.66	10.59	11.14	64.78	78.39
工业小计	9.16	8.19	11.24	11.99	65.22	80.76
采矿业	0.00	0.00	0.00	0.00	0.00	0.00
制造业	9.31	8.20	11.44	12.05	65.47	81.03
电力、燃气及水的生产和供应业	0.86	8.16	2.54	8.50	54.05	66.00
建筑业	-0.20	-2.52	1.92	0.54	58.99	48.72
第三产业合计	1.06	1.07	1.96	1.99	56.59	66.48
交通运输、仓储和邮政业	0.29	0.11	1.32	1.06	43.78	55.26
信息传输、计算机服务和软件业	0.00	0.00	0.00	0.00	0.00	0.00
批发和零售业	1.11	1.29	3.10	3.47	82.28	94.65
住宿和餐饮业	0.00	0.00	0.00	0.00	0.00	0.00
金融业	0.00	0.00	0.00	0.00	0.00	0.00
房地产业	0.00	0.00	0.00	0.00	0.00	0.00
其他合计	3.03	3.47	1.37	1.71	38.88	42.90
租赁和商务服务业	3.03	3.47	1.37	1.71	38.88	42.90
按母公司登记注册类型分						
国有企业	10.33	8.00	11.08	11.29	65.91	85.33
公司制企业小计	2.22	3.65	5.98	7.01	58.99	60.39
国有独资企业	2.21	5.13	8.08	10.22	59.08	61.86
其他有限责任公司	1.10	0.37	2.28	1.59	44.94	39.85
股份有限公司	3.02	2.92	4.72	5.02	75.11	82.96
中外合资企业	0.00	0.00	0.00	0.00	0.00	0.00
港澳台合资企业	0.00	0.00	0.00	0.00	0.00	0.00
其他	0.00	0.00	0.00	0.00	0.00	0.00
按母公司企业规模分						
大型	7.31	6.78	9.26	9.91	63.71	77.17
中型	10.08	8.89	7.07	6.84	50.85	54.09
小型	0.20	-0.35	0.83	0.60	57.27	46.96
其他	0.00	0.00	0.00	0.00	0.00	0.00

7-4 湖北省重点企业集团主要经济效益指标(3)

(2003 年)

单位:%

	流动资产比率		长期负债与资产总计比率		研究开发费用与营业收入比率	
	2002 年	2003 年	2002 年	2003 年	2002 年	2003 年
总计	**43.74**	**40.86**	**17.61**	**14.77**	**1.57**	**0.99**
按集团审批部门分						
国务院	43.71	39.76	18.48	13.91	2.18	1.22
国务院主管部门	57.28	56.53	5.7	5.16	0.23	0.19
省级人民政府	48.95	50.53	11.18	12.51	0.68	0.72
省级人民政府主管部门	37.50	35.62	21.59	23.97	0.1	0.12
其他	43.63	43.02	15.84	9.47	1.06	0.69
按母公司控股情况分						
国有及国有控股小计	43.64	40.90	17.8	14.74	1.58	0.98
国有绝对控股	44.33	41.31	17.48	14.48	1.68	1.04
国有相对控股	32.68	33.68	22.87	19.27	0.03	0.03
集体及集团控股小计	52.00	42.72	12.35	14.83	1.87	1.59
集体绝对控股	0.00	0.00	0	0	0	0
集体相对控股	52.00	42.72	12.35	14.83	1.87	1.59
其他	36.37	11.41	9.29	25.46	0.2	0
按集团主营行业分						
第一产业合计	37.74	27.69	7.49	13.88	0.13	0
农、林、牧、渔业	37.74	27.69	7.49	13.88	0.13	0
第二产业合计	44.96	41.20	16.09	13.17	1.85	1.13
工业小计	45.13	41.71	16.36	12.57	1.95	1.17
采矿业	0.00	0.00	0	0	0	0
制造业	45.25	41.82	16.54	12.69	1.98	1.18
电力、燃气及水的生产和供应业	39.47	35.16	8.27	6.02	0.28	0.21
建筑业	42.77	34.84	12.49	20.68	0.49	0.4
第三产业合计	38.22	39.37	25.89	23.98	0.09	0.07
交通运输、仓储和邮政业	38.86	42.65	39.92	36.74	0.25	0.15
信息传输、计算机服务和软件业	0.00	0.00	0	0	0	0
批发和零售业	42.17	40.06	13.35	10.33	0	0
住宿和餐饮业	0.00	0.00	0	0	0	0
金融业	0.00	0.00	0	0	0	0
房地产业	0.00	0.00	0	0	0	0
其他合计	28.94	28.76	15	14.74	0.05	0.04
租赁和商务服务业	28.94	28.76	15	14.74	0.05	0.04
按母公司登记注册类型分						
国有企业	44.61	41.39	18.42	12.85	2.23	1.23
公司制企业小计	42.41	39.91	16.36	18.18	0.45	0.4
国有独资企业	46.19	45.30	12.13	12.45	0.44	0.4
其他有限责任公司	33.81	27.97	28.93	34.97	0.63	0.57
股份有限公司	42.34	40.33	13.03	12.41	0.36	0.28
中外合资企业	0.00	0.00	0	0	0	0
港澳台合资企业	0.00	0.00	0	0	0	0
其他	0.00	0.00	0	0	0	0
按母公司企业规模分						
大型	43.30	40.50	18.12	14.9	1.62	1
中型	49.37	50.37	7.64	12.38	0.57	0.86
小型	60.21	52.92	7.38	7.76	0	0
其他	0.00	0.00	0	0	0	0

7-4 湖北省重点企业集团主要经济效益指标(4)

(2003年)

单位:%

	资金利润率		净资产收益率		总资产报酬率	
	2002年	2003年	2002年	2003年	2002年	2003年
总计	**5.02**	**5.97**	**8.19**	**9.18**	**5.43**	**5.73**
按集团审批部门分						
国务院	6.84	7.41	12.53	11.52	7.06	6.78
国务院主管部门	3.78	7.18	3.90	9.20	4.27	6.63
省级人民政府	2.85	3.12	2.78	3.62	3.30	3.41
省级人民政府主管部门	0.29	1.94	-0.72	2.62	1.83	3.06
其他	2.53	1.18	2.75	1.15	2.80	2.38
按母公司控股情况分						
国有及国有控股小计	4.99	5.96	8.35	9.27	5.44	5.74
国有绝对控股	5.22	6.21	8.76	9.55	5.61	5.88
国有相对控股	1.00	1.80	0.75	2.88	2.74	3.37
集体及集团控股小计	7.60	7.31	6.29	5.67	6.00	5.32
集体绝对控股	0.00	0.00	0.00	0.00	0.00	0.00
集体相对控股	7.60	7.31	6.29	5.67	6.00	5.32
其他	2.88	0.61	1.80	1.28	3.15	0.80
按集团主营行业分						
第一产业合计	3.87	1.74	2.30	1.33	3.71	1.90
农、林、牧、渔业	3.87	1.74	2.30	1.33	3.71	1.90
第二产业合计	5.92	6.93	9.50	10.22	6.07	6.36
工业小计	6.32	7.46	10.12	10.96	6.41	6.84
采矿业	0.00	0.00	0.00	0.00	0.00	0.00
制造业	6.48	7.51	10.50	11.07	6.53	6.87
电力、燃气及水的生产和供应业	0.42	5.30	-2.31	5.73	1.17	5.26
建筑业	-0.15	-2.02	-0.68	-4.03	1.51	0.31
第三产业合计	0.70	0.83	0.81	0.80	2.41	2.22
交通运输、仓储和邮政业	0.14	0.07	-0.49	-1.80	2.21	1.60
信息传输、计算机服务和软件业	0.00	0.00	0.00	0.00	0.00	0.00
批发和零售业	1.10	1.46	0.98	1.70	2.55	2.76
住宿和餐饮业	0.00	0.00	0.00	0.00	0.00	0.00
金融业	0.00	0.00	0.00	0.00	0.00	0.00
房地产业	0.00	0.00	0.00	0.00	0.00	0.00
其他合计	1.57	2.01	1.66	2.22	2.64	2.91
租赁和商务服务业	1.57	2.01	1.66	2.22	2.64	2.91
按母公司登记注册类型分						
国有企业	7.11	7.64	13.12	12.01	7.28	7.07
公司制企业小计	1.53	2.70	1.21	3.31	2.59	3.33
国有独资企业	1.44	3.59	0.70	4.21	2.46	4.08
其他有限责任公司	0.62	0.21	0.63	0.07	2.01	1.36
股份有限公司	2.82	3.01	3.10	3.69	3.63	3.80
中外合资企业	0.00	0.00	0.00	0.00	0.00	0.00
港澳台合资企业	0.00	0.00	0.00	0.00	0.00	0.00
其他	0.00	0.00	0.00	0.00	0.00	0.00
按母公司企业规模分						
大型	5.06	6.04	8.58	9.39	5.50	5.80
中型	5.97	5.39	4.53	5.69	5.18	4.73
小型	0.14	-0.21	-0.71	-0.79	1.11	0.96
其他	0.00	0.00	0.00	0.00	0.00	0.00

7－5　湖北省重点企业集团调查问卷汇总资料(1)

(2003 年)　　　　单位:个,%

	总　计	出资人已明确企业	企业集团母公司出资人已明确		企业集团已建立母子公司体制	
	单位数	单位数	单位数	比　重	单位数	比　重
总计	**41**	**41**	**41**	**100.00**	**37**	**90.24**
按集团审批部门分						
国务院	4	4	4	100.00	4	100.00
国务院主管部门	4	4	4	100.00	4	100.00
省级人民政府	6	6	6	100.00	5	83.33
省级人民政府主管部门	20	20	20	100.00	17	85.00
其他	7	7	7	100.00	7	100.00
按母公司控股情况分						
国有及国有控股小计	37	37	37	100.00	34	91.89
国有绝对控股	32	32	32	100.00	29	90.63
国有相对控股	5	5	5	100.00	5	100.00
集体及集团控股小计	3	3	3	100.00	3	100.00
集体绝对控股	0	0	0	0.00	0	0.00
集体相对控股	3	3	3	100.00	3	100.00
其他	1	1	1	100.00	0	0.00
按集团主营行业分						
第一产业合计	2	2	2	100.00	1	50.00
农、林、牧、渔业	2	2	2	100.00	1	50.00
第二产业合计	29	29	29	100.00	27	93.10
工业小计	26	26	26	100.00	24	92.31
采矿业	0	0	0	0.00	0	0.00
制造业	25	25	25	100.00	23	92.00
电力、燃气及水的生产和供应业	1	1	1	100.00	1	100.00
建筑业	3	3	3	100.00	3	100.00
第三产业合计	10	10	10	100.00	9	90.00
交通运输、仓储和邮政业	1	1	1	100.00	1	100.00
信息传输、计算机服务和软件业	0	0	0	0.00	0	0.00
批发和零售业	8	8	8	100.00	7	87.50
其他合计	1	1	1	100.00	1	100.00
租赁和商务服务业	1	1	1	100.00	1	100.00
按母公司登记注册类型分						
国有企业	5	5	5	100.00	5	100.00
公司制企业小计	36	36	36	100.00	32	88.89
国有独资企业	19	19	19	100.00	17	89.47
其他有限责任公司	7	7	7	100.00	5	71.43
股份有限公司	10	10	10	100.00	10	100.00
按母公司企业规模分						
大型	32	32	32	100.00	30	93.75
中型	6	6	6	100.00	4	66.67
小型	3	3	3	100.00	3	100.00

7－5　湖北省重点企业集团调查问卷汇总资料(2)

(2003 年)　　单位:个,%

	企业集团有几个层次(占已建立母子公司企业)					
	有二个层次		有三个层次		有三个以上层次	
	单位数	比　重	单位数	比　重	单位数	比　重
总计	**30**	**81.08**	**4**	**10.81**	**3**	**8.11**
按集团审批部门分						
国务院	1	25.00	0	0.00	3	75.00
国务院主管部门	4	100.00	0	0.00	0	0.00
省级人民政府	3	60.00	2	40.00	0	0.00
省级人民政府主管部门	17	100.00	0	0.00	0	0.00
其他	5	71.43	2	28.57	0	0.00
按母公司控股情况分						
国有及国有控股小计	27	79.41	4	11.76	3	8.82
国有绝对控股	23	79.31	3	10.34	3	10.34
国有相对控股	4	80.00	1	20.00	0	0.00
集体及集团控股小计	3	100.00	0	0.00	0	0.00
集体绝对控股	0	0.00	0	0.00	0	0.00
集体相对控股	3	100.00	0	0.00	0	0.00
其他	0	0.00	0	0.00	0	0.00
按集团主营行业分						
第一产业合计	1	100.00	0	0.00	0	0.00
农、林、牧、渔业	1	100.00	0	0.00	0	0.00
第二产业合计	22	81.48	3	11.11	2	7.41
工业小计	20	83.33	2	8.33	2	8.33
采矿业	0	0.00	0	0.00	0	0.00
制造业	19	82.61	2	8.70	2	8.70
电力、燃气及水的生产和供应业	1	100.00	0	0.00	0	0.00
建筑业	2	66.67	1	33.33	0	0.00
第三产业合计	7	77.78	1	11.11	1	11.11
交通运输、仓储和邮政业	0	0.00	0	0.00	1	100.00
信息传输、计算机服务和软件业	0	0.00	0	0.00	0	0.00
批发和零售业	6	85.71	1	14.29	0	0.00
其他合计	1	100.00	0	0.00	0	0.00
租赁和商务服务业	1	100.00	0	0.00	0	0.00
按母公司登记注册类型分						
国有企业	2	40.00	0	0.00	3	60.00
公司制企业小计	28	87.50	4	12.50	0	0.00
国有独资企业	14	82.35	3	17.65	0	0.00
其他有限责任公司	5	100.00	0	0.00	0	0.00
股份有限公司	9	90.00	1	10.00	0	0.00
按母公司企业规模分						
大型	23	76.67	4	13.33	3	10.00
中型	4	100.00	0	0.00	0	0.00
小型	3	100.00	0	0.00	0	0.00

7-5 湖北省重点企业集团调查问卷汇总资料(3)

(2003年)　　单位:个,%

	企业集团子公司中存在纯管理型公司		企业集团已执行合并会计报表制度		企业集团母公司对下列哪些事项进行统一决策 集团发展战略	
	单位数	比　重	单位数	比　重	单位数	比　重
总计	**1**	**2.44**	**31**	**75.61**	**38**	**92.68**
按集团审批部门分						
国务院	1	25.00	4	100.00	4	100.00
国务院主管部门	0	0.00	2	50.00	4	100.00
省级人民政府	0	0.00	3	50.00	5	83.33
省级人民政府主管部门	0	0.00	15	75.00	18	90.00
其他	0	0.00	7	100.00	7	100.00
按母公司控股情况分						
国有及国有控股小计	1	2.70	30	81.08	34	91.89
国有绝对控股	1	3.13	25	78.13	29	90.63
国有相对控股	0	0.00	5	100.00	5	100.00
集体及集团控股小计	0	0.00	1	33.33	3	100.00
集体绝对控股	0	0.00	0	0.00	0	0.00
集体相对控股	0	0.00	1	33.33	3	100.00
其他	0	0.00	0	0.00	1	100.00
按集团主营行业分						
第一产业合计	0	0.00	1	50.00	2	100.00
农、林、牧、渔业	0	0.00	1	50.00	2	100.00
第二产业合计	1	3.45	22	75.86	26	89.66
工业小计	1	3.85	19	73.08	24	92.31
采矿业	0	0.00	0	0.00	0	0.00
制造业	1	4.00	18	72.00	23	92.00
电力、燃气及水的生产和供应业	0	0.00	1	100.00	1	100.00
建筑业	0	0.00	3	100.00	2	66.67
第三产业合计	0	0.00	8	80.00	10	100.00
交通运输、仓储和邮政业	0	0.00	1	100.00	1	100.00
信息传输、计算机服务和软件业	0	0.00	0	0.00	0	0.00
批发和零售业	0	0.00	6	75.00	8	100.00
其他合计	0	0.00	1	100.00	1	100.00
租赁和商务服务业	0	0.00	1	100.00	1	100.00
按母公司登记注册类型分						
国有企业	1	20.00	4	80.00	4	80.00
公司制企业小计	0	0.00	27	75.00	34	94.44
国有独资企业	0	0.00	15	78.95	18	94.74
其他有限责任公司	0	0.00	4	57.14	6	85.71
股份有限公司	0	0.00	8	80.00	10	100.00
按母公司企业规模分						
大型	1	3.13	26	81.25	30	93.75
中型	0	0.00	3	50.00	5	83.33
小型	0	0.00	2	66.67	3	100.00

7－5　湖北省重点企业集团调查问卷汇总资料(4)

(2004 年 4 月)　　单位:个,%

	企业集团母公司对下列哪些事项进行统一决策							
	重大投融资项目		涉外贸易和经济技术合作		科研开发		财务管理制度	
	单位数	比　重	单位数	比　重	单位数	比　重	单位数	比　重
总计	**39**	**95.12**	**22**	**53.66**	**23**	**56.10**	**33**	**80.49**
按集团审批部门分								
国务院	4	100.00	3	75.00	3	75.00	3	75.00
国务院主管部门	4	100.00	4	100.00	4	100.00	4	100.00
省级人民政府	5	83.33	3	50.00	3	50.00	3	50.00
省级人民政府主管部门	19	95.00	8	40.00	8	40.00	17	85.00
其他	7	100.00	4	57.14	5	71.43	6	85.71
按母公司控股情况分								
国有及国有控股小计	36	97.30	20	54.05	20	54.05	29	78.38
国有绝对控股	31	96.88	17	53.13	18	56.25	25	78.13
国有相对控股	5	100.00	3	60.00	2	40.00	4	80.00
集体及集团控股小计	2	66.67	1	33.33	2	66.67	3	100.00
集体绝对控股	0	0.00	0	0.00	0	0.00	0	0.00
集体相对控股	2	66.67	1	33.33	2	66.67	3	100.00
其他	1	100.00	1	100.00	1	100.00	1	100.00
按集团主营行业分								
第一产业合计	2	100.00	2	100.00	2	100.00	2	100.00
农、林、牧、渔业	2	100.00	2	100.00	2	100.00	2	100.00
第二产业合计	28	96.55	16	55.17	19	65.52	21	72.41
工业小计	25	96.15	15	57.69	18	69.23	20	76.92
采矿业	0	0.00	0	0.00	0	0.00	0	0.00
制造业	24	96.00	14	56.00	17	68.00	19	76.00
电力、燃气及水的生产和供应业	1	100.00	1	100.00	1	100.00	1	100.00
建筑业	3	100.00	1	33.33	1	33.33	1	33.33
第三产业合计	9	90.00	4	40.00	2	20.00	10	100.00
交通运输、仓储和邮政业	1	100.00	1	100.00	1	100.00	1	100.00
信息传输、计算机服务和软件业	0	0.00	0	0.00	0	0.00	0	0.00
批发和零售业	7	87.50	2	25.00	1	12.50	8	100.00
其他合计	1	100.00	1	100.00	0	0.00	1	100.00
租赁和商务服务业	1	100.00	1	100.00	0	0.00	1	100.00
按母公司登记注册类型分								
国有企业	5	100.00	4	80.00	4	80.00	4	80.00
公司制企业小计	34	94.44	18	50.00	19	52.78	29	80.56
国有独资企业	19	100.00	11	57.89	11	57.89	15	78.95
其他有限责任公司	6	85.71	4	57.14	4	57.14	5	71.43
股份有限公司	9	90.00	3	30.00	4	40.00	9	90.00
按母公司企业规模分								
大型	31	96.88	20	62.50	18	56.25	25	78.13
中型	6	100.00	1	16.67	4	66.67	5	83.33
小型	2	66.67	1	33.33	1	33.33	3	100.00

7－6　2003年企业集团统计年报按属性分组问卷(1)

(2004年4月)　　单位:个,%

	总计	母公司是公司制企业总计	企业集团子公司(单位)出资人是否明确					
			全部明确		80－99%		60－79%	
	单位数	单位数	单位数	比　重	单位数	比　重	单位数	比　重
总计	**41**	**36**	**41**	**100.00**	**0**	**0.00**	**0**	**0.00**
按集团审批部门分								
国务院	4	1	4	100.00	0	0.00	0	0.00
国务院主管部门	4	3	4	100.00	0	0.00	0	0.00
省级人民政府	6	6	6	100.00	0	0.00	0	0.00
省级人民政府主管部门	20	19	20	100.00	0	0.00	0	0.00
其他	7	7	7	100.00	0	0.00	0	0.00
按母公司控股情况分								
国有及国有控股小计	37	32	37	100.00	0	0.00	0	0.00
国有绝对控股	32	27	32	100.00	0	0.00	0	0.00
国有相对控股	5	5	5	100.00	0	0.00	0	0.00
集体及集团控股小计	3	3	3	100.00	0	0.00	0	0.00
集体绝对控股	0	0	0	0.00	0	0.00	0	0.00
集体相对控股	3	3	3	100.00	0	0.00	0	0.00
其他	1	1	1	100.00	0	0.00	0	0.00
按集团主营行业分								
第一产业合计	2	2	2	100.00	0	0.00	0	0.00
农、林、牧、渔业	2	2	2	100.00	0	0.00	0	0.00
第二产业合计	29	25	29	100.00	0	0.00	0	0.00
工业小计	26	23	26	100.00	0	0.00	0	0.00
采矿业	0	0	0	0.00	0	0.00	0	0.00
制造业	25	22	25	100.00	0	0.00	0	0.00
电力、燃气及水的生产和供应业	1	1	1	100.00	0	0.00	0	0.00
建筑业	3	2	3	100.00	0	0.00	0	0.00
第三产业合计	10	9	10	100.00	0	0.00	0	0.00
交通运输、仓储和邮政业	1	0	1	100.00	0	0.00	0	0.00
信息传输、计算机服务和软件业	0	0	0	0.00	0	0.00	0	0.00
批发和零售业	8	8	8	100.00	0	0.00	0	0.00
住宿和餐饮业	0	0	0	0.00	0	0.00	0	0.00
金融业	0	0	0	0.00	0	0.00	0	0.00
房地产业	0	0	0	0.00	0	0.00	0	0.00
其他合计	1	1	1	100.00	0	0.00	0	0.00
租赁和商务服务业	1	1	1	100.00	0	0.00	0	0.00
按母公司登记注册类型分								
国有企业	5	0	5	100.00	0	0.00	0	0.00
公司制企业小计	36	36	36	100.00	0	0.00	0	0.00
国有独资企业	19	19	19	100.00	0	0.00	0	0.00
其他有限责任公司	7	7	7	100.00	0	0.00	0	0.00
股份有限公司	10	10	10	100.00	0	0.00	0	0.00
中外合资企业	0	0	0	0.00	0	0.00	0	0.00
港澳台合资企业	0	0	0	0.00	0	0.00	0	0.00
其他	0	0	0	0.00	0	0.00	0	0.00
按母公司企业规模分								
大型	32	27	32	100.00	0	0.00	0	0.00
中型	6	6	6	100.00	0	0.00	0	0.00
小型	3	3	3	100.00	0	0.00	0	0.00
其他	0	0	0	0.00	0	0.00	0	0.00

7-6　2003年企业集团统计年报按属性分组问卷(2)

（2004年4月）　　单位:个,%

	企业集团母公司出资人目前行使哪几项主要权利（占母公司出资人已明确的企业集团）					
	企业重大经营决策		选择企业经营者		收取资产收益	
	单位数	比　重	单位数	比　重	单位数	比　重
总计	**37**	**90.24**	**34**	**82.93**	**30**	**73.17**
按集团审批部门分						
国务院	4	100.00	4	100.00	4	100.00
国务院主管部门	3	75.00	2	50.00	3	75.00
省级人民政府	5	83.33	4	66.67	3	50.00
省级人民政府主管部门	18	90.00	17	85.00	13	65.00
其他	7	100.00	7	100.00	7	100.00
按母公司控股情况分						
国有及国有控股小计	33	89.19	31	83.78	27	72.97
国有绝对控股	28	87.50	26	81.25	23	71.88
国有相对控股	5	100.00	5	100.00	4	80.00
集体及集团控股小计	3	100.00	2	66.67	2	66.67
集体绝对控股	0	0.00	0	0.00	0	0.00
集体相对控股	3	100.00	2	66.67	2	66.67
其他	1	100.00	1	100.00	1	100.00
按集团主营行业分						
第一产业合计	2	100.00	2	100.00	1	50.00
农、林、牧、渔业	2	100.00	2	100.00	1	50.00
第二产业合计	25	86.21	23	79.31	21	72.41
工业小计	23	88.46	20	76.92	19	73.08
采矿业	0	0.00	0	0.00	0	0.00
制造业	22	88.00	19	76.00	18	72.00
电力、燃气及水的生产和供应业	1	100.00	1	100.00	1	100.00
建筑业	2	66.67	3	100.00	2	66.67
第三产业合计	10	100.00	9	90.00	8	80.00
交通运输、仓储和邮政业	1	100.00	1	100.00	1	100.00
信息传输、计算机服务和软件业	0	0.00	0	0.00	0	0.00
批发和零售业	8	100.00	8	100.00	7	87.50
住宿和餐饮业	0	0.00	0	0.00	0	0.00
金融业	0	0.00	0	0.00	0	0.00
房地产业	0	0.00	0	0.00	0	0.00
其他合计	1	100.00	0	0.00	0	0.00
租赁和商务服务业	1	100.00	0	0.00	0	0.00
按母公司登记注册类型分						
国有企业	3	60.00	4	80.00	4	80.00
公司制企业小计	34	94.44	30	83.33	26	72.22
国有独资企业	17	89.47	14	73.68	12	63.16
其他有限责任公司	7	100.00	7	100.00	6	85.71
股份有限公司	10	100.00	9	90.00	8	80.00
中外合资企业	0	0.00	0	0.00	0	0.00
港澳台合资企业	0	0.00	0	0.00	0	0.00
其他	0	0.00	0	0.00	0	0.00
按母公司企业规模分						
大型	28	87.50	28	87.50	25	78.13
中型	6	100.00	3	50.00	3	50.00
小型	3	100.00	3	100.00	2	66.67
其他	0	0.00	0	0.00	0	0.00

7－6　2003年企业集团统计年报按属性分组问卷(3)

(2004年4月)　　　　单位:个,%

	企业集团母公司已成立(占母公司是公司制企业的企业集团)					
	股东会		董事会		监事会	
	单位数	比　重	单位数	比　重	单位数	比　重
总计	**17**	**47.22**	**36**	**100.00**	**31**	**86.11**
按集团审批部门分						
国务院	1	100.00	1	100.00	1	100.00
国务院主管部门	1	33.33	3	100.00	2	66.67
省级人民政府	2	33.33	6	100.00	6	100.00
省级人民政府主管部门	9	47.37	19	100.00	17	89.47
其他	4	57.14	7	100.00	5	71.43
按母公司控股情况分						
国有及国有控股小计	13	40.63	32	100.00	27	84.38
国有绝对控股	8	29.63	27	100.00	22	81.48
国有相对控股	5	100.00	5	100.00	5	100.00
集体及集团控股小计	3	100.00	3	100.00	3	100.00
集体绝对控股	0	0.00	0	0.00	0	0.00
集体相对控股	3	100.00	3	100.00	3	100.00
其他	1	100.00	1	100.00	1	100.00
按集团主营行业分						
第一产业合计	1	50.00	2	100.00	2	100.00
农、林、牧、渔业	1	50.00	2	100.00	2	100.00
第二产业合计	10	40.00	25	100.00	21	84.00
工业小计	9	39.13	23	100.00	20	86.96
采矿业	0	0.00	0	0.00	0	0.00
制造业	9	40.91	22	100.00	19	86.36
电力、燃气及水的生产和供应业	0	0.00	1	100.00	1	100.00
建筑业	1	50.00	2	100.00	1	50.00
第三产业合计	6	66.67	9	100.00	8	88.89
交通运输、仓储和邮政业	0	0.00	0	0.00	0	0.00
信息传输、计算机服务和软件业	0	0.00	0	0.00	0	0.00
批发和零售业	6	75.00	8	100.00	7	87.50
住宿和餐饮业	0	0.00	0	0.00	0	0.00
金融业	0	0.00	0	0.00	0	0.00
房地产业	0	0.00	0	0.00	0	0.00
其他合计	0	0.00	1	100.00	1	100.00
租赁和商务服务业	0	0.00	1	100.00	1	100.00
按母公司登记注册类型分						
国有企业	0	0.00	0	0.00	0	0.00
公司制企业小计	17	47.22	36	100.00	31	86.11
国有独资企业	0	0.00	19	100.00	14	73.68
其他有限责任公司	7	100.00	7	100.00	7	100.00
股份有限公司	10	100.00	10	100.00	10	100.00
中外合资企业	0	0.00	0	0.00	0	0.00
港澳台合资企业	0	0.00	0	0.00	0	0.00
其他	0	0.00	0	0.00	0	0.00
按母公司企业规模分						
大型	13	48.15	27	100.00	23	85.19
中型	3	50.00	6	100.00	6	100.00
小型	1	33.33	3	100.00	2	66.67
其他	0	0.00	0	0.00	0	0.00

7－6　2003年企业集团统计年报按属性分组问卷(4)

(2004年4月)　　单位:个,%

	董事会成员产生方式(占已成立董事会的企业集团)				董事会中设有独立董事(占已成立董事会的企业集团)	
	出资人委派		其　他			
	单位数	比　重	单位数	比　重	单位数	比　重
总计	**28**	**77.78**	**8**	**22.22**	**7**	**19.44**
按集团审批部门分						
国务院	1	100.00	0	0.00	0	0.00
国务院主管部门	2	66.67	1	33.33	0	0.00
省级人民政府	3	50.00	3	50.00	1	16.67
省级人民政府主管部门	16	84.21	3	15.79	5	26.32
其他	6	85.71	1	14.29	1	14.29
按母公司控股情况分						
国有及国有控股小计	25	78.13	7	21.88	7	21.88
国有绝对控股	20	74.07	7	25.93	4	14.81
国有相对控股	5	100.00	0	0.00	3	60.00
集体及集团控股小计	2	66.67	1	33.33	0	0.00
集体绝对控股	0	0.00	0	0.00	0	0.00
集体相对控股	2	66.67	1	33.33	0	0.00
其他	1	100.00	0	0.00	0	0.00
按集团主营行业分						
第一产业合计	2	100.00	0	0.00	0	0.00
农、林、牧、渔业	2	100.00	0	0.00	0	0.00
第二产业合计	18	72.00	7	28.00	3	12.00
工业小计	16	69.57	7	30.43	3	13.04
采矿业	0	0.00	0	0.00	0	0.00
制造业	15	68.18	7	31.82	3	13.64
电力、燃气及水的生产和供应业	1	100.00	0	0.00	0	0.00
建筑业	2	100.00	0	0.00	0	0.00
第三产业合计	8	88.89	1	11.11	4	44.44
交通运输、仓储和邮政业	0	0.00	0	0.00	0	0.00
信息传输、计算机服务和软件业	0	0.00	0	0.00	0	0.00
批发和零售业	7	87.50	1	12.50	4	50.00
住宿和餐饮业	0	0.00	0	0.00	0	0.00
金融业	0	0.00	0	0.00	0	0.00
房地产业	0	0.00	0	0.00	0	0.00
其他合计	1	100.00	0	0.00	0	0.00
租赁和商务服务业	1	100.00	0	0.00	0	0.00
按母公司登记注册类型分						
国有企业	0	0.00	0	0.00	0	0.00
公司制企业小计	28	77.78	8	22.22	7	19.44
国有独资企业	15	78.95	4	21.05	2	10.53
其他有限责任公司	5	71.43	2	28.57	1	14.29
股份有限公司	8	80.00	2	20.00	4	40.00
中外合资企业	0	0.00	0	0.00	0	0.00
港澳台合资企业	0	0.00	0	0.00	0	0.00
其他	0	0.00	0	0.00	0	0.00
按母公司企业规模分						
大型	21	77.78	6	22.22	6	22.22
中型	4	66.67	2	33.33	1	16.67
小型	3	100.00	0	0.00	0	0.00
其他	0	0.00	0	0.00	0	0.00

7-6 2003年企业集团统计年报按属性分组问卷(5)

(2004年4月)　　单位:个,%

	董事长与总经理是否一人兼任(占已成立董事会的企业集团)				董事会有下设专门委员会(占已成立董事会的企业集团)	
	是		否			
	单位数	比　重	单位数	比　重	单位数	比　重
总计	**12**	**33.33**	**24**	**66.67**	**7**	**19.44**
按集团审批部门分						
国务院	1	100.00	0	0.00	0	0.00
国务院主管部门	1	33.33	2	66.67	0	0.00
省级人民政府	2	33.33	4	66.67	1	16.67
省级人民政府主管部门	7	36.84	12	63.16	3	15.79
其他	1	14.29	6	85.71	3	42.86
按母公司控股情况分						
国有及国有控股小计	10	31.25	22	68.75	6	18.75
国有绝对控股	9	33.33	18	66.67	4	14.81
国有相对控股	1	20.00	4	80.00	2	40.00
集体及集团控股小计	1	33.33	2	66.67	1	33.33
集体绝对控股	0	0.00	0	0.00	0	0.00
集体相对控股	1	33.33	2	66.67	1	33.33
其他	1	100.00	0	0.00	0	0.00
按集团主营行业分						
第一产业合计	2	100.00	0	0.00	0	0.00
农、林、牧、渔业	2	100.00	0	0.00	0	0.00
第二产业合计	8	32.00	17	68.00	4	16.00
工业小计	7	30.43	16	69.57	4	17.39
采矿业	0	0.00	0	0.00	0	0.00
制造业	7	31.82	15	68.18	4	18.18
电力、燃气及水的生产和供应业	0	0.00	1	100.00	0	0.00
建筑业	1	50.00	1	50.00	0	0.00
第三产业合计	2	22.22	7	77.78	3	33.33
交通运输、仓储和邮政业	0	0.00	0	0.00	0	0.00
信息传输、计算机服务和软件业	0	0.00	0	0.00	0	0.00
批发和零售业	2	25.00	6	75.00	3	37.50
住宿和餐饮业	0	0.00	0	0.00	0	0.00
金融业	0	0.00	0	0.00	0	0.00
房地产业	0	0.00	0	0.00	0	0.00
其他合计	0	0.00	1	100.00	0	0.00
租赁和商务服务业	0	0.00	1	100.00	0	0.00
按母公司登记注册类型分						
国有企业	0	0.00	0	0.00	0	0.00
公司制企业小计	12	33.33	24	66.67	7	19.44
国有独资企业	7	36.84	12	63.16	2	10.53
其他有限责任公司	4	57.14	3	42.86	1	14.29
股份有限公司	1	10.00	9	90.00	4	40.00
中外合资企业	0	0.00	0	0.00	0	0.00
港澳台合资企业	0	0.00	0	0.00	0	0.00
其他	0	0.00	0	0.00	0	0.00
按母公司企业规模分						
大型	7	25.93	20	74.07	7	25.93
中型	3	50.00	3	50.00	0	0.00
小型	2	66.67	1	33.33	0	0.00
其他	0	0.00	0	0.00	0	0.00

7-6 2003年企业集团统计年报按属性分组问卷(6)

(2004年4月)　　单位:个,%

	企业集团母公司董事会能够行使下列职权(占已成立董事会的企业集团)					
	负责召集股东会,并向股东会汇报工作		执行股东会的决议		决定公司的经营计划和投资方案	
	单位数	比 重	单位数	比 重	单位数	比 重
总计	**16**	**44.44**	**16**	**44.44**	**36**	**100.00**
按集团审批部门分						
国务院	1	100.00	1	100.00	1	100.00
国务院主管部门	1	33.33	1	33.33	3	100.00
省级人民政府	2	33.33	2	33.33	6	100.00
省级人民政府主管部门	8	42.11	8	42.11	19	100.00
其他	4	57.14	4	57.14	7	100.00
按母公司控股情况分						
国有及国有控股小计	12	37.50	12	37.50	32	100.00
国有绝对控股	7	25.93	7	25.93	27	100.00
国有相对控股	5	100.00	5	100.00	5	100.00
集体及集团控股小计	3	100.00	3	100.00	3	100.00
集体绝对控股	0	0.00	0	0.00	0	0.00
集体相对控股	3	100.00	3	100.00	3	100.00
其他	1	100.00	1	100.00	1	100.00
按集团主营行业分						
第一产业合计	1	50.00	1	50.00	2	100.00
农、林、牧、渔业	1	50.00	1	50.00	2	100.00
第二产业合计	9	36.00	9	36.00	25	100.00
工业小计	8	34.78	8	34.78	23	100.00
采矿业	0	0.00	0	0.00	0	0.00
制造业	8	36.36	8	36.36	22	100.00
电力、燃气及水的生产和供应业	0	0.00	0	0.00	1	100.00
建筑业	1	50.00	1	50.00	2	100.00
第三产业合计	6	66.67	6	66.67	9	100.00
交通运输、仓储和邮政业	0	0.00	0	0.00	0	0.00
信息传输、计算机服务和软件业	0	0.00	0	0.00	0	0.00
批发和零售业	6	75.00	6	75.00	8	100.00
住宿和餐饮业	0	0.00	0	0.00	0	0.00
金融业	0	0.00	0	0.00	0	0.00
房地产业	0	0.00	0	0.00	0	0.00
其他合计	0	0.00	0	0.00	1	100.00
租赁和商务服务业	0	0.00	0	0.00	1	100.00
按母公司登记注册类型分						
国有企业	0	0.00	0	0.00	0	0.00
公司制企业小计	16	44.44	16	44.44	36	100.00
国有独资企业	0	0.00	0	0.00	19	100.00
其他有限责任公司	6	85.71	6	85.71	7	100.00
股份有限公司	10	100.00	10	100.00	10	100.00
中外合资企业	0	0.00	0	0.00	0	0.00
港澳台合资企业	0	0.00	0	0.00	0	0.00
其他	0	0.00	0	0.00	0	0.00
按母公司企业规模分						
大型	12	44.44	12	44.44	27	100.00
中型	3	50.00	3	50.00	6	100.00
小型	1	33.33	1	33.33	3	100.00
其他	0	0.00	0	0.00	0	0.00

7－6　2003年企业集团统计年报按属性分组问卷(7)

(2004年4月)　　单位:个,%

	企业集团母公司董事会能够行使下列职权(占已成立董事会的企业集团)							
	制订公司的年度财务预算方案、决算方案		制订公司的利润分配方案和弥补亏损方案		制定公司增加或者减少注册资本的方案		拟定公司合并、分立、变更公司形式、解散的方案	
	单位数	比　重	单位数	比　重	单位数	比　重	单位数	比　重
总计	**36**	**100.00**	**36**	**100.00**	**33**	**91.67**	**32**	**88.89**
按集团审批部门分								
国务院	1	100.00	1	100.00	1	100.00	1	100.00
国务院主管部门	3	100.00	3	100.00	3	100.00	3	100.00
省级人民政府	6	100.00	6	100.00	6	100.00	6	100.00
省级人民政府主管部门	19	100.00	19	100.00	16	84.21	15	78.95
其他	7	100.00	7	100.00	7	100.00	7	100.00
按母公司控股情况分								
国有及国有控股小计	32	100.00	32	100.00	30	93.75	29	90.63
国有绝对控股	27	100.00	27	100.00	25	92.59	24	88.89
国有相对控股	5	100.00	5	100.00	5	100.00	5	100.00
集体及集团控股小计	3	100.00	3	100.00	2	66.67	2	66.67
集体绝对控股	0	0.00	0	0.00	0	0.00	0	0.00
集体相对控股	3	100.00	3	100.00	2	66.67	2	66.67
其他	1	100.00	1	100.00	1	100.00	1	100.00
按集团主营行业分								
第一产业合计	2	100.00	2	100.00	2	100.00	1	50.00
农、林、牧、渔业	2	100.00	2	100.00	2	100.00	1	50.00
第二产业合计	25	100.00	25	100.00	22	88.00	22	88.00
工业小计	23	100.00	23	100.00	20	86.96	20	86.96
采矿业	0	0.00	0	0.00	0	0.00	0	0.00
制造业	22	100.00	22	100.00	19	86.36	19	86.36
电力、燃气及水的生产和供应业	1	100.00	1	100.00	1	100.00	1	100.00
建筑业	2	100.00	2	100.00	2	100.00	2	100.00
第三产业合计	9	100.00	9	100.00	9	100.00	9	100.00
交通运输、仓储和邮政业	0	0.00	0	0.00	0	0.00	0	0.00
信息传输、计算机服务和软件业	0	0.00	0	0.00	0	0.00	0	0.00
批发和零售业	8	100.00	8	100.00	8	100.00	8	100.00
住宿和餐饮业	0	0.00	0	0.00	0	0.00	0	0.00
金融业	0	0.00	0	0.00	0	0.00	0	0.00
房地产业	0	0.00	0	0.00	0	0.00	0	0.00
其他合计	1	100.00	1	100.00	1	100.00	1	100.00
租赁和商务服务业	1	100.00	1	100.00	1	100.00	1	100.00
按母公司登记注册类型分								
国有企业	0	0.00	0	0.00	0	0.00	0	0.00
公司制企业小计	36	100.00	36	100.00	33	91.67	32	88.89
国有独资企业	19	100.00	19	100.00	18	94.74	17	89.47
其他有限责任公司	7	100.00	7	100.00	6	85.71	6	85.71
股份有限公司	10	100.00	10	100.00	9	90.00	9	90.00
中外合资企业	0	0.00	0	0.00	0	0.00	0	0.00
港澳台合资企业	0	0.00	0	0.00	0	0.00	0	0.00
其他	0	0.00	0	0.00	0	0.00	0	0.00
按母公司企业规模分								
大型	27	100.00	27	100.00	26	96.30	26	96.30
中型	6	100.00	6	100.00	4	66.67	4	66.67
小型	3	100.00	3	100.00	3	100.00	2	66.67
其他	0	0.00	0	0.00	0	0.00	0	0.00

7-6　2003年企业集团统计年报按属性分组问卷(8)

(2004年4月)

单位:个,%

	企业集团母公司董事会能够行使下列职权(占已成立董事会的企业集团)							
	决定公司内部管理机构的设置		聘任或者解聘公司经理		根据经理的提名,聘任或者解聘公司副经理、财务负责人,决定其报酬事项		制定公司的基本管理制度	
	单位数	比　重	单位数	比　重	单位数	比　重	单位数	比　重
总计	**35**	**97.22**	**29**	**80.56**	**30**	**83.33**	**36**	**100.00**
按集团审批部门分								
国务院	1	100.00	1	100.00	1	100.00	1	100.00
国务院主管部门	3	100.00	2	66.67	2	66.67	3	100.00
省级人民政府	5	83.33	3	50.00	3	50.00	6	100.00
省级人民政府主管部门	19	100.00	17	89.47	18	94.74	19	100.00
其他	7	100.00	6	85.71	6	85.71	7	100.00
按母公司控股情况分								
国有及国有控股小计	31	96.88	25	78.13	27	84.38	32	100.00
国有绝对控股	26	96.30	20	74.07	22	81.48	27	100.00
国有相对控股	5	100.00	5	100.00	5	100.00	5	100.00
集体及集团控股小计	3	100.00	3	100.00	2	66.67	3	100.00
集体绝对控股	0	0.00	0	0.00	0	0.00	0	0.00
集体相对控股	3	100.00	3	100.00	2	66.67	3	100.00
其他	1	100.00	1	100.00	1	100.00	1	100.00
按集团主营行业分								
第一产业合计	2	100.00	1	50.00	2	100.00	2	100.00
农、林、牧、渔业	2	100.00	1	50.00	2	100.00	2	100.00
第二产业合计	24	96.00	19	76.00	19	76.00	25	100.00
工业小计	22	95.65	17	73.91	17	73.91	23	100.00
采矿业	0	0.00	0	0.00	0	0.00	0	0.00
制造业	21	95.45	16	72.73	16	72.73	22	100.00
电力、燃气及水的生产和供应业	1	100.00	1	100.00	1	100.00	1	100.00
建筑业	2	100.00	2	100.00	2	100.00	2	100.00
第三产业合计	9	100.00	9	100.00	9	100.00	9	100.00
交通运输、仓储和邮政业	0	0.00	0	0.00	0	0.00	0	0.00
信息传输、计算机服务和软件业	0	0.00	0	0.00	0	0.00	0	0.00
批发和零售业	8	100.00	8	100.00	8	100.00	8	100.00
住宿和餐饮业	0	0.00	0	0.00	0	0.00	0	0.00
金融业	0	0.00	0	0.00	0	0.00	0	0.00
房地产业	0	0.00	0	0.00	0	0.00	0	0.00
其他合计	1	100.00	1	100.00	1	100.00	1	100.00
租赁和商务服务业	1	100.00	1	100.00	1	100.00	1	100.00
按母公司登记注册类型分								
国有企业	0	0.00	0	0.00	0	0.00	0	0.00
公司制企业小计	35	97.22	29	80.56	30	83.33	36	100.00
国有独资企业	18	94.74	14	73.68	15	78.95	19	100.00
其他有限责任公司	7	100.00	5	71.43	6	85.71	7	100.00
股份有限公司	10	100.00	10	100.00	9	90.00	10	100.00
中外合资企业	0	0.00	0	0.00	0	0.00	0	0.00
港澳台合资企业	0	0.00	0	0.00	0	0.00	0	0.00
其他	0	0.00	0	0.00	0	0.00	0	0.00
按母公司企业规模分								
大型	26	96.30	21	77.78	22	81.48	27	100.00
中型	6	100.00	6	100.00	5	83.33	6	100.00
小型	3	100.00	2	66.67	3	100.00	3	100.00
其他	0	0.00	0	0.00	0	0.00	0	0.00

7-6 2003年企业集团统计年报按属性分组问卷(9)

(2004年4月)　　单位:个,%

	企业集团母公司监事会能够行使下列职权(占已成立监事会的企业集团)			
	检查公司财务		对董事、经理执行公司职务时违反法律、法规或者公司章程的行为进行监督	
	单位数	比　重	单位数	比　重
总计	**31**	**100.00**	**29**	**93.55**
按集团审批部门分				
国务院	1	100.00	1	100.00
国务院主管部门	2	100.00	2	100.00
省级人民政府	6	100.00	5	83.33
省级人民政府主管部门	17	100.00	16	94.12
其他	5	100.00	5	100.00
按母公司控股情况分				
国有及国有控股小计	27	100.00	26	96.30
国有绝对控股	22	100.00	21	95.45
国有相对控股	5	100.00	5	100.00
集体及集团控股小计	3	100.00	2	66.67
集体绝对控股	0	0.00	0	0.00
集体相对控股	3	100.00	2	66.67
其他	1	100.00	1	100.00
按集团主营行业分				
第一产业合计	2	100.00	2	100.00
农、林、牧、渔业	2	100.00	2	100.00
第二产业合计	21	100.00	19	90.48
工业小计	20	100.00	18	90.00
采矿业	0	0.00	0	0.00
制造业	19	100.00	17	89.47
电力、燃气及水的生产和供应业	1	100.00	1	100.00
建筑业	1	100.00	1	100.00
第三产业合计	8	100.00	8	100.00
交通运输、仓储和邮政业	0	0.00	0	0.00
信息传输、计算机服务和软件业	0	0.00	0	0.00
批发和零售业	7	100.00	7	100.00
住宿和餐饮业	0	0.00	0	0.00
金融业	0	0.00	0	0.00
房地产业	0	0.00	0	0.00
其他合计	1	100.00	1	100.00
租赁和商务服务业	1	100.00	1	100.00
按母公司登记注册类型分				
国有企业	0	0.00	0	0.00
公司制企业小计	31	100.00	29	93.55
国有独资企业	14	100.00	13	92.86
其他有限责任公司	7	100.00	7	100.00
股份有限公司	10	100.00	9	90.00
中外合资企业	0	0.00	0	0.00
港澳台合资企业	0	0.00	0	0.00
其他	0	0.00	0	0.00
按母公司企业规模分				
大型	23	100.00	22	95.65
中型	6	100.00	5	83.33
小型	2	100.00	2	100.00
其他	0	0.00	0	0.00

7－6 2003年企业集团统计年报按属性分组问卷(10)

(2004年4月) 单位:个,%

	企业集团母公司监事会能够行使下列职权(占已成立监事会的企业集团)					
	当董事和经理的行为损害公司的利益时,要求董事和经理予以纠正		提议召开临时股东大会		公司章程规定的其他职权	
	单位数	比　重	单位数	比　重	单位数	比　重
总计	**29**	**93.55**	**14**	**45.16**	**28**	**90.32**
按集团审批部门分						
国务院	1	100.00	1	100.00	1	100.00
国务院主管部门	2	100.00	1	50.00	1	50.00
省级人民政府	5	83.33	1	16.67	6	100.00
省级人民政府主管部门	16	94.12	7	41.18	15	88.24
其他	5	100.00	4	80.00	5	100.00
按母公司控股情况分						
国有及国有控股小计	26	96.30	13	48.15	25	92.59
国有绝对控股	21	95.45	8	36.36	20	90.91
国有相对控股	5	100.00	5	100.00	5	100.00
集体及集团控股小计	2	66.67	1	33.33	2	66.67
集体绝对控股	0	0.00	0	0.00	0	0.00
集体相对控股	2	66.67	1	33.33	2	66.67
其他	1	100.00	0	0.00	1	100.00
按集团主营行业分						
第一产业合计	2	100.00	0	0.00	2	100.00
农、林、牧、渔业	2	100.00	0	0.00	2	100.00
第二产业合计	19	90.48	8	38.10	18	85.71
工业小计	18	90.00	7	35.00	17	85.00
采矿业	0	0.00	0	0.00	0	0.00
制造业	17	89.47	7	36.84	17	89.47
电力、燃气及水的生产和供应业	1	100.00	0	0.00	0	0.00
建筑业	1	100.00	1	100.00	1	100.00
第三产业合计	8	100.00	6	75.00	8	100.00
交通运输、仓储和邮政业	0	0.00	0	0.00	0	0.00
信息传输、计算机服务和软件业	0	0.00	0	0.00	0	0.00
批发和零售业	7	100.00	6	85.71	7	100.00
住宿和餐饮业	0	0.00	0	0.00	0	0.00
金融业	0	0.00	0	0.00	0	0.00
房地产业	0	0.00	0	0.00	0	0.00
其他合计	1	100.00	0	0.00	1	100.00
租赁和商务服务业	1	100.00	0	0.00	1	100.00
按母公司登记注册类型分						
国有企业	0	0.00	0	0.00	0	0.00
公司制企业小计	29	93.55	14	45.16	28	90.32
国有独资企业	13	92.86	2	14.29	13	92.86
其他有限责任公司	7	100.00	5	71.43	6	85.71
股份有限公司	9	90.00	7	70.00	9	90.00
中外合资企业	0	0.00	0	0.00	0	0.00
港澳台合资企业	0	0.00	0	0.00	0	0.00
其他	0	0.00	0	0.00	0	0.00
按母公司企业规模分						
大型	22	95.65	11	47.83	21	91.30
中型	5	83.33	2	33.33	5	83.33
小型	2	100.00	1	50.00	2	100.00
其他	0	0.00	0	0.00	0	0.00

7-6　2003年企业集团统计年报按属性分组问卷(11)

(2004年4月)　　　　单位:个,%

	企业集团母公司总经理能够行使下列职权					
	主持公司的生产经营管理工作,组织实施董事会决议		组织实施公司年度经营计划和投资方案		拟定公司管理制度及机构设置方案	
	单位数	比　重	单位数	比　重	单位数	比　重
总计	**39**	**95.12**	**38**	**92.68**	**38**	**92.68**
按集团审批部门分						
国务院	3	75.00	3	75.00	3	75.00
国务院主管部门	4	100.00	4	100.00	4	100.00
省级人民政府	6	100.00	6	100.00	6	100.00
省级人民政府主管部门	19	95.00	18	90.00	18	90.00
其他	7	100.00	7	100.00	7	100.00
按母公司控股情况分						
国有及国有控股小计	35	94.59	35	94.59	35	94.59
国有绝对控股	30	93.75	30	93.75	30	93.75
国有相对控股	5	100.00	5	100.00	5	100.00
集体及集团控股小计	3	100.00	2	66.67	2	66.67
集体绝对控股	0	0.00	0	0.00	0	0.00
集体相对控股	3	100.00	2	66.67	2	66.67
其他	1	100.00	1	100.00	1	100.00
按集团主营行业分						
第一产业合计	2	100.00	2	100.00	2	100.00
农、林、牧、渔业	2	100.00	2	100.00	2	100.00
第二产业合计	27	93.10	26	89.66	26	89.66
工业小计	25	96.15	23	88.46	23	88.46
采矿业	0	0.00	0	0.00	0	0.00
制造业	24	96.00	22	88.00	22	88.00
电力、燃气及水的生产和供应业	1	100.00	1	100.00	1	100.00
建筑业	2	66.67	3	100.00	3	100.00
第三产业合计	10	100.00	10	100.00	10	100.00
交通运输、仓储和邮政业	1	100.00	1	100.00	1	100.00
信息传输、计算机服务和软件业	0	0.00	0	0.00	0	0.00
批发和零售业	8	100.00	8	100.00	8	100.00
住宿和餐饮业	0	0.00	0	0.00	0	0.00
金融业	0	0.00	0	0.00	0	0.00
房地产业	0	0.00	0	0.00	0	0.00
其他合计	1	100.00	1	100.00	1	100.00
租赁和商务服务业	1	100.00	1	100.00	1	100.00
按母公司登记注册类型分						
国有企业	3	60.00	4	80.00	4	80.00
公司制企业小计	36	100.00	34	94.44	34	94.44
国有独资企业	19	100.00	18	94.74	18	94.74
其他有限责任公司	7	100.00	7	100.00	7	100.00
股份有限公司	10	100.00	9	90.00	9	90.00
中外合资企业	0	0.00	0	0.00	0	0.00
港澳台合资企业	0	0.00	0	0.00	0	0.00
其他	0	0.00	0	0.00	0	0.00
按母公司企业规模分						
大型	30	93.75	30	93.75	30	93.75
中型	6	100.00	5	83.33	5	83.33
小型	3	100.00	3	100.00	3	100.00
其他	0	0.00	0	0.00	0	0.00

7-6　2003年企业集团统计年报按属性分组问卷(12)

(2004年4月)　　　　单位:个,%

	企业集团母公司总经理能够行使下列职权			
	提请聘任或解聘公司副总经理、财务负责人		聘任或解聘除应由董事会聘任或者解聘以外的负责管理人员	
	单位数	比　重	单位数	比　重
总计	**37**	**90.24**	**34**	**82.93**
按集团审批部门分				
国务院	3	75.00	3	75.00
国务院主管部门	4	100.00	3	75.00
省级人民政府	5	83.33	6	100.00
省级人民政府主管部门	18	90.00	16	80.00
其他	7	100.00	6	85.71
按母公司控股情况分				
国有及国有控股小计	33	89.19	31	83.78
国有绝对控股	28	87.50	26	81.25
国有相对控股	5	100.00	5	100.00
集体及集团控股小计	3	100.00	2	66.67
集体绝对控股	0	0.00	0	0.00
集体相对控股	3	100.00	2	66.67
其他	1	100.00	1	100.00
按集团主营行业分				
第一产业合计	2	100.00	2	100.00
农、林、牧、渔业	2	100.00	2	100.00
第二产业合计	25	86.21	22	75.86
工业小计	23	88.46	20	76.92
采矿业	0	0.00	0	0.00
制造业	22	88.00	19	76.00
电力、燃气及水的生产和供应业	1	100.00	1	100.00
建筑业	2	66.67	2	66.67
第三产业合计	10	100.00	10	100.00
交通运输、仓储和邮政业	1	100.00	1	100.00
信息传输、计算机服务和软件业	0	0.00	0	0.00
批发和零售业	8	100.00	8	100.00
住宿和餐饮业	0	0.00	0	0.00
金融业	0	0.00	0	0.00
房地产业	0	0.00	0	0.00
其他合计	1	100.00	1	100.00
租赁和商务服务业	1	100.00	1	100.00
按母公司登记注册类型分				
国有企业	3	60.00	3	60.00
公司制企业小计	34	94.44	31	86.11
国有独资企业	17	89.47	16	84.21
其他有限责任公司	7	100.00	6	85.71
股份有限公司	10	100.00	9	90.00
中外合资企业	0	0.00	0	0.00
港澳台合资企业	0	0.00	0	0.00
其他	0	0.00	0	0.00
按母公司企业规模分				
大型	28	87.50	26	81.25
中型	6	100.00	5	83.33
小型	3	100.00	3	100.00
其他	0	0.00	0	0.00

7－6　2003年企业集团统计年报按属性分组问卷(13)

(2004年4月)　　　　单位:个,%

	董事长年龄(占已成立董事会的企业集团)					
	40岁及以下		41－50岁		51岁及以上	
	单位数	比　重	单位数	比　重	单位数	比　重
总计	**4**	**11.11**	**13**	**36.11**	**19**	**52.78**
按集团审批部门分						
国务院	0	0.00	1	100.00	0	0.00
国务院主管部门	0	0.00	2	66.67	1	33.33
省级人民政府	0	0.00	1	16.67	5	83.33
省级人民政府主管部门	4	21.05	5	26.32	10	52.63
其他	0	0.00	4	57.14	3	42.86
按母公司控股情况分						
国有及国有控股小计	3	9.38	10	31.25	19	59.38
国有绝对控股	2	7.41	8	29.63	17	62.96
国有相对控股	1	20.00	2	40.00	2	40.00
集体及集团控股小计	1	33.33	2	66.67	0	0.00
集体绝对控股	0	0.00	0	0.00	0	0.00
集体相对控股	1	33.33	2	66.67	0	0.00
其他	0	0.00	1	100.00	0	0.00
按集团主营行业分						
第一产业合计	0	0.00	2	100.00	0	0.00
农、林、牧、渔业	0	0.00	2	100.00	0	0.00
第二产业合计	2	8.00	7	28.00	16	64.00
工业小计	2	8.70	6	26.09	15	65.22
采矿业	0	0.00	0	0.00	0	0.00
制造业	2	9.09	6	27.27	14	63.64
电力、燃气及水的生产和供应业	0	0.00	0	0.00	1	100.00
建筑业	0	0.00	1	50.00	1	50.00
第三产业合计	2	22.22	4	44.44	3	33.33
交通运输、仓储和邮政业	0	0.00	0	0.00	0	0.00
信息传输、计算机服务和软件业	0	0.00	0	0.00	0	0.00
批发和零售业	2	25.00	3	37.50	3	37.50
住宿和餐饮业	0	0.00	0	0.00	0	0.00
金融业	0	0.00	0	0.00	0	0.00
房地产业	0	0.00	0	0.00	0	0.00
其他合计	0	0.00	1	100.00	0	0.00
租赁和商务服务业	0	0.00	1	100.00	0	0.00
按母公司登记注册类型分						
国有企业	0	0.00	0	0.00	0	0.00
公司制企业小计	4	11.11	13	36.11	19	52.78
国有独资企业	2	10.53	5	26.32	12	63.16
其他有限责任公司	1	14.29	3	42.86	3	42.86
股份有限公司	1	10.00	5	50.00	4	40.00
中外合资企业	0	0.00	0	0.00	0	0.00
港澳台合资企业	0	0.00	0	0.00	0	0.00
其他	0	0.00	0	0.00	0	0.00
按母公司企业规模分						
大型	2	7.41	8	29.63	17	62.96
中型	0	0.00	4	66.67	2	33.33
小型	2	66.67	1	33.33	0	0.00
其他	0	0.00	0	0.00	0	0.00

7-6 2003年企业集团统计年报按属性分组问卷(14)

(2004年4月)　　单位:个,%

	总经理文化程度					
	博　士		硕　士		大学本科	
	单位数	比　重	单位数	比　重	单位数	比　重
总计	**0**	**0.00**	**15**	**36.59**	**18**	**43.90**
按集团审批部门分						
国务院	0	0.00	4	100.00	0	0.00
国务院主管部门	0	0.00	1	25.00	3	75.00
省级人民政府	0	0.00	2	33.33	4	66.67
省级人民政府主管部门	0	0.00	4	20.00	10	50.00
其他	0	0.00	4	57.14	1	14.29
按母公司控股情况分						
国有及国有控股小计	0	0.00	14	37.84	17	45.95
国有绝对控股	0	0.00	13	40.63	13	40.63
国有相对控股	0	0.00	1	20.00	4	80.00
集体及集团控股小计	0	0.00	1	33.33	0	0.00
集体绝对控股	0	0.00	0	0.00	0	0.00
集体相对控股	0	0.00	1	33.33	0	0.00
其他	0	0.00	0	0.00	1	100.00
按集团主营行业分						
第一产业合计	0	0.00	0	0.00	1	50.00
农、林、牧、渔业	0	0.00	0	0.00	1	50.00
第二产业合计	0	0.00	10	34.48	13	44.83
工业小计	0	0.00	9	34.62	12	46.15
采矿业	0	0.00	0	0.00	0	0.00
制造业	0	0.00	9	36.00	11	44.00
电力、燃气及水的生产和供应业	0	0.00	0	0.00	1	100.00
建筑业	0	0.00	1	33.33	1	33.33
第三产业合计	0	0.00	5	50.00	4	40.00
交通运输、仓储和邮政业	0	0.00	1	100.00	0	0.00
信息传输、计算机服务和软件业	0	0.00	0	0.00	0	0.00
批发和零售业	0	0.00	4	50.00	3	37.50
住宿和餐饮业	0	0.00	0	0.00	0	0.00
金融业	0	0.00	0	0.00	0	0.00
房地产业	0	0.00	0	0.00	0	0.00
其他合计	0	0.00	0	0.00	1	100.00
租赁和商务服务业	0	0.00	0	0.00	1	100.00
按母公司登记注册类型分						
国有企业	0	0.00	3	60.00	2	40.00
公司制企业小计	0	0.00	12	33.33	16	44.44
国有独资企业	0	0.00	6	31.58	7	36.84
其他有限责任公司	0	0.00	2	28.57	5	71.43
股份有限公司	0	0.00	4	40.00	4	40.00
中外合资企业	0	0.00	0	0.00	0	0.00
港澳台合资企业	0	0.00	0	0.00	0	0.00
其他	0	0.00	0	0.00	0	0.00
按母公司企业规模分						
大型	0	0.00	11	34.38	17	53.13
中型	0	0.00	3	50.00	1	16.67
小型	0	0.00	1	33.33	0	0.00
其他	0	0.00	0	0.00	0	0.00

7-6 2003年企业集团统计年报按属性分组问卷(15)

(2004年4月)　　　　单位:个,%

	总经理文化程度					
	大学专科		中专或高中		其他	
	单位数	比重	单位数	比重	单位数	比重
总计	**8**	**19.51**	**0**	**0.00**	**0**	**0.00**
按集团审批部门分						
国务院	0	0.00	0	0.00	0	0.00
国务院主管部门	0	0.00	0	0.00	0	0.00
省级人民政府	0	0.00	0	0.00	0	0.00
省级人民政府主管部门	6	30.00	0	0.00	0	0.00
其他	2	28.57	0	0.00	0	0.00
按母公司控股情况分						
国有及国有控股小计	6	16.22	0	0.00	0	0.00
国有绝对控股	6	18.75	0	0.00	0	0.00
国有相对控股	0	0.00	0	0.00	0	0.00
集体及集团控股小计	2	66.67	0	0.00	0	0.00
集体绝对控股	0	0.00	0	0.00	0	0.00
集体相对控股	2	66.67	0	0.00	0	0.00
其他	0	0.00	0	0.00	0	0.00
按集团主营行业分						
第一产业合计	1	50.00	0	0.00	0	0.00
农、林、牧、渔业	1	50.00	0	0.00	0	0.00
第二产业合计	6	20.69	0	0.00	0	0.00
工业小计	5	19.23	0	0.00	0	0.00
采矿业	0	0.00	0	0.00	0	0.00
制造业	5	20.00	0	0.00	0	0.00
电力、燃气及水的生产和供应业	0	0.00	0	0.00	0	0.00
建筑业	1	33.33	0	0.00	0	0.00
第三产业合计	1	10.00	0	0.00	0	0.00
交通运输、仓储和邮政业	0	0.00	0	0.00	0	0.00
信息传输、计算机服务和软件业	0	0.00	0	0.00	0	0.00
批发和零售业	1	12.50	0	0.00	0	0.00
住宿和餐饮业	0	0.00	0	0.00	0	0.00
金融业	0	0.00	0	0.00	0	0.00
房地产业	0	0.00	0	0.00	0	0.00
其他合计	0	0.00	0	0.00	0	0.00
租赁和商务服务业	0	0.00	0	0.00	0	0.00
按母公司登记注册类型分						
国有企业	0	0.00	0	0.00	0	0.00
公司制企业小计	8	22.22	0	0.00	0	0.00
国有独资企业	6	31.58	0	0.00	0	0.00
其他有限责任公司	0	0.00	0	0.00	0	0.00
股份有限公司	2	20.00	0	0.00	0	0.00
中外合资企业	0	0.00	0	0.00	0	0.00
港澳台合资企业	0	0.00	0	0.00	0	0.00
其他	0	0.00	0	0.00	0	0.00
按母公司企业规模分						
大型	4	12.50	0	0.00	0	0.00
中型	2	33.33	0	0.00	0	0.00
小型	2	66.67	0	0.00	0	0.00
其他	0	0.00	0	0.00	0	0.00

7－6　2003年企业集团统计年报按属性分组问卷(16)

(2004年4月)　　单位:个,%

	董事长文化程度(占已成立董事会的企业集团)					
	博　士		硕　士		大学本科	
	单位数	比　重	单位数	比　重	单位数	比　重
总计	**0**	**0.00**	**8**	**22.22**	**22**	**61.11**
按集团审批部门分						
国务院	0	0.00	1	100.00	0	0.00
国务院主管部门	0	0.00	0	0.00	3	100.00
省级人民政府	0	0.00	0	0.00	5	83.33
省级人民政府主管部门	0	0.00	4	21.05	11	57.89
其他	0	0.00	3	42.86	3	42.86
按母公司控股情况分						
国有及国有控股小计	0	0.00	7	21.88	20	62.50
国有绝对控股	0	0.00	6	22.22	17	62.96
国有相对控股	0	0.00	1	20.00	3	60.00
集体及集团控股小计	0	0.00	1	33.33	1	33.33
集体绝对控股	0	0.00	0	0.00	0	0.00
集体相对控股	0	0.00	1	33.33	1	33.33
其他	0	0.00	0	0.00	1	100.00
按集团主营行业分						
第一产业合计	0	0.00	0	0.00	1	50.00
农、林、牧、渔业	0	0.00	0	0.00	1	50.00
第二产业合计	0	0.00	4	16.00	17	68.00
工业小计	0	0.00	3	13.04	17	73.91
采矿业	0	0.00	0	0.00	0	0.00
制造业	0	0.00	3	13.64	16	72.73
电力、燃气及水的生产和供应业	0	0.00	0	0.00	1	100.00
建筑业	0	0.00	1	50.00	0	0.00
第三产业合计	0	0.00	4	44.44	4	44.44
交通运输、仓储和邮政业	0	0.00	0	0.00	0	0.00
信息传输、计算机服务和软件业	0	0.00	0	0.00	0	0.00
批发和零售业	0	0.00	4	50.00	3	37.50
住宿和餐饮业	0	0.00	0	0.00	0	0.00
金融业	0	0.00	0	0.00	0	0.00
房地产业	0	0.00	0	0.00	0	0.00
其他合计	0	0.00	0	0.00	1	100.00
租赁和商务服务业	0	0.00	0	0.00	1	100.00
按母公司登记注册类型分						
国有企业	0	0.00	0	0.00	0	0.00
公司制企业小计	0	0.00	8	22.22	22	61.11
国有独资企业	0	0.00	3	15.79	13	68.42
其他有限责任公司	0	0.00	1	14.29	5	71.43
股份有限公司	0	0.00	4	40.00	4	40.00
中外合资企业	0	0.00	0	0.00	0	0.00
港澳台合资企业	0	0.00	0	0.00	0	0.00
其他	0	0.00	0	0.00	0	0.00
按母公司企业规模分						
大型	0	0.00	5	18.52	19	70.37
中型	0	0.00	2	33.33	2	33.33
小型	0	0.00	1	33.33	1	33.33
其他	0	0.00	0	0.00	0	0.00

7－6　2003年企业集团统计年报按属性分组问卷(17)

(2004年4月)　　单位:个,%

	董事长文化程度(占已成立董事会的企业集团)					
	大学专科		中专或高中		其　他	
	单位数	比　重	单位数	比　重	单位数	比　重
总计	**5**	**13.89**	**0**	**0.00**	**1**	**2.78**
按集团审批部门分						
国务院	0	0.00	0	0.00	0	0.00
国务院主管部门	0	0.00	0	0.00	0	0.00
省级人民政府	1	16.67	0	0.00	0	0.00
省级人民政府主管部门	3	15.79	0	0.00	1	5.26
其他	1	14.29	0	0.00	0	0.00
按母公司控股情况分						
国有及国有控股小计	4	12.50	0	0.00	1	3.13
国有绝对控股	4	14.81	0	0.00	0	0.00
国有相对控股	0	0.00	0	0.00	1	20.00
集体及集团控股小计	1	33.33	0	0.00	0	0.00
集体绝对控股	0	0.00	0	0.00	0	0.00
集体相对控股	1	33.33	0	0.00	0	0.00
其他	0	0.00	0	0.00	0	0.00
按集团主营行业分						
第一产业合计	1	50.00	0	0.00	0	0.00
农、林、牧、渔业	1	50.00	0	0.00	0	0.00
第二产业合计	4	16.00	0	0.00	0	0.00
工业小计	3	13.04	0	0.00	0	0.00
采矿业	0	0.00	0	0.00	0	0.00
制造业	3	13.64	0	0.00	0	0.00
电力、燃气及水的生产和供应业	0	0.00	0	0.00	0	0.00
建筑业	1	50.00	0	0.00	0	0.00
第三产业合计	0	0.00	0	0.00	1	11.11
交通运输、仓储和邮政业	0	0.00	0	0.00	0	0.00
信息传输、计算机服务和软件业	0	0.00	0	0.00	0	0.00
批发和零售业	0	0.00	0	0.00	1	12.50
住宿和餐饮业	0	0.00	0	0.00	0	0.00
金融业	0	0.00	0	0.00	0	0.00
房地产业	0	0.00	0	0.00	0	0.00
其他合计	0	0.00	0	0.00	0	0.00
租赁和商务服务业	0	0.00	0	0.00	0	0.00
按母公司登记注册类型分						
国有企业	0	0.00	0	0.00	0	0.00
公司制企业小计	5	13.89	0	0.00	1	2.78
国有独资企业	3	15.79	0	0.00	0	0.00
其他有限责任公司	1	14.29	0	0.00	0	0.00
股份有限公司	1	10.00	0	0.00	1	10.00
中外合资企业	0	0.00	0	0.00	0	0.00
港澳台合资企业	0	0.00	0	0.00	0	0.00
其他	0	0.00	0	0.00	0	0.00
按母公司企业规模分						
大型	2	7.41	0	0.00	1	3.70
中型	2	33.33	0	0.00	0	0.00
小型	1	33.33	0	0.00	0	0.00
其他	0	0.00	0	0.00	0	0.00

7－6　2003年企业集团统计年报按属性分组问卷(18)

(2004年4月)　　单位:个,%

	企业集团母公司总经理产生方式					
	董事会聘任		上级行政部门直接任命		国有资产受权投资机构指派	
	单位数	比　重	单位数	比　重	单位数	比　重
总计	**17**	**41.46**	**14**	**34.15**	**3**	**7.32**
按集团审批部门分						
国务院	1	25.00	2	50.00	1	25.00
国务院主管部门	1	25.00	1	25.00	1	25.00
省级人民政府	2	33.33	4	66.67	0	0.00
省级人民政府主管部门	9	45.00	6	30.00	0	0.00
其他	4	57.14	1	14.29	1	14.29
按母公司控股情况分						
国有及国有控股小计	13	35.14	14	37.84	3	8.11
国有绝对控股	10	31.25	13	40.63	3	9.38
国有相对控股	3	60.00	1	20.00	0	0.00
集体及集团控股小计	3	100.00	0	0.00	0	0.00
集体绝对控股	0	0.00	0	0.00	0	0.00
集体相对控股	3	100.00	0	0.00	0	0.00
其他	1	100.00	0	0.00	0	0.00
按集团主营行业分						
第一产业合计	1	50.00	0	0.00	0	0.00
农、林、牧、渔业	1	50.00	0	0.00	0	0.00
第二产业合计	11	37.93	13	44.83	2	6.90
工业小计	10	38.46	12	46.15	1	3.85
采矿业	0	0.00	0	0.00	0	0.00
制造业	10	40.00	12	48.00	1	4.00
电力、燃气及水的生产和供应业	0	0.00	0	0.00	0	0.00
建筑业	1	33.33	1	33.33	1	33.33
第三产业合计	5	50.00	1	10.00	1	10.00
交通运输、仓储和邮政业	0	0.00	0	0.00	1	100.00
信息传输、计算机服务和软件业	0	0.00	0	0.00	0	0.00
批发和零售业	4	50.00	1	12.50	0	0.00
住宿和餐饮业	0	0.00	0	0.00	0	0.00
金融业	0	0.00	0	0.00	0	0.00
房地产业	0	0.00	0	0.00	0	0.00
其他合计	1	100.00	0	0.00	0	0.00
租赁和商务服务业	1	100.00	0	0.00	0	0.00
按母公司登记注册类型分						
国有企业	0	0.00	3	60.00	2	40.00
公司制企业小计	17	47.22	11	30.56	1	2.78
国有独资企业	5	26.32	8	42.11	1	5.26
其他有限责任公司	4	57.14	3	42.86	0	0.00
股份有限公司	8	80.00	0	0.00	0	0.00
中外合资企业	0	0.00	0	0.00	0	0.00
港澳台合资企业	0	0.00	0	0.00	0	0.00
其他	0	0.00	0	0.00	0	0.00
按母公司企业规模分						
大型	11	34.38	13	40.63	3	9.38
中型	5	83.33	1	16.67	0	0.00
小型	1	33.33	0	0.00	0	0.00
其他	0	0.00	0	0.00	0	0.00

7-6 2003年企业集团统计年报按属性分组问卷(19)

(2004年4月)　　　　单位:个,%

	企业集团母公司总经理产生方式			
	由上级行政部门提名,董事会聘任		其他方式	
	单位数	比　重	单位数	比　重
总计	**7**	**17.07**	**0**	**0.00**
按集团审批部门分				
国务院	0	0.00	0	0.00
国务院主管部门	1	25.00	0	0.00
省级人民政府	0	0.00	0	0.00
省级人民政府主管部门	5	25.00	0	0.00
其他	1	14.29	0	0.00
按母公司控股情况分				
国有及国有控股小计	7	18.92	0	0.00
国有绝对控股	6	18.75	0	0.00
国有相对控股	1	20.00	0	0.00
集体及集团控股小计	0	0.00	0	0.00
集体绝对控股	0	0.00	0	0.00
集体相对控股	0	0.00	0	0.00
其他	0	0.00	0	0.00
按集团主营行业分				
第一产业合计	1	50.00	0	0.00
农、林、牧、渔业	1	50.00	0	0.00
第二产业合计	3	10.34	0	0.00
工业小计	3	11.54	0	0.00
采矿业	0	0.00	0	0.00
制造业	2	8.00	0	0.00
电力、燃气及水的生产和供应业	1	100.00	0	0.00
建筑业	0	0.00	0	0.00
第三产业合计	3	30.00	0	0.00
交通运输、仓储和邮政业	0	0.00	0	0.00
信息传输、计算机服务和软件业	0	0.00	0	0.00
批发和零售业	3	37.50	0	0.00
住宿和餐饮业	0	0.00	0	0.00
金融业	0	0.00	0	0.00
房地产业	0	0.00	0	0.00
其他合计	0	0.00	0	0.00
租赁和商务服务业	0	0.00	0	0.00
按母公司登记注册类型分				
国有企业	0	0.00	0	0.00
公司制企业小计	7	19.44	0	0.00
国有独资企业	5	26.32	0	0.00
其他有限责任公司	0	0.00	0	0.00
股份有限公司	2	20.00	0	0.00
中外合资企业	0	0.00	0	0.00
港澳台合资企业	0	0.00	0	0.00
其他	0	0.00	0	0.00
按母公司企业规模分				
大型	5	15.63	0	0.00
中型	0	0.00	0	0.00
小型	2	66.67	0	0.00
其他	0	0.00	0	0.00

7－6　2003年企业集团统计年报按属性分组问卷(20)

(2004年4月)　　　　单位:个,%

	行政管理人员劳动报酬占从业人员的比重							
	50%及以上		20%－50%		10%－20%		10%以下	
	单位数	比　重	单位数	比　重	单位数	比　重	单位数	比　重
总计	**0**	**0.00**	**17**	**41.46**	**18**	**43.90**	**6**	**14.63**
按集团审批部门分								
国务院	0	0.00	0	0.00	4	100.00	0	0.00
国务院主管部门	0	0.00	2	50.00	1	25.00	1	25.00
省级人民政府	0	0.00	0	0.00	5	83.33	1	16.67
省级人民政府主管部门	0	0.00	11	55.00	5	25.00	4	20.00
其他	0	0.00	4	57.14	3	42.86	0	0.00
按母公司控股情况分								
国有及国有控股小计	0	0.00	16	43.24	16	43.24	5	13.51
国有绝对控股	0	0.00	13	40.63	14	43.75	5	15.63
国有相对控股	0	0.00	3	60.00	2	40.00	0	0.00
集体及集团控股小计	0	0.00	1	33.33	1	33.33	1	33.33
集体绝对控股	0	0.00	0	0.00	0	0.00	0	0.00
集体相对控股	0	0.00	1	33.33	1	33.33	1	33.33
其他	0	0.00	0	0.00	1	100.00	0	0.00
按集团主营行业分								
第一产业合计	0	0.00	1	50.00	1	50.00	0	0.00
农、林、牧、渔业	0	0.00	1	50.00	1	50.00	0	0.00
第二产业合计	0	0.00	9	31.03	14	48.28	6	20.69
工业小计	0	0.00	9	34.62	11	42.31	6	23.08
采矿业	0	0.00	0	0.00	0	0.00	0	0.00
制造业	0	0.00	9	36.00	11	44.00	5	20.00
电力、燃气及水的生产和供应业	0	0.00	0	0.00	0	0.00	1	100.00
建筑业	0	0.00	0	0.00	3	100.00	0	0.00
第三产业合计	0	0.00	7	70.00	3	30.00	0	0.00
交通运输、仓储和邮政业	0	0.00	0	0.00	1	100.00	0	0.00
信息传输、计算机服务和软件业	0	0.00	0	0.00	0	0.00	0	0.00
批发和零售业	0	0.00	6	75.00	2	25.00	0	0.00
住宿和餐饮业	0	0.00	0	0.00	0	0.00	0	0.00
金融业	0	0.00	0	0.00	0	0.00	0	0.00
房地产业	0	0.00	0	0.00	0	0.00	0	0.00
其他合计	0	0.00	1	100.00	0	0.00	0	0.00
租赁和商务服务业	0	0.00	1	100.00	0	0.00	0	0.00
按母公司登记注册类型分								
国有企业	0	0.00	0	0.00	5	100.00	0	0.00
公司制企业小计	0	0.00	17	47.22	13	36.11	6	16.67
国有独资企业	0	0.00	8	42.11	8	42.11	3	15.79
其他有限责任公司	0	0.00	3	42.86	2	28.57	2	28.57
股份有限公司	0	0.00	6	60.00	3	30.00	1	10.00
中外合资企业	0	0.00	0	0.00	0	0.00	0	0.00
港澳台合资企业	0	0.00	0	0.00	0	0.00	0	0.00
其他	0	0.00	0	0.00	0	0.00	0	0.00
按母公司企业规模分								
大型	0	0.00	13	40.63	14	43.75	5	15.63
中型	0	0.00	2	33.33	3	50.00	1	16.67
小型	0	0.00	2	66.67	1	33.33	0	0.00
其他	0	0.00	0	0.00	0	0.00	0	0.00

7－6　2003年企业集团统计年报按属性分组问卷(21)

(2004年4月)　　　　单位：个，%

	主要产品(服务)国内市场占有率									
	50%及以上		20%－50%		10%－20%		1%－10%		1%以下	
	单位数	比重	单位数	比重	单位数	比重	单位数	比重	单位数	比重
总计	**1**	**2.44**	**6**	**14.63**	**5**	**12.20**	**16**	**39.02**	**13**	**31.71**
按集团审批部门分										
国务院	0	0.00	1	25.00	1	25.00	2	50.00	0	0.00
国务院主管部门	1	25.00	0	0.00	2	50.00	1	25.00	0	0.00
省级人民政府	0	0.00	1	16.67	1	16.67	3	50.00	1	16.67
省级人民政府主管部门	0	0.00	2	10.00	1	5.00	10	50.00	7	35.00
其他	0	0.00	2	28.57	0	0.00	0	0.00	5	71.43
按母公司控股情况分										
国有及国有控股小计	1	2.70	4	10.81	5	13.51	15	40.54	12	32.43
国有绝对控股	1	3.13	3	9.38	4	12.50	15	46.88	9	28.13
国有相对控股	0	0.00	1	20.00	1	20.00	0	0.00	3	60.00
集体及集团控股小计	0	0.00	1	33.33	0	0.00	1	33.33	1	33.33
集体绝对控股	0	0.00	0	0.00	0	0.00	0	0.00	0	0.00
集体相对控股	0	0.00	1	33.33	0	0.00	1	33.33	1	33.33
其他	0	0.00	1	100.00	0	0.00	0	0.00	0	0.00
按集团主营行业分										
第一产业合计	0	0.00	1	50.00	0	0.00	1	50.00	0	0.00
农、林、牧、渔业	0	0.00	1	50.00	0	0.00	1	50.00	0	0.00
第二产业合计	1	3.45	5	17.24	5	17.24	13	44.83	5	17.24
工业小计	1	3.85	4	15.38	5	19.23	13	50.00	3	11.54
采矿业	0	0.00	0	0.00	0	0.00	0	0.00	0	0.00
制造业	1	4.00	4	16.00	4	16.00	13	52.00	3	12.00
电力、燃气及水的生产和供应业	0	0.00	0	0.00	1	100.00	0	0.00	0	0.00
建筑业	0	0.00	1	33.33	0	0.00	0	0.00	2	66.67
第三产业合计	0	0.00	0	0.00	0	0.00	2	20.00	8	80.00
交通运输、仓储和邮政业	0	0.00	0	0.00	0	0.00	1	100.00	0	0.00
信息传输、计算机服务和软件业	0	0.00	0	0.00	0	0.00	0	0.00	0	0.00
批发和零售业	0	0.00	0	0.00	0	0.00	0	0.00	8	100.00
住宿和餐饮业	0	0.00	0	0.00	0	0.00	0	0.00	0	0.00
金融业	0	0.00	0	0.00	0	0.00	0	0.00	0	0.00
房地产业	0	0.00	0	0.00	0	0.00	0	0.00	0	0.00
其他合计	0	0.00	0	0.00	0	0.00	1	100.00	0	0.00
租赁和商务服务业	0	0.00	0	0.00	0	0.00	1	100.00	0	0.00
按母公司登记注册类型分										
国有企业	1	20.00	0	0.00	1	20.00	2	40.00	1	20.00
公司制企业小计	0	0.00	6	16.67	4	11.11	14	38.89	12	33.33
国有独资企业	0	0.00	2	10.53	2	10.53	10	52.63	5	26.32
其他有限责任公司	0	0.00	3	42.86	1	14.29	3	42.86	0	0.00
股份有限公司	0	0.00	1	10.00	1	10.00	1	10.00	7	70.00
中外合资企业	0	0.00	0	0.00	0	0.00	0	0.00	0	0.00
港澳台合资企业	0	0.00	0	0.00	0	0.00	0	0.00	0	0.00
其他	0	0.00	0	0.00	0	0.00	0	0.00	0	0.00
按母公司企业规模分										
大型	1	3.13	4	12.50	5	15.63	13	40.63	9	28.13
中型	0	0.00	2	33.33	0	0.00	2	33.33	2	33.33
小型	0	0.00	0	0.00	0	0.00	1	33.33	2	66.67
其他	0	0.00	0	0.00	0	0.00	0	0.00	0	0.00

7－6　2003 年企业集团统计年报按属性分组问卷(22)

(2004 年 4 月)　　单位:个,%

	实施兼并重组的方式(占已实施了兼并重组的企业集团)					
	政府行政指令		企业集团自主行为		以企业为主体,政府辅助	
	单位数	比　重	单位数	比　重	单位数	比　重
总计	**1**	**5.00**	**11**	**55.00**	**7**	**35.00**
按集团审批部门分						
国务院	0	0.00	2	66.67	1	33.33
国务院主管部门	0	0.00	0	0.00	1	100.00
省级人民政府	0	0.00	2	40.00	2	40.00
省级人民政府主管部门	1	11.11	5	55.56	3	33.33
其他	0	0.00	2	100.00	0	0.00
按母公司控股情况分						
国有及国有控股小计	1	5.56	10	55.56	6	33.33
国有绝对控股	1	6.67	8	53.33	5	33.33
国有相对控股	0	0.00	2	66.67	1	33.33
集体及集团控股小计	0	0.00	1	100.00	0	0.00
集体绝对控股	0	0.00	0	0.00	0	0.00
集体相对控股	0	0.00	1	100.00	0	0.00
其他	0	0.00	0	0.00	1	100.00
按集团主营行业分						
第一产业合计	1	50.00	0	0.00	1	50.00
农、林、牧、渔业	1	50.00	0	0.00	1	50.00
第二产业合计	0	0.00	8	57.14	5	35.71
工业小计	0	0.00	8	57.14	5	35.71
采矿业	0	0.00	0	0.00	0	0.00
制造业	0	0.00	8	57.14	5	35.71
电力、燃气及水的生产和供应业	0	0.00	0	0.00	0	0.00
建筑业	0	0.00	0	0.00	0	0.00
第三产业合计	0	0.00	3	75.00	1	25.00
交通运输、仓储和邮政业	0	0.00	1	100.00	0	0.00
信息传输、计算机服务和软件业	0	0.00	0	0.00	0	0.00
批发和零售业	0	0.00	2	100.00	0	0.00
住宿和餐饮业	0	0.00	0	0.00	0	0.00
金融业	0	0.00	0	0.00	0	0.00
房地产业	0	0.00	0	0.00	0	0.00
其他合计	0	0.00	0	0.00	1	100.00
租赁和商务服务业	0	0.00	0	0.00	1	100.00
按母公司登记注册类型分						
国有企业	0	0.00	2	66.67	1	33.33
公司制企业小计	1	5.88	9	52.94	6	35.29
国有独资企业	1	11.11	4	44.44	4	44.44
其他有限责任公司	0	0.00	1	25.00	2	50.00
股份有限公司	0	0.00	4	100.00	0	0.00
中外合资企业	0	0.00	0	0.00	0	0.00
港澳台合资企业	0	0.00	0	0.00	0	0.00
其他	0	0.00	0	0.00	0	0.00
按母公司企业规模分						
大型	0	0.00	10	58.82	6	35.29
中型	0	0.00	1	50.00	1	50.00
小型	1	100.00	0	0.00	0	0.00
其他	0	0.00	0	0.00	0	0.00

7－6 2003年企业集团统计年报按属性分组问卷(23)

(2004年4月)　　　　单位:个,%

	实施兼并重组的方式		实施兼并重组的结果			
	其　他		投资新成立子公司		子公司分立、分拆	
	单位数	比　重	单位数	比　重	单位数	比　重
总计	**1**	**5.00**	**8**	**40.00**	**5**	**25.00**
按集团审批部门分						
国务院	0	0.00	1	33.33	1	33.33
国务院主管部门	0	0.00	0	0.00	0	0.00
省级人民政府	1	20.00	2	40.00	2	40.00
省级人民政府主管部门	0	0.00	4	44.44	2	22.22
其他	0	0.00	1	50.00	0	0.00
按母公司控股情况分						
国有及国有控股小计	1	5.56	8	44.44	4	22.22
国有绝对控股	1	6.67	7	46.67	3	20.00
国有相对控股	0	0.00	1	33.33	1	33.33
集体及集团控股小计	0	0.00	0	0.00	0	0.00
集体绝对控股	0	0.00	0	0.00	0	0.00
集体相对控股	0	0.00	0	0.00	0	0.00
其他	0	0.00	0	0.00	1	100.00
按集团主营行业分						
第一产业合计	0	0.00	0	0.00	2	100.00
农、林、牧、渔业	0	0.00	0	0.00	2	100.00
第二产业合计	1	7.14	5	35.71	2	14.29
工业小计	1	7.14	5	35.71	2	14.29
采矿业	0	0.00	0	0.00	0	0.00
制造业	1	7.14	5	35.71	2	14.29
电力、燃气及水的生产和供应业	0	0.00	0	0.00	0	0.00
建筑业	0	0.00	0	0.00	0	0.00
第三产业合计	0	0.00	3	75.00	1	25.00
交通运输、仓储和邮政业	0	0.00	0	0.00	1	100.00
信息传输、计算机服务和软件业	0	0.00	0	0.00	0	0.00
批发和零售业	0	0.00	2	100.00	0	0.00
住宿和餐饮业	0	0.00	0	0.00	0	0.00
金融业	0	0.00	0	0.00	0	0.00
房地产业	0	0.00	0	0.00	0	0.00
其他合计	0	0.00	1	100.00	0	0.00
租赁和商务服务业	0	0.00	1	100.00	0	0.00
按母公司登记注册类型分						
国有企业	0	0.00	1	33.33	1	33.33
公司制企业小计	1	5.88	7	41.18	4	23.53
国有独资企业	0	0.00	4	44.44	1	11.11
其他有限责任公司	1	25.00	1	25.00	2	50.00
股份有限公司	0	0.00	2	50.00	1	25.00
中外合资企业	0	0.00	0	0.00	0	0.00
港澳台合资企业	0	0.00	0	0.00	0	0.00
其他	0	0.00	0	0.00	0	0.00
按母公司企业规模分						
大型	1	5.88	7	41.18	3	17.65
中型	0	0.00	1	50.00	1	50.00
小型	0	0.00	0	0.00	1	100.00
其他	0	0.00	0	0.00	0	0.00

7－6 2003年企业集团统计年报按属性分组问卷(24)

(2004年4月)　　单位:个,%

	实施兼并重组的结果(占已实施兼并重组的企业集团)					
	购并增加子公司		合并子公司		售出子公司	
	单位数	比　重	单位数	比　重	单位数	比　重
总计	**4**	**20.00**	**10**	**50.00**	**4**	**20.00**
按集团审批部门分						
国务院	1	33.33	3	100.00	1	33.33
国务院主管部门	0	0.00	1	100.00	0	0.00
省级人民政府	0	0.00	1	20.00	2	40.00
省级人民政府主管部门	3	33.33	4	44.44	1	11.11
其他	0	0.00	1	50.00	0	0.00
按母公司控股情况分						
国有及国有控股小计	4	22.22	9	50.00	4	22.22
国有绝对控股	3	20.00	9	60.00	4	26.67
国有相对控股	1	33.33	0	0.00	0	0.00
集体及集团控股小计	0	0.00	1	100.00	0	0.00
集体绝对控股	0	0.00	0	0.00	0	0.00
集体相对控股	0	0.00	1	100.00	0	0.00
其他	0	0.00	0	0.00	0	0.00
按集团主营行业分						
第一产业合计	0	0.00	0	0.00	0	0.00
农、林、牧、渔业	0	0.00	0	0.00	0	0.00
第二产业合计	3	21.43	9	64.29	4	28.57
工业小计	3	21.43	9	64.29	4	28.57
采矿业	0	0.00	0	0.00	0	0.00
制造业	3	21.43	9	64.29	4	28.57
电力、燃气及水的生产和供应业	0	0.00	0	0.00	0	0.00
建筑业	0	0.00	0	0.00	0	0.00
第三产业合计	1	25.00	1	25.00	0	0.00
交通运输、仓储和邮政业	0	0.00	1	100.00	0	0.00
信息传输、计算机服务和软件业	0	0.00	0	0.00	0	0.00
批发和零售业	1	50.00	0	0.00	0	0.00
住宿和餐饮业	0	0.00	0	0.00	0	0.00
金融业	0	0.00	0	0.00	0	0.00
房地产业	0	0.00	0	0.00	0	0.00
其他合计	0	0.00	0	0.00	0	0.00
租赁和商务服务业	0	0.00	0	0.00	0	0.00
按母公司登记注册类型分						
国有企业	1	33.33	3	100.00	1	33.33
公司制企业小计	3	17.65	7	41.18	3	17.65
国有独资企业	1	11.11	5	55.56	2	22.22
其他有限责任公司	1	25.00	1	25.00	1	25.00
股份有限公司	1	25.00	1	25.00	0	0.00
中外合资企业	0	0.00	0	0.00	0	0.00
港澳台合资企业	0	0.00	0	0.00	0	0.00
其他	0	0.00	0	0.00	0	0.00
按母公司企业规模分						
大型	4	23.53	10	58.82	4	23.53
中型	0	0.00	0	0.00	0	0.00
小型	0	0.00	0	0.00	0	0.00
其他	0	0.00	0	0.00	0	0.00

7－6　2003年企业集团统计年报按属性分组问卷(25)

（2004年4月）　　单位:个,%

	劳动人事分配制度情况					
	已全面实行劳动合同制度		已实行全员竞争上岗,职工能进能出		不存在“干部”和“工人”的身份界限	
	单位数	比　重	单位数	比　重	单位数	比　重
总计	**40**	**97.56**	**34**	**82.93**	**22**	**53.66**
按集团审批部门分						
国务院	4	100.00	3	75.00	2	50.00
国务院主管部门	3	75.00	3	75.00	2	50.00
省级人民政府	6	100.00	5	83.33	3	50.00
省级人民政府主管部门	20	100.00	16	80.00	12	60.00
其他	7	100.00	7	100.00	3	42.86
按母公司控股情况分						
国有及国有控股小计	36	97.30	30	81.08	19	51.35
国有绝对控股	31	96.88	26	81.25	18	56.25
国有相对控股	5	100.00	4	80.00	1	20.00
集体及集团控股小计	3	100.00	3	100.00	2	66.67
集体绝对控股	0	0.00	0	0.00	0	0.00
集体相对控股	3	100.00	3	100.00	2	66.67
其他	1	100.00	1	100.00	1	100.00
按集团主营行业分						
第一产业合计	2	100.00	2	100.00	2	100.00
农、林、牧、渔业	2	100.00	2	100.00	2	100.00
第二产业合计	28	96.55	24	82.76	15	51.72
工业小计	25	96.15	22	84.62	14	53.85
采矿业	0	0.00	0	0.00	0	0.00
制造业	25	100.00	22	88.00	14	56.00
电力、燃气及水的生产和供应业	0	0.00	0	0.00	0	0.00
建筑业	3	100.00	2	66.67	1	33.33
第三产业合计	10	100.00	8	80.00	5	50.00
交通运输、仓储和邮政业	1	100.00	0	0.00	0	0.00
信息传输、计算机服务和软件业	0	0.00	0	0.00	0	0.00
批发和零售业	8	100.00	7	87.50	5	62.50
住宿和餐饮业	0	0.00	0	0.00	0	0.00
金融业	0	0.00	0	0.00	0	0.00
房地产业	0	0.00	0	0.00	0	0.00
其他合计	1	100.00	1	100.00	0	0.00
租赁和商务服务业	1	100.00	1	100.00	0	0.00
按母公司登记注册类型分						
国有企业	5	100.00	3	60.00	2	40.00
公司制企业小计	35	97.22	31	86.11	20	55.56
国有独资企业	18	94.74	15	78.95	11	57.89
其他有限责任公司	7	100.00	7	100.00	4	57.14
股份有限公司	10	100.00	9	90.00	5	50.00
中外合资企业	0	0.00	0	0.00	0	0.00
港澳台合资企业	0	0.00	0	0.00	0	0.00
其他	0	0.00	0	0.00	0	0.00
按母公司企业规模分						
大型	31	96.88	26	81.25	14	43.75
中型	6	100.00	5	83.33	5	83.33
小型	3	100.00	3	100.00	3	100.00
其他	0	0.00	0	0.00	0	0.00

7－6 2003年企业集团统计年报按属性分组问卷(26)

(2004年4月)　　　　单位:个,%

	劳动人事分配制度情况				企业集团实行以下分配方法	
	内部管理人员实行公开竞聘		按照足额缴纳社会保险费		经营者年薪制	
	单位数	比　重	单位数	比　重	单位数	比　重
总计	**34**	**82.93**	**41**	**100.00**	**22**	**53.66**
按集团审批部门分						
国务院	3	75.00	4	100.00	2	50.00
国务院主管部门	4	100.00	4	100.00	1	25.00
省级人民政府	4	66.67	6	100.00	3	50.00
省级人民政府主管部门	16	80.00	20	100.00	11	55.00
其他	7	100.00	7	100.00	5	71.43
按母公司控股情况分						
国有及国有控股小计	30	81.08	37	100.00	20	54.05
国有绝对控股	26	81.25	32	100.00	17	53.13
国有相对控股	4	80.00	5	100.00	3	60.00
集体及集团控股小计	3	100.00	3	100.00	1	33.33
集体绝对控股	0	0.00	0	0.00	0	0.00
集体相对控股	3	100.00	3	100.00	1	33.33
其他	1	100.00	1	100.00	1	100.00
按集团主营行业分						
第一产业合计	1	50.00	2	100.00	1	50.00
农、林、牧、渔业	1	50.00	2	100.00	1	50.00
第二产业合计	24	82.76	29	100.00	16	55.17
工业小计	22	84.62	26	100.00	14	53.85
采矿业	0	0.00	0	0.00	0	0.00
制造业	21	84.00	25	100.00	14	56.00
电力、燃气及水的生产和供应业	1	100.00	1	100.00	0	0.00
建筑业	2	66.67	3	100.00	2	66.67
第三产业合计	9	90.00	10	100.00	5	50.00
交通运输、仓储和邮政业	0	0.00	1	100.00	0	0.00
信息传输、计算机服务和软件业	0	0.00	0	0.00	0	0.00
批发和零售业	8	100.00	8	100.00	4	50.00
住宿和餐饮业	0	0.00	0	0.00	0	0.00
金融业	0	0.00	0	0.00	0	0.00
房地产业	0	0.00	0	0.00	0	0.00
其他合计	1	100.00	1	100.00	1	100.00
租赁和商务服务业	1	100.00	1	100.00	1	100.00
按母公司登记注册类型分						
国有企业	3	60.00	5	100.00	1	20.00
公司制企业小计	31	86.11	36	100.00	21	58.33
国有独资企业	15	78.95	19	100.00	8	42.11
其他有限责任公司	7	100.00	7	100.00	7	100.00
股份有限公司	9	90.00	10	100.00	6	60.00
中外合资企业	0	0.00	0	0.00	0	0.00
港澳台合资企业	0	0.00	0	0.00	0	0.00
其他	0	0.00	0	0.00	0	0.00
按母公司企业规模分						
大型	26	81.25	32	100.00	19	59.38
中型	6	100.00	6	100.00	3	50.00
小型	2	66.67	3	100.00	0	0.00
其他	0	0.00	0	0.00	0	0.00

7-6　2003年企业集团统计年报按属性分组问卷(27)

(2004年4月)　　单位:个,%

	企业集团实行以下分配方法			
	经营者持有股权、股票期权		岗位工资为主的工资制	
	单位数	比　重	单位数	比　重
总计	**7**	**17.07**	**40**	**97.56**
按集团审批部门分				
国务院	0	0.00	4	100.00
国务院主管部门	0	0.00	4	100.00
省级人民政府	0	0.00	6	100.00
省级人民政府主管部门	5	25.00	19	95.00
其他	2	28.57	7	100.00
按母公司控股情况分				
国有及国有控股小计	6	16.22	36	97.30
国有绝对控股	4	12.50	31	96.88
国有相对控股	2	40.00	5	100.00
集体及集团控股小计	1	33.33	3	100.00
集体绝对控股	0	0.00	0	0.00
集体相对控股	1	33.33	3	100.00
其他	0	0.00	1	100.00
按集团主营行业分				
第一产业合计	0	0.00	2	100.00
农、林、牧、渔业	0	0.00	2	100.00
第二产业合计	3	10.34	29	100.00
工业小计	3	11.54	26	100.00
采矿业	0	0.00	0	0.00
制造业	3	12.00	25	100.00
电力、燃气及水的生产和供应业	0	0.00	1	100.00
建筑业	0	0.00	3	100.00
第三产业合计	4	40.00	9	90.00
交通运输、仓储和邮政业	0	0.00	1	100.00
信息传输、计算机服务和软件业	0	0.00	0	0.00
批发和零售业	3	37.50	7	87.50
住宿和餐饮业	0	0.00	0	0.00
金融业	0	0.00	0	0.00
房地产业	0	0.00	0	0.00
其他合计	1	100.00	1	100.00
租赁和商务服务业	1	100.00	1	100.00
按母公司登记注册类型分				
国有企业	0	0.00	5	100.00
公司制企业小计	7	19.44	35	97.22
国有独资企业	3	15.79	18	94.74
其他有限责任公司	0	0.00	7	100.00
股份有限公司	4	40.00	10	100.00
中外合资企业	0	0.00	0	0.00
港澳台合资企业	0	0.00	0	0.00
其他	0	0.00	0	0.00
按母公司企业规模分				
大型	7	21.88	32	100.00
中型	0	0.00	5	83.33
小型	0	0.00	3	100.00
其他	0	0.00	0	0.00

7－6 2003年企业集团统计年报按属性分组问卷(28)

(2004年4月)　　单位:个,%

	企业集团实行以下分配方法			
	科技人员工资收入分配激励机制		职工持股分配制	
	单位数	比 重	单位数	比 重
总计	**24**	**58.54**	**5**	**12.20**
按集团审批部门分				
国务院	2	50.00	0	0.00
国务院主管部门	4	100.00	1	25.00
省级人民政府	5	83.33	0	0.00
省级人民政府主管部门	8	40.00	3	15.00
其他	5	71.43	1	14.29
按母公司控股情况分				
国有及国有控股小计	21	56.76	3	8.11
国有绝对控股	18	56.25	3	9.38
国有相对控股	3	60.00	0	0.00
集体及集团控股小计	2	66.67	2	66.67
集体绝对控股	0	0.00	0	0.00
集体相对控股	2	66.67	2	66.67
其他	1	100.00	0	0.00
按集团主营行业分				
第一产业合计	1	50.00	0	0.00
农、林、牧、渔业	1	50.00	0	0.00
第二产业合计	21	72.41	3	10.34
工业小计	21	80.77	3	11.54
采矿业	0	0.00	0	0.00
制造业	20	80.00	2	8.00
电力、燃气及水的生产和供应业	1	100.00	1	100.00
建筑业	0	0.00	0	0.00
第三产业合计	2	20.00	2	20.00
交通运输、仓储和邮政业	0	0.00	0	0.00
信息传输、计算机服务和软件业	0	0.00	0	0.00
批发和零售业	1	12.50	2	25.00
住宿和餐饮业	0	0.00	0	0.00
金融业	0	0.00	0	0.00
房地产业	0	0.00	0	0.00
其他合计	1	100.00	0	0.00
租赁和商务服务业	1	100.00	0	0.00
按母公司登记注册类型分				
国有企业	3	60.00	0	0.00
公司制企业小计	21	58.33	5	13.89
国有独资企业	10	52.63	2	10.53
其他有限责任公司	6	85.71	1	14.29
股份有限公司	5	50.00	2	20.00
中外合资企业	0	0.00	0	0.00
港澳台合资企业	0	0.00	0	0.00
其他	0	0.00	0	0.00
按母公司企业规模分				
大型	19	59.38	3	9.38
中型	5	83.33	0	0.00
小型	0	0.00	2	66.67
其他	0	0.00	0	0.00

7－6　2003年企业集团统计年报按属性分组问卷(29)

(2004年4月)　　单位:个,%

	分离富余职工主要去向					
	内部安排工作		失　业		提前退休	
	单位数	比　重	单位数	比　重	单位数	比　重
总计	**32**	**78.05**	**8**	**19.51**	**34**	**82.93**
按集团审批部门分						
国务院	4	100.00	1	25.00	3	75.00
国务院主管部门	4	100.00	0	0.00	4	100.00
省级人民政府	3	50.00	2	33.33	5	83.33
省级人民政府主管部门	15	75.00	3	15.00	17	85.00
其他	6	85.71	2	28.57	5	71.43
按母公司控股情况分						
国有及国有控股小计	29	78.38	8	21.62	31	83.78
国有绝对控股	25	78.13	7	21.88	28	87.50
国有相对控股	4	80.00	1	20.00	3	60.00
集体及集团控股小计	2	66.67	0	0.00	2	66.67
集体绝对控股	0	0.00	0	0.00	0	0.00
集体相对控股	2	66.67	0	0.00	2	66.67
其他	1	100.00	0	0.00	1	100.00
按集团主营行业分						
第一产业合计	1	50.00	1	50.00	2	100.00
农、林、牧、渔业	1	50.00	1	50.00	2	100.00
第二产业合计	23	79.31	5	17.24	26	89.66
工业小计	20	76.92	4	15.38	24	92.31
采矿业	0	0.00	0	0.00	0	0.00
制造业	19	76.00	4	16.00	23	92.00
电力、燃气及水的生产和供应业	1	100.00	0	0.00	1	100.00
建筑业	3	100.00	1	33.33	2	66.67
第三产业合计	8	80.00	2	20.00	6	60.00
交通运输、仓储和邮政业	1	100.00	1	100.00	1	100.00
信息传输、计算机服务和软件业	0	0.00	0	0.00	0	0.00
批发和零售业	6	75.00	1	12.50	4	50.00
住宿和餐饮业	0	0.00	0	0.00	0	0.00
金融业	0	0.00	0	0.00	0	0.00
房地产业	0	0.00	0	0.00	0	0.00
其他合计	1	100.00	0	0.00	1	100.00
租赁和商务服务业	1	100.00	0	0.00	1	100.00
按母公司登记注册类型分						
国有企业	5	100.00	1	20.00	5	100.00
公司制企业小计	27	75.00	7	19.44	29	80.56
国有独资企业	15	78.95	6	31.58	17	89.47
其他有限责任公司	5	71.43	0	0.00	6	85.71
股份有限公司	7	70.00	1	10.00	6	60.00
中外合资企业	0	0.00	0	0.00	0	0.00
港澳台合资企业	0	0.00	0	0.00	0	0.00
其他	0	0.00	0	0.00	0	0.00
按母公司企业规模分						
大型	25	78.13	7	21.88	26	81.25
中型	5	83.33	0	0.00	5	83.33
小型	2	66.67	1	33.33	3	100.00
其他	0	0.00	0	0.00	0	0.00

7－6　2003年企业集团统计年报按属性分组问卷(30)

(2004年4月)　　　　单位:个,%

	分离富余职工主要去向			
	安排到集团外		其　　他	
	单位数	比　重	单位数	比　重
总计	**6**	**14.63**	**30**	**73.17**
按集团审批部门分				
国务院	2	50.00	2	50.00
国务院主管部门	0	0.00	3	75.00
省级人民政府	2	33.33	5	83.33
省级人民政府主管部门	2	10.00	15	75.00
其他	0	0.00	5	71.43
按母公司控股情况分				
国有及国有控股小计	5	13.51	28	75.68
国有绝对控股	4	12.50	25	78.13
国有相对控股	1	20.00	3	60.00
集体及集团控股小计	0	0.00	2	66.67
集体绝对控股	0	0.00	0	0.00
集体相对控股	0	0.00	2	66.67
其他	1	100.00	0	0.00
按集团主营行业分				
第一产业合计	1	50.00	1	50.00
农、林、牧、渔业	1	50.00	1	50.00
第二产业合计	5	17.24	23	79.31
工业小计	4	15.38	21	80.77
采矿业	0	0.00	0	0.00
制造业	4	16.00	20	80.00
电力、燃气及水的生产和供应业	0	0.00	1	100.00
建筑业	1	33.33	2	66.67
第三产业合计	0	0.00	6	60.00
交通运输、仓储和邮政业	0	0.00	0	0.00
信息传输、计算机服务和软件业	0	0.00	0	0.00
批发和零售业	0	0.00	5	62.50
住宿和餐饮业	0	0.00	0	0.00
金融业	0	0.00	0	0.00
房地产业	0	0.00	0	0.00
其他合计	0	0.00	1	100.00
租赁和商务服务业	0	0.00	1	100.00
按母公司登记注册类型分				
国有企业	1	20.00	3	60.00
公司制企业小计	5	13.89	27	75.00
国有独资企业	0	0.00	16	84.21
其他有限责任公司	5	71.43	4	57.14
股份有限公司	0	0.00	7	70.00
中外合资企业	0	0.00	0	0.00
港澳台合资企业	0	0.00	0	0.00
其他	0	0.00	0	0.00
按母公司企业规模分				
大型	5	15.63	23	71.88
中型	1	16.67	5	83.33
小型	0	0.00	2	66.67
其他	0	0.00	0	0.00

7-6　2003年企业集团统计年报按属性分组问卷(31)

（2004年4月）　　单位:个,%

	实施收购兼并、资产重组的主要障碍					
	地区、部门条块分割		国有资产管理体制改革滞后		资本市场、产权交易市场不健全	
	单位数	比　重	单位数	比　重	单位数	比　重
总计	**9**	**21.95**	**27**	**65.85**	**21**	**51.22**
按集团审批部门分						
国务院	1	25.00	3	75.00	2	50.00
国务院主管部门	1	25.00	3	75.00	1	25.00
省级人民政府	2	33.33	3	50.00	2	33.33
省级人民政府主管部门	4	20.00	13	65.00	12	60.00
其他	1	14.29	5	71.43	4	57.14
按母公司控股情况分						
国有及国有控股小计	8	21.62	26	70.27	19	51.35
国有绝对控股	8	25.00	22	68.75	15	46.88
国有相对控股	0	0.00	4	80.00	4	80.00
集体及集团控股小计	1	33.33	1	33.33	2	66.67
集体绝对控股	0	0.00	0	0.00	0	0.00
集体相对控股	1	33.33	1	33.33	2	66.67
其他	0	0.00	0	0.00	0	0.00
按集团主营行业分						
第一产业合计	0	0.00	1	50.00	1	50.00
农、林、牧、渔业	0	0.00	1	50.00	1	50.00
第二产业合计	8	27.59	19	65.52	16	55.17
工业小计	8	30.77	18	69.23	16	61.54
采矿业	0	0.00	0	0.00	0	0.00
制造业	8	32.00	17	68.00	15	60.00
电力、燃气及水的生产和供应业	0	0.00	1	100.00	1	100.00
建筑业	0	0.00	1	33.33	0	0.00
第三产业合计	1	10.00	7	70.00	4	40.00
交通运输、仓储和邮政业	0	0.00	1	100.00	0	0.00
信息传输、计算机服务和软件业	0	0.00	0	0.00	0	0.00
批发和零售业	1	12.50	5	62.50	4	50.00
住宿和餐饮业	0	0.00	0	0.00	0	0.00
金融业	0	0.00	0	0.00	0	0.00
房地产业	0	0.00	0	0.00	0	0.00
其他合计	0	0.00	1	100.00	0	0.00
租赁和商务服务业	0	0.00	1	100.00	0	0.00
按母公司登记注册类型分						
国有企业	1	20.00	4	80.00	2	40.00
公司制企业小计	8	22.22	23	63.89	19	52.78
国有独资企业	5	26.32	13	68.42	10	52.63
其他有限责任公司	1	14.29	4	57.14	3	42.86
股份有限公司	2	20.00	6	60.00	6	60.00
中外合资企业	0	0.00	0	0.00	0	0.00
港澳台合资企业	0	0.00	0	0.00	0	0.00
其他	0	0.00	0	0.00	0	0.00
按母公司企业规模分						
大型	6	18.75	21	65.63	14	43.75
中型	2	33.33	4	66.67	4	66.67
小型	1	33.33	2	66.67	3	100.00
其他	0	0.00	0	0.00	0	0.00

7－6 2003年企业集团统计年报按属性分组问卷(32)

（2004年4月） 单位:个,%

	实施收购兼并、资产重组的主要障碍							
	被兼并企业的银行历史欠帐		无法安置被兼并企业的职工		市场中介机构不完善		其 他	
	单位数	比 重	单位数	比 重	单位数	比 重	单位数	比 重
总计	**22**	**53.66**	**26**	**63.41**	**2**	**4.88**	**5**	**12.20**
按集团审批部门分								
国务院	2	50.00	3	75.00	0	0.00	1	25.00
国务院主管部门	3	75.00	4	100.00	0	0.00	0	0.00
省级人民政府	2	33.33	5	83.33	0	0.00	1	16.67
省级人民政府主管部门	12	60.00	12	60.00	1	5.00	1	5.00
其他	3	42.86	2	28.57	1	14.29	2	28.57
按母公司控股情况分								
国有及国有控股小计	20	54.05	24	64.86	2	5.41	4	10.81
国有绝对控股	17	53.13	24	75.00	1	3.13	4	12.50
国有相对控股	3	60.00	0	0.00	1	20.00	0	0.00
集体及集团控股小计	1	33.33	1	33.33	0	0.00	1	33.33
集体绝对控股	0	0.00	0	0.00	0	0.00	0	0.00
集体相对控股	1	33.33	1	33.33	0	0.00	1	33.33
其他	1	100.00	1	100.00	0	0.00	0	0.00
按集团主营行业分								
第一产业合计	1	50.00	2	100.00	0	0.00	0	0.00
农、林、牧、渔业	1	50.00	2	100.00	0	0.00	0	0.00
第二产业合计	12	41.38	19	65.52	2	6.90	5	17.24
工业小计	9	34.62	16	61.54	2	7.69	3	11.54
采矿业	0	0.00	0	0.00	0	0.00	0	0.00
制造业	9	36.00	15	60.00	2	8.00	3	12.00
电力、燃气及水的生产和供应业	0	0.00	1	100.00	0	0.00	0	0.00
建筑业	3	100.00	3	100.00	0	0.00	2	66.67
第三产业合计	9	90.00	5	50.00	0	0.00	0	0.00
交通运输、仓储和邮政业	1	100.00	1	100.00	0	0.00	0	0.00
信息传输、计算机服务和软件业	0	0.00	0	0.00	0	0.00	0	0.00
批发和零售业	7	87.50	3	37.50	0	0.00	0	0.00
住宿和餐饮业	0	0.00	0	0.00	0	0.00	0	0.00
金融业	0	0.00	0	0.00	0	0.00	0	0.00
房地产业	0	0.00	0	0.00	0	0.00	0	0.00
其他合计	1	100.00	1	100.00	0	0.00	0	0.00
租赁和商务服务业	1	100.00	1	100.00	0	0.00	0	0.00
按母公司登记注册类型分								
国有企业	3	60.00	4	80.00	0	0.00	1	20.00
公司制企业小计	19	52.78	22	61.11	2	5.56	4	11.11
国有独资企业	9	47.37	13	68.42	1	5.26	2	10.53
其他有限责任公司	5	71.43	6	85.71	0	0.00	1	14.29
股份有限公司	5	50.00	3	30.00	1	10.00	1	10.00
中外合资企业	0	0.00	0	0.00	0	0.00	0	0.00
港澳台合资企业	0	0.00	0	0.00	0	0.00	0	0.00
其他	0	0.00	0	0.00	0	0.00	0	0.00
按母公司企业规模分								
大型	18	56.25	21	65.63	2	6.25	5	15.63
中型	2	33.33	4	66.67	0	0.00	0	0.00
小型	2	66.67	1	33.33	0	0.00	0	0.00
其他	0	0.00	0	0.00	0	0.00	0	0.00

7－7 湖北省企业集团总资产前50位(1)

单位:万元

序号	企业集团名称	年末资产总计	利润总额	营业收入
1	东风汽车公司	9054754	740878	9652947
2	武汉钢铁集团	4668957	268318	2946268
3	中国长江航运集团	1786528	1059	987303
4	中国葛洲坝水利水电工程集团	1150000	－5100	550000
5	中国三江航天集团	807232	10811	399682
6	湖北天发集团	634053	9395	274190
7	武汉烟草集团	621808	54716	555370
8	武汉邮电科学研究院	570641	4237	234460
9	湖北荆襄化工集团	519230	－3715	10703
10	三环集团	424670	1466	288135
11	湖北鄂城钢铁集团	404434	33223	484300
12	武汉武商集团	370431	6070	346859
13	武汉锅炉集团	362398	2877	144787
14	武汉商贸国有控股集团有限公司	358204	－1990	29892
15	汉江水利水电集团	344246	16687	227199
16	湖北黄麦岭磷化工集团	336197	1003	44668
17	华新集团	331627	9751	119393
18	湖北宜化集团	313085	8628	181338
19	武汉地产开发投资集团	307906	14674	76442
20	湖北双环化工集团	280899	－2728	95100
21	宜昌兴发集团	247050	5013	83007
22	武汉中百集团	247011	4304	352078
23	沙隆达集团	246068	861	131656
24	武汉建工集团	243346	－12211	161671
25	湖北化纤集团	239870	5312	200967
26	中国长江动力集团	224260	4179	96704
27	武汉葛化集团	207306	5215	129055
28	红桃 K 集团	206641	6008	70736
29	武汉中商集团	201027	2118	193260
30	湖北美尔雅集团	189364	－1040	51810
31	武汉燃气热力集团	174341	－1146	45839
32	京山轻机集团	170814	7364	115918
33	湖北省工业建筑总承包集团	167415	－1698	105922
34	武汉东湖高新集团	149177	729	33170
35	湖北金安集团	147740	11004	104671
36	武汉市汉商集团	144520	288	47779
37	宜昌当玻集团	143785	2568	38000
38	武汉长江通信产业集团	133649	2201	34087
39	湖北仙桃毛纺集团	126141	4057	27141
40	湖北省粮油食品进出口集团	120138	－3069	49906
41	黄石东贝机电集团	116587	－672	43555
42	凌云科技集团	114414	2319	72041
43	湖北金龙泉集团	104426	－1861	44790
44	中国石化武汉石油集团	88719	5212	159549
45	武汉塑料工业集团	88022	－1350	53000
46	武汉普天通信设备集团	87154	522	49373
47	武汉江南集团	86999	156	49892
48	武汉东西湖啤酒集团	85415	269	301
49	武汉道博集团	81951	691	9925
50	武汉一棉集团	81260	522	75617

7－8 湖北省企业集团营业收入前50位

单位:万元

序号	企业集团名称	营业收入	年末资产总计	利润总额
1	东风汽车公司	9652947	9054754	740878
2	武汉钢铁集团	2946268	4668957	268318
3	中国长江航运集团	987303	1786528	1059
4	武汉烟草集团	555370	621808	54716
5	中国葛洲坝水利水电工程集团	550000	1150000	－5100
6	湖北鄂城钢铁集团	484300	404434	33223
7	中国三江航天集团	399682	807232	10811
8	武汉中百集团	352078	247011	4304
9	武汉武商集团	346859	370431	6070
10	三环集团	288135	424670	1466
11	湖北天发集团	274190	634053	9395
12	武汉邮电科学研究院	234460	570641	4237
13	汉江水利水电集团	227199	344246	16687
14	湖北化纤集团	200967	239870	5312
15	武汉中商集团	193260	201027	2118
16	湖北宜化集团	181338	313085	8628
17	武汉建工集团	161671	243346	－12211
18	中国石化武汉石油集团	159549	88719	5212
19	武汉锅炉集团	144787	362398	2877
20	沙隆达集团	131656	246068	861
21	武汉葛化集团	129055	207306	5215
22	华新集团	119393	331627	9751
23	湖北楚源集团	117181	80350	9691
24	京山轻机集团	115918	170814	7364
25	湖北省工业建筑总承包集团	105922	167415	－1698
26	湖北金安集团	104671	147740	11004
27	中国长江动力集团	96704	224260	4179
28	湖北双环化工集团	95100	280899	－2728
29	湖北洋丰集团	85636	46019	2587
30	宜昌兴发集团	83007	247050	5013
31	武汉地产开发投资集团	76442	307906	14674
32	武汉一棉集团	75617	81260	522
33	湖北陈贵矿业集团	74325	32447	7396
34	凌云科技集团	72041	114414	2319
35	红桃K集团	70736	206641	6008
36	武汉医药集团	63016	69884	4
37	武汉团结集团	58883	41718	5926
38	武汉塑料工业集团	53000	88022	－1350
39	湖北淋山河建筑工程集团	52530	21730	1892
40	湖北美尔雅集团	51810	189364	－1040
41	湖北省粮油食品进出口集团	49906	120138	－3069
42	武汉江南集团	49892	86999	156
43	武汉普天通信设备集团	49373	87154	522
44	武汉市汉商集团	47779	144520	288
45	武汉燃气热力集团	45839	174341	－1146
46	湖北金龙泉集团	44790	104426	－1861
47	湖北黄麦岭磷化工集团	44668	336197	1003
48	湖北稻花香集团	44165	36635	1674
49	黄石东贝机电集团	43555	116587	－672
50	葛洲坝股份有限公司水泥厂	43363	121636	3401

7-9 湖北省企业集团利润总额前50位

单位:万元

序号	企业集团名称	利润总额	年末资产总计	营业收入
1	东风汽车公司	740878	9054754	9652947
2	武汉钢铁集团	268318	4668957	2946268
3	武汉烟草集团	54716	621808	555370
4	湖北鄂城钢铁集团	33223	404434	484300
5	汉江水利水电集团	16687	344246	227199
6	武汉地产开发投资集团	14674	307906	76442
7	湖北金安集团	11004	147740	104671
8	中国三江航天集团	10811	807232	399682
9	华新集团	9751	331627	119393
10	湖北楚源集团	9691	80350	117181
11	湖北天发集团	9395	634053	274190
12	湖北宜化集团	8628	313085	181338
13	湖北陈贵矿业集团	7396	32447	74325
14	京山轻机集团	7364	170814	115918
15	湖北通达汽车零部件集团	6672	44954	41074
16	湖北蓝星集团	6520	52374	22750
17	武汉武商集团	6070	370431	346859
18	红桃K集团	6008	206641	70736
19	武汉团结集团	5926	41718	58883
20	湖北化纤集团	5312	239870	200967
21	武汉葛化集团	5215	207306	129055
22	中国石化武汉石油集团	5212	88719	159549
23	宜昌兴发集团	5013	247050	83007
24	千里马集团	4435	57556	20617
25	湖北威陵集团	4409	51966	42219
26	武汉中百集团	4304	247011	352078
27	武汉健民药业集团	4296	53262	43008
28	武汉邮电科学研究院	4237	570641	234460
29	中国长江动力集团	4179	224260	96704
30	湖北双鸥汽车工程塑料集团	4078	54724	30251
31	湖北仙桃毛纺集团	4057	126141	27141
32	武汉马应龙药业集团	4026	36845	32621
33	荆州九龙集团	3731	29107	15765
34	湖北安琪生物集团	3117	80547	40887
35	湖北省烟草公司荆门分公司	3018	13621	37821
36	武汉锅炉集团	2877	362398	144787
37	武汉爱帝集团	2774	28792	40033
38	长江日报报业集团	2688	80499	39575
39	武汉汉桥集团	2596	12928	39305
40	武汉楚天激光集团	2590	28475	18152
41	湖北洋丰集团	2587	46019	85636
42	宜昌当玻集团	2568	143785	38000
43	凌云科技集团	2319	114414	72041
44	武汉长江通信产业集团	2201	133649	34087
45	武汉中商集团	2118	201027	193260
46	大冶市华灵集团	2037	11458	40821
47	湖北淋山河建筑工程集团	1892	21730	52530
48	武汉三特索道集团	1774	51909	8200
49	湖北洪林集团	1689	38596	38015
50	湖北稻花香集团	1674	36635	44165

八、湖北省开发区

资料整理：夏泽宽　张小青
胡　敏　王　楠

资料提供：省开发区管理办公室

湖北省开发区发展情况综述

一、2003 年全省开发区发展概况

2003 年,全省有各类开发区 140 家,其中有 123 家经济技术开发区,13 家高新技术产业开发区和产业园,15 家旅游度假区,1 家出口加工区。全省 17 个市、州、直管市都设有开发区。全省开发区呈现以经济技术开发区为主体的、突出重点、兼顾均衡的分布格局。开发区在全省经济发展中的作用不断显现。

(一)开发区对全省经济发展具有拉动作用

全省 140 家开发区 2003 年创造 GDP1244.5 亿元,规模以上工业企业工业总产值 2413.5 亿元,分别占全省 GDP5395.9 亿元的 23%,占全省规模以上工业企业工业总产值 4056 亿元的 59.5%。

(二)开发区成为全省引资和出口的重要基地

全省开发区实际利用外资累计 64.4 亿美元,其中 2003 年 14.7 亿美元,占全省 2003 年实际利用外资(25.29 亿元)的 58%;出口额累计达到 49.1 亿美元,其中 2003 年达 12.5 亿美元,占全省 2003 年出口额(25.56 亿美元)的 44%;引进内资 379 亿元。开发区累计引进项目 20746 个,平均每家引进 148.2 个;其中 2003 年引进项目 716 个,平均每家引进 26.5 个;累计引进 500 万元以上的项目 5065 个,平均每家引进 36.2 个;其中 2003 年引进 1410 个,平均每家引进 10.1 个;累计引进工业项目 8468 个,平均每家引进 60.5 个;其中 2003 年引进 2516 个,平均每家引进 18 个。

(三)开发区已成为推进城市化建设的生力军

全省开发区自建设以来,全社会固定资产投资累计达到 2034.2 亿元,平均每家 14.53 亿元;其中 2003 年固定资产投入 443.6 亿元,占累计投资的 21.81 亿元,平均每家 3.2 亿元;基础设施建设资金累计 629.1 亿元,其中 2003 年投入 109.1 亿元;建成区面积达到 438.3 平方公里。开发区不仅是全省城镇体系的重要组成部分,而且还以其高起点规划、高标准建设,有力地促进了湖北省城市化进程。

二、开发区目前存在的主要问题

(一)开发区发展仍然不够

一是从引资看,开发区作为招商引资的重要载体,虽然在我省招商引资中发挥着骨干和主体作用,但整体引资能力同沿海先进省(市)比仍比较薄弱,我省每家开发区平均累计引进外资为 3371 万美元,而山东省 2002 年统计结果表明其 77 家各类开发区平均每家累计引进外资达到了 1.99 亿美元;二是从产出效益看,全省开发区 2003 年平均国内生产总值 6.02 亿元,而全国国家级开发区 2002 年平均数值达到了 63.46 亿元;2003 年我省开发区平均工业增加值为 3.22 亿元,全国平均值为 28.32 亿元;三是从税收效应看,全国国家级开发区 2002 年国内生产总值与税收收入比为 6.21∶1,我省开发区 2003 年这一比率仅为 10.05∶1。提高我省开发区发展质量和效益,任重而道远。

(二)开发区审批设立体制亟需理顺

从统计中发现,我省开发区管理体制存在多种问题:一是多部门审批设立开发区。除了国务院及国家部

委外，我省尚有7个部门审批设立各种名目的开发区、园区；二是各地政府随意审批设立开发区，从市政府、市政府部门到县政府及县政府部门，都有审批设立的开发区；三是自行设立开发区现象一定程度存在；四是开发区名称不规范，开发区用名非常随意，部分开发区认为开发区（园区）牌子越多越好，存在挂几块牌子运作。

（三）开发区用地需要进一步规范

这一问题主要表现在三个方面：一是部分开发区规划不科学，土地开发区大大超过了开发区发展需要；二是部分开发区出让土地没有办理出让手续；三是部分开发区土地出让收益管理比较混乱。

（四）开发区发展仍不平衡

我省国家级、省级开发区整体上发展很快，大多数已经成为当地经济发展的龙头，辐射带动和示范作用日益增强，开发区规模和发展体系初步形成，而省级政府以下审批的开发区项目不多，质量不高。234家开发区中有75家开发区（园）在利用外资方面至今仍是空白，有106家开发区（园）在出口创汇方面为零，没有起到开发区应有的作用。

（五）开发区引资结构需不断优化

一是在资金分布方面仍偏重于内资而不是外资；二是高新技术产业还待壮大，产业调整带动能力需要加强；三是项目结构方面，小项目占到大多数，投资500万元以上的大项目少于10个的开发区有135家，占开发区总数的57.69%。

（六）开发区区域结构需要调整

一是全省开发区在各地的分布不均衡，全省17个地市州开发区数量差异悬殊；二是开发区在县（市）分布不均衡，有的县、区设立开发区超过10个，大大超过了本地发展的需要，有的县、市没有开发区、园区；三是开发区定位在地域上存在集中或雷同现象，不利于发挥比较优势，并会带来恶性竞争的不良局面。

（七）开发区队伍建设需要加强

一是部分开发区没有行政编制，没有工作人员，不利于开发区发展规划、招商引资、体制创新、基础建设、科学管理等工作的有效开展；二是开发区从业人员素质有待进一步提高，以不断适应新时期开发区工作的需要。

三、加快开发区发展的建议

（一）加强开发区清理整顿

根据国务院国办发[2003]70号、国家发展改革委发改外资[2003]2343号和1月13日省长办公会要求，全省开发区清理整顿工作全面启动，省发改委已会同其他5部门联合下发了清理整顿工作方案，当前工作重点一是应对部分无项目、无资金、无发展前景的开发区进行撤消；二是应对全省所有各类开发区进行重新认定，同时规范名称；三是坚决纠正开发区擅自设立、盲目扩大规模、违规用地等重点问题。

（二）加强开发区领导体系建设

为了切实规范开发区发展，我省有必要进一步理顺开发区管理、审批、认定、撤消以及指导工作，尽快建立省开发区工作领导小组办公室统一管理、相关部门业务指导的开发区工作领导体制，并建立开发区工作领导小组联席工作会议制度。

（三）加强开发区政策支持

我们认为当前政策支持的重点一是行政支持，从政府工作方面适当下放经济管理和审批权限，使开发区享有同级政府派出机构的应有行政能力；二是规划与用地支持，根据开发区发展需要，应适当调整用地指标，土地出让金全额返还，鼓励具备条件的开发区加快发展；三是管理支持，落实开发区封闭式管理，建立优良的开发区软环境；四是资金支持，对省政府批准的各类开发区新增税收省级分成部分以转移支付的方式专项用于开发区发展。

（四）加强开发区管理

在这方面，当前的重点一是应加强开发区规划管理，各类开发区规划必须经过审批，必须有总规和详规，扩大规模面积要审批；二是加强开发区审批管理，其设立要严格坚持国务院和省政府两级审批制度，并不断调整优化开发区布局，切实解决开发区过多过乱、管理混乱的问题；三是加强开发区动态管理，对开发区升级、规划调整、撤消、复牌等工作应由省开发区工作领导小组办公室会同成员单位审核后报省政府或国务院审批；四是加强开发区考评管理，从环境、体制、政策、产业、经济总量、发展制度等多方面每年应对全省开发区进行考评，并通报考评情况，表彰先进开发区，对发展不良开发区亮黄牌警告。

（五）加强开发区指导

当前应不断加大开发区经济发展和创新的指导，从招商引资、环境建设、产业发展、体制创新等多方面通过政策倾向、决策部署、信息发布等多种方式进行指导，使开发区成为我省现代制造业密集区、体制创新中心、产业演进基地、资本聚集平台和区域经济高地。同时已经提请省政府的《关于进一步推进全省开发区发展和创新的意见》也应尽快下发，以指导开发区加快发展。

（六）加强开发区队伍建设

一是要指导各地开发区尽快通过行政编制、人才选拔、科学管理、学习创新等手段建立起精干高效的开发区工作队伍，适应开发区加快发展的需要；二是对部分开发区人员超编的问题及时加以研究解决；三是加强对开发区人员的培训工作，从政策理论、招商引资、环境建设、行政管理、体制创新、经济发展、数量统计等方面进行系统的学习和培训，不断提高从业人员的素质。

（七）加强开发区通联与信息建设

一是在认真征求各地开发区意见的基础上，组建全省开发区协会，加强开发区联系沟通，保护开发区合法权益，培育促进开发区发展，提高信息交流政策；二是建立有效的开发区基本数据采集体系，动态了解全省开发区发展基本状况，并确定全省开发区数据上报、汇总、分析、发布制度；三是建设全省开发区网页，使之成为全省开发区数据平台、宣传门户、信息广场和政策窗口。

撰稿：湖北省开发区工作领导小组办公室

8－1　140家开发区基本情况(一)

序号	名　　称	批准类型	园区类型	批准时间	批准面积（公顷）	建成面积（公顷）
	合　　计				**174585.36**	**43836.299**
一	武汉市(18家)				27197.31	11814.63
1	武汉经济开发区(武汉出口加工区)	国务院	经济开发区	1993	1270	1402.68
2	武汉东湖新技术开发区	国务院	高新开发区	1991	5800	4600
3	武汉吴家山台商投资区(吴家山海峡两岸科技园、武汉食品加工园)	省政府	经济开发区	1999	2700	884.5
4	武汉木兰湖旅游度假区	省政府	度假区	2001	5000	1166.67
5	武汉龙阳湖旅游度假区	省政府	度假区	1994	1000	355
6	武汉江岸经济开发区	市政府	经济开发区	1992	50	33.2
7	武汉江汉经济开发区	市政府	经济开发区	1992	70	47.85
8	武汉汉阳经济开发区	市政府	经济开发区	1992	50	56.67
9	武汉硚口经济开发区	市政府	经济开发区	1992	51.79	51.79
10	武汉武昌经济开发区	市政府	经济开发区	1992	50	50
11	武汉青山经济开发区	市政府	经济开发区	1992	50	9.68
12	武汉洪山经济开发区	市政府	经济开发区	1992	125.52	9.18
13	武汉汉南经济开发区	市政府	经济开发区	1992	280	167.3
14	武汉蔡甸经济开发区	市政府	经济开发区	1992	1000	300
15	武汉江夏经济开发区	市政府	经济开发区	1992	520	434.88
16	武汉黄陂经济开发区	市政府	经济开发区	1992	4200	1545.96
17	武汉阳逻经济开发区	市政府	经济开发区	1992	2700	604.2
18	武汉道观河风景旅游区	市政府	度假区	1996	2280	95.07
二	黄石市(4家)				6750	1936
19	黄石经济技术开发区(黄石高新技术开发区)	省政府	经济开发区	1992	3000	1256
20	大冶经济技术开发区	省直部门	经济开发区	1994	3500	565
21	大冶灵成工业园	省直部门	工业园区	2002	250	65
22	阳新县富池工业园	省直部门	工业园区	2003	0	50
三	襄樊市(14家)				15680.3	5174.67
23	襄樊高新技术产业开发区	国务院	高新开发区	1992	750	584
24	襄樊汽车产业开发区	省政府	经济开发区	1998	4800	1200
25	谷城薤山旅游度假区	省政府	度假区	2001	2000	1000
26	枣阳西城经济开发区	省直部门	经济开发区	1992	1000	346.17
27	谷城石花经济开发区	省直部门	经济开发区	1995	500	388
28	襄阳经济技术开发区	省直部门	经济开发区	1996	533.3	298

8－1　140家开发区基本情况(一)

8－1　续表1

序号	名　　称	批准类型	园区类型	批准时间	批准面积（公顷）	建成面积（公顷）
29	樊城经济技术开发区	省直部门	经济开发区	2003	1700	150
30	老河口仙人渡工业园	省直部门	工业园区	2004	130	22
31	襄阳双沟工业园	省直部门	工业园区	2002	1100	50
32	枣阳吴店清潭食品加工区	省直部门	工业园区	1998	7	6.5
33	谷城过山口民营科技园	省直部门	工业园区	2002	800	800
34	老河口孟楼边贸经济园区	市政府	工业园区	2002	160	140
35	南漳县城东经济开发区	市政府	经济开发区	1992	200	80
36	宜城楚都科技工业园区	市政府	工业园区	2002	2000	110
四	荆州市(12家)				20093	2615.18
37	荆州经济技术开发区(荆州高新技术开发区)	省政府	经济开发区	1992	654	968.81
38	荆州城南经济技术开发区	省政府	经济开发区	1992	2435	152.93
39	公安经济技术开发区	省政府	经济开发区	1991	1500	18
40	石首经济技术开发区(石首高新技术产业园)	省政府	经济开发区	2001	280	76.91
41	洪湖府场经济技术开发区	省直部门	经济开发区	1994	400	260
42	洪湖经济开发区	省直部门	经济开发区	1996	800	253.2
43	洪湖瞿家湾农业产业化经济开发区	省直部门	经济开发区	1998	2100	370
44	监利县朱河经济技术开发区	省直部门	经济开发区	1995	1000	400
45	松滋金松经济开发区	省直部门	经济开发区	1996	270	40
46	松市洈水旅游开发区	省直部门	度假区	1995	5280	34.27
47	石首天鹅洲经济开发区	省直部门	度假区	1999	5334	40
48	松滋龙海工业园	省直部门	工业园区	1995	40	1.06
五	宜昌市(14家)				29953.67	5582.3
49	宜昌经济技术开发区(宜昌高新技术开发区)	省政府	经济开发区	1992	1120	557.83
50	宜昌猇亭经济技术开发区	省政府	经济开发区	1994	600	400
51	宜昌当阳经济技术开发区	省政府	经济开发区	1997	800	600
52	宜昌枝江经济技术开发区	省政府	经济开发区	1994	880	550
53	长阳清江白岛湖旅游度假区	省政府	度假区	2001	20795	1311.1
54	宜昌五峰科技工业园区	省直部门	工业园区	1995	253	250
55	宜昌秭归茅坪经济开发区	省直部门	经济开发区	1995	1000	554
56	宜昌西陵经济开发区	省直部门	经济开发区	1996	675	360

8－1　140家开发区基本情况(一)

8－1　续表2

序号	名　　　称	批准类型	园区类型	批准时间	批准面积（公顷）	建成面积（公顷）
57	湖北三峡民营科技园	省直部门	科技园区	1998	1000	130
58	长阳清江经济开发区	省直部门	工业园区	2003	350	56.7
59	枝江安福市工业园	省直部门	工业园区	2002	119.07	16
60	宜昌夷陵经济技术开发区	市政府	经济开发区	1996	550	100
61	宜都工业园	市政府	工业园区	1999	1800	430
62	远安县陶土工业园	市政府	工业园区	2003	11.6	266.67
六	十堰市(8家)				5692.25	989.02
63	十堰经济技术开发区(十堰高新技术开发区)	省政府	经济开发区	1992	2300	578
64	十堰东城经济开发区	省直部门	经济开发区	1992	1000	135
65	十堰西城经济技术开发区	省直部门	经济开发区	1995	1079.5	200
66	十堰郧县柳陂开发区	省直部门	经济开发区	1998	960	28.52
67	丹江口六里坪工业园	省直部门	工业园区	2002	100	1
68	房县青峰工业园	省直部门	工业园区	2002	29.7	4
69	郧西观音镇工业园	省直部门	工业园区	2003	150	33.4
70	竹溪县民营工业园	市政府	工业园区	2003	73.05	9.1
七	孝感市(14家)				14317.1	5274.295
71	孝感经济技术开发区(孝感高新技术开发区)	省政府	经济开发区	1989	3300	3300
72	汉川经济技术开发区	省直部门	经济开发区	2001	2500	29.5
73	安陆经济技术开发区	省直部门	经济开发区	1992	720	443
74	云梦经济开发区	省直部门	经济开发区	2002	350	107
75	孝昌经济技术开发区	省直部门	经济开发区	1996	1000	350
76	应城经济技术开发区	省直部门	经济开发区	1996	800	496
77	汉川沉湖福星开发区	省直部门	工业园区	2002	35	1.22
78	汉川马口民营纺织工业园	省直部门	工业园区	2002	87.7	2.18
79	孝南区毛陈镇工业园	省直部门	工业园区	2003	240	35.44
80	应城长江赛孚化工科技工业园	省直部门	工业园区	2002	80	5.155
81	孝感双峰山旅游度假区	省政府	度假区	2001	4.4	90
82	孝感市南大经济开发区	市政府	经济开发区	1998	800	170
83	大悟经济技术开发区	市政府	经济开发区	0	300	230
84	孝昌县观音湖生态旅游区	市政府	度假区	2001	4100	14.8

8－1　140家开发区基本情况(一)

8－1　续表3

序号	名　　称	批准类型	园区类型	批准时间	批准面积（公顷）	建成面积（公顷）
八	荆门市(7家)				3040	1531.42
85	荆门经济技术开发区(荆门高新技术开发区)	省政府	经济开发区	2000	290	293.2
86	钟祥莫愁湖经济技术开发区	省政府	经济开发区	1996	710	380
87	钟祥胡集经济技术开发区	省政府	经济开发区	1994	700	259.72
88	京山经济技术开发区	省直部门	经济开发区	1994	800	234.1
89	京山宋河民营工业园	省直部门	工业园区	2001	440	320
90	沙洋后港工业园	省直部门	工业园区	2002	100	30
91	沙洋经济开发区	市政府	经济开发区	2002	0	14.4
九	鄂州市(5家)				4362	1104.7
92	葛店经济技术开发区(葛店高新技术开发区)	省政府	经济开发区	1990	534	270
93	红莲湖旅游度假区	省政府	度假区	1994	2400	620
94	梁子岛生态旅游区	市政府	度假区	2001	358	6
95	鄂州花湖经济技术开发区	省直部门	经济开发区	2000	990	200
96	鄂州白浒工业园	省直部门	工业园区	2002	80	8.7
十	黄冈市(14家)				14541.67	3128.71
97	黄州科技经济开发区(黄冈高新技术开发区)	省政府	经济开发区	1990	1620	309.41
98	黄梅小池经济开发区	省政府	经济开发区	1992	2000	193.8
99	麻城黄金桥经济开发区	省政府	经济开发区	1994	3500	233
100	武穴经济技术开发区(武穴高新技术产业园)	省政府	经济开发区	1999	280	116.8
101	蕲春李时珍医药经济开发区	省直部门	经济开发区	1994	400	566
102	蕲春县铁路经济开发区	省直部门	经济开发区	1995	1000	123
103	浠水经济开发区	省直部门	经济开发区	1996	886	273.63
104	黄州火车站经济开发区	省直部门	经济开发区	1995	1377	177.1
105	红安县经济开发区	省直部门	经济开发区	1995	420	133.3
106	团风县经济开发区	省直部门	经济开发区	1995	400	580
107	黄州工业园	省直部门	工业园区	2002	333	22
108	武穴团山工业园	省直部门	工业园区	2002	9.67	7.67
109	蕲春九棵松工业园	省直部门	工业园区	2002	316	113
110	麻城龙池工业园	省直部门	工业园区	2003	2000	280
十一	咸宁市(6家)				667.06	133.43
111	咸宁温泉经济技术开发区	省政府	经济开发区	1992	242	17.25
112	通城隽水工业园	省直部门	工业园区	1993	299	30.48

8－1　140家开发区基本情况（一）

8－1　续表4

序号	名　　称	批准类型	园区类型	批准时间	批准面积（公顷）	建成面积（公顷）
113	嘉鱼簰洲湾工业园	省直部门	工业园区	2002	114.26	80
114	咸宁陆水湖旅游度假区	省政府	度假区	2001	11.8	0
115	赤壁经济开发区	市政府	经济开发区	2003	0	0
116	嘉鱼田野高新技术产业园	市政府	工业园区	1993	0	5.7
十二	随州市（8家）				16062.1	1792.0136
117	随州经济技术开发区	省政府	经济开发区	2000	3000	39.6311
118	广水经济技术开发区	省直部门	经济开发区	1995	1000	185
119	曾都何店浪河工业园	省直部门	工业园区	2000	46.6	3.86
120	广办工业园区	省直部门	工业园区	2002	260	100
121	曾都区环潭工业园	省直部门	工业园区	2002	1.5	1.5225
122	徐家河旅游度假区	省政府	度假区	2000	11700	1433
123	曾都区均川工业园	市政府	工业园区	2002	46	25
124	三里港香菇加工工业园	市政府	工业园区	2002	8	4
十三	恩施市（5家）				4852.9	100.21
125	恩施经济技术开发区	省政府	经济开发区	1992	3000	47
126	利川腾龙洞旅游经济开发区	省直部门	度假区	1995	500	30.01
127	宣思椒园工业园	省直部门	工业园区	2002	15	15
128	来凤三边经贸开发区	省直部门	经济开发区	2003	400.9	0
129	鹤峰八峰高新技术开发区	省直部门	高新开发区	1995	937	8.2
十四	仙桃市（4家）				1956	1039.73
130	仙桃高新技术产业园	省政府	高新开发区	2000	346	56.4
131	仙桃经济技术开发区	省直部门	经济开发区	1995	730	730
132	仙桃彭场工业园	省直部门	工业园区	2002	300	53.33
133	仙桃工业园	市政府	工业园区	1994	580	200
十五	天门市（3家）				1570	162
134	天门侨乡经济开发区	省政府	经济开发区	1995	870	117
135	天门岳口工业园	市政府	工业园区	2002	200	20
136	天门仙北工业园	市政府	工业园区	2002	500	25
十六	潜江市（3家）				7850	1425.99
137	潜江泽口经济技术开发区	省政府	经济开发区	1996	2550	425.99
138	园林国家级星火技术密集区	国务院部门	高新开发区	1996	4100	800
139	潜江张金经济技术开发区	市政府	经济开发区	2003	1200	200
十七	神农架林区（1家）				0	32
140	神农架木鱼旅游开发区	市政府	度假区	1992	0	32

8－2 140家开发区基本情况(二)

序号	名　　称	累计外资（万美元）	上年外资（万美元）	累计内资（万元）	上年内资（万元）	累计项目（个）	上年项目（个）
	合　　计	**643861.67**	**146747.23**	**13990594**	**3787230.7**	**20746**	**3716**
一	武汉市(18家)	377371	83626	5257399	892423	10617	1751
1	武汉经济开发区(武汉出口加工区)	235000	47000	1718000	341200	1673	74
2	武汉东湖新技术开发区	59000	20000	700000	140000	7000	1373
3	武汉吴家山台商投资区(吴家山海峡两岸科技园、武汉食品加工园)	33040	5718	832417	89636	496	35
4	武汉木兰湖旅游度假区	1200	0	115400	3880	86	7
5	武汉龙阳湖旅游度假区	0	0	0	0	0	0
6	武汉江岸经济开发区	0	0	40000	21000	18	8
7	武汉江汉经济开发区	2244	332	331557	21050	168	16
8	武汉汉阳经济开发区	770	420	7000	25682	250	17
9	武汉硚口经济开发区	14288	1786	480000	65000	192	32
10	武汉武昌经济开发区	0	0	4000	3200	13	5
11	武汉青山经济开发区	300	120	220000	20000	147	10
12	武汉洪山经济开发区	5800	5200	86990	42643	66	26
13	武汉汉南经济开发区	650	200	42000	8000	190	53
14	武汉蔡甸经济开发区	6279	600	72881	31180	54	8
15	武汉江夏经济开发区	0	0	21854	13392	36	23
16	武汉黄陂经济开发区	1200	600	280000	40000	152	49
17	武汉阳逻经济开发区	15100	1330	296700	24560	52	15
18	武汉道观河风景旅游区	2500	320	8600	2000	24	0
二	黄石市(4家)	19426.7	5412.8	542227	150262	925	115
19	黄石经济技术开发区(黄石高新技术开发区)	18745.5	4833	351687	74122	860	76
20	大冶经济技术开发区	160	84	106000	41600	25	12
21	大冶灵成工业园	0	0	82000	32000	28	16
22	阳新县富池工业园	521.2	495.8	2540	2540	12	11
三	襄樊市(14家)	38090.45	9275.93	1627002	326536	1375	305
23	襄樊高新技术产业开发区	8068	2582	600000	180000	600	167
24	襄樊汽车产业开发区	20476	2562	599230	66723	336	40
25	谷城薤山旅游度假区	0	0	5800	880	30	12
26	枣阳西城经济开发区	250	21	49172	6713	128	17
27	谷城石花经济开发区	483	220	20000	2880	106	12
28	襄阳经济技术开发区	400	20	287000	34000	69	21

8－2　140家开发区基本情况（二）

8－2　续表1

序号	名　　称	累计外资（万美元）	上年外资（万美元）	累计内资（万元）	上年内资（万元）	累计项目（个）	上年项目（个）
29	樊城经济技术开发区	55	55	8500	3500	11	5
30	老河口仙人渡工业园	0	0	6000	2500	4	2
31	襄阳双沟工业园	4000	2000	5000	3000	14	6
32	枣阳吴店清潭食品加工区	10	2	200	40	10	2
33	谷城过山口民营科技园	362.75	253.93	18100	16300	7	5
34	老河口孟楼边贸经济园区	600	600	2000	2000	7	7
35	南漳县城东经济开发区	0	0	21000	3000	40	6
36	宜城楚都科技工业园区	3385.7	960	5000	5000	13	3
四	荆州市（12家）	15648	1025.5	868612	121123	1661	165
37	荆州经济技术开发区（荆州高新技术开发区）	2266	120	251117	27392	228	29
38	荆州城南经济技术开发区	880	118	387388	59123	221	45
39	公安经济技术开发区	967	12	12000	2000	910	10
40	石首经济技术开发区（石首高新技术产业园）	7618	520	57000	5308	32	10
41	洪湖府场经济技术开发区	125	12.5	28000	2800	85	8
42	洪湖经济开发区	215	18	52947	6870	38	5
43	洪湖瞿家湾农业产业化经济开发区	0	0	10800	1500	26	19
44	监利县朱河经济技术开发区	3000	0	5980	1080	38	9
45	松滋金松经济开发区	215	105	37600	10800	54	19
46	松市沲水旅游开发区	362	120	22800	3100	18	5
47	石首天鹅洲经济开发区	0	0	1480	950	8	4
48	松滋龙海工业园	0	0	1500	200	3	2
五	宜昌市（14家）	30677.2	8161.2	1119724	423059	732	146
49	宜昌经济技术开发区（宜昌高新技术开发区）	2530.1	1571.9	260000	140000	100	42
50	宜昌猇亭经济技术开发区	2832.2	319.4	140000	86000	136	23
51	宜昌当阳经济技术开发区	1728.6	0	86582	14573	192	4
52	宜昌枝江经济技术开发区	16519.2	3946.9	269458	58000	65	27
53	长阳清江白岛湖旅游度假区	3000	1500	4200	800	4	2
54	宜昌五峰科技工业园区	550	0	39085	4580	83	11
55	宜昌秭归茅坪经济开发区	800	473	40000	1000	26	6
56	宜昌西陵经济开发区	1578.1	0	29779	3546	53	9

8-2 140家开发区基本情况(二)

8-2 续表2

序号	名　　称	累计外资(万美元)	上年外资(万美元)	累计内资(万元)	上年内资(万元)	累计项目(个)	上年项目(个)
57	湖北三峡民营科技园	7	0	62000	17000	22	6
58	长阳清江经济开发区	0	0	4870	3660	8	5
59	枝江安福市工业园	892	110	2650	2150	3	1
60	宜昌夷陵经济技术开发区	0	0	2100	750	9	3
61	宜都工业园	240	240	179000	91000	31	7
62	远安县陶土工业园	0	0	0	0	0	0
六	十堰市(8家)	2321.92	201	240792	59853	485	122
63	十堰经济技术开发区(十堰高新技术开发区)	425	126	125000	23900	278	34
64	十堰东城经济开发区	889.92	0	31119	10000	76	25
65	十堰西城经济技术开发区	130	60	54330	7380	45	14
66	十堰郧县柳陂开发区	877	15	6753	1983	20	7
67	丹江口六里坪工业园	0	0	13000	7000	37	13
68	房县青峰工业园	0	0	2030	1030	5	5
69	郧西观音镇工业园	0	0	1000	1000	9	9
70	竹溪县民营工业园	0	0	7560	7560	15	15
七	孝感市(14家)	18446	8228	770950	705487	484	165
71	孝感经济技术开发区(孝感高新技术开发区)	4843	870	158944	53000	101	36
72	汉川经济技术开发区	2114	1148	71002	10800	34	5
73	安陆经济技术开发区	3675	145	14900	1200	32	18
74	云梦经济开发区	1451	1209	129000	70000	16	9
75	孝昌经济技术开发区	1257	580	51000	9400	39	10
76	应城经济技术开发区	725	195	115000	17000	91	14
77	汉川沉湖福星开发区	0	0	6904	867	18	4
78	汉川马口民营纺织工业园	96	0	15000	8000	12	8
79	孝南区毛陈镇工业园	241	241	24000	2600	20	8
80	应城长江赛孚化工科技工业园	386	212	24600	16300	48	29
81	孝感双峰山旅游度假区	30	0	15700	3720	24	7
82	孝感市南大经济开发区	3628	3628	120000	510000	26	7
83	大悟经济技术开发区	0	0	15600	0	7	7
84	孝昌县观音湖生态旅游区	0	0	9300	2600	16	3

8－2　140家开发区基本情况(二)

8－2　续表3

序号	名　　称	累计外资(万美元)	上年外资(万美元)	累计内资(万元)	上年内资(万元)	累计项目(个)	上年项目(个)
八	荆门市(7家)	11076	5611	503681	133841.74	354	185
85	荆门经济技术开发区(荆门高新技术开发区)	5352	2800	92000	49000	180	137
86	钟祥莫愁湖经济技术开发区	725	241	170000	34000	48	15
87	钟祥胡集经济技术开发区	0	0	126000	7500	30	2
88	京山经济技术开发区	377	170	80800	19600	53	10
89	京山宋河民营工业园	2000	0	5000	1214.74	26	12
90	沙洋后港工业园	2000	2000	7000	4000	10	5
91	沙洋经济开发区	622	400	22881	18527	7	4
九	鄂州市(5家)	30616	3352	325651	49405	298	51
92	葛店经济技术开发区(葛店高新技术开发区)	30168	3232	259151	24105	227	24
93	红莲湖旅游度假区	0	0	27000	12000	8	3
94	梁子岛生态旅游区	206	62	5500	2500	22	7
95	鄂州花湖经济技术开发区	242	58	30000	9800	35	15
96	鄂州白浒工业园	0	0	4000	1000	6	2
十	黄冈市(14家)	42662	9021	1504016	522300	1345	247
97	黄州科技经济开发区(黄冈高新技术开发区)	20314	1040	840000	337000	778	115
98	黄梅小池经济开发区	3570	1300	132100	2210	105	14
99	麻城黄金桥经济开发区	992	407	120000	35000	165	13
100	武穴经济技术开发区(武穴高新技术产业园)	361	0	27000	14500	41	11
101	蕲春李时珍医药经济开发区	226	290	16100	4570	27	6
102	蕲春县铁路经济开发区	3930	1500	33800	7100	17	4
103	浠水经济开发区	3161	683	170000	34500	37	18
104	黄州火车站经济开发区	725	0	11000	2200	25	2
105	红安县经济开发区	132	0	58536	5500	37	8
106	团风县经济开发区	423	288	17200	4500	51	15
107	黄州工业园	1073	1023	67600	66400	17	12
108	武穴团山工业园	5060	1900	1280	520	18	8
109	蕲春九棵松工业园	310	310	100	100	1	1
110	麻城龙池工业园	350	280	9300	8200	26	20
十一	咸宁市(6家)	27182	2671.9	257311	41971	982	160
111	咸宁温泉经济技术开发区	702	71.9	232099	22059	926	118
112	通城隽水工业园	100	100	16212	12012	36	32

8－2　140家开发区基本情况(二)

8－2　续表4

序号	名　　称	累计外资（万美元）	上年外资（万美元）	累计内资（亿元）	上年内资（亿元）	累计项目（个）	上年项目（个）
113	嘉鱼簰洲湾工业园	0	0	1700	1700	5	5
114	咸宁陆水湖旅游度假区	0	0	0	0	0	0
115	赤壁经济开发区	26100	2500	6000	6000	4	2
116	嘉鱼田野高新技术产业园	280	0	1300	200	11	3
十二	随州市(8家)	5744	2041.2	201641	130830	380	60
117	随州经济技术开发区	387	300	128000	109000	35	14
118	广水经济技术开发区	2559	300	33800	6200	262	16
119	曾都何店浪河工业园	0	0	5421	1650	21	2
120	广办工业园区	266	108.8	7000	3860	20	9
121	曾都区环潭工业园	0	0	1920	1920	4	4
122	徐家河旅游度假区	2000	1200	7500	2800	15	6
123	曾都区均川工业园	96.7	36.3	6000	1500	15	6
124	三里港香菇加工工业园	435.3	96.1	12000	3900	8	3
十三	恩施市(5家)	722	330	63625	17100	165	37
125	恩施经济技术开发区	361	120	40000	15500	110	19
126	利川腾龙洞旅游经济开发区	0	0	3550	1200	35	8
127	宣恩椒园工业园	250	210	2500	400	20	10
128	来凤三边经贸开发区	0	0	0	0	0	0
129	鹤峰八峰高新技术开发区	111	0	17575	0	0	0
十四	仙桃市(4家)	6875	2602	330660	142750	253	104
130	仙桃高新技术产业园	240	37	16100	11000	18	7
131	仙桃经济技术开发区	2835	200	150160	52566	92	26
132	仙桃彭场工业园	1500	843	74260	36260	86	52
133	仙桃工业园	2300	1522	90140	42924	57	19
十五	天门市(3家)	7860.7	3216.7	49543	11900	96	53
134	天门侨乡经济开发区	7764	3120	39123	1800	52	11
135	天门岳口工业园	96.7	96.7	6100	6100	36	36
136	天门仙北工业园	0	0	4320	4000	8	6
十六	潜江市(3家)	8779.7	1971	302160	50650	439	43
137	潜江泽口经济技术开发区	5635.8	1523.6	155100	20100	117	10
138	园林国家级星火技术密集区	3023	362.8	105687	15000	288	20
139	潜江张金经济技术开发区	120.9	84.6	41373	15550	34	13
十七	神农架林区(1家)	363	0	25600	7740	155	7
140	神农架木鱼旅游开发区	363	0	25600	7740	155	7

8－3　140家开发区基本情况(三)

序号	名　　称	累计固定投资(万元)	上年固定投资(万元)	累计设施投资(万元)	上年设施投资(万元)	累计出口(万美元)	上年出口(万美元)
	合　　计	**20342112.6**	**4435637.6**	**6290908**	**1091035**	**490655.66**	**118416.91**
一	武汉市(18家)	6620265	1402141	1974897	438267	168775	48623
1	武汉经济开发区(武汉出口加工区)	2506491	397300	536334	112100	31959	12042
2	武汉东湖新技术开发区	1600000	500000	775800	200000	94500	24000
3	武汉吴家山台商投资区(吴家山海峡两岸科技园、武汉食品加工园)	926047	165301	148663	17612	3532	2529
4	武汉木兰湖旅游度假区	109500	6900	26370	2210	0	0
5	武汉龙阳湖旅游度假区	0	0	0	0	0	0
6	武汉江岸经济开发区	40000	21000	3550	2000	0	0
7	武汉江汉经济开发区	250000	36000	210000	25000	2872	1581
8	武汉汉阳经济开发区	45500	17000	900	600	0	0
9	武汉硚口经济开发区	400000	500	22460	2860	20200	3380
10	武汉武昌经济开发区	500	200	0	0	0	0
11	武汉青山经济开发区	20000	13000	16000	11000	130	90
12	武汉洪山经济开发区	92730	26543	24400	5980	863	528
13	武汉汉南经济开发区	23000	4000	7800	500	500	106
14	武汉蔡甸经济开发区	124997	36277	13900	1200	6969	3710
15	武汉江夏经济开发区	45000	22000	24000	12000	0	0
16	武汉黄陂经济开发区	100000	50000	60000	25000	6200	500
17	武汉阳逻经济开发区	336500	106120	98720	19825	1050	157
18	武汉道观河风景旅游区	0	0	6000	380	0	0
二	黄石市(4家)	999683	188528	478969	72770	25396	13239
19	黄石经济技术开发区(黄石高新技术开发区)	849713	144098	446480	65350	25396	13239
20	大冶经济技术开发区	127700	25950	32279	7210	0	0
21	大冶灵成工业园	14170	10600	0	0	0	0
22	阳新县富池工业园	8100	7880	210	210	0	0
三	襄樊市(14家)	1806374	292312	471338	43424	51820.5	4968.6
23	襄樊高新技术产业开发区	320000	90000	37400	3500	12000	2000
24	襄樊汽车产业开发区	749000	125756	246600	17233	0	0
25	谷城薤山旅游度假区	10800	0	5000	1080	0	0
26	枣阳西城经济开发区	52059	8000	13924	800	5185	626
27	谷城石花经济开发区	58163	8224	14000	1200	2962.5	353.6
28	襄阳经济技术开发区	480000	14000	120000	12000	29020	600

8-3　140 家开发区基本情况(三)

8-3　续表 1

序号	名　　　称	累计固定投　资（万元）	上年固定投　资（万元）	累计设施投　资（万元）	上年设施投　资（万元）	累计出口（万美元）	上年出口（万美元）
29	樊城经济技术开发区	27000	3500	7800	1100	320	160
30	老河口仙人渡工业园	12000	2500	4000	148	180	47
31	襄阳双沟工业园	5000	3000	1200	500	1700	875
32	枣阳吴店清潭食品加工区	152	32	14	3	10	2
33	谷城过山口民营科技园	28200	4300	2900	360	258	180
34	老河口孟楼边贸经济园区	12000	12000	800	800	60	60
35	南漳县城东经济开发区	37000	6000	16000	3000	18	18
36	宜城楚都科技工业园区	15000	15000	1700	1700	107	47
四	荆州市(12 家)	1757041	208245	327313	58198	19167	5107
37	荆州经济技术开发区(荆州高新技术开发区)	602795	35662	62279	1220	4290	180
38	荆州城南经济技术开发区	666950	75948	85056	7860	2172	162
39	公安经济技术开发区	130000	16000	12300	600	145	12
40	石首经济技术开发区(石首高新技术产业园)	16000	16000	2000	2000	11125	4446
41	洪湖府场经济技术开发区	20000	1500	10000	600	625	100
42	洪湖经济开发区	91325	14321	75421	19053	295	82
43	洪湖瞿家湾农业产业化经济开发区	76651	23844	19464	18255	0	0
44	监利县朱河经济技术开发区	76000	14100	11000	2350	515	125
45	松滋金松经济开发区	42800	6270	24700	2860	0	0
46	松市涴水旅游开发区	18000	2500	13800	2300	0	0
47	石首天鹅洲经济开发区	13420	1500	10293	1000	0	0
48	松滋龙海工业园	3100	600	1000	100	0	0
五	宜昌市(14 家)	2385154	679402	651478	54517	11903.31	5406.01
49	宜昌经济技术开发区(宜昌高新技术开发区)	584097	70500	110077	4099	1200	280
50	宜昌猇亭经济技术开发区	509500	50690	192600	4600	3515	2169.9
51	宜昌当阳经济技术开发区	157255	8920	23652	2484	105.3	15.1
52	宜昌枝江经济技术开发区	411778	69500	92473	22500	3170.7	1500
53	长阳清江白岛湖旅游度假区	22000	1300	12000	700	0	0
54	宜昌五峰科技工业园区	45541	6984	23145	3020	475	40
55	宜昌秭归茅坪经济开发区	350000	350000	150413	9500	2168.6	946.8
56	宜昌西陵经济开发区	61024	5319	20881	1264	14.5	0

8－3　140家开发区基本情况(三)

8－3　续表2

序号	名　　称	累计固定投资(万元)	上年固定投资(万元)	累计设施投资(万元)	上年设施投资(万元)	累计出口(万美元)	上年出口(万美元)
57	湖北三峡民营科技园	71000	19800	3700	1200	0	0
58	长阳清江经济开发区	30819	3660	11117	150	0	0
59	枝江安福市工业园	7000	3019	1500	300	54.21	54.21
60	宜昌夷陵经济技术开发区	6140	3710	3120	1200	0	0
61	宜都工业园	129000	86000	6800	3500	1200	400
62	远安县陶土工业园	0	0	0	0	0	0
六	十堰市(8家)	221749	61500	75063	10198	14200	1855
63	十堰经济技术开发区(十堰高新技术开发区)	112430	26700	32500	1028	13200	1205
64	十堰东城经济开发区	43260	20000	5634	500	0	0
65	十堰西城经济技术开发区	41509	5000	21104	2500	0	0
66	十堰郧县柳陂开发区	1200	300	9000	2645	0	0
67	丹江口六里坪工业园	16000	4000	5000	1800	800	450
68	房县青峰工业园	2850	1000	250	150	0	0
69	郧西观音镇工业园	400	400	325	325	0	0
70	竹溪县民营工业园	4100	4100	1250	1250	200	200
七	孝感市(14家)	1108803	173519	482802	47556	19407	2269
71	孝感经济技术开发区(孝感高新技术开发区)	274000	35000	253700	5421	4080	0
72	汉川经济技术开发区	119555	1500	4500	900	1048	292
73	安陆经济技术开发区	102000	22000	47700	8700	3968	58
74	云梦经济开发区	19000	10000	9000	6000	48	26
75	孝昌经济技术开发区	146000	16000	83700	9400	1269	241
76	应城经济技术开发区	225180	32520	56713	9576	2902	241
77	汉川沉湖福星开发区	7208	819	1842	226	5706	1170
78	汉川马口民营纺织工业园	30000	12000	1200	600	0	0
79	孝南区毛陈镇工业园	6800	4800	5200	4000	0	0
80	应城长江赛孚化工科技工业园	13900	7900	2247	1433	386	241
81	孝感双峰山旅游度假区	6330	3280	0	0	0	0
82	孝感市南大经济开发区	120000	25000	3000	1000	0	0
83	大悟经济技术开发区	27000	0	11000	0	0	0
84	孝昌县观音湖生态旅游区	11830	2700	3000	300	0	0

8－3　140家开发区基本情况(三)

8－3　续表3

序号	名　　称	累计固定投资(万元)	上年固定投资(万元)	累计设施投资(万元)	上年设施投资(万元)	累计出口(万美元)	上年出口(万美元)
八	荆门市(7家)	440589	135345	150078	40156	11460	7234
85	荆门经济技术开发区(荆门高新技术开发区)	110294	59535	45500	18500	6006	1931
86	钟祥莫愁湖经济技术开发区	166000	31600	53500	12000	1511	460
87	钟祥胡集经济技术开发区	33300	8600	14800	3000	0	0
88	京山经济技术开发区	91200	18200	21300	1400	2000	700
89	京山宋河民营工业园	6500	3200	1600	800	0	2200
90	沙洋后港工业园	21581	5260	8500	2320	1943	1943
91	沙洋经济开发区	11714	8950	4878	2136	0	0
九	鄂州市(5家)	893826	62549	154193	8200	44520	6749
92	葛店经济技术开发区(葛店高新技术开发区)	802826	31049	138193	1500	43980	6556
93	红莲湖旅游度假区	27000	13000	2500	1000	0	0
94	梁子岛生态旅游区	8000	3500	7000	3000	0	0
95	鄂州花湖经济技术开发区	45000	12000	6000	2500	540	193
96	鄂州白浒工业园	11000	3000	500	200	0	0
十	黄冈市(14家)	1369374	215892	499913	38080	39628	7665
97	黄州科技经济开发区(黄冈高新技术开发区)	611000	103000	270000	15000	10432	1000
98	黄梅小池经济开发区	226000	6650	33800	1000	7080	700
99	麻城黄金桥经济开发区	98000	25000	65000	12000	400	46
100	武穴经济技术开发区(武穴高新技术产业园)	31000	15700	10100	220	5889	1884
101	蕲春李时珍医药经济开发区	19690	1500	4530	910	2825	333
102	蕲春县铁路经济开发区	73200	13600	27400	2100	7775	1995
103	浠水经济开发区	55000	9492	11000	680	1548	290
104	黄州火车站经济开发区	53095	3500	1085	300	1150	93
105	红安县经济开发区	119830	15500	42295	2200	120	16
106	团风县经济开发区	30859	1750	28713	1580	1164	363
107	黄州工业园	7900	6100	1100	900	420	420
108	武穴团山工业园	7800	2200	1500	800	575	315
109	蕲春九棵松工业园	25000	2100	3160	160	0	0
110	麻城龙池工业园	11000	9800	230	230	250	210
十一	咸宁市(6家)	501994	108549	359303	146511	11162.3	1829.7
111	咸宁温泉经济技术开发区	417284	80449	131653	39061	4009	357
112	通城隽水工业园	40610	26000	15000	6800	900	900

8－3　140家开发区基本情况(三)

8－3　续表4

序号	名　　称	累计固定投　资（万元）	上年固定投　资（万元）	累计设施投　资（万元）	上年设施投　资（万元）	累计出口（万美元）	上年出口（万美元）
113	嘉鱼簰洲湾工业园	42000	0	12000	0	1253.3	572.7
114	咸宁陆水湖旅游度假区	0	0	0	0	0	0
115	赤壁经济开发区	0	0	200000	100000	5000	0
116	嘉鱼田野高新技术产业园	2100	2100	650	650	0	0
十二	随州市(8家)	307852	68842	66740	17926	17237.35	3449.3
117	随州经济技术开发区	89000	35000	2500	2000	120	120
118	广水经济技术开发区	160487	10962	35970	5126	9577	600
119	曾都何店浪河工业园	5411	800	920	200	0	0
120	广办工业园区	24000	13000	13300	6000	967.35	414.3
121	曾都区环潭工业园	1600	1600	600	600	0	0
122	徐家河旅游度假区	15000	4100	11200	3200	105	0
123	曾都区均川工业园	9000	2000	1800	600	21.8	10.3
124	三里港香菇加工工业园	3354	1380	450	200	6446.2	2304.7
十三	恩施市(5家)	104147	17880	32153	5164	7473	863
125	湖北恩施经济技术开发区	60000	9630	20000	2000	58	58
126	利川腾龙洞旅游经济开发区	18000	4000	4800	2600	0	0
127	宣恩椒园工业园	1850	1050	700	414	0	0
128	来凤三边经贸开发区	0	0	0	0	0	0
129	鹤峰八峰高新技术开发区	24297	3200	6653	150	7415	805
十四	仙桃市(4家)	557941.6	643875.6	93676	41120	15537	5848
130	仙桃高新技术产业园	41500	13700	24900	8220	0	0
131	仙桃经济技术开发区	308821.6	47735.6	14566	1760	4967	1805
132	仙桃彭场工业园	89620	38140	49210	28140	3132	1566
133	仙桃工业园	118000	544300	5000	3000	7438	2477
十五	天门市(3家)	352431	68878	205264	22068	30036	2205
134	天门侨乡经济开发区	310231	26878	187846	4650	29431	1600
135	天门岳口工业园	35000	35000	17000	17000	605	605
136	天门仙北工业园	7200	7000	418	418	0	0
十六	潜江市(3家)	886889	99280	257678	39140	2933.2	1106.3
137	潜江泽口经济技术开发区	329700	20400	91000	5400	907.8	707.3
138	园林国家级星火技术密集区	253566	45000	132134	25000	1052	145
139	潜江张金经济技术开发区	303623	33880	34544	8740	973.4	254
十七	神农架林区(1家)	28000	8900	10050	7740	0	0
140	神农架木鱼旅游开发区	28000	8900	10050	7740	0	0

8－4　140 家开发区基本情况(四)

单位:万元

序号	名称	累计总产值	上年总产值	累计增加值	上年增加值	累计税收	上年税收
	合计	**98032015.2**	**24134640.2**	**26034533.9**	**6760822**	**5327933.6**	**1267816.44**
一	武汉市(18 家)	34241210	9140647	10461462	2980817	2433723	588845
1	武汉经济开发区(武汉出口加工区)	12142972	3028200	3415556	851200	791630	182885
2	武汉东湖新技术开发区	13078300	3731000	3678700	1286000	966600	268000
3	武汉吴家山台商投资区(吴家山海峡两岸科技园、武汉食品加工园)	2377091	413120	1210612	218167	265804	48350
4	武汉木兰湖旅游度假区	2386	373	716	115	1620	345
5	武汉龙阳湖旅游度假区	0	0	0	0	0	0
6	武汉江岸经济开发区	147600	42376	162864	53820	4072	1346
7	武汉江汉经济开发区	360400	120130	145800	36040	52840	14500
8	武汉汉阳经济开发区	22751	10438	5937	2953	15980	8776
9	武汉硚口经济开发区	650000	86000	340000	51600	79200	13200
10	武汉武昌经济开发区	5000	2000	500	175	4968	200
11	武汉青山经济开发区	244700	112700	64000	33000	16772	8500
12	武汉洪山经济开发区	247928	120372	69281	39700	3721	2748
13	武汉汉南经济开发区	85305	27218	21326	6804	6500	3000
14	武汉蔡甸经济开发区	831477	308000	230070	85200	33424	13984
15	武汉江夏经济开发区	7000	5000	0	0	1660	1600
16	武汉黄陂经济开发区	780000	140000	210000	38000	6500	2000
17	武汉阳逻经济开发区	3258300	993720	906100	278043	182432	19411
18	武汉道观河风景旅游区	0	0	0	0	0	0
二	黄石市(4 家)	2461844	615587	792604	198753	111185	26870
19	黄石经济技术开发区(黄石高新技术开发区)	1787724	431776	585123	140957	54594	13756
20	大冶经济技术开发区	622756	134520	192054	43018	56039	12572
21	大冶灵成工业园	21364	19291	6427	5778	52	42
22	阳新县富池工业园	30000	30000	9000	9000	500	500
三	襄樊市(14 家)	11975252.2	2655358.2	2275296	623295	552057	173687
23	襄樊高新技术产业开发区	5185400	1266000	1300000	300000	310000	100000
24	襄樊汽车产业开发区	5194690.2	1068582.2	556166	235088	175002	47392
25	谷城薤山旅游度假区	0	0	0	0	700	250
26	枣阳西城经济开发区	654560	91878	137458	19294	11166	1880
27	谷城石花经济开发区	500000	78000	117600	18330	18000	2647
28	襄阳经济技术开发区	142000	365	87000	7500	11700	8070

8－4　140家开发区基本情况(四)

8－4　续表1　　　　单位:万元

序号	名　　称	累计总产值	上年总产值	累计增加值	上年增加值	累计税收	上年税收
29	樊城经济技术开发区	0	0	0	0	970	970
30	老河口仙人渡工业园	65000	13821	15000	3189	720	180
31	襄阳双沟工业园	93000	48000	22000	12000	12000	5060
32	枣阳吴店清潭食品加工区	2502	512	602	124	88	18
33	谷城过山口民营科技园	40100	40100	8210	8210	2500	2500
34	老河口孟楼边贸经济园区	25000	25000	8000	8000	900	900
35	南漳县城东经济开发区	42000	8000	12000	2300	3100	620
36	宜城楚都科技工业园区	31000	15100	11260	9260	5211	3200
四	荆州市(12家)	8580778	1498544	1692876	354143	432280	52314
37	荆州经济技术开发区(荆州高新技术开发区)	715947	218281	218333	72033	30395	12446
38	荆州城南经济技术开发区	2009206	319970	288116	47635	44143	6937
39	公安经济技术开发区	600000	51000	208600	15000	12000	950
40	石首经济技术开发区(石首高新技术产业园)	517000	250713	145000	81000	210000	9800
41	洪湖府场经济技术开发区	2000000	198000	105000	6000	9500	1200
42	洪湖经济开发区	1968473	326245	492124	81549	66347	10889
43	洪湖瞿家湾农业产业化经济开发区	246793	11592	25925	2405	16854	425
44	监利县朱河经济技术开发区	315000	73679	138990	32510	16200	2370
45	松滋金松经济开发区	193359	45064	62788	14611	21781	6426
46	松市涴水旅游开发区	0	0	0	0	3000	381
47	石首天鹅洲经济开发区	0	0	0	0	1660	280
48	松滋龙海工业园	15000	4000	8000	1400	400	210
五	宜昌市(14家)	6545516	1516600	1759471.9	292539	287858	65841.84
49	宜昌经济技术开发区(宜昌高新技术开发区)	805928	100000	177164	25000	27993	10000
50	宜昌猇亭经济技术开发区	770000	211000	190000	53000	74058	11442
51	宜昌当阳经济技术开发区	921000	191261	240000	22970	15500	2899
52	宜昌枝江经济技术开发区	2156000	312560	788300	87850	85600	12800
53	长阳清江白岛湖旅游度假区	0	0	0	0	2530	560
54	宜昌五峰科技工业园区	182486	35676	83315	1928	22680	3316.84
55	宜昌秭归茅坪经济开发区	505633	101433	126408	25358	16686	3994
56	宜昌西陵经济开发区	194898	33662	59931	12504	12691	3510

8－4　140家开发区基本情况(四)

8－4　续表2

单位:万元

序号	名　　称	累　计 总产值	上　年 总产值	累　计 增加值	上　年 增加值	累计税收	上年税收
57	湖北三峡民营科技园	120000	47600	44800	29700	6840	3100
58	长阳清江经济开发区	10893	1750	3267.9	600	1200	220
59	枝江安福市工业园	3600	3600	3600	3600	0	0
60	宜昌夷陵经济技术开发区	90078	86058	18686	18129	4080	3800
61	宜都工业园	785000	392000	24000	11900	18000	10200
62	远安县陶土工业园	0	0	0	0	0	0
六	十堰市(8家)	2877433	802530	878530	233048	66128.6	22899.6
63	十堰经济技术开发区(十堰高新技术开发区)	2295000	385000	711450	121000	20792	6069
64	十堰东城经济开发区	240000	240000	62000	62000	4254	4254
65	十堰西城经济技术开发区	147000	70000	38500	17500	3700	1450
66	十堰郧县柳陂开发区	33756	10853	23629	7597	31212	7656
67	丹江口六里坪工业园	136000	71000	38000	21000	5100	2700
68	房县青峰工业园	16800	16800	3000	2000	800	500
69	郧西观音镇工业园	3517	3517	879	879	150	150
70	竹溪县民营工业园	5360	5360	1072	1072	120.6	120.6
七	孝感市(14家)	3430959	819713	919972	248179	234772	35503
71	孝感经济技术开发区(孝感高新技术开发区)	891000	190000	38500	38500	42400	7400
72	汉川经济技术开发区	453850	108058	91540	34350	31000	2700
73	安陆经济技术开发区	78400	29400	29000	19000	5108	1100
74	云梦经济开发区	105000	70000	30450	20000	6300	4200
75	孝昌经济技术开发区	363800	107000	112000	32500	14300	3012
76	应城经济技术开发区	681731	72538	351350	38576	51530	6037
77	汉川沉湖福星开发区	620831	112917	147136	21533	31253	5984
78	汉川马口民营纺织工业园	20157	13300	3700	2400	485	320
79	孝南区毛陈镇工业园	10500	5500	1800	1000	380	140
80	应城长江赛孚化工科技工业园	121100	78300	41000	25000	41000	2800
81	孝感双峰山旅游度假区	6660	2700	1038	320	766	260
82	孝感市南大经济开发区	70000	30000	70000	15000	10000	1500
83	大悟经济技术开发区	7930	0	2458	0	200	0
84	孝昌县观音湖生态旅游区	0	0	0	0	50	50

8－4　140家开发区基本情况(四)

8－4　续表3

单位:万元

序号	名　　称	累计总产值	上年总产值	累计增加值	上年增加值	累计税收	上年税收
八	荆门市(7家)	1630756	914286	439706	160279	48037	18079
85	荆门经济技术开发区(荆门高新技术开发区)	242860	85018	69245	25515	12800	4916
86	钟祥莫愁湖经济技术开发区	665000	112000	190000	33000	11000	2100
87	钟祥胡集经济技术开发区	102000	91000	36000	31400	2300	2100
88	京山经济技术开发区	443000	135000	84000	28000	17400	5800
89	京山宋河民营工业园	58000	37630	19000	8950	1400	610
90	沙洋后港工业园	68210	53760	20923	16490	1192	930
91	沙洋经济开发区	51686	399878	20538	16924	1945	1623
九	鄂州市(5家)	2636206	562700	895126	183629	76047	21147
92	葛店经济技术开发区(葛店高新技术开发区)	2476206	503700	853326	169243	74027	20357
93	红莲湖旅游度假区	0	0	0	0	200	60
94	梁子岛生态旅游区	0	0	0	0	300	100
95	鄂州花湖经济技术开发区	150000	54000	40000	13500	1200	420
96	鄂州白浒工业园	10000	5000	1800	886	320	210
十	黄冈市(14家)	5656158	970910	1681141	258579	386865	133479
97	黄州科技经济开发区(黄冈高新技术开发区)	1680000	154000	504000	46000	78000	6500
98	黄梅小池经济开发区	875000	119000	18100	2500	21000	2687
99	麻城黄金桥经济开发区	520000	61000	202000	20000	10126	1230
100	武穴经济技术开发区(武穴高新技术产业园)	282300	115200	95600	32800	19300	5760
101	蕲春李时珍医药经济开发区	180530	35356	78980	14142	16200	2572
102	蕲春县铁路经济开发区	286400	72300	92300	14200	11200	1720
103	浠水经济开发区	462000	118000	170000	35000	55000	10900
104	黄州火车站经济开发区	89500	14216	39800	5686	1440	220
105	红安县经济开发区	1098310	161850	438524	59085	165869	98300
106	团风县经济开发区	38500	5800	10700	1740	4960	800
107	黄州工业园	18600	18600	4200	4200	410	410
108	武穴团山工业园	50500	30500	9000	6000	760	280
109	蕲春九棵松工业园	39518	35088	10137	10026	2600	2100
110	麻城龙池工业园	35000	30000	7800	7200	0	0
十一	咸宁市(6家)	2437320	347823	364144	97825	190693	23610
111	咸宁温泉经济技术开发区	1219655	138700	304913	41610	85885	17572
112	通城隽水工业园	125000	125000	43000	43000	3500	3500

8－4　140家开发区基本情况(四)

8－4　续表4　　　　单位:万元

序号	名　　称	累　计 总产值	上　年 总产值	累　计 增加值	上　年 增加值	累计税收	上年税收
113	嘉鱼簰洲湾工业园	56865	48323	16231	13215	410	390
114	咸宁陆水湖旅游度假区	0	0	0	0	0	0
115	赤壁经济开发区	1000000	0	0	0	100000	1250
116	嘉鱼田野高新技术产业园	35800	35800	0	0	898	898
十二	随州市(8家)	5180460	1938495	1387256	519736	169770	37957
117	随州经济技术开发区	3975000	1630000	1025000	448000	33000	14600
118	广水经济技术开发区	851568	166927	255470	43538	127343	19023
119	曾都何店浪河工业园	43200	17000	15000	6300	127	54
120	广办工业园区	93000	42546	32550	1516	4100	2000
121	曾都区环潭工业园	9000	9000	3300	2300	100	100
122	徐家河旅游度假区	42000	16000	780	200	1230	410
123	曾都区均川工业园	95000	27000	35000	9500	820	255
124	三里港香菇加工工业园	71692	30022	20156	8382	3050	1515
十三	恩施市(5家)	281614	56557	78723	15920	27275	3867
125	湖北恩施经济技术开发区	50000	14000	24000	5600	3000	284
126	利川腾龙洞旅游经济开发区	56800	12000	7800	1000	13600	1300
127	宣恩椒园工业园	10473	6271	3869	2069	252	133
128	来凤三边经贸开发区	0	0	0	0	0	0
129	鹤峰八峰高新技术开发区	164341	24286	43054	7251	10423	2150
十四	仙桃市(4家)	4265678	1071339	1132086	295011	83037	24087
130	仙桃高新技术产业园	568000	248200	188200	81906	26000	11000
131	仙桃经济技术开发区	2859190	564337	801262	158152	48557	9584
132	仙桃彭场工业园	462800	178000	71000	36000	4200	1635
133	仙桃工业园	375688	80802	71624	18953	4280	1868
十五	天门市(3家)	2332045	371157	437210	87159	79167	10256
134	天门侨乡经济开发区	2189345	230457	391010	41159	78081	9186
135	天门岳口工业园	118700	118700	38000	38000	670	670
136	天门仙北工业园	24000	22000	8200	8000	416	400
十六	潜江市(3家)	3462786	848194	838930	211910	145039	28600
137	潜江泽口经济技术开发区	1346000	298000	269300	74500	68460	9900
138	园林国家级星火技术密集区	996000	216000	249000	54000	25379	8500
139	潜江张金经济技术开发区	1120786	334194	320630	83410	51200	10200
十七	神农架林区(1家)	36000	4200	0	0	4000	774
140	神农架木鱼旅游开发区	36000	4200	0	0	4000	774

九、专题调研

资料整理：王　楠

抢抓大机遇　发展大产业

——三百多亿汽配份额对我省带来的机遇和挑战

东汽与日产在我省合资组建“东风汽车有限公司”(以下简称新东风公司),公司每年将至少带动320亿元(约占2002年我省GDP总量的6.3%)的汽配市场需求,这是新世纪我省迎来的历史性机遇,但同时也使我省成为全国汽配产业竞争最为激烈的地区,面临严峻的挑战,亟待引起高度关注。

一、新东风带来的历史性机遇

东风汽车与日产汽车合资组建新东风公司,注册资本171亿元人民币。日产以现金的形式,直接投资85.5亿元,获50%股权,新公司将于今年正式挂牌成立。

新东风公司将是中国第一个拥有全系列的载货车、轻型商用车和乘用车的合资公司,其发展长期目标是打造中国商用车第一品牌,并进入全球三大商用车制造商行列。新公司的主要基地在我省襄樊市和十堰市,合资后年销售收入将达800亿元人民币。

仅按目前整车直接拉动汽配产业1：0.4的保守比例计算,每年800亿元销售收入的新东风公司直接产生的汽配份额就达320亿元以上,是目前东汽产生汽配份额的7倍,带来的汽配产业利润达30亿元以上。这给“近水楼台”的我省汽配产业带来了历史性的发展机遇。

二、我省汽配产业的发展现状

东汽落户十堰,催生了我省的汽配产业。30多年来,我省汽配产业伴随着整车制造业的快速发展,取得了长足的进步。

截止到2002年,我省国有及年销售收入500万元以上的非国有汽配企业共有264家,资产总额近200亿元,近6成的汽配厂家集中在十堰、襄樊、武汉三地。汽配企业中,国有企业占比较大,销售收入和利润占行业近6成。三资企业较少,仅占行业总数的10%。

近几年来,在整车市场的快速拉动下,我省汽配产业取得了良好的业绩,各项经济指标大幅增长,为全省经济社会发展作出了贡献。

但同时,我省汽配产业在发展中存在着规模普遍偏小、投入不足、科技含量不高、配套能力下降等问题。

规模偏小:我省264家国有及规模以上非国有汽配企业的平均资产规模比全省企业的平均资产还要低一成,资产在10亿元以上的仅有1家,在5亿—10亿元之间有5家,在1—4亿元之间的有39家,而浙江万向集团一家的资产规模就超过了60亿元。

全省685家汽配法人企业,从业人员12.85万人,每个企业仅188人,规模偏小。其中,50人以下企业占总数51.9%,50人至100人的企业数占31.1%。年营业收入500万元以下的企业占64.7%,5000万元以上的仅占8.1%。

投入不足:我省汽配企业技改资金投入不足,新产品研发能力严重滞后。“九五”时期,我省机械系统内汽车行业技术改造投资约25亿元,为“八五”时期的70%左右。我省90%左右的汽配企业近5年来基本上没有技改投入。2002年,我省汽配产业的资产总额比上年同期下降8.6%,投入不足使得企业新产品研发能力及生产水平严重滞后,满足不了整车发展的需要,产品缺乏竞争力。

科技含量少:现在我省汽配产品大多数科技含量低,竞争力差,附加值少。汽配产品外向度,只有1%左右的产品能实现出口。

配套能力逐年下降：在东汽的配套份额的竞争中，我省产品所占份额逐年下滑，由最好年份时的八成降为现在的五成。

三、我省汽配产业面临的挑战

随着新东风公司的成立，我省汽配产业将面临异常严峻的挑战。这些挑战主要表现为：

入世的挑战：到2006年，我国整车关税降至25%，零部件关税降至10%；2005年，我国取消汽车配额；我国还将降低外资准入条件，国家在资本流动、国产化比例、法人形态等方面进行松动，提供市场准入渠道；国家将推广国际标准，撤销技术壁垒，实行产品认证制度。

行业经营理念的挑战：主要表现为系统化、模块化、电子化技术在汽配产品中大量运用；整车厂和零配件厂相互独立的趋势，整车厂实行全球采购，汽配供货国际间大流动；国际零部件厂商之间的竞争格局的形成并日益加剧，以及零配件厂商之间的横向并购等。

日本汽配企业的挑战：东风、日产联姻后，原与日产配套的汽配企业将大举移师我国及我省，参与吞并320多亿元大蛋糕的竞争。日产已将十堰、襄樊等地供应商纳入其全球采购系统，在日本经过一番争斗的日产零配件配套企业已对新东风公司的汽配份额虎视眈眈。另一方面，日产为了降低成本，提高服务质量，也强迫在日的原汽配企业必须“伴嫁”到中国，否则不再采购其配件产品。在前不久召开的武博会上，就有近50家原日产的供应商来汉寻找合作伙伴。而且，在新东风汽车公司的人事安排上，日方占据了总经理、采购部长、财务部长这些关键职位。按国际上合资汽车企业的通用经营模式，在合资前几年，日方将大规模地采用日本厂家的配件，这有利于日产迅速收回合资成本，保证整车质量。因此，合资将使我省汽配产业面临着最为严峻、最为残酷的挑战，它使我省汽配产业的国际化大竞争提前到来，也将使我省成为全国汽配产品竞争最激烈的中心。

华东地区汽配企业的挑战：近几年来，以江浙等省市为代表的华东地区的汽配产业快速发展，产品价廉物美，科技含量高，极大地冲击了我省在东汽的配套份额，使我省大多数汽配产品被沦为配角，占比逐年下滑。我省原来所占份额的绝大多数被华东地区汽配企业所挤占。武汉神龙汽车公司在国内的295家供应商中，武汉的企业仅占1/6，配套市场的相当大一部分也是被华东地区企业拿走。对320亿元的汽配市场份额，华东地区的企业也将会全力抢占，这将进一步使竞争白热化。从东汽配套部了解到，华东地区汽配厂家的产品技术含量高、竞争力强，报价普遍比我省同类产品低15%左右，有很强的市场竞争力。我省汽配目前占东汽的有限份额，还是在东汽给予我省倾斜的情况下取得的，如果东汽不给予我省汽配产品倾斜，我省汽配所占份额将进一步大幅下降。

自身羸弱的挑战：我省汽配产业家底羸弱，在300多亿元的商机面前，与“狼”同舞，优势不足。我省汽配企业是全省汽车工业的“软肋”，普遍规模小，集中度低，开发能力差，技术水平不高，相当一部分厂家靠仿制过日子，装备水平与国外的差距大约为15年，与我国发达省市差距在3年，在高新技术的应用与推广、产品的研制与开发方面比国外至少落后了20年，与我国发达省市至少要落后5年。

在我省十堰市200多家汽配企业中，能与主机厂配套的仅有4家，2002年与东汽的配套额为3个多亿元，占市属汽配行业的比重分别为2%、30%，分别比历史上最好时期降了18个和25个百分点，呈现出“优”减“劣”增的衰退局面。全市中有30%的国有及控股的中型企业（资产达4个多亿），已资不抵债，濒临破产。

现在，外商在我国投资的汽车零配件企业已近500家，世界汽配前10强中的大部分企业，都在中国建立了独资和合资公司，中国已被公认为世界汽配业最具潜力的地区。但到目前为止，我省还没有吸纳到这些大企业的投资。

四、我省汽配产业迎接挑战的有利条件

虽然我省汽配产业在发展中面临着一系列的挑战，但同时我们也有优势和先机，主要条件表现为：

着力抓好工业化：今年，我省将“工业化”作为加快全省经济社会的“牛鼻子”来抓，以工业化来推动、促进全省的全面进步。因此，作为工业化主要内容的汽配产业必将取得较快的发展。

汽车工业的积淀:改革开放以来,我省一直把汽车工业作为我省的四大支柱产业来抓,工作形成了一定的基础,产业形成一定的布局,管理积累了一定的经验,在国内有一定的竞争优势。

地域的优势:新东风汽车公司将生产基地设在襄樊市和十堰市,这为我省汽配企业直接参与公司采购提供了地利之便。同时,新东风公司85亿元的投资将投向我省襄樊、十堰等地,将直接加大这些地区汽配产业的整合。日产公司在日的汽配企业要入驻我国及我省,就必须急切寻求合作企业,就必将我省尤其是襄樊、十堰两地的汽配企业列为首选。这些为我省汽配企业分吃320多亿元蛋糕提供了历史性的机遇,也为我省整合汽配产业,整体提升汽配产业水平和能力提供了条件。

同时,我省与东汽30多年来相濡以沫、同舟共济的亲情伙伴关系,是我省汽配产业独特的优势。

有一定的竞争力:经过30多年的配套发展,我省汽配产业有了一定的基础。到目前为止,我省共有国有及规模以上的非国有汽配企业264家,资产规模近200亿元,并形成了十堰、武汉、襄樊三大汽配产业基地。近几年来,伴随着我省汽车工业快速发展,汽配产业成长快速,多项经济指标高度向好。

我省目前资产规模过亿元的汽配企业有45家,占全国同类规模汽配企业的35%。东风实业开发公司是我省最大的汽配企业,资产额度达18亿元,在全国占有一定的地位。

后发优势:320多亿元的汽配份额,将使湖北地区成为我国最具汽配利润潜力的地区。每年近30亿的利润将吸引众多投资商、合作企业、技术持有者云集湖北,谋求发展,追逐利润。这必将使我省形成全国乃至世界汽配产业的投资洼地、技术洼地,能使我省的汽配产业迅速聚积资金、吸纳技术,在短期内形成后发优势。

五、抢抓大机遇,发展大产业的着力点

汽配产业涉及到机械、电子、钢铁、化工、塑料、皮革、纺织等几十个行业,抓好了汽配产业,能整体上带动整个工业企业,加速我省工业化进程。因此,320多亿元汽配份额对我省至关重要,对全省社会经济的发展将产生深远的影响。我们应全力抓好汽配大产业,以新举措、新方法、新思维来加快汽配产业的发展,抓住大机遇,促进大发展。

深化大东风理念。新东风公司在我省具有举足轻重的地位,直接影响我省经济社会的发展。因此,我们要进一步强化、深化大东风理念,服务新东风,发展新东风,培植舒适的土壤和环境,使新东风在我省得到快速健康的发展。

加强汽配产业的组织指导。基于我省汽配产业的支柱性和日愈严峻的汽配产业发展态势,各有关部门、有关地市、有关企业,必须充分认识汽配产业面临的严峻局势。应加强对汽配产业的组织指导,统一行动,规划发展,协调产业立场,对全省汽配产业的改革、招商、重组、联合进行组织指导。

迎接大兼并。日产雄心而来,紧随其后是日本的各级配套商和我国国内优势企业。现在是配套商谁先进入,谁就可抢得先机。配套商采用的最重要的竞争手段,就是利用资金和技术,实行兼并扩张,建立基地,实施资本和技术的迅速扩张,形成自己的核心能力,不断壮大规模竞争力。因此,随着新东风公司的开启,一场遍布荆楚大地汽配产业中的合资、兼并浪潮将大范围、大规模展开。

在兼并大潮中,我们要解放思想,只求所在,不求所有。各级政府和部门要加强引导,要鼓励被兼并和合资,要通过合资、兼并,吸纳资金、技术,盘活我省几百亿行业沉淀资产,快速提升我省汽配产业水平,增强产品竞争力。

实施大重组。要按"十六大"精神,对我省汽配产业进行资产管理体制的改革和创新。我省境内现有的汽配企业不仅国有化程度高,经营僵化,而且产权分散,分属于中央、省、市、县以及不同的行业部门,资产管理方式各一,各自为政。现在我省的当务之急是要按"十六大"精神,着力加大产权改革力度,以产品为导向,尽力、尽快实施产业重组,以产品为中心,着力扶持、组建大型汽配集团,增强竞争实力。

撰稿:夏泽宽　冯高林　王　楠

核稿:徐世铎　陈　正

湖北省投资软环境跟踪调查报告

为全面、客观反映一年来我省投资软环境的改善和优化情况，湖北省企业调查队近期再次对省内 278 家外商（地）在鄂投资企业和部分本地民营企业开展了投资环境专项跟踪调查。调查显示：通过一年多来的整治，我省企业投资软环境明显改善，环境竞争力有所提升，软环境的改善对全省经济发展的推动作用开始显现。在进一步改善投资软环境中，我省应坚持以改革促发展的思路，加大政策环境的创新力度，着力打造政府诚信，增强服务意识，提高服务水平。

一、一年来我省投资软环境明显改善

（一）投资软环境总体呈现积极变化

近 9 成的投资者对我省投资软环境总体认可，超过 1/3 的表示满意。与去年相比，投资者对我省投资软环境的满意率提高 16 个百分点，不满意率下降 19 个百分点。其中，36% 的被调查企业认为我省投资与创业环境很好或较好，52% 认为一般，12% 的认为较差或很差。企业对目前投资软环境的总体评价分值达到 66.19，处于按国际惯例设置的评价变量“一般”（60 分）和“较好”（80 分）区间，较去年同期的综合评分 57.66（“一般”与“较差”区间），发生了非常明显的积极变化。

（二）法制环境改善明显，突出问题得以缓解

调查数据显示：我省法制环境的改善明显，投资者需承担的法律风险下降。对去年调查中企业反映的“当地行政命令与国家法令缺乏一致性”和“司法仲裁结果执行不畅”这两大突出问题的认同比例均大幅下降。六成被调查企业认为当地行政命令与国家法令的一致性很高或较高，此比例较上年上升了 27 个百分点。其中，宜昌、黄冈、孝感、黄石等市好于全省平均水平。政府官员依法行政水平也有所提高，84% 的投资者认为，当地政府官员很少或较少存在执政随意性。

执行难在很大程度上得到缓解。64% 的投资者认为司法及仲裁结果能够顺利执行，该比例较去年上升 21 个百分点，其中，孝感、宜昌、武汉等市的认可率好于全省平均水平。法律保障的加强降低了企业投资风险，84% 的企业在合法权益受到损害时，将诉诸法律作为解决问题的主要途径，这一比例比去年提高了 2 成多。

（三）我省整体信用状况处中游水平，企业信用略好于中部几省

在整个信用体系中，政府信用是关键，企业信用是重点。投资者对我省政府信用与企业信用的整体状况评价较好。47% 的投资者认为我省的政府信用状况对投资者具有一定吸引力，7% 认为很有吸引力。政府信用的综合评分 70.32 分，处“一般”与“较好”区间。其中，外省在鄂投资企业对我省政府信用评价略高，为 76.43 分，外商及本地民营企业的评价分值相当，稍低于平均水平。

在企业信用方面，投资者对我省企业整体信用水平的综合评价分值为 67.41，较去年提高 9 分。略高于河南、江西、安徽等省同类调查的平均水平，与辽宁省水平相当。其中，38% 的企业认为我省企业整体信用状况很好或较好，较去年上升 16 个百分点，55% 的认为企业信用状况一般。认为较差或很差的比例较去年下降近一成。

（四）服务环境改观较大，政府部门工作效率提高

一半的被调查企业认为各级政府和管理部门的服务意识很强或较强。大家普遍感到，各级政府对企业

发展持非常积极的态度,其中"很支持"的认同比例由去年的81.3%上升到92%。各职能部门对企业的支持力度也普遍加强,企业对各部门的"满意率"均有上升,最高升幅达21个百分点。其中,投资者对科技管理、质量监督、环保等部门的满意度提升迅速,"满意率"提高一倍多,对税务部门的"满意率"已率先突破半数,而去年没有一个职能部门的满意率能超过半数。对去年反映较突出的法院、环保等部门的不满意比例大幅下降,不满意率(指该单位对企业的支持程度为"不支持"的所占比例)由二成多下降至一成多。

绝大多数投资者感到与去年相比,政府部门的工作效率得以提高,其中,16%的认为明显提高,70%认为有所提高。随着服务体系的完善和市场化进程的加快,绝大多数在我省投资的企业可以享受到各项商业服务,其中58%-90%的企业表示他们能够得到技术研发、工程服务、金融保险等服务,对于各项不同服务的费用,65%-92%的企业表示能够负担。

(五)投资环境对我省经济发展的推动作用开始显现

投资者对我省投资软环境变化趋势的积极评价表明,我省着力提高软环境竞争力,促进经济加速发展的战略定位切合我省实际,改善软环境的多项改革举措已经取得实在效果,对投资者已产生了一定的吸引力。2002年,引资工作规模和质量同步提高,全省新批外商投资项目486个,其中总投资1000万美元以上项目达30个,全年实际利用外资金额较上年增长12.3个百分点。今年以来,引资工作继续保持良好势头,一季度实际利用外资金额4.36亿美元,同比增长28.0%。本次调查中,有超过一半的企业表示将进一步增加投资。

二、我省投资软环境存在的主要问题透视

外来投资者最为关注的投资环境要素包括体制、服务、市场等诸多方面,其核心是减少交易成本,降低投资风险。尽管一年来我省投资软环境改善力度较大,成效明显,但现实状况与相关省份相比还鲜有过人之处,特别是与我省经济发展的需求和吸引投资的迫切情况相比,还存在一些薄弱环节。

(一)政策环境改善不够,政府信用有待进一步加强

调查数据显示:我省培育与发展企业的政策环境在全国处在中游水平,综合评价分值63.17,刚刚跨过"一般"标准(60)。调查企业中,认为我省政策环境很宽松或较宽松的比例大约占三成,认为一般的占55%,另有15%的投资者认为不宽松或很不宽松。

超过7成投资者认为我省促进企业发展的相关政策和制度存在一些薄弱环节。其突出表现是政策与外省比没有特色,认同率占各项之首,达42%。企业反映:我省的一些优惠政策多照抄照搬国家或外省政策,切实发挥地方特点和地方优势的还显缺乏,与中部几省比没有明显优势。如优惠政策在"扬长"方面体现得不充分,湖北作为水电大省,但宜昌、襄樊的一些用电大户却反映"近水楼台难得月"。政策创新缺乏突破,自然会削弱其吸引力。这一点我们可以从近几年资本流动的趋势中看出,2001年,APEC企业经营者对我国三大经济圈的引资政策评价是东南沿海地区低于渤海地区和长江三角洲,他们认为后二者对外资的政策较有吸引力。其结果是近几年东南沿海地区引资明显减缓。

其二是政策落实难的问题仍未得到有效解决,此项认同率为38%。尽管此比例较去年已有所下降,但企业反映优惠政策不够明确化的比例仍非常高,达66%。而且,企业反映绝大部分优惠政策只能得到部分兑现,兑现很理想的比例没有上升,只占1/5。另外,还有35%的企业认为,司法与仲裁结果由于人为干扰、执法部门执法标准不一、以及执行逾期等等原因无法保证顺利执行。

其三是政策缺乏稳定性和延续性,政府信用面临考验。调查企业反映在招商引资过程中存在着引资政策不稳定、不连贯现象。有41%的企业认为经济政策的不稳定已经给投资与经营造成较大影响。由于近年招商引资工作日益重要,各级政府部门争相出台各种优惠政策和标准。但有的政策法规不适应、不配套,有的规定不透明,有的政策出台后执行不足一年就被废止或被新政策取代,严重影响了政府行为的严肃性,形成了较为严重的行政管理壁垒。江苏某企业被2001年底某地引资政策吸引,到该地投资,但2002年底企业正式投产时,原有的被企业看中的政策与承诺已不复存在。虽有多项新政策,但企业老总翻着厚厚一本政策

汇编无奈地说:这里面没有一条适合我,真是计划不如变化快。

(二)服务意识和服务措施仍未到位

调查发现,政府部门的本位意识优先现象仍然相当突出。企业的最切身感受仍然是:很大一部分政府官员或公务员认为企业找上门就是审批鉴定,是有求于我。这种心理状态直接导致服务流于形式,服务措施不能满足减少交易成本和降低经营风险的深层需要。一个典型的例子是现在很多地方盛行的"一站式"服务,被部分投资者用"收发室"这个名词来称谓,因为很多问题在"窗口"得不到及时解决,部门内部审批手续还是相当繁琐,部门之间也互不买帐,企业仍然要逐个"拜访"相关部门。便民措施不仅未有便民,甚至还增加了工作环节。

其一,简化行政审批制度还未到位,工作效率不高未根本解决。46%的被调查企业认为,政府在服务方面最需要加强的就是简化审批手续。投资者认为行政审批环节仍然过多,行为不尽规范,与国际接轨的要求有差距。某港资企业作为某一高新区第一家进区企业,光投资期就搞了一年多,这期间凭人情关系办事,凭人情关系去争取政策让企业家苦恼不已。30%的投资者认为在当地经营企业维持人际关系的相关成本比外省高很多或较多。从调查情况看,目前企业各项非正常性费用约占公司管理费用总计的5%,其中,本地企业非正常性费用占比6.44%,高于外商投资(4.52%)或外地投资(3.56%)企业。而且,开发区外企业非正常费用占比高于区内企业。

其二,服务措施停留在较浅层面,市场竞争秩序有待优化。投资者反映服务措施不能只满足于"一条龙服务"、"提高工作效率"、"清理乱收费"等层面,企业更需要在减少投资者交易成本、保护合法权益方面加强。而目前我省的要素市场发育还不充分,有40%以上的投资者对劳动力水平、融资市场完善程度、信息化服务、水电供应以及技术市场完善程度等的满意率较低。

约有1/3的企业对市场竞争的公平性持有异议。投资者特别对经营环境中存在的企业间恶性竞争和信用缺失等问题反映强烈,其中,拖欠货款、拖欠银行贷款、违反各类合同、制假售假是企业反映最突出的问题,认同比例达到36%-67%。

(三)开发区的引资和管理方式缺乏活力

目前,作为引资主战场的各类开发区在投资环境方面的优势还未真正显现,从调查情况看,区内区外企业对我省投资环境的总体判断相差无几。开发区在任务、功能、定位及开发方向上还不够明确,建设的起点不高。近来还出现一些走极端倾向,有的地方对引资工作层层压任务,只讲数量不求质量,有时以牺牲环境为代价。调查中还发现多数开发区的管理体制仍采用政府行政管理运作模式,这也极大地制约了开发区的功能发挥和引资优势。

(四)企业反映税赋负担仍然过重

超过1/4的被调查企业反映,税率水平对企业投资与经营有较大甚至严重影响,这种影响因企业规模和所处地区不同表现出较大差异。企业规模越大影响的认同率越高,大、中、小型企业的认同比分别是42%、33%和21%。这种差异在地区分组中也有一定表现,其中宜昌、孝感、襄樊认同比例较高,超过1/3,武汉市为28%,其余地区低于全省平均水平。

三、提升我省环境竞争力的几点建议

随着全球经济一体化的加速发展,资本流动的新特点赋于投资环境全新和更广的内涵。不断改善投资软环境,缩短我省经济体系与世贸规则的磨合期,对促进经济的加速发展大有裨益。

(一)坚持社会主义市场经济的改革方向,坚定不移地深化各项改革

制度成本居高不下始终是制约我省招商引资以及经济发展的主要因素。从连续两年的投资环境调查结果看,投资者普遍认为湖北的改革整体感觉缺乏突破,旧体制沉积的深层矛盾未有效化解,导致政策环境缺乏特色。体制和制度的创新是一个地区不断提高经济运行效率的重要源泉,很多经济发达省份的引资优势就是来自于它的体制优势,如多种经济成份共同发展、对外开放程度较高,以及市场化进程较快等。因此,强

化市场意识，继续推进市场取向的改革，完善市场经济制度，无疑成为我省利用外资战略的重中之重。调整和完善所有制结构，调动一切有利于现代化建设的积极因素，加快国企改革和国有资产管理体制的改革，夯实有利于发展的微观基础，为招商引资提供良好载体，是加快经济发展的根本。应对 WTO 的新形势，尽量缩短与世贸规则的磨合期，遵守国际通行的"游戏规则"是增强对跨国公司资本吸引力的关键。

目前，投资者要求最迫切的是进一步减少行政审批，建立结构合理、配置科学、程序严密、互相制约的权力运行机制。为此，按 WTO 规则在我国的"转换适用"原则，应继续对我省地方法规和经济政策，特别是现行的审批事项作全面清理和修订，对现行行政审批制度再次进行质的革命，对那些阻碍先进生产力发展、有悖于政企分开原则的坚决取消，需要保留的也尽快减化手续，尽量减少跨部门跨级别审批，增强部门的整体联动。促进政府从微观的行政计划经济管理模式向宏观的和以法律、经济为主要手段的社会主义市场经济的管理方式转变。

赋予市场主体更大的发展自主权。切实减少对企业经营方向、经营方针和经营目标的行政干预。创造宽松的创业环境，实现政企分开，让湖北真正成为外商投资者与创业者的"热土"。

(二)全力打造政府诚信，提升服务水平

投资者对软环境中反映集中的"落实政策难度大"、"办事推诿拖沓"等问题虽表现为服务层面的不到位，实则都是对政府诚信的"拷问"。因此，全力打造政府诚信是提升服务水平的前提。特别在当前市场发育状况和社会信用环境都不理想的情况下，政府信用对社会信用的巨大影响直接关系到全省投资软环境，投资者认为：一个诚信的政府就是优质服务的最基本保证。目前，迫切需要加强政府信用的主体地位建设，政府在信用建设方面应定位在"制定政策、监督管理、提供服务、形象示范"上，以此垂范社会信用行为导向，为服务环境的根本好转提供强有力的支持。

提升服务水平，要努力营造重商、亲商、务商的良好氛围。特别要摆正位置，增强主动服务的意识，强化服务职能。如沿海有些地方实行的联络员制度，对新投资企业当地政府指派专人，跟踪协调解决有关问题，帮助提高投资者政策"享受"程度、降低非经营性消耗、缩短投资期，此举受到企业普遍欢迎。我省推行的"行政服务中心"等一条龙服务也取得了一定经验，需进一步健全和落实，可引入和推广"首问责任制"和"限时承诺制"，以提高服务实效。浙江省各地普遍建立的便民中心、招投标中心、财政核算中心等服务措施都是非常值得借鉴的经验。

广大投资者迫切希望政府能加大对行政行为的监督和奖惩力度，增强公务人员的危机感。要在更广范围、更多层次开展机关效能评议活动。请投资者对各职能部门的工作作风、工作效能进行定期测评，并向社会公布测评结果，实实在在地兑现奖惩措施。要建立和疏通让企业正常反映问题的渠道，如建立企业投诉中心。同时，可借鉴一些金融部门实行的员工佩卡上岗制度，设立投诉电话，减少公务人员不作为或乱作为的情况发生。

(三)努力营造相对宽松的公平税赋环境

从我省情况看，所有制结构矛盾突出，产业结构调整任务重，开放程度较低，客观上都迫切要求加大引资力度，因此，坚持实行以税收优惠为核心的优惠政策，放水养鱼，在一定时期内对我省的经济发展有利，是政企双赢之举。目前，国外已形成新一轮减税趋势，德、法、美等许多国家纷纷推出新的减税计划和方案，调低税赋。上海、北京、江苏等省市也出台了一系列鼓励高新技术产业发展、鼓励开发区发展、鼓励民间投资的税收优惠，吸引了一大批外来项目。我省应从实际出发，抓紧修订和完善各项税收优惠政策，将税收优惠从涉外领域扩展到整个税收领域。投资者建议，政府要科学利用税收优惠的杠杆效应，涵养税源，切实落实出口企业税收返还等优惠政策，对一些突出贡献企业、诚信企业等实行明确的优惠税收倾斜，扶持好企业迅速成长壮大。

进一步整顿和规范税收秩序，特别是加快税外收费制度改革。税外收费多而乱的问题一直是软环境中的顽症，整治的潜力还很大。不合理收费还需进行彻底清理，给纳税人一本明白帐。很多中小投资者强烈建议，对税外收费进行清理，降低收费标准，规范收费办法。明确收费的项目、标准、受理主体，最好能制发统一的收费凭证。

(四)培育与壮大优秀企业家队伍，为经济发展提供人才支持

随着“知识”在生产中作用日益加强，人力资本对产出的边际贡献也越来越大，人才成为竞争最激烈的生产要素。企业家作为企业发展和运营的决策者、管理者和组织者，是企业职工素质的集中体现，是我省目前最稀缺的资源。本次调查中部分投资者反映我省的企业用人机制不灵活，有三成企业认为劳动力管理政策对投资与经营产生了中等及以上影响。因此，加快创新吸引人才，留住人才的用人环境，特别是培养壮大企业家队伍，是增强环境竞争力的重要工作。

建立经营者绩效评价制度，完善激励机制是吸引和留住人才的有效途径。江泽民同志在“七一”讲话中指出，要加快建立有利于留住人才和人尽其才的收入分配机制，从制度上保证各类人才得到与他们的劳动和贡献相适应的报酬。根据有关专家的研究，激励的核心是设计一种“按照可以衡量的绩效的不同而有所差异”的分配方式(引自《薪资革命》)。这种分配模式包括：维持因素(基本薪酬)+调动因素(奖金)+保障因素(福利、退休保障)+刺激因素(如干股)+激励因素(期权、股权)。近年来深圳、上海等地率先开展了分配制度的重大变革，对吸引人才成效显著，去年上海市又在9家集团开展了以群体持股、股票期权、岗位期权等形式的“期权激励”试点，得到企业家们的正面肯定，有效地调动了经营者的积极性。从目前看完善激励机制还需有一个满足的前提，即建立一套健全的经营者绩效评价制度(“定价”系统)，切实把企业经营者的能力、声誉等因素都作为企业家人力资本的重要组成部分，充分体现企业家的经济价值。

此外，要努力提高企业家的社会地位，营造尊重企业家、尊重纳税人的舆论环境。要克服官本位思想，做到人尽其才，不提倡企业家从政，对作出贡献、有能力的企业家，应创造条件让他们去干更大的实业。

(五)改革现有招商体制，探索新的招商办法

适应市场经济的要求，探索招商工作市场化运作的新模式。积极实现招商工作由政府主导向企业主导的转变，推行招商体制企业化、市场化。通过合理分工、建构平台，把企业、企业家推向招商引资的第一线。增强招商人员的责任感和积极性，不断完善招商引资的激励措施。

健全招商网络，改进招商方式，实行多形式、全方位的招商引资战略。加大行业招商、委托招商、网上招商工作的力度。完善信息服务，可尝试开展全省投资信息系统建设，建构网上招商信息系统，内容包括我省招商引资方向，各地区招商重点，省内各类产业和行业发展现状，最新优惠政策，原材料及商业服务价格、大型招商项目和产权交易项目等等。加快重点国别、地区的驻外投资促进机构建设；完善对在建和已建三资项目的服务，特别在“后非典时期”，要积极兑现各项承诺，主动帮助投资者解决实际困难，加强安商、抚商，争取其资金尽快到位和增资扩股，以达到“以外引外”的效果。

撰稿：张小青　胡　敏

核稿：徐世铎　陈　正

湖北省私营企业职工权益调查报告

为了解湖北省私营企业职工权益保障情况,省企业调查队对全省8个县市78户私营企业进行了调查。结果显示,我省私营企业职工权益有了改善,部分企业较好或很好地落实了《劳动法》,但仍有一些企业的职工权益保障工作滞后,突出表现为范围不广,程度不深,落实不力,亟待进一步加大保障力度。

本次调查的78家私营企业中,大型企业有3家,中型企业有12家,小型企业有63家;职工人数在49人以下有29家,50至99人有16家,100人以上有33家;经营状况好的有20家,经营状况一般的有54家,经营状况差的有4家。总体上看,我省私营企业职工权益有了改善,有46.2%的企业较好(20.5%)或很好(25.7%)地落实了《劳动法》,94.9%的企业开展了劳动安全卫生保护工作,超过八成的企业按时发放工资、开展职工培训和签订劳动合同。但从整个职工权益的保障上看,我省私营企业职工权益保障工作仍然滞后,亟待从广度和深度上加大落实力度。

一、私营企业职工权益有了改善

近年来,省委、省政府高度重视私营企业职工权益保障工作,各企业也较好地进行贯彻落实,职工权益较往年有了改善。

(一)94.9%的企业开展了劳动安全卫生保护工作

本次调查中,有57.7%的企业高度重视劳动安全卫生保护,坚持全面、深入地开展此项工作,建立健全了劳动安全卫生制度,严格执行国家劳动安全卫生规程和标准,落实政策,对劳动者进行劳动安全卫生教育,防止劳动过程中的事故发生和减少职业危害;有37.2%的企业部分开展了此项工作;而认为不需要或没有开展此项工作的企业仅占5.1%。

(二)八成以上企业按时足额发放工资

调查显示,有85.9%的企业能做到按时发放工资;有82.1%的企业能按时足额发放工资;有个别企业因职工超额完成工作任务,能发放超额奖金。

(三)85.9%的企业开展了职工培训

调查显示,有29.5%的企业将培训作为企业发展的一项长远而重要的规划,坚持开展职工培训活动,并建立了职业培训制度,根据实际情况,有针对性地开发职工技能,提高职工素质;有56.4%的企业进行了间断性地培训;而认为不需要或没有开展培训的占14.1%。调查发现,开展了职工培训尤其是坚持长期开展培训的企业,其职工素质普遍要比未经过培训的企业职工高,同时,开展了职工培训的企业的整体素质特别是经营状况也要比后者好。

(四)83.3%的企业与职工签订了劳动合同

调查显示,有53.8%的企业与所有职工签订了劳动合同,有29.5%的企业与部分职工签订了劳动合同;与20%以下的职工签订了劳动合同的占9.2%,21—40%的占4.6%,41—60%的占6.2%,61—80%的占10.8%,81—100%的占69.2%。可见,与职工签订劳动合同的企业比例和签订面均呈"双高"。

(五)实行了多种民主管理制度

调查了解,有56.4%的企业实行了职工代表大会制度或职工大会制度等基本民主管理形式,部分企业实行了厂务公开制度、平等协商和集体合同制度、职工董事和职工监事制度、议事会、听政会、职工建议箱等民主管理制度。

二、存在问题不容忽视

我省私营企业职工权益虽然有了改善,但离职工真正满意、真正安心还有较大的距离,与相关条例对照,仍有一些环节未达标。

(一)超负荷工作

《私营企业暂行条例》规定,私营企业实行8小时工作制,调查显示,有11.5%的企业职工每天劳动时间超过8小时,其中有的企业职工每天劳动时间长达12小时。《劳动法》规定,劳动者平均每周工作时间不超过44小时,调查显示,企业工人每周的平均劳动时间为45.8小时,比规定时间要长1.8小时,违反此规定的企业比例高达55.1%,有的企业没有执行职工休息日制度,甚至有个别企业出现职工每周劳动时间长达80小时的超负荷现象。

(二)克扣、拖欠职工工资

本次调查中,有17.9%的企业不能足额发放本月工资,有14.1%的企业拖欠工资,有33.3%的小型企业拖欠工资近一个月。

《劳动法》规定,用人单位支付劳动者的工资不得低于当地最低工资标准,调查显示,仍有10.2%的职工月收入水平低于当地最低工资标准,其中有12.7%的小型企业职工月收入水平低于当地最低工资标准,在当地最低工资标准80%以下的企业均为小型企业。这些低工资水平的企业职工生活相当窘迫,而他们中的有些人还被克扣、拖欠工资,生活更是雪上加霜。

(三)养老保险面窄、层次低

完善企业职工基本养老保险制度,健全失业保险制度是社会保障工作的着力点。本次调查显示,有32.1%的企业未办理职工养老保险,从企业规模来看,有33.3%的大型企业,25.0%的中型企业,33.3%的小型企业没有办理职工养老保险,一半以上的被调查企业办理养老保险的人数不超过其职工总数50%。具体来看,为20%以下的职工办理了养老保险的被调查企业占28.3%,21—40%的占15.1%,41—60%的占9.4%,61—80%的占13.2%,81—100%的占34.0%。有资料显示,截止今年6月底,黄冈市参加养老保险的私营企业和职工人数分别仅占3.7%和3.3%。在本次调查中,职工对企业落实"三项"保险的实际情况很不满,但担心失去来之不易的工作岗位,敢怒不敢言。

(四)民主管理制度不够深入

本次调查中,有54%的企业未建立工会组织。其中,有33%的大型企业没有建立,58%的中型企业没有建立,54%的小型企业没有建立。在这些企业里,一切由老板说了算,职工很难体会到主人翁的地位,无法通过正当的途径争取到自己的权益。

按照有关规定,职工人数在100人以上的企业,均应实行职工代表大会制度,调查中,符合人数要求的企业有33家,而实行了该制度的仅占42.4%;职工人数在100人以下,50人以上的企业需实行职工代表大会或职工大会制度,调查中,符合人数要求的企业有16家,而实行了该制度的仅占56.3%;职工人数在50人以下的企业,一般要实行职工大会制度,调查中,符合人数要求的企业有29家,而实行了该制度的仅占20.7%。这表明,在我省民营企业中,职工代表大会等民主制度的落实与实际要求有相当的差距。

近六成以上的企业未实行其他民主管理制度。有59.0%的企业未实行厂务公开制度,61.5%的企业未建立健全平等协商和集体合同制度,69.2%的企业未建立职工董事和职工监事制度,61.5%的企业未建立听政会等其他民主管理形式,有8.0%的企业根本就未实施任何民主制度,有40.0%的企业的一切事务都由其负责人全权做主。

三、企业规模、效益、人数影响着职工权益

一些私营企业的负责人往往没有充分认识到保障职工权益的重要性,更没有将其提到一个经营战略的高度,从长远来看,那些侵犯职工权益的做法只会带来一系列诸如企业管理费用上升、劳资关系紧张、出工不

出力、企业形象下降等后果。

私营企业规模越大，职工权益保障程度越高。具体来看：大、中、小型企业职工每天劳动时间在8小时以下的分别占100%、83.3%、22.2%，很好或较好落实《劳动法》的分别占66.7%、50.0%、42.9%，月收入高于当地最低工资标准的分别占100%、100%、87.3%，足额发放工资的分别占100%、91.7%、79.4%，开展了劳动安全卫生保护工作的分别占100%、100%、93.7%，组建了工会的分别占66.7%、41.7%、46.0%，办理了养老保险的分别占66.7%、75.0%、66.7%（见表1）。

表1 单位：%

企业规模	每天劳动时间在8小时以下	很好或较好落实《劳动法》	月收入高于当地最低工资标准	足额发放工资	开展劳动安全卫生保护	组建工会	办理养老保险
大型	100	66.7	100	100	100	66.7	66.7
中型	83.3	50.0	100	91.7	100	41.7	75.0
小型	22.2	42.9	87.3	79.4	93.7	46.0	66.7

私营企业效益越好，职工权益保障程度越高。具体来看：经营状况好、一般、差的企业组建了工会的分别占65.0%、42.6%、0%，进行了职工培训的分别占95.0%、85.2%、50.0%，签订了劳动合同的分别占85.0%、85.1%、50.0%，办理了养老保险的分别占60.0%、72.2%、50.0%（见表2）。

表2 单位：%

企业经营状况	组建工会	进行职工培训	签订劳动合同	办理养老保险
好	65.0	95.0	85.0	60.0
一般	42.6	85.2	85.1	72.2
差	0	50.0	50.0	50.0

私营企业职工越多，职工权益保障程度越高。具体来看：100人以上的企业、50至99人的企业、49人以下的企业组建了工会的分别占63.6%、37.5%、31.0%，签订了劳动合同的分别占87.9%、87.5%、75.9%，月收入高于当地最低工资标准的分别占100%、75.0%、86.2%（见表3）。

表3 单位：%

企业职工人数	组建工会	签订劳动合同	月收入高于当地最低工资标准
100人以上	63.6	87.9	100
50至99人	37.5	87.5	75.0
49人以下	31.0	75.9	86.2

从以上分析可以看出，职工权益的保障程度与企业的规模存在正相关，与企业的效益和人数存在一定联系。企业的规模越大，职工权益保障落实得就相对要好，企业效益越好、职工人数越多也能在一定程度上促进职工权益的落实。私营企业职工权益保障实质上体现了企业的劳资关系及其状态，稳定的、契约式的、合作性的劳资关系有利于职工权益的保障及其实现。充分认识企业的规模、效益、人数与职工权益的关系，以此为着力点，做好职工权益保障工作。

四、几点思考

群众利益无小事，改善职工权益，要常抓不懈，更要积极落实，要扩大保障范围，加大保障力度，形成一种上上下下、方方面面都来关注职工权益，把职工权益真正保障到位的良好氛围。

（一）领导提高认识

职工是企业的重要组成部分，落实职工权益的关键在企业。因此，转变企业负责人观念势在必行。要从理论上引导，使企业负责人树立职工办企业、依法办企业的观念，明确企业发展和职工权益保障的关系，认识职工权益保障的必要性和重大意义；要从实践中加强，实施企业负责人联系或互访制度，抓好典型引路，组织职工权益保障得好的优秀企业现身说法，提高保障职工权益的自觉性和能动性，在实际工作中加大落实力度；要从舆论上监督，不断加大宣传报导力度，使其认识到关心职工权益是有义务的，是光荣的。三管齐下，使企业领导对职工权益保障的认识从不自觉转变到积极主动。

（二）职工强化意识

私营企业的职工大多数来自农村的富余劳动力和城镇再就业人员，法律意识淡薄，自我保护意识差。因此，职工必须形成法制观念，强化法律意识，主动接受法制教育，提高自我保障能力，要充分意识到自己的合法权益是有法律规定的，是应该享受的，是可以通过正当途径争取到的。各级劳动部门、工会组织和企业要把对职工的培训教育纳入重要议事日程和工作规划中，组织职工学习法律政策和业务知识，责无旁贷地承担起对职工的普法教育，定期进行讲座，强化职工法制观念。

（三）制度达成共识

要为职工建立起表达意志、荐言献策、维护正当权益的组织，切实建立健全职工（代表）大会、厂务公开、集体谈判、职工董事和职工监事、听政会、议事会等民主制度，深入开展民主评议、职工权益热线电话等民主形式，落实职工的知情权、参与权、管理权、决策权和监督权，落实民主评议的领导班子，保证劳资关系双方的平等协商。要切实搞好劳动争议调解委员会和劳动争议仲裁委员会的建设，健全三方机制，切实做到公开审理、公正判决，可借鉴北京等先进省市的经验，成立类似女职工权益保障庭等有效维护需要特殊保护的特定群体的机构。要进一步加强《湖北省实施＜工会法＞办法》、《私营企业暂行条例》和《劳动法》的宣传贯彻力度，用制度约束人，用制度激励人，用制度监督人，用制度惩罚人。

（四）执行真正落实

必须要把保障职工权益作为衡量工作的硬指标纳入各自的考核体系，明确保障的内容和形式，细化考核的指标和方式，层层负责，坚决落实，经常监督，定期评议。要把对职工权益保障的落实程度作为检验政府是否贯彻落实“三个代表”重要思想的标准，企业是否达优的标准，领导是否称职的标准，职工是否满意的标准，上下联动，各司其职，各尽其力。

社会舆论也要加大配合力度，要公开报导那些侵犯职工权益的事件，同时要大力宣传积极保障职工权益的典型，在全社会形成一种良性监督的氛围，促进职工权益保障的落实，提升职工权益保障的广度和深度。

撰稿：王　楠

核稿：夏泽宽

我省乡镇工业园区发展状况调查报告

加快乡镇工业园区建设，是省委、省政府推进"一主三化"战略进程的一项重要措施。为了解全省乡镇工业园区建设与发展的整体状况及存在的困难和问题，促进园区经济健康稳定发展，湖北省企业调查队于今年5—6月对武汉、襄樊、孝感、荆州、宜昌、十堰、黄石、黄冈等8市的省级乡镇工业园区和部分入园企业进行了问卷和走访调查。共调查省级乡镇工业园区40个，占全省56家省级乡镇工业园区总数的74.1%；调查入园企业118家。总体上看，各地乡镇工业园区建设发展势头喜人，成为当地经济建设中的亮点，但也存在地区间发展不平衡，园区定位不准，财力物力人力跟不上，配套扶持政策滞后，"失地"农民难以安置等问题。如何统筹规划、科学定位、合理布局，推动工业园区建设稳步健康发展，值得各方关注和思考。

一、乡镇工业园区建设的成效

（一）发展步伐加快，开发主体多元

近年来，全省各地掀起了工业园区建设的热潮。从被调查的40家省级乡镇工业园区的批准成立时间看，在1995年及以前成立的有6家；在1996—2000年间成立的有7家；2001年以来成立的就有27家，占被调查园区数的67.5%，显示出了我省乡镇工业园区建设日益加快的步伐。

从园区开发主体看，有55%的开发主体为政府，32.5%的为政府授权的业主，还有12.5%的开发主体为企业。数据表明，我省省级乡镇工业园区的开发虽以政府为主体，但已初现多元化特征。

（二）投入力度加大，基础设施完善

改善硬环境是园区建设的重点。调查显示，各乡镇工业园区按照"三通一平"甚至"六通一平"的要求，不断加大基础设施建设的投入。截止目前，40家园区，累计对基础设施的投入已达19.7亿元，平均每家园区投入近5千万元，对园区的主干道、自来水、供电、通讯等进行全面建设。调查表明，37家的供电、供水、道路、通讯等基础设施建设已得到完善；32家场地得到平整，排水和有线电视设施相继进园；28家的排污设施、22家的生活区等配套设施得到完善；有一半以上园区的总体绿化覆盖率达到20%以上，为工业园区的招商引资打下了较好的基础。

（三）招商初显成效，企业活力增强

各地在完善园区硬件设施的同时，出台了不少优惠政策，使软件条件相对优越，园区形成的"洼地效应"和"温棚氛围"提高了招商引资的吸引力。到今年5月底，被调查园区，共引进企业1411家，平均每个园区引进35家。其中私营企业1122家，成为了乡镇工业园区的主力军。到2002年底，40家园区合同利用外资19736万美元；实际到位外资10076万美元。园区企业工业总产值达166.7亿元，上交税金6.2亿元。

被调查的118家企业认为，进入园区使企业多方面状况得到改善，活力增强。如，97%的企业认为"提高了企业的形象和知名度"；96%的企业认为"增强了企业的信用意识"；91%的企业"经营效益提高"；80%以上的企业入园后变得"更容易吸引人才"并"降低了产品成本"、"提高了产品的科技含量"。

（四）就业潜力较大，增收渠道拓宽

快速发展的乡镇工业园区，成为吸纳劳动力就业的一个重要基地。据统计，40家省级乡镇工业园区，共有从业人员10.9万人，平均每个园区吸纳从业人员2700多人。由于工业园区是技术、管理、人才和设施等各种要素的优化组合。通过兴建工业园区，发挥园区对周边地区的辐射作用，从而带动了农副产品加工业龙头企业的发展。更重要的是带动了农村富裕劳动力的转移,拓宽了农民增收渠道。

二、乡镇工业园区发展中存在的问题

新一轮的乡镇工业园区建设热,成为不少地方现阶段经济发展中的新景观。虽然我省出现了像应城长江赛孚化工科技工业园、武汉黄埔科技园等一些样板工业园区,但乡镇工业园区发展总体上还处于起步阶段,各地发展也不太平衡,其发展中显露的问题和存在的隐忧,应引起各级政府的高度重视。

(一)园区基础设施建设资金普遍短缺

我们调查的40家工业园区,是经过省乡镇企业局、建设厅、国土资源厅审批的省级乡镇工业园区,相比之下,条件较好,起点较高,但调查显示,仍有七成的园区反映基础设施建设资金不足,严重制约了园区的发展。40家园区批准用地11.6万亩,目前,已建成用地4.5万亩,建成面积占批准用地面积的38.9%,还有61.1%的园区土地有待开发。而其中四分之一园区开发主体的注册资金只有几百甚至是几十万元,加之融资渠道单一,有限的资金在用于土地征用、拆迁安置等前期费用后,用于基础、配套设施的开发资金缺口很大。因此,即使是省级乡镇工业园,也仍有少部分没能实现"三通一平"。可想而知,一些区县级、乡镇级工业园的基础设施建设资金会是何等的状况。

(二)部分园区招商引资效果不佳

调查显示,有四成的园区反映,招商引资手段单一、效果不佳制约了园区的发展。截止目前,40个园区中,有8家园区吸引入园企业的数量在5家及以下;14家园区没有一家企业拥有著名商标;24家园区没有吸引到省外的企业;27家园区没有吸收到外商投资者。目前,40家园区总共吸引的省外企业和外资企业只有89和20家,平均每家园区只有2.2家和0.5家;吸引的高新技术企业和年销售收入在5000万以上的企业只有65家和76家,平均每家园区只有1.6家和1.9家。调查发现,如果园区不能使一定数量和规模的企业聚集,园区土地圈而不用,那么,园区开发不但不能带来经济的增长,反而会造成上百万、上千万的资金的浪费,并且可能成为滋生腐败的"温床"。

(三)部分园区定位及发展方向不明确

调查中了解到,有的园区既无长远规划,也无产业定位,更谈不上企业分类集聚,构建产业链。有的将一些行将淘汰的企业,甚至污染企业招了进来;有些园区之间为争抢企业,不问效益,竞相压价,加剧了招商引资中的无序竞争。在40家省级乡镇工业园区中,以产品专业型和科技主导型为发展模式的园区分别只有6家;有一半的园区内企业之间没有形成配套生产。由于园区内部各企业间缺少产业关联性,不能形成良好的分工与协作,导致不少小企业都是封闭的大而全的生产系统,生产和交易成本很高,产品市场竞争优势不强,企业发展受到抑制,没有能力去创新。入园企业非集群化以及缺少高水平的专业分工与协作,使得新企业衍生的风险和成本都很高,企业衍生速度放慢。园区内原有企业集群缺少新鲜力量补充,从而影响了园区发展的后劲。

(四)园区的配套扶持政策滞后,管理欠规范,乱收费现象时有发生

80%的园区反映,全省没有统一的园区配套扶持政策,管理欠规范,给工业园区的建设和发展带来了很多不确定的因素,影响了工业园区的招商引资步伐,制约了园区建设的进一步发展。

不少地方反映,现在对乡镇工业园是多头管理,政出多门,缺乏统一,协调困难,致使有些地方想办园区却无从下手;做了规划,难以审批;批了规划,难以征地。园区启动后,管理也是五花八门,缺乏统一科学的办法。这种状况,对园区的有序、健康发展极为不利。因此,40家园区,在回答"政府是否有必要制定有关工业园区的管理条例"时,有25家认为"非常有必要";14家认为"有必要";只有1家觉得"无所谓"。

不少园区及企业负责人反映,园区建设收费繁多、透明度不高。其突出表现:一是征地、规划、环保收费项目多、收费高,园区、企业难以接受。二是重复收费。如勘测费,土地部门收,规划部门也收。三是"强制服务"。如某些行政管理部门下设有咨询、设计、规划等事业单位,从事一些本已市场化的业务,园区在办理相关手续时不得不将相关业务交由这些单位,并为此付出高额费用。园区虽不情愿,但由于主管部门拥有行

政审批权,也只能"破财",否则办通相关手续十分困难。四是搭车收费。如某部门在年检时对企业收取个体工商企业"会费",如不交这些会费,则难以办通年检手续。对诸如此类情况,企业叫苦不迭而又无可奈何。

(五)园区内服务支撑体系不健全

调查数据显示,入驻乡镇工业园区的企业绝大部分都是中小企业,但帮助中小企业解决困难的各类服务性机构,在多数园区还不健全。90%的园区没有组建企业贷款担保中心,使一些企业在花费大量搬迁费后,由于没有贷款担保机构,使企业资金更加困难,而影响发展后劲。73%的园区没有建立产品检测中心,致使部分企业产品鱼目混珠,而影响园区的对外形象。70%的园区没有建立技术研究开发服务中心;近半数园区没有建立职工培训、企业服务及其他支撑体系,使园区的吸引力大打折扣。在被调查的118家入园企业中,当问到"如果你有新的投资项目,你最先考虑的投资地点"时,有11.8%的企业表示将投往上海、广东、江苏等其他省份;6.8%的将投往省内其他园区。

(六)"失地"农民的合理安置存在较大困难

我省乡镇工业园区的选址大都在公路两边,农户比较集中。被调查的绝大部分园区反映,由于安置资金难以到位,对"失地"农民的合理安置存在较大困难。在征用土地时,虽然大部分农民是以大局为重,对园区建设表示理解和支持,但是,由于他们赖以生存的土地被征用,而得到的土地征用费和补偿费偏低,就业和养老等问题没有妥善解决,一些农民的生计就成了问题,因征地而引发的各类纠纷时有发生。

三、对乡镇工业园区建设的几点建议

按照省委、省政府确定在"十五"期间要重点抓好100个省级乡镇工业园区及各市、州、县也要比照省里的办法抓一批有规模、有特色的工业园区的精神,今后各地一定会全面加快乡镇工业园区的建设发展步伐。通过本次调研,我们认为各地在加大建设力度的同时,必须从实际出发,循序渐进,切实建好、办好乡镇工业园区。

(一)科学决策,稳步推进

今后,发展乡镇工业园区一定要强化理性的科学论证,要对园区的选址、发展方向、资源优势、环境及产业优势等多方面进行充分的调研与论证;要因地制宜、实事求是,每个园区都要突出自己的优势与特色;要尽可能利用资源优势,打造具有比较优势的产业,增强可持续发展的潜力,不可盲目效仿和攀比,滥批滥建。

(二)开发主体和模式要创新

乡镇工业园区的开发主体,要由过去"政府独资"转为"政府以引导资金为主,实行投资主体的多元化",根据谁投资、谁收益的原则,向社会筹集资金,实行股份制改造。在开发模式上,可考虑逐步引入公司制开发、委托开发、联合开发等模式,从开发到管理都运用市场手段,减少行政行为,逐步将工业园区建设由政府行为转化为企业行为,由开发企业将土地开发、设施使用以及地产的租赁和销售作为业务,以投资土地开发和设施建设并通过其产品和服务的销售来获得收入,使政府降低投资风险,并由此获得滚动收益。解决园区因财政负责制导致的财政资金和税收紧张。

(三)大力培育园区的核心竞争力

园区是否有吸引力、是否能产生巨大的效益,主要看是否具有核心竞争力。园区的核心竞争力是园区在开发过程中所形成的独具特色的、具有持续竞争和超出同行的能力。越是在市场成熟的经济条件下,缺少核心竞争能力的园区越是难以在竞争中生存发展。培育园区的核心竞争力,特别是培育园区企业的核心竞争力,第一要引进那些产品科技含量大、技术水平高的企业。第二要引进关联度强的企业。一方面以引入大型企业为突破口,带动相关行业的其它企业跟进,注重对引进企业的集聚和规模经济的培育,使园区内的企业有较强的关联度,形成产业链;另一方面可以形成以区域经济为品牌的集聚经济、特色经济,由小项目、小企业的集聚,做成大产品、大产业。第三要注意引入无污染企业。注重生态环境的绿色企业不仅会给园区经济带来活力,更能提供园区经济持续发展的动力。

（四）建立财政支持、技术指导和信息提供等服务体系，尽快出台全省统一规范的工业园区管理条例

为全面提升园区的服务层次，提高各项服务质量，吸引企业向工业园区集中，园区要加快服务支撑体系建设。如，要解决入园企业贷款难问题应建立贷款担保基金，对园内企业给予必要的财政支持；为克服园区企业存在的信息不灵、技术水平低等缺陷，应利用网络设施建立信息中心，及时传递最新经济信息，帮助企业及时了解市场动态和国家的经济政策；建立科技中心，邀请专家定期讲课，给予企业研究开发上的支持和技术指导。

同时，要尽快出台规范的工业园区管理条例，大力规范整顿政府部门及所属事业单位的收费行为。对市场化的咨询、规划、设计等事务，不能强迫企业交给部门所属相应单位办理，更不能与审批、办证挂钩。坚决停止收取已明令取消的收费项目；保留的收费项目要严格按标准低限收取；实行自愿交费的项目，不准强迫企业交纳。充分发挥工业园区在政策、环境、管理和基础设施等方面的整体优势与功能。

（五）采取多种措施，妥善安置好“失地”农民

在一些保障制度还未建立健全的条件下，要妥善安置好“失地”农民。各地应该积极尝试各种办法，最大限度地保证失地农民“失地不失户、失地不失业、失地不失利”。在一些有条件的地方，可以尝试采取租赁承包、阶段性转包等形式，让被征地农民把自己所拥有的承包土地的使用支配权，通过收租金或获得红利的方式，得到基本的生活保障，并享受土地增值的部分收益。

撰稿：许晓红　李　韦

核稿：胡先红

湖北省就业潜力专项调查分析

为了解我省企业、街道(社区)的就业状况及发展趋势,今年1－2月,省企业调查队在武汉等8市开展了就业潜力专项调查。现将调查结果作一简要分析,以供领导及有关部门参考。

一、被调查单位的基本情况

本次调查,全省共选取了208家企业和8个街道(社区)。调查对象分布在武汉、孝感、黄冈、黄石、荆州、宜昌、十堰和襄樊等8市。具体分布为每个城市26家企业,1个街道(社区)。208家企业共涉及13个行业。其中,建筑业企业16家;工业企业96家;批发与零售、交通运输企业各16家;其他行业企业64家。企业登记注册类型及规模见表一。

表一:企业登记注册类型及规模 单位:个、%

企业登记注册情况			企业规模分布		
类型	个数	比例	规模	个数	比例
国有企业	42	20.2	特大型及大型	6	2.9
集体企业	37	17.8			
联营企业	37	17.8	中型	74	35.6
私营企业	37	17.8			
其他内资企业	38	18.3	小型	124	59.6
港澳台商投资企业	8	3.8	其他	4	1.9
外商合资企业	9	4.3			

被调查的8个街道(社区)实有住户142312户;实有常住人口472669人;现已安排就业15731人,其中,安排下岗职工6030人。有7家街道(社区)设有职业介绍机构。

二、企业人员情况及对职工结构的评价

被调查的208家企业2000年、2001年和2002年从业人员总数分别为87936、88836和87785人;下岗和待岗人员总数分别为9358、9299和8308人。从业人员数基本稳定,下岗待岗人员逐年减少。

对企业目前的职工结构的评价,在"过多"栏目下,选择"管理人员"和"一般岗位人员"的较多,分别为38和61家;选择"中高级技术人员"和"中高级技工"的较少,分别为5和2家。在"正好"栏目下,选择"一般技术人员"和"其他"项的较多,分别为168和176家。分别有108和97家企业认为本企业"中高级技术人员"和"中高级技工"较少(见表二)。

表二:对企业职工结构的评价　　　　单位:个、%

职工类别	过　多		正　好		较　少	
	选择企业数	比例	选择企业数	比例	选择企业数	比例
管理人员	38	18.3	147	70.7	23	11.0
中高级技术人员	5	2.4	95	45.7	108	51.9
一般技术人员	10	4.8	168	80.8	30	14.4
中高级技工	2	1.0	109	52.4	97	46.6
一般岗位人员	61	29.3	139	66.8	8	3.9
其他	17	8.2	176	84.6	15	7.2

从表中可以看出,被调查企业最缺乏的是中高级技术人员和中高级技工;过多的是一般岗位人员和管理人员。对所有层次人员都选择“正好”的有51家企业,占24.5%。

调查还表明,职工每周平均工作时间在30小时以下、20-30小时、40-50小时和50小时以上的企业分别有2、87、109和10家企业。被调查的96家工业企业中,年平均开工率在30%以下、30%-50%、50%-70%、70%-99%和100%的分别有3、9、21、42和21家,开工明显不足。

三、企业人员结构不合理的主要原因

调查中反映出的企业人员结构不合理的原因很多,归纳起来主要有以下几条:

一是部分国有企业由于历史原因和带行政色彩的兼并行为,人浮于事,吃大锅饭的现象仍然不同程度地存在;少数国有大中型企业的各种社会机构仍未与企业剥离,企业办社会负担过重。

二是企业多年来未进新人,职工年龄结构老化,有能力、懂技术、会管理的人才缺乏,中高级技工严重不足。不少私营企业更是缺少适应市场的管理、产品开发及销售人员。

三是少数企业受行政干预和人情关系影响,用人自主权打了折扣。

四是由于企业效益低、条件差、地处偏僻,加上有关配套政策跟不上,与经济发达省份相比,缺少吸引人才的竞争力,所需人才留不住、引不进。

五是部分企业不顾用工实际,盲目看重职工的年龄、学历,甚至性别,将不少求职者挡在门外。

六是社会保障体制与就业机制不健全,企业无力或不愿支付对职工的补偿费用,致使富余人员与企业的劳动合同关系难以解除。

四、企业就业潜力预测

(一)企业对职工需求增加和减少的原因

被调查的208家企业中,分别有100、55和53家企业认为本企业在2003年和2004年中对职工的需求增加、不变和减少。其中,对职工需求增加的100家企业,2003年和2004年拟增职工人数为4280人,其中,下岗职工1257人,占29.4%。

在问及对职工需求减少的原因时(企业依主次在所列原因中选3项,下同),被选次数排在前三位的依次是“提高劳动生产率”、“企业效益不好”和“减少支出”;在问及对职工需求增加的原因时,被选次数排在前3位的依次是“企业经营和生产规模扩大”、“经济效益好”和“技术进步与设备更新”(详情见表三。)

表三:企业对职工需求增加和减少的原因

企业对职工需求减少			企业对职工需求增加		
原因类别	被选次数	比例(%)	原因类别	被选次数	比例(%)
1、提高劳动生产率	33	60.0	1、企业经营或生产规模扩大	89	89
2、技术进步与设备更新	12	21.8			
3、产品调整	1	1.8	2、政府要求	9	9
4、职工结构不合理	7	12.7			
5、职工素质不适应岗位要求	4	7.3	3、技术进步与设备更新	39	39
6、企业效益不好	22	40.0	4、改制、重组	11	11
7、改制、重组	20	36.4			
8、减少支出	22	40.0	5、经济效益日好	41	41
9、生产规模缩小	10	18.2	6、产业或产品结构变化	34	34
10、劳动组织和人事调整	4	7.3	7、利用国家关于录用下岗职工的优惠政策	23	23
11、用工制度改革	17	30.9			

注:计算比例时,分母分别是53和100。

(二)对拟增加职工要求的四大特点

1、从岗位类别看,集中在一般岗位人员。

拟增加的4280名职工中,一般岗位人员最多,为2132人,占49.8%;管理人员最少,为191人,占4.5%;技术人员和技工所占比例为32.5%;其他人员占13%。

2、从学历看,对高中(中专)需求最多。

企业拟新增的具有高中(中专)学历的职工为1965人,占45.9%;排在第二位的是大专学历,占21.2%;其余依次是初中、大学及以上、小学及无学历要求,比例分别为17.4%、12.3%和3.3%。

3、从职称看,无职称要求的比例最大。

无职称要求的职工数为2783人,占65.0%,排在第一位;对高级职称需求最少,为141人,占3.3%;初级职称和中级职称的比例分别为14.7%和9.1%。

4、从年龄看,集中在30岁以下及30-40岁。

调查表明,企业对新增职工的年龄要求主要集中在30及以下年龄层,对30-40岁、40-50岁、50岁及以上年龄层的职工需求依次递减(详情见表四、表五)。

表四:企业对2003、2004年拟增加职工的岗位、学历和职称要求 单位:个、%

职工类别	小计	比例	学历要求	小计	比例	职称要求	小计	比例
管理人员	201	4.7	大学及以上	526	12.3	初级职称	630	14.7
中高级技术人员	390	9.1	大专	907	21.2	中级职称	387	9.1
一般技术人员	672	15.7	高中(中专)	1965	45.9	高级职称	141	3.3
中高级技工	329	7.7	初中	743	17.4	无职称要求	2783	65.0
一般岗位人员	2132	49.8	小学及以下	46	1.1	其他	339	7.9
其他	556	13.0	无学历要求	93	2.1	合计	4280	100
合计	4280	100	合计	4280	100			

表五:企业对新增加职工的年龄要求情况 单位:人、%

年龄分布	30岁及以下	30-40岁	40-50岁	50岁及以上
职工人数	2853	1046	243	138
所占比例	66.7	24.4	5.7	3.2

(三)拟采取的招收职工的方式和新增职工的类型

在问及企业在招收职工时将采取什么样的方式时,分别有42和30家拟采取"直接招聘(含向教育机构直接招生)"和"通过就业服务机构招聘",还有28家企业拟采取"刊登广告"、"通过朋友或亲朋介绍"及其他方式招收职工。

在2003、2004年拟增加职工的100家企业中,有56家企业以长期工为主;21家企业以短期合同工为主;19家企业以临时工为主;4家企业以季节和其他类型为主。

拟招收短期合同工和临时工的企业,主要是因为与长期合同工比较,前者工作比较勤奋、工作压力大、工资成本低、解雇容易等。

(四)增加职工时主要考虑的问题

在增加职工时需要考虑的诸多问题中,企业最优先考虑的是"年龄",其次是"工作经验"、"文化程度"等(见表六)。

表六:企业增加职工时考虑的问题

问题类别	被选次数	比例(%)
性　　别	35	35
年　　龄	78	78
文化程度	70	70
工作经验	75	75
受过培训	37	37
其　　他	1	1

注:因可复选,故比例之合大于100%

除以上问题外,企业对新增加职工的户口也有考虑。100家拟新增加职工的企业中,有32家以户口在本地的为主要招收对象,有3家以户口在外地的为主要招收对象,还有65家企业对户口没有什么要求,认为户口在本地、外地均可。

五、街道(社区)就业状况及2003、2004年预计

被调查的8个街道(社区)中,2002年底,共有街道管理机构115个,物业管理机构50个,街道(社区)服务机构5159个,家庭服务机构104个。2003年相应的预计数分别为129、61、5653和122个;2004年相应的预计数分别为67、57、5827和115个。2002年底,上述机构的就业人员数分别为754、1203、21005和1727人。2003年相应的预计数分别为876、1218、23451和2029人;2004年相应的预计人数分别为575、1055、24583和2224人(见表七)。

表七:街道(社区)就业情况表　　单位:个、人

机构	2001 年		2002 年		2003 年(预计)		2004 年(预计)	
	机构数	就业人数	机构数	就业人数	机构数	就业人数	机构数	就业人数
街道(社区)管理机构	116	678	115	754	129	876	67	575
物业管理机构	39	1067	50	1203	61	1218	57	1055
街道社区服务机构	4465	18208	5159	21005	5653	23451	5827	24583
家庭服务	71	905	104	1727	122	2029	115	2224
其他服务	20	195	36	351	48	464	48	452
合计	4711	21053	5464	25040	6013	28038	6114	28889

从以上分析和表中可以看出,从总体上看,街道(社区)的各类服务机构数和就业人员数将呈逐年上升的趋势,预计 2004 年,各类机构和就业人员总数将是 2001 年的 1.3 和 1.37 倍。从结构上看,只有街道(社区)管理机构及其就业人员预计将呈逐年减少的趋势。家庭及其他服务机构和就业人员增幅最大,预计 2004 年,其机构和就业人数将是 2001 年的 1.79 和 2.43 倍;其次是街道(社区)服务机构,预计 2004 年,其机构数和就业人员数将是 2001 年的 1.3 和 1.37 倍。可见,街道(社区)各类服务领域,尤其是以中介服务、餐饮服务、医疗保健服务等为代表的街道(社区)服务和以保姆、托幼、托老、家教等为代表的家庭服务的就业潜力较大。进一步挖掘这一潜力,不失为一条缓解目前就业困难的捷径。

调查还表明,由于社区服务业具有覆盖面广、所需投入少、对从业人员素质要求不高、工作时间灵活等特点,特别适合城镇下岗职工就业。被调查的 8 个社区的就业人员中,下岗职工占到了 38.3%。如果广大下岗职工进一步转变择业观念,随着街道(社区)管理水平的提高和政府有关政策的落实,这一比例还会提高。

撰稿:胡先红

核稿:陈　正

我省应抓住新三峡旅游商机

长江三峡大坝蓄水至135米后，每年可产生的旅游市场份额达200亿元以上（相当于三峡大坝每年的发电产出效益），长江三峡的旅游重心也将从重庆东移至我省宜昌。这是历史给予我省的大机遇，是我省新的经济增长点。巨大的商机，加剧了长江三峡地区旅游市场竞争，使我省及宜昌地区旅游产业面临着严峻的挑战，亟待引起高度关注。

一、新三峡带来的旅游商机

三峡蓄水，新三峡呼啸而出，旅游景点訇然而生，旅游商机扑面而来。高峡出平湖，由此形成了世界上最雄伟的建筑和世界上最大峡谷交相辉映形成的的世界性绝版美景。在这蓄水的瞬间，不仅仅是新三峡全新旅游景点的显现，而更为重要的是三峡地区旅游格局的嬗变、新的旅游商机的形成和旅游市场的重新大洗牌。它给我们带来的是历史性的机遇、广阔的开发空间、可以预见的巨大经济效益和新的经济增长点。

三峡旅游：顺水漂来200亿。据有关权威部门测算，三峡工程建成后初期，每年来三峡地区旅游的国内外游客将达1300万人次以上，新三峡地区每年将产生200亿元以上的旅游收入。三峡蓄水将使三峡地区形成长600多公里的串珠型人工湖泊，丰富的人文生态与自然生态相交织，形成了在世界上独一无二的资源体系，致使三峡成为了国内最大旅游目的地，使得大量的国内外游客纷至沓来，每年蕴含着的旅游商机在200亿元以上，这是我省重大的商机，是经济发展新的增长点。

三峡蓄水：三峡旅游重心东移。去年8月，由国家旅游局、国家计委、水利部、交通部、国务院三峡建设委员会、中国西部开发办六部委共同成立的"长江三峡地区区域旅游发展规划课题组"，有史以来第一次对三峡及其周边的旅游资源进行大规模、全方位、高层次的考察规划，提出了"大三峡旅游经济圈"的概念和"一轴（长江）、两极（宜昌、重庆）、五个辐射带（包括乌江、大宁河、赤水、湘江、神农溪），一个关联带（指湘西凤凰城）涉及鄂、渝、湘、黔四省市的三峡旅游模式"。在过去，传统意义上的三峡旅游重心一直是川江段，以重庆市的夔门、白帝城、神女峰最为知名。按课题组的规划，蓄水后三峡坝区为长江三峡旅游的重中之重，"两坝一峡"（葛洲坝、三峡大坝、两坝间的西陵峡）为三峡旅游业的主打品牌，宜昌是三峡旅游的重要增长极和中心城市，三峡旅游的重心将移到我省宜昌，三峡大坝坝区成为三峡旅游的重心。

二、我省及宜昌旅游产业发展现状

旅游业是我省一个新兴产业，正逐步成长为我省重要的经济增长点和重要的支柱产业。省委、省政府把旅游业作为全省战略重点、重要支柱产业来培养和发展，努力打造"一江两山"（长江、神农架、武当山）和"武汉都市旅游圈"，全省旅游产业对全省国民经济的贡献作用逐步增强。

2002年，我省旅游业整体上呈现快速发展的势头，是旅游增速强省。具体表现为：

入境旅游人数增幅全国第一。全年接待入境游客102.43万人次，同比增长53.38%，增幅居全国首位，其中宜昌市接待入境游客42.16万人次，同比增长79.34%，居全省首位，高出全省平均水平25.96个百分点。

旅游外汇收入增幅全国第一。全省实现旅游外汇收入2.84亿美元，同比增长41.42%，增长幅度全国第一，为1978年的12.3倍，其中宜昌市实现旅游外汇收入0.84亿美元，总量仅次武汉市，居全省第二位，增幅达到74.91%，高出全省平均水平达33.49个百分点。

全省接待国内旅游者6670万人次，比上年增长10.0%，其中宜昌市为762万人次，占全省总数的14.12%；全省实现国内旅游总收入384亿元，其中宜昌市为43.7亿元，占全省国内旅游收入的11.36%，占第三产业的37.2%，旅游从业人员达21.3万人。但同时，我省及宜昌市的旅游产业优势未完全形成，与我省经济发展速度、景点数量和质量、接待能力相比，我省旅游产业还有巨大的发展空间。我省及宜昌市的旅游收入在GDP中的占比不高。2002年，全省旅游总收入达到407亿元，占全省GDP的8.2%，而国内旅游大省这一指标大多已超过10%。2002年宜昌市全年旅游总收入达到50.63亿元，占全市GDP的比重为11.4%，与国家旅游局和世界旅游组织制定的《中国最佳旅游城市标准体系》中规定的旅游业对GDP贡献率在20%以上的标准相比，还有很大的差距。

三、新三峡旅游模式的转变

三峡蓄水135米后，三峡新区新形成了37个峡谷、11个湖泊、14个岛屿。

高峡出平湖改变的不仅仅是长江三峡的风光，同时改变的还有旅游模式和旅游业态，新的三峡旅游模式赋予了长江三峡旅游产品新的内涵。以长江三峡为主线，以三峡坝区为核心，将我省的夷陵区、秭归县、兴山县、神农架、武当山、巴东以及重庆的巫山、奉节、巫溪等地连片连线的旅游区域形成，这使得三峡旅游模式已发生了根本性的变化。具体表现为：

“一线游”向“一片游”转变。高峡平湖的显现，出现了许多新的峡谷、湖泊、漂流河段、岛屿、洞穴等景观，旅游核心通过溪水向四周延伸，由以前的沿长江一线变成以沿库区一片，最直接的是形成了“三峡——神农架——神农溪”新的旅游环线。

全程游向分段游转变。过去长江三峡游分为武汉至宜昌、宜昌市内“两坝一峡”、宜昌至奉节、奉节到重庆4段。但蓄水后，“宜一奉一宜”将成为三峡旅游的首选线路和主要线路，“两坝一峡”已崛起成为三峡旅游的热点和核心。

乘船游向复合游转变。新三峡是江、河、湖、岛、山、城、林等资源的复合，旅游形式将由过去单一的观光游变为观光游、度假游和特种旅游三者并举，形成陆上游和水上游相结合的模式。

四、重庆市对新三峡旅游的应对

作为长江三峡旅游重要一极的重庆市，积极应对三峡旅游市场竞争，高度重视三峡旅游工作，坚持高起点规划、高质量建设、高标准管理的原则，明确提出了“将已在三峡的游客吸引到重庆来，将想到三峡的游客吸引到重庆去”的三峡游长远目标，对三峡旅游项目进行重点开发、建设和管理，加快三峡旅游精品建设步伐，确保三峡旅游业的持续、快速、健康发展。具体的应对措施为：

加强领导。为加强对新三峡旅游的领导，促进其健康快速发展，重庆市组建了“三峡库区旅游协作领导小组”，这个高层次的协作机构由市领导、市有关部门及库区区县负责人组成，其主要任务是制定旅游发展规划，整合新三峡旅游资源，同时也协调库区旅游发展，维护旅游市场秩序、制订有关政策。

编制总体规划。为应对新三峡旅游，重庆市编写《重庆三峡库区旅游发展总体规划》，内容包括三峡库区旅游发展现状、发展目标、主要任务、重点项目、政策措施等。

投入70亿元。为加快三峡景点环境建设，重庆市加大资金的投入力度，上马总投资70亿元的100多个旅游项目，具体包括61个景区开发、22个旅游码头建设、38条公路修建等。

实施“43312工程”。“43312工程”是重庆市政府当前和今后发展三峡旅游的根本思路，具体内容为打造四大旅游产品，加快三方面旅游景区建设，强化三大旅游基地建设，办好一个主题文化旅游节，加大对库区旅游业的两大投入。

把握两大定位。重庆市直面新三峡旅游竞争，把握两大定位。

一是“形象定位”，突出高峡、平湖、大坝三大资源特色，全力塑造“高峡平湖”的三峡旅游品牌新形象。二是“战略定位”，构筑“一线贯通”（长江三峡旅游黄金水道）、“三区联动”（库区、坝区、峡区）、“腹地延伸”（沿两侧支流、交通线、重要旅游资源）的发展战略格局。

加大宣传力度。重庆市将"中国重庆三峡国际旅游节"从一年一度的"一节一会"中剥离出来，与正在筹备启动的"中国重庆世界大河歌会"整合，共塑重庆旅游主题节会品牌，并将"三峡国际旅游节"定为"市节"，全市放假一天，增强影响力。同时，采取多种形式向国内外宣传三峡的永恒性，强化"永远的三峡，永远的魅力"、"三峡雄姿依然、三峡新貌更奇"的主题概念。

五、我省在应对新三峡旅游上的不足

200亿元的商机在前，使得新三峡沿岸处处狼烟四起，群雄逐鹿，三峡蓄水和国际旅游禁令解除后，三峡旅游的竞争将更加白热化。在新的商机和竞争面前，我省在三峡旅游上还存在着以下不足：

重视不够。我省历来对长江三峡旅游是重视的，但与重庆市的重视程度和新的竞争态势的要求相比，我省对新三峡旅游的重视程度有待进一步加强。地级市宜昌市是不能与直辖市重庆市进行单一抗衡竞争的，要求我省要更进一步重视新三峡旅游工作。

发展不够。国家旅游局认为宜昌三峡旅游处于大发展的黄金时期，希望宜昌打造"中国顶级、世界精品"的旅游产品。近几年来，宜昌旅游产业取得了长足的发展，但与中国最佳旅游城市的标准还有一定的差距。宜昌市旅游产业尽管发展速度很快，但由于总量比重庆市低，在与重庆市的竞争中优势未能完全发挥。近年来，重庆市投资70亿元进行旅游开发，而宜昌市的投资仅占重庆市的一半。

规划不够。我省到目前为止，面对新三峡旅游，还没有一套完整科学的发展规划。旅游市场定位、发展目标、旅游产品的开发等还没有系统的规划，这些直接影响我省及宜昌市在新三峡旅游的竞争实力。

管理不够。我省宜昌市现有46家星级宾馆，96家旅行社，915名在册导游，这些都分属不同的部门和单位，资源分散，竞争不能形成合力。随着入世后国外旅游业的大举进入和全国大型旅游集团的纷纷抢滩，新三峡地区的旅游竞争将更为激烈，我省及宜昌市旅游竞争力将受到制约，这些直接影响我省及宜昌市在新三峡旅游中的市场份额。

开发不够。与重庆市推出的四大旅游产品（三峡游船观光旅游产品、三峡文物鉴赏体验旅游精品、三峡休闲度假特色旅游产品、三峡探险猎奇旅游新品）相比，我省的三峡旅游产品开发滞后，项目偏少，重复建设较多，产品雷同，各地都是"大小三峡几日游"，都在搞漂流、索道、溶洞、塑像等，使景区景点大同小异，同时多头开发、多头收费，经营规模小，景点分散，从业人员素质不高，基础设施的配套能力差，经济效率有待提高。

宣传不够。与重庆市大张旗鼓地进行新三峡旅游宣传和国内外旅游推介活动相比，我省的新三峡宣传工作有待提高。三峡蓄水后的新的景观应通过媒体向国内外广为宣传。我省月初举行的全省旅游新闻发布会与重庆市的宣传攻势相比，力度和效果差距甚远。

六、抢抓大机遇，发展新三峡旅游的着力点

每年200亿元的旅游市场份额，且旅游市场的重心和市场主体在我省，这是历史给予我省加快发展的大机遇、大蛋糕，但同时新三峡旅游机遇既是湖北的，又是中国的，更是世界的，商机在前，需要我们去抢抓。世界旅游组织统计表明，旅游每收入1元，能带动其它相关产业创造产值4.3元；旅游每就业1人，可带动其它产业安置就业3.5人。因此，新三峡旅游将对我省社会经济产生重要影响，我省应抢抓大机遇，全力抓好新三峡旅游工作，以新举措、新方法来加快旅游产业的发展。

着远大三峡。宜昌市作为新三峡旅游中的重要一级和中心城市，在新三峡旅游中占有重要的地位。宜昌市作为旅游城市，2000年以来，接待海外游客和旅游创汇连续三年保持80%的高速增长，是全国和全省平均增速的6倍和2倍，2002年宜昌共接待海外游客42万多人次，已经超过了武汉（38.6万），直逼重庆（45万），我省入境旅游的7成和国内旅游的3，成多在宜昌市。去年宜昌市旅游创收仅为50多亿元，与新的200亿元旅游商机相比，其发展空间是巨大的。我省应着远于大三峡，把宜昌作为我省旅游的主战场，全力支持宜昌市旅游产业的发展，增强其竞争力和市场占有力，从而加快、带动、促进我省旅游产业的发展。

编制大规划。我省应在国家6部委编制的《长江三峡地区区域旅游发展规划》的基础上，编制《湖北新三峡旅游规划》,进行产业定位、政策定位、发展目标定位和旅游产品开发规划。加强鄂渝合作,共同打造"新三峡旅游经济圈"。同时,进行旅游景点的规划、开发、经营和管理,力戒重复建设和一哄而上。

形成大投资。我省应在"大规划"的基础上,着力进行旅游景点的招商引资工作,大力吸引民间投资开发新三峡景点。可采取旅游景点的卖断的方式,吸收社会资本进行买断经营,来积聚资金,进行新景点的滚动开发。要加大政府投资力度,进行景区内的车站、码头、公路、景点的参股经营,吸收更多的资本来开发新三峡旅游市场。

实施大政策。旅游业是一个新兴产业,但目前也是弱势产业,我省要加强在新三峡旅游市场中的竞争力,就应实施大政策,用政策来壮大我省旅游产业的实力,抢占市场份额,使我省的资源优势转化为产业优势和市场优势。要出台产业配套政策,进行政策引导;要进行旅游政策的创新,实施旅游产品的所有权、经营权、管理权的分离,进行景点的买断经营;要加强旅游法规建设,修改完善《湖北旅游管理条例》,借鉴北京、河南等省的经验,增加条例的可操作性;要改造我省特别是宜昌市旅游经营单位少、小、散、差现状,进行产业重组,做大、做强我省旅游经营实体。

进行大协作。面对巨大的市场商机,我省各部门和社会各界应通力合作,实施大网络,进行大协作,全力支持旅游产业,抢占市场份额。目前应进行宜昌均瑶机场口岸的升级工作,增加省际航班的航线和班次,加快公路网络建设,重点加快宜昌至神农架高速公路、香溪至神农架、宜昌至巴东江南大通道建设以及断道道路建设,各相关部门齐心协力,共同为新三峡旅游市场开发创造环境。

撰稿:夏泽宽　张小青　胡　敏　王　楠
核稿:徐世铎　陈　正

十、政策法规

资料整理：夏泽宽　张小青
胡　敏　王　楠

中共湖北省委关于学习贯彻《中共中央关于完善社会主义市场经济体制若干问题的决定》的意见

（2003年11月3日中国共产党湖北省第八届委员会第四次全体会议通过）

党的十六届三中全会审议通过了《中共中央关于完善社会主义市场经济体制若干问题的决定》。这是以胡锦涛同志为总书记的党中央在新世纪新阶段作出的重大战略决策，是进一步深化经济体制改革、促进经济和社会全面发展的纲领性文件。结合湖北实际，现就深入学习贯彻中央《决定》提出如下意见。

一、认真学习、深刻领会《决定》的精神实质

（一）充分认识《决定》的重大意义。《决定》以邓小平理论和"三个代表"重要思想为指导，深刻分析了新世纪新阶段我国经济体制改革面临的新形势，明确了完善社会主义市场经济体制的目标、任务、指导思想和原则，对经济体制改革进行了全面部署。《决定》的形成，标志着我们党对在社会主义条件下发展市场经济的认识进一步深化，运用市场经济规律的能力进一步提高，必将对我国的改革开放和现代化建设产生重大而深远的影响。

（二）深刻领会和把握《决定》的精神实质。《决定》明确指出，我国经济社会中面临的突出矛盾和问题，其重要原因是经济体制还不完善，生产力发展仍面临诸多体制性障碍，必须加快推进改革，为经济发展和社会全面进步注入强大动力。《决定》明确提出完善社会主义市场经济体制的目标，就是要按照统筹城乡发展、统筹区域发展、统筹经济社会发展、统筹人与自然和谐发展、统筹国内发展和对外开放的要求，完成七项主要任务，为全面建设小康社会提供强有力的体制保障。《决定》从改革的方向、原则、动力、步骤等方面提出必须做到"五个坚持"，体现了"三个代表"重要思想的要求及以往改革的成功经验，对确保今后改革顺利进行，具有重要的指导意义。《决定》体现了与时俱进的精神，在许多方面有重大突破。各级党委和政府要认真学习、深刻领会《决定》的精神实质，紧密结合湖北实际，全面贯彻落实。

（三）切实增强深化改革的紧迫感和自觉性。改革开放以来，特别是党的十四大明确提出建立社会主义市场经济体制以来，在邓小平理论和"三个代表"重要思想指引下，我省经济体制改革取得重要进展，社会主义市场经济体制初步建立，市场在资源配置中的基础性作用进一步加强，国有企业改革取得明显成效，农村经济体制改革不断深入，社会保障体系的基本框架初步形成，对外开放水平不断提高。但也要看到，我省的生产力发展仍面临诸多体制性障碍，与东部沿海省份发展的差距，在很大程度上源于体制上的差距和改革的滞后。湖北作为内陆省份，唯有加大改革力度，创造体制优势，才能加快经济社会发展，缩小同东部地区的差距，走在中西部前列。各级党委和政府、各级领导干部务必从湖北的省情出发，充分认识深化改革对加快我省经济社会发展的极端重要性和紧迫性，把学习贯彻《决定》精神作为当前和今后一个时期的大事来抓，坚定不移地做好深化改革的各项工作。

二、贯彻落实《决定》的总体要求

（四）进一步解放思想、更新观念。各级党委和领导干部务必坚持解放思想、实事求是、与时俱进的思想路线，当深化改革的先锋，做勇于创新的模范。要树立与时俱进的创新意识，鼓励大胆探索，反对因循守旧、不思进取；树立执政为民的责任意识，鼓励勇于负责，反对推诿扯皮、敷衍塞责；树立实践第一的唯实意识，鼓励敢为人先，反对照抄照搬、空话连篇。特别是县以上领导干部，要坚决摒弃"官本位"思想，坚持把发展作

为第一要务，克服消极畏难和盲目乐观情绪，增强“发展湖北、人人有责”的责任感。要支持和保护改革者，尊重群众的首创精神，善于总结基层和群众创造的新鲜经验，倾听基层、群众的意见和建议。要始终保持昂扬的锐气，敢于碰硬，敢于触及矛盾，敢于承担责任，迎难而上，克难攻坚。

（五）坚持从实际出发，突出重点。各地、各部门要在深入调查研究的基础上，把学习贯彻《决定》精神与本地、本部门实际紧密结合起来，找准改革发展中存在的突出问题，制定切实可行的工作目标，用改革的办法逐个加以解决。在深化改革、完善社会主义市场经济体制的过程中，必须立足现实、着眼长远，整体谋划、分步实施，分类指导、重点突破。当前，要抓紧推进省委、省政府已经和即将作出部署的几项重大改革，同时，结合实际选准各自改革的突破口，大胆推进、稳步实施。

（六）注重制度建设和体制创新。改革的实质是体制创新。要正确处理好“破旧”与“立新”的辩证关系，勇于和善于用市场经济的办法解决改革中的矛盾和问题，大胆地试，大胆地闯，及时总结改革的成功经验，不断消除深层次的体制障碍，加强各项新制度的探索与建设，建立健全具有根本性、全局性、稳定性、长期性的新制度和新机制。

（七）切实维护好群众的根本利益。在改革过程中，必须始终把维护人民群众利益放在首位，牢记群众利益无小事，把实现人民群众长远利益、根本利益与眼前利益、具体利益有机结合起来，把改革的力度、发展的速度和社会可承受的程度统一起来，坚持以改革促进发展、维护稳定，以发展和稳定来保证改革的顺利推进。

三、当前需要着力推进的几项重大改革

（八）围绕“三个一批”的目标，大力调整和完善所有制结构。总体目标是：通过改革和调整，使一批大型国有企业成为混合所有制企业，使一批国有骨干企业转制为民营企业，使一批民营企业成为湖北经济发展的排头兵，逐步改变我省国有经济比重较高的状况。

推行公有制的多种有效实现形式，发挥国有经济的主导作用。坚持把股份制作为公有制的主要实现形式，大力发展国有资本、集体资本和非公有资本等参股的混合所有制经济，实现投资主体多元化，增强公有制经济的活力。继续调整国有经济布局，加快国有资本从一般性竞争行业和领域退出的步伐，完善国有资本有进有退、合理流动的机制。

大力发展和积极引导非公有制经济。清理和修订限制非公有制经济发展的法规和政策。支持非公有资本进入法律法规未禁入的基础设施、公用事业及其他行业和领域，在税收、投融资、土地使用、对外贸易等方面与其他企业一视同仁，形成公平竞争的市场环境。改进对非公有制企业的服务和监管，创造宽松的创业发展环境。

建立现代产权制度。依法保护各类产权，健全产权交易规则和监管制度，推动产权有序流转，保障所有市场主体的平等法律地位和发展权利。

（九）坚持“两个有利于”的原则，放手推进国有企业改革。在深化企业改革中，只要有利于加快发展、有利于扩大就业，什么改革方式都可以大胆探索和采用。

加快推进国有大企业的战略性、开放性重组。积极探索优势控股、有效控股的新模式，采取向境内外战略投资者出售股权、选择战略合作伙伴、在境内外上市、发行可转换债券等途径，加快转制步伐，形成多元产权主体互相制衡的机制。支持东汽、武钢、武烟、清江公司等50家大型企业分离办社会的负担，建立规范的现代企业制度。培育一批拥有自主知识产权和知名品牌、主业突出、核心竞争力强、市场占有率高，具有国际竞争力的大公司、大集团。进一步完善公司法人治理结构。重点抓好国有骨干企业、上市公司法人治理结构的规范工作。

加快国有中小企业转制步伐。力争两至三年内国有资本基本从一般竞争性中小企业退出，实现以民营为主体。认真贯彻《中小企业促进法》，落实扶持中小企业的各项政策，改善创业和发展环境，促其快速发展。

加大省属企业改革力度。实行产权改革、职工身份置换、资产处置“三联动”，力争明年年底前基本完成改制改组和管理体制调整任务。为支持省属下放企业发展，从2004年起，三年内原省属企业新增税收的省级分成部分，通过转移支付返还市、州。在深化工业企业改革的同时，进一步加大建筑业、服务业的改革力度。

加大城市公用事业改革力度，加快市场化进程。各城市要制订方案，重点抓好四个方面的改革：园林、环卫等方面的管养、维护走向市场；水、气供应实行厂网分离模式，管网由政府管理，办厂引入市场机制；垃圾、污水处理引入市场机制；公交等其他事业改革要创造条件，积极探索，稳步推进。

建立健全国有资产管理和监督体制。坚持政府公共管理职能和国有资产出资人职能分开，尽快设立省、市两级国有资产管理机构，界定和规范国有资产管理部门和营运机构的职能、运作机制和管理方式。

（十）以增加农民收入为核心，进一步深化农村改革。稳定和完善土地家庭承包经营制度，依法保障农民对土地承包经营的各项权利。尊重农户的市场主体地位，完善土地流转办法，规范土地流转行为，逐步发展多种形式的土地适度规模经营。实行最严格的耕地保护制度，确保粮食安全，把湖北的粮棉优势转变为经济优势。

继续深化农村税费改革。抓紧建立健全新的农业税收征管体系、农民负担监督管理体系、转移支付资金使用管理体系、乡镇和村级财务管理体系，从制度上确保农民负担不反弹。积极化解乡村债务，落实好确保农村义务教育和乡村组织正常运转的各项政策。

稳步推进乡镇综合配套改革。严格行政性收费管理，落实“收支两条线”，逐步取消依靠收费的自收自支单位；对事业单位变“养人”为“养事”，逐步取消差额拨款单位；按照精简、统一、效能的原则，规范乡镇机构设置，将财政供养人员全额纳入预算内管理，做到编制管理与财政管理相统一，实现机构编制刚性化、法定化。省委、省政府即将出台全面推进乡镇综合配套改革的意见（试行），各地务必精心组织实施，确保各项改革措施落实到位。

继续推进粮棉等大宗农产品流通体制改革。鼓励农民成为农产品流通的经营主体，鼓励各类经营者进入粮棉流通领域。改革对农业和农民的补贴办法，把通过流通环节的间接补贴改为对农民的直接补贴，切实保护种粮农民的利益。

积极推进国有农场改革。认真实施省委、省政府关于国有农场改革的意见，按照“政企分开、市场运作、因场制宜、分步实施、保持稳定”的要求，实行国营农场管理体制、内部运行机制改革及职工养老统筹、农业税费改革“三改”联动，逐步建立起与市场经济相适应的管理体制和运行机制，加快国有农场发展步伐。

坚持“一主三化”的方针，加快发展县域经济。重点发展劳动密集型产业、农副产品加工业和特色产业。坚持把农村改革、调整与推进农业产业化经营结合起来。鼓励各类市场主体投资建设农产品生产基地、发展“农庄经济”、农产品加工和营销，培育和规范农村各类市场中介组织，提高农民的组织化程度，推动产业化经营向纵深发展。推进供销合作社改革，发挥其在农业产业化经营中的作用。建立有利于逐步改变城乡二元结构的体制，取消农民工进城限制，加快农村城镇化进程。完善扶贫开发机制，加快扶贫开发进程，提高扶贫开发效益。省财政筹措1亿元资金借给20个扩权县市，有关县市配套筹措2亿元，用于建立中小企业信用担保体系，引导金融机构加大对县域中小企业的贷款支持力度；由省收取的各县市新增建设用地土地有偿使用费，50%交由县市按规定用途使用。力争经过5年左右的努力，使县域经济特色更加突出、经济活力显著增强、财政收入有较大增长。

（十一）大力推进市场体系建设。继续推进商品市场建设。加快发展全国性和区域性的大型工业品、农副产品批发市场。进一步健全市场网络，扩大市场规模，调整市场结构，提升市场功能，增强市场辐射能力。进一步加强农村基础设施建设，改善农民生产生活条件，大力开拓农村市场。积极推进商业企业的资产重组，培育发展具有国际竞争力的大型商业企业集团，进一步完善商品流通体制，加快内外贸一体化进程，鼓励发展电子商务、连锁经营、物流配送等现代流通方式。

加快培育发展要素市场。促进资本、产权、土地、技术、劳动力、人才等要素的合理流动和优化配置。加强以武汉为中心的票据市场建设,积极引进和扶持新的金融、保险机构,支持现有金融机构做大做强,防范金融风险。利用国家规范和发展主板市场、推进创业板市场建设的时机,扩大我省企业直接融资规模。建立全省统一开放的产权交易市场,推行产权场内交易,规范产权交易行为,整合全省产权交易机构,为各类所有制企业的产权流动、资产重组提供交易平台和规范服务。积极发展财产、人身保险和再保险市场。改革传统的人才管理办法,打破人才的身份、所有制界限,建立起人才自主择业、单位自主用人、市场调节供求、人才合理流动的新机制。加快发展技术市场,建立健全技术信息系统,建立起结构合理、功能齐全、运行有序的技术市场体系和信息网络体系。

清理和废止妨碍市场竞争、设置行政壁垒、排斥外地产品和服务的各种分割市场的规定。积极发展独立公正、规范运作的专业化市场中介服务机构,按市场化原则规范和发展各类行业协会、商会等自律性组织。完善市场规则,整顿和规范市场秩序,完善行政执法、行业自律、舆论监督、群众参与相结合的市场监管体系,建立产品质量监督机制,严厉打击制假售假、商业欺诈等阻碍市场机制发挥作用的行为,保护公平竞争。

(十二)建立健全社会信用体系,优化经济发展环境。坚持以改革的办法改善环境,努力从制度和机制上解决环境建设中存在的问题。大力推进信用湖北建设,建立健全政府、企业和个人三大信用体系,形成以道德为支撑、产权为基础、法律为保障的社会信用制度。完善"信用市县"评价指标体系,以推进政务公开为重点,不断提高政府公信力和诚信度。加快建设企业和个人信用服务体系,引导和培育市场主体重视自身信用程度的社会评价。依法建立健全信用监督和失信惩戒制度,完善社会信用评价指标和信用信息归集、披露办法,逐步开放信用服务市场,提高信用信息的透明度。

(十三)进一步扩大对外开放。继续深化涉外经济体制改革,完善对外开放的制度保障。建立稳定、透明的涉外经济管理体制,加快内外贸一体化进程。当前重点要按照建立现代企业制度的要求,加快国有外贸企业改革的步伐。鼓励和支持生产企业自营出口,完善出口代理制度,积极培育多元化的外贸经营主体。深入推进外贸经营方式的创新,坚持以质取胜、市场多元化和科技兴贸的战略取向,大力发展加工贸易,开拓服务贸易,加快实施"走出去"战略,着力培育外贸出口、国际经济技术合作和劳务合作的新的增长点。

进一步加大招商引资力度。创新招商引资方式,健全招商引资激励机制,充分发挥投资促进中心的作用,吸引境外大公司、大财团来鄂投资,确保全省引进外资每年保持较高的增长水平。把利用外资同工业、农业、服务业战略性结构调整结合起来,把引进资金与引进人才、技术、管理结合起来,合理引导外资投向,拓宽外商投资领域,扩大利用外资规模,提高利用外资水平。

加强开发区和工业园区建设。实施项目兴区战略,在发展中加强规范和引导,努力把开发区和工业园区建设成区域经济的增长极。2004 年至 2006 年,对经省政府批准的县(市)开发区(工业园区)新增税收省级分成部分,以转移支付方式专项用于支持县市开发区发展。大力扶持武汉城市圈发展,加快区域经济一体化进程。

(十四)深化就业体制改革,完善社会保障体系。认真落实中央和省制定的鼓励就业再就业的各项政策,努力改善创业和就业环境。坚持以市场为导向,建立以劳动者自主就业为主的就业机制,支持自谋职业和自主创业。加强劳动力市场建设,健全就业信息网络,开展多种形式的就业培训,探索和完善公共就业服务运行机制,完善就业公共服务体系。改革城乡分离的就业管理体制,打破身份界限,统筹城乡就业,创造劳动者平等竞争、合理流动的体制环境,完善城乡劳动者自主择业、平等就业的制度。

努力扩大社会保障覆盖面。进一步完善城市贫困救助体系,巩固"两个确保"和"一个低保",保障职工合法权益,切实解决好改制企业职工的社会保障问题。积极探索机关社会保障制度改革,加快推进事业单位社会保障制度改革,首先在文化事业单位改革和乡镇综合配套改革中制定社会保障制度改革的试行办法。完善社保资金筹集机制,强化社会保险基金征缴,规范基金监管,确保基金安全。鼓励有条件的地方探索建立农村最低生活保障制度。鼓励有条件的企业建立补充保险,积极发展商业养老、医疗保险。

（十五）加快推进社会事业改革。区分公益性和经营性社会事业，加快经营性事业单位市场化进程，逐步将具备条件的经营性事业单位转制为企业。在国家法律法规允许的范围内，鼓励各类经济主体投资发展社会事业，鼓励实行股份制改造或产权转让。深化公益性社会事业单位改革，转变运行机制，加大投入，增强活力，改善服务。

深化文化体制改革。按照省委、省政府关于深化文化体制改革的意见.认真试点，积极探索，逐步建立党委领导、政府管理、行业自律、企事业单位依法运营的文化管理体制。按照政事分开、政企分开、管办分离的原则，理顺政府部门与文化企事业单位的关系。深化公益性文化事业单位劳动、人事、收入分配和社会保障制度改革。经营性文化产业单位面向市场，转换机制，增强活力。健全文化市场体系，建立富有活力的文化产品生产经营体制。完善文化产业政策，鼓励多渠道资金投入，促进各类文化产业共同发展，增强文化产业的整体实力。抓紧推进省直新闻出版、广播影视和文艺院团的改革，形成几个文化产业集团。各市州在抓好试点的基础上逐步推开。深化体育改革，构建群众体育服务体系，健全竞技体育体制，促进体育产业健康发展，增强全民体质。

加强以企业为主体的技术创新体系建设。推动应用型科研院所向企业化转制，大力发展民办科研机构和民营科技企业，改革科技推广体制和运行机制，放活科技人员，推进科技成果市场化，加快科技优势转化为现实生产力的步伐，实现科技和经济社会发展的紧密结合。

深化教育体制改革。巩固和完善以县级政府管理为主的农村义务教育管理体制。建立农村义务教育经费保障体系，积极推进以聘用制改革为主要内容的农村中小学人事管理制度，认真研究制定深化农村教育体制改革的方案，在试点的基础上逐步实施。积极探索建立高中教育和高等教育多元化投入机制，加强职业教育和培训。

加快推进新型农村合作医疗制度改革试点。探索农村合作医疗的管理体制、筹资机制、运行机制和监督机制，提高覆盖率。推进农村卫生管理体制和运行机制的改革，逐步推行乡镇卫生院“县办县管”。

（十六）按照“三个一律”的要求，深化行政管理体制改革。认真贯彻实施《行政许可法》，加大行政审批制度改革力度。抓紧研究制订深化省级行政审批制度改革、优化投资环境的方案。凡是可以下放的权力一律下放，凡是可以取消的收费一律取消，凡是可以精简的审批一律精简。各市州也要相应制定改革方案。依法规范行政审批，健全审批监督制约机制。积极创造条件，推行并联审批、告知承诺、备案监管、网上审批等办法，提高行政审批的时效性和透明度。

大力推进行政服务中心、经济发展环境投诉中心、综合招投标中心和财政国库集中收付中心建设。完善办事规则和程序，加快电子政务建设，提高服务效率和服务水平，加强对行政行为的监督和制约。建立健全公务员问责制度和考核、评价、淘汰机制。进一步规范政府行政行为，推进依法行政。建立健全各种预警和应急机制，提高政府应对突发性事件和风险的能力。改革行政执法体制，积极推行相对集中处罚权和综合执法，同一区域内的执法项目实行一级负责、属地管理，克服多头执法、多层执法现象。

实现政府职责、机构和编制的法定化。抓紧研究制定机构编制管理的地方性法规，建立机构编制刚性管理机制和督查机制。建立机构编制与财政预算相互配套的约束机制，实现编制到岗到人，经费与编制挂钩。严肃机构编制纪律，实行主要领导机构编制工作责任追究制度。

四、切实加强和改善党对改革的领导

（十七）加强党的执政能力建设，努力提高领导改革的水平。各级党委要把深化改革作为促进发展、维护稳定的强大动力，始终保持政治上的坚定性。要适应完善社会主义市场经济体制的要求，努力改革和完善领导方式和执政方式，善于谋全局、把方向、管大事，进一步提高科学判断形势的能力、驾驭市场经济的能力、应对复杂局面的能力、依法执政的能力和总揽全局的能力。要坚持党管人才的原则，培养和造就大批适应现代化建设需要的各类人才，加强各级领导班子和基层组织建设，为改革和发展提供强有力的组织保证。

（十八）加强干部队伍作风建设，确保各项改革的落实。各级领导干部要深入改革第一线，加强调查研究，周密规划部署，精心组织实施，积极破解难题。要改进干部的评价、考核和任用机制，鼓励和支持干部大胆改革、锐意创新。要精简会议、文件、检查、评比，创新抓落实的工作机制，实行严格的工作责任制和责任追究制度。各级党政主要负责同志要对本地区的改革负总责，保证各项改革措施落到实处。

（十九）加强党风廉政建设和反腐败工作，为完善社会主义市场经济体制营造良好的社会氛围。按照从严治党的要求，进一步抓好领导干部的廉洁自律，坚决查处各种违法违纪案件，切实纠正损害群众利益的不正之风。坚持标本兼治、综合治理，注重思想道德教育，加强廉政法制建设，完善监督制约机制，逐步建立与社会主义市场经济体制相适应的教育、制度、监督并重的惩治和预防腐败体系，认真落实党风廉政建设责任制，着力构建严格的自律机制、防范机制、惩处机制。教育党员干部按照“为民、务实、清廉”的要求，牢固树立立党为公、执政为民的思想，务必继续保持谦虚谨慎、不骄不躁的作风，务必继续保持艰苦奋斗的作风，坚决抵制各种不良风气的侵蚀。

（二十）加强民主政治和精神文明建设，促进“三个文明”协调发展。要积极稳妥地推进政治体制改革，扩大社会主义民主，健全社会主义法制，巩固和壮大爱国统一战线，加强思想政治工作，为发展社会主义市场经济提供强有力的政治保证。要积极推进决策的科学化、程序化、民主化，确保改革符合人民的根本利益。要加强地方立法，坚持依法行政，确保公正司法。要大力加强社会主义文化建设，弘扬和培育民族精神，不断提高全省人民的思想道德素质和科学文化素质，为改革和发展提供强大的精神动力和智力支持。

全省广大党员和干部群众，要紧密团结在以胡锦涛同志为总书记的党中央周围，坚持以邓小平理论和“三个代表”重要思想为指导，认真贯彻落实党的十六届三中全会精神，与时俱进，开拓进取，励精图治，扎实工作，为建成完善的社会主义市场经济体制、努力使湖北的发展走在中西部前列而奋斗！

关于部分省属工业企业下放工作的实施方案

根据《中共湖北省委湖北省人民政府关于贯彻落实党的十六大精神进一步深化国有企业改革的意见》(鄂发[2003] 5号)精神,决定将湖北无线电厂等部分省属工业企业下放有关市、州,实行属地管理,现制定实施方案如下:

一、下放的原则

(一)整体移交,实行属地管理。

(二)统一领导、统一部署、统一政策,分行业、分级实施。

(三)企业先下放,后测算;先下放,后破产;先下放,后改制。

(四)严肃纪律,依法运作。

(五)维护稳定,加快发展。

二、下放企业资产财务、税务关系的移交及其管理

(一)下放企业的资产无偿划转到所在市、州财政部门(国有资产管理部门),资产财务关系以社会中介机构审计确认的各企业2002年年度财务决算报表数为准。

(二)下放企业的债权、债务一并移交。各单位必须维护金融债权,不得以任何方式逃废银行债务。下放企业向银行等金融机构的借款,下放后原借款合同仍然有效。下放企业所欠税款随同企业债权、债务一并移交。

(三)税务征管工作按国家现行税收法律、行政法规和省政府《关于进一步调整和完善分税制财政管理体制的决定》(鄂政发[2002]29号)执行。

三、下放企业组织人事关系的处理

(一)下放企业的党组织关系移交所在市、州。各级党组织要继续抓好下放企业党的建设工作和领导干部的管理工作。

(二)下放企业的领导班子及领导人员移交所在市、州,由市、州党委结合本地和企业实际确定领导班子和领导人员的管理部门。

四、下放企业劳动和社会保险关系的移交及其管理

(一)下放企业的劳动工资关系移交所在市、州劳动保障部门,工资总额以2002年度决算数为准。

(二)下放企业的社会保险关系保持现有管理和征收体制不变。下放企业原欠缴的社会保险费,仍由企业负担。

五、下放企业改制和破产工作的实施

(一)下放企业的改制改组和破产工作由市、州政府组织实施。

(二)原企业主管部门要主动配合当地政府做好下放企业的改制改组工作,积极参与做好企业破产工作。

六、下放企业的有关政策衔接

(一)经国家批准实施政策性破产的企业,有关市、州做好破产预案、职工安置方案和维护社会稳定的预案,报省属企业改革脱困工作领导小组审定。

（二）政策性破产企业职工安置费缺口和特困企业下岗职工出中心以及分离企业办社会费用，按国家和省里有关政策落实。

（三）确需实施依法破产的企业，按法定程序申请。三年内进入破产程序的企业，破产预案报省属企业改革脱困工作领导小组审定。

（四）省政府对省属企业的现行政策，在企业下放后继续执行，主要包括：

1、在改革、改组和改造等方面的政策继续执行，并适当加大支持力度。

2、为解决下放企业的困难，省财政在有关专项资金方面，继续予以支持。

3、中央有关专项补助，省财政负责落实到位。

4、下放企业中已进再就业中心的下岗职工的基本生活费，按"三三制"原则由省负担部分的余额，由省劳动和社会保障厅、省财政厅一次性核定，分期拨付地方。当地政府应按国家规定保障下放企业下岗职工基本生活费按时足额发放。

七、加强领导，明确职责，严明纪律，确保稳定

省属企业下放工作在省委、省政府领导下进行，具体由省属企业改革脱困工作领导小组组织实施。有关的各级党委、政府及有关部门要提高认识，切实加强组织领导。有接收任务的市、州政府要明确一位市级领导负责这项工作，以确保企业下放工作顺利实施。

各有关市、州，省直有关部门以及各下放企业要正确处理局部利益和整体利益的关系，正确处理改革、发展、稳定的关系，切实做好干部职工的思想政治工作，确保社会稳定。企业主管部门都要派出工作组，深入下放的原属企业，协助当地政府做好工作，及时研究和解决企业下放中出现的问题。

在企业下放过程中，有关部门和有关企业要严格遵守纪律，不准隐匿、转移和擅自出让企业资产；不准抽逃企业资金；不准以任何名义突击花钱和私分企业钱物；不准提高工资。违犯纪律的，要追究主管人员和直接责任人的责任，并视情节轻重，给予党纪、政纪处分；构成犯罪的，要依法追究刑事责任。

八、本方案由省属企业改革脱困工作领导小组办公室负责解释。

关于加快发展全省服务业的若干政策意见

根据《国务院办公厅转发国家计委关于“十五”期间加快发展服务业若干政策措施意见的通知》（国办发[2001]98号）要求，根据全国、全省服务业工作电视电话会议精神，提出以下加快我省服务业发展的若干政策意见。

一、更新发展观念，加强组织领导

（一）加快发展服务业是遵循产业演进规律，优化产业结构，加快推进全省经济现代化的必然要求；是扩大社会需求，拓展产业发展空间，提高人民生活水平，保持经济持续快速健康发展的迫切需要；是适应改革开放新形势，促进体制创新，加速经济市场化进程的重要举措，是安置下岗职工，促进就业和再就业，维护社会稳定的重要途径。服务业兴旺发达是现代化的一个重要特征，加快发展服务业，对于推进社会主义现代化，全面建设小康社会具有重大深远的战略意义。

（二）改革开放以来，全省服务业稳步发展，供给总量有了很大提高，产业结构明显改善，为扩大消费、增加就业提供了有力支撑。但从总体上看，全省服务业总量不足、结构不优、竞争力不强和地区发展不平衡等问题仍很突出。因此，加快服务业发展，对于实现我省“十五”计划发展目标具有重要的现实意义。

（三）进一步解放思想，更新观念，充分认识加快发展服务业的紧迫性、必要性和重要性，真正把服务业作为一个重要产业，作为提升全省经济实力的战略任务，摆到与一、二产业同等重要的位置上。突破体制障碍，优化发展环境，调整产业政策，引进竞争机制，打破行业垄断。把政府引导与市场机制作用有机结合起来，充分调动各方面的积极因素，依靠社会力量，突出重点，加快发展，全面提升全省服务业发展水平。

（四）加强发展服务业的舆论宣传。运用多种舆论工具和手段，采用多种形式，大力宣传加快全省服务业发展的必要性和重要性，营造良好的舆论环境，使加快发展服务业成为全省上下的共识。

（五）建立健全服务业工作管理体制。省政府成立由省政府领导负责、有关部门组成的省服务业工作领导小组，下设办公室作为领导小组的日常办事机构，对服务业发展及重大事项实行宏观调控、统一管理和组织协调。各级政府要明确主管服务业工作的负责人，建立和完善服务业发展目标管理责任制。全省计划部门负责服务业发展总体规划编制和组织实施工作。鼓励服务业行业协会发展，发挥其在市场保护、行业自律以及作为政府与企业沟通的桥梁等方面的积极作用。

二、深化体制改革，创新发展机制

（六）放宽服务业市场准入。改变服务业部分行业垄断经营严重、市场准入限制过严和透明度低的状况，按市场主体资质和服务标准，逐步形成公开透明、管理规范和标准统一的市场准入制度。放宽外贸、教育、文化、中介服务等行业市场准入的资质条件。鼓励非国有经济在更广泛的领域，以独资、合资、合作、联营、参股、特许经营等方式参与服务业发展，在市场准入、土地使用、信贷、税收、上市融资等方面，享有与国有经济同等待遇。清理、废除各种形式限制民间投资和市场准入的不合理规定，改革市场准入的行政审批制度，减少行政性审批。

（七）推进服务领域的产业化。以政企分开、政事分开、企业与事业分开、营利性机构与非营利性机构分开为原则，加快推进适宜产业化经营领域的产业化进程。除基本公共服务领域外，其他领域都要尽快实行产业化经营。营利性事业单位要改制为企业或实行企业化管理，逐步减少直至取消政府投资和事业经费。挂靠政府部门的营利性机构要与原部门脱钩。

（八）促进后勤服务的社会化。学校、医院和企业、事业单位以及有条件的机关后勤服务设施都要改制为独立法人企业，面向社会开放。新组建并由政府财政拨款的行政事业单位，原则上不再设立后勤服务机构，所需服务由社会提供。鼓励民间投资兴办面向机关和企事业单位的后勤服务企业。有关部门要抓紧制定促进并规范后勤服务机构转制的具体规定。

（九）加快推进大型服务企业建立现代企业制度。推进产权制度改革，建立股权多元化的有限责任公司或股份有限公司。促进服务业向集团化、网络化、品牌化方向经营，发展一批拥有著名服务品牌、多元投资主体的大型服务企业。择优扶持若干重点大型服务企业通过兼并、重组、联合、上市、跨行业及跨地区经营等方式，组建具有较强国际竞争力的大型服务企业集团。各地区、各部门要鼓励企业跨地区发展，并在经营场所、工商登记、劳动用工等方面提供方便。适当降低对外贸易、公用事业、教育培训、卫生、科技、社会福利、文化、电信、金融保险等行业国有经济比重，鼓励发展多种经济成份的服务企业群体。

（十）推进服务业的标准化建设。加快服务业标准化体系建设，全面推广服务业国家标准。对目前尚无国家标准的领域，提倡直接采用国际标准或国外先进企业标准，并抓紧制定颁布具有湖北特色的地方性标准。逐步在服务业推广普及质量管理、环境管理、职业安全卫生等体系认证，提高服务水平和企业素质，增强服务企业在国内外市场的竞争力。

三、优化内部结构，提升产业层次

（十一）加大服务业行业结构调整力度。积极发展信息服务、现代物流、旅游、教育培训、房地产、金融保险、国际贸易、中介服务、广告会展、文化体育、休闲娱乐、农业服务等现代服务业，培育服务业新的增长点。改造提升商业、养老服务、社区服务、餐饮、交通运输等就业潜力大的服务行业，努力扩大服务业就业容量。推进连锁经营、特许经营、物流配送、代理制、电子商务等组织形式和服务方式的发展，不断提高服务业总体水平，促进服务业行业结构优化升级。

（十二）建立健全农村社会化服务体系。加大对国有和行使国家行政职能服务“三农”的社会化服务体系建设的投入力度。通过各级政府投入引导、社会共同参与的办法，加大对农业生产产前、产中和产后的农业技术推广体系、农产品市场信息体系、金融信贷体系以及农产品防疫、检疫、质量标准技术检验、检测等公益社会化服务体系建设的投入力度，完善服务设施和配套功能，发展服务组织，提高农产品和农业生产资料国内外市场准入质量。积极发展农村各种协会、中介服务组织，适应农业市场化、现代化、国际化需要。

（十三）高起点发展信息服务业，推进国民经济信息化。继续提高传输网的容量和技术水平，大力发展接入网，建成高速、宽带、大容量的信息通信网，促进电信网、有线电视网、计算机网的互联互通。加快“数字湖北”工程建设步伐。充分利用现有网络资源，拓展增值服务、视频点播、数据多媒体传输等新业务。发展企业资源规划、客户关系管理、先进制造技术集成等应用软件服务，大幅度提高企业信息化水平。积极发展电子商务、远程教育、远程医疗等服务和物流业务、电子邮政综合类业务。加快发展电子政务，以政府信息化带动社会和企业信息化。建设示范性信息化小区。

（十四）加速培育现代物流业。实现运输、仓储企业的规模化、现代化。充分发挥武汉市经济中心的优势，构筑以现代综合交通运输体系为主的物流运输平台、以现代通信网络为主的物流信息平台、以规模仓储和自动化管理为主的物流储存配送平台。兴建一批现代物流基地，加快现有交通运输企业和仓储企业改造升级。

（十五）理顺旅游业管理体制，调动各方力量发展旅游业。加快国有大中型旅游企业建立现代企业制度，增强企业活力。进一步明确界定旅游资源的所有权、监督管理权、开发经营权和收益分配权，促进旅游生产要素合理配置，加快旅游资源的综合开发利用。在有效保护资源的前提下允许所有权与经营权分离，进行市场化开发。利用商业资本开发旅游资源，不断提升旅游资源品位，增强旅游产业市场竞争力。积极引进国外先进管理模式和经验，加快组建中外合资合作旅行社步伐。

四、拓宽服务领域，扩大就业容量

（十六）研究落实鼓励发展社区服务、养老服务、农业服务和下岗职工再就业的税收、工商、土地、城管等优惠政策，拓宽服务领域，开拓新的就业渠道。积极推进非全日制、弹性就业等灵活就业方式。尤其要把发展社区服务业作为当前和今后一个时期全省扩大就业与再就业的工作重点，有关部门要研究制定具体政策措施，支持和扶持社区服务业发展，鼓励下岗职工、失业人员和有专长的人员创办社区服务企业，鼓励社会资本投资兴办社区服务企业，鼓励企事业单位把存量资源转为社区服务设施，形成社区服务多元投资的新格局。

（十七）积极扶持小型服务企业发展。小型服务企业在安置就业方面具有不可替代的重要作用。建立健全小型服务业企业信用担保体系、金融服务体系和公共科技开发机构、管理咨询机构等。规范和放宽小企业融资准入制度。鼓励企业安排下岗职工再就业，企业安排下岗职工达到国家规定比例的可享受税收优惠政策。采取出售、租赁、委托管理、承包经营、股份合作等多种形式，推进国有、集体中小服务企业改组改制。鼓励中小服务企业之间实行连锁经营和特许经营。

五、抢抓入世机遇，扩大对外开放

（十八）全面扩大服务业对外开放。根据我国入世承诺、国家总体部署和全省经济发展要求，有步骤地进一步开放银行、保险、证券、电信、外贸、商业、医疗、会计、设计咨询等服务领域，鼓励外商兼并重组进入服务领域。加快引进国外先进技术和管理方法，促进服务业管理体制、企业机制、组织形式以及服务品种创新，培育全省服务业比较优势，增强国际竞争力。健全涉外服务贸易法规，完善外商投资服务体系建设，推进“一站式”服务。

（十九）积极实施“走出去”战略。鼓励发展对外劳务合作、设计咨询、医疗保健等国际服务贸易，并在人才培训、外汇管理、信息服务、出入境管理、金融、保险等方面提供便利。支持服务企业通过与国外有实力的服务企业合资、合作、兼并重组等方式，进入国外服务贸易市场。鼓励省内有条件的高等学校本着积极稳妥的原则，到境外办学，同时积极吸引境外学生来鄂留学、培训、进修，拓展对外教育服务空间。切实加强口岸管理，提高口岸工作效率，促进全省外贸出口快速增长。

六、运用调控政策，加强宏观引导

（二十）财政政策。按照国家有关要求，各级政府都要适当安排一定数量的投资，作为加快发展服务业的引导资金，主要用于国家鼓励服务业建设项目的贴息或补助，以更多地吸引银行信贷资金和社会资金投入。

（二十一）税收政策。在用足用活国家关于加快服务业发展所实行的各项税收优惠政策的同时，各级都要在权限范围内研究制定相关政策措施，进一步扶持服务业的发展，鼓励扩大就业再就业。

（二十二）用地政策。简化用地审批手续和审批程序，降低服务业用地成本。鼓励中心城市“退二进三”，提高服务业用地比重。支持发展农村服务业。发展重点口子镇和省级试点小城镇服务业，单列建设占用耕地周转指标。制定土地出让金、土地使用权等方面优惠政策，支持服务业企业改革。

（二十三）工商政策。进一步简化服务业企业开业审批手续，缩小前置性审批范围。除国家法律、法规及产业政策规定的少数需要继续实行照前许可和专项审批外，新开办服务业企业一律免除前置性审查，在注册资金、登记手续等方面适当放宽要求，放开经营。

（二十四）物价政策。认真落实国家对服务行业用水、用气和用电的价格政策。逐步解决服务业用水、用气、用电价格不合理问题。整顿服务价格秩序，合理调整价格，促进服务业发展。

七、广开筹资渠道，搞好资金融通

（二十五）争取国家对我省服务业大中型项目的资金扶持。结合全省“十五”规划，充分利用我省特别是武汉市在发展服务业上的区位条件、产业基础、市场潜力、科技人才等方面的综合优势，制定服务业发展重点领域专项规划，筛选一批符合国家产业政策要求和布局方向的服务业大中型项目，积极向国家争取投资。同时各级政府也要加大对服务业的投入。

（二十六）增加对服务业的信贷支持。银行要适当增加对服务业的信贷支持，积极向符合条件的服务企业及其建设项目发放贷款。完善金融信贷服务体系建设，创新信用手段，建立公共的企业信用记录、评估及查询系统。银行要配合有关部门完善信用担保制度。

（二十七）提高服务业直接融资比重和规模。通过发行股票、企业债券、可转换公司债券募集资金，或通过项目融资及进入投资基金市场、金融期货市场、柜台交易市场、风险投资市场、企业产权交易市场等筹措资金。

（二十八）积极利用外资发展服务业。利用外国政府贷款重点放在交通、通信等基础设施和支持科技、教育、卫生、环保、信息系统等项目建设上，利用商业贷款主要用于旅游、房地产、贸易、饮食等项目开发上。拓展外商投资领域，积极争取外商在我省兴办服务业企业、设立金融机构。鼓励外商投资房地产开发、信息咨询、中介服务、教育培训等项目。

八、转变政府职能，改善发展环境

（二十九）深化行政管理体制改革。巩固行政审批制度改革成果，进一步规范行政审批范围。完善政务公开制度，各级行政机关要公开行政规章和行政措施，公开办事程序和办事结果。加强政府信息服务，发展电子政务，加快政府信息网站建设，逐步向社会开放政府信息资源。按照国际规则改革服务业统计制度和方法，建立和完善服务业经常性调查制度。建立健全服务业发展的监测、预警、预测和信息发布制度，发挥信息导向作用。

（三十）整顿市场经济秩序，维护公平竞争环境。规范行政事业性收费行为，清理并废除各种不合理收费。坚决打击各种制售假冒伪劣商品、虚假广告等违法行为，严厉查处侵犯商业秘密、商业贿赂等不正当竞争行为。

（三十一）加强服务业法制建设。全面清理现行的地方法规和规章，对不利于服务业发展的规定，应予以修改或废止。对尚未出台，但有利于服务业发展的政策规定，要尽快出台。规范各级工商、税务、审计、统计、监察、公安、卫生、环保、技术监督、国有资产管理等部门对服务业的执法行为，提高执法人员的素质，坚持依法行政和依法监督。

（三十二）实施扩大消费政策，促进服务消费迅速发展。继续支持发展信贷消费，建立社会信用体系和信用制度，完善消费信贷规则，清查取消对高等教育、住房、汽车等领域限制消费的政策。研究推行职工带薪年休假制度，进行公务用车制度改革试点，扩大消费需求。不断完善服务承诺制和质量保证制，加强政府监督和行业自律。

（三十三）加快服务业人才培养。加强信息服务、金融、保险、电子商务、物流配送、中介服务以及国际贸易等现代服务业人才培养。调整高等学校和中等职业学校专业布局结构，有针对性地增加面向服务业的紧缺专业，扩大服务业人才培养规律。加强现有中高级服务管理人才、专业技术人才和师资的进修培训，注重经纪人的培养，开展服务教育国际合作，积极吸引国内外高中级人才到我省创业、就业，鼓励专业技术人才取得国际通用的职业资格证书。全面推进职业资格证书制度，提高服务业从业人员的职业道德、质量意识、竞争意识和业务水平，增加其就业、创业和适应职业变化的能力。

（三十四）各地区、各部门要尽快根据本意见制定和落实促进服务业加快发展的具体政策措施或实施细则，确保政策措施落到实处。省发展计划委员会对落实本意见的情况进行监督检查，并向省政府报告。

湖北省人民政府关于“十五”时期加快发展现代流通业的意见

为推进我省流通业的改革与发展，确保国民经济持续、快速、健康发展，现就“十五”时期加快发展我省现代流通业提出如下意见。

一、发展现代流通业的指导思想和目标

（一）“十五”期间我省现代流通业发展的指导思想：以邓小平理论和“三个代表”重要思想为指导，坚持商品流通为人民生活服务、为经济建设服务的根本宗旨，坚持以市场为导向、企业为主体和先规划、后发展的原则，在充分发挥市场机制基础作用的同时，加强政府的引导和宏观调控，以武汉市为龙头，以沿江（长江）、沿线（京广、京九）及中等城市为突破口，辐射、带动全省城乡。通过重点发展连锁经营、中高级批发市场、现代物流业和流通信息化，促进我省流通业的现代化和国际化。

（二）“十五”时期我省现代流通业发展的目标：到2005年，流通业增加值占全省国内生产总值的15%左右；连锁经营企业销售额占社会批发零售贸易和餐饮业销售总额的比重达到20%左右，大中城市连锁企业销售额占当地社会消费品零售总额的30%以上；培育5—10家年销售额在50—100亿元的连锁企业，1—2家拥有自主知识产权、主业突出、核心竞争力强的大型连锁企业集团；3—5家专业化、社会化大型物流企业；5—10个特大型的中高级工业品批发市场；1—2家运用电子信息技术大规模开展电子商务的企业。市场经济秩序明显好转，基本建立与国际规则相衔接的流通管理体制和规范有序的市场体系。

二、大力发展连锁经营

（三）连锁经营要向多业种、多业态发展。继续促进连锁超市发展，提高超市生鲜商品经营能力和比重，大力发展以社区为中心、具有多项服务功能的连锁便利店，探索便利店在不同类型地区、城乡特色各异的经营形式和内容。在做好规划的基础上，发展具有较强销售、扩张和价格支配能力的连锁大型综合超市和仓储式商店。推进百货商店的业态创新和转型，加快百货商店连锁经营步伐。发展特色连锁专业店和专卖店。

（四）不断拓展连锁经营的范围。在巩固发展现有连锁经营的基础上，在石油、医药、烟草、装饰材料、汽车、生产资料等商品的销售，以及快递和旅游等服务领域，广泛推广连锁经营。特别要加快传统粮油、副食品和蔬菜店向连锁超市或便利店转型，支持农业产业化经营龙头企业进城发展产品销售连锁店。

（五）加快培育大型连锁经营龙头企业和流通企业集团。鼓励企业采取一业为主、多业种业态的发展形式，通过并购加快直营连锁步伐，以特许连锁形式加快向省内外、国内外扩张。推动中小流通企业探索通过自由连锁形式开展同业合作，发展我省流通业的“联合舰队”。支持各类流通企业以优势企业为龙头、资产为纽带、品牌为载体，开展资产重组和业务联合，支持企业利用资本市场筹集资金，实现商业经营与资本经营的有机结合。省重点扶持3—5家投资主体多元化、规模大、核心竞争力强的大型连锁经营企业迅速做大做强。

三、提高批发市场的现代化水平

（六）按照控制总量、调整布局、强化功能、规范管理的原则，集中力量在主产地或主销区、集散地扶持发展一批具有鲜明专业特色，紧密依托当地产业或具有较强商品集散功能，连接城乡、辐射全国、连通国外的特大型和高档次的农产品、大宗原材料和工业品等批发市场，使之建设成商品集散中心、流通加工中心、商品交易中心、价格形成中心和信息发布中心。省在粮食、农副产品、石化产品、建材及其他重要生产资料等领域选择一批大型中高级市场进行试点，扶持其发展。

（七）提高市场组织化程度和经营管理水平。加强对批发市场的治理整顿和监管，推动批发市场交易主体由个体商户为主向公司制企业为主转变；推行批发市场管理者对商品质量的先行负责制和责任追踪制，促进交易主体由单纯追求交易数量向注重提高商品和服务质量转变；推进由零散式非标准交易为主向规范化、标准化交易转变。建立批发市场电子商务网络，积极推行竞价拍卖、网上交易等先进交易方式，扩大市场的辐射范围和交易规模。

（八）加快批发市场经营和交易的标准化工作。省质量技术监督管理部门要会同有关部门大力推行ISO9000等质量管理体系、ISO10012计量检测体系，加强对批发市场的质量监督。

四、积极探索发展现代物流业

（九）加强协调，形成合力，创造现代物流业发展的良好条件。按照国家经贸委等六部门《关于加快我国现代物流发展的若干意见》（国经贸运行[2001]189号），由省计委牵头，会同省经贸委等有关部门研究制定我省现代物流发展规划和配套政策。

（十）加强物流基础设施和物流标准化建设，提高物流整合水平。加快武汉、黄石、宜昌、沙市、武穴等港口和武汉天河机场，以及主要公路枢纽城市道路的建设，支持在武汉和其他交通基础设施条件优越、商品集散能力强、辐射范围广的地区，建设集市场信息、仓储、配送、多式联运及展示、交易等功能于一体的现代物流基地。逐步形成以武汉为龙头，以沿江、沿线为轴线，国际国内双向物流和水、陆、空立体物流相结合的国际性和区域性物流中心。抓紧组织制定各类物流标准和规划。

（十一）支持大型连锁、代理、第三方物流和大型工业企业进行物流配送中心建设，加快建立综合性与专业性并存的多层次物流配送体系。扶持一批规模大、功能强、信息化和标准化程度高、技术先进的大型物流企业集团。省选择1—2家大型第三方物流企业进行试点，以发挥其示范和带动作用。

（十二）优化信息网络资源配置，加快综合服务体系建设。充分利用现有信息网络和平台，加快有形市场电子交易系统、工商企业网络营销系统、流通信息服务系统、防伪咨询服务系统的建设，构建链接生产者、经营者、消费者、管理者的全省商务基础信息平台，努力促进商流、物流、信息流和资金流的结合。

五、深化改革，扩大开放，加速现代流通业发展

（十三）根据“有进有退”的方针，加快国有流通企业的改革。国有流通企业要加大资产重组力度，把要素集中到优势明显、成长性强的大公司、大集团，提高国有资本的利用效率。进一步加快粮食、石油、农资、烟草、医药、食盐等关系国计民生重要行业的企业，以及一般竞争性领域中核心竞争力强、规模较大、成长性较强的大企业、大集团的公司制改造步伐，建立和完善法人治理结构，继续发挥公有经济的主导作用。通过多种形式放开搞活中小流通企业。对资不抵债、经营困难、扭亏无望的企业，运用经济和法律的手段，使其尽快退出市场。

（十四）促进多种所有制经济共同发展。加快和扩大流通领域的开放，培育多元化市场主体，鼓励公有制经济以参股、控股、收购、租赁等形式参与国有和集体所有制流通企业的改革、改组和改造。打破地区封锁、部门和行业垄断，促进各地区、各行业和各种所有制流通企业相互渗透、相互促进。引导非公有制经济实现经营方式创新，走现代流通的发展道路。

（十五）加大流通业对外开放力度。积极引进国际知名的大型连锁企业和物流企业，促进流通业实现经营方式、营销技术和管理创新。推动口岸管理制度改革，建立大通关制度，加快电子口岸的推广和应用，提高通关效率。吸引跨国公司在我省设立商品采购中心、物流配送中心，促进省内企业与国际大型流通企业开展合资合作，逐步建立与国际市场接轨的贸易和物流网络体系，使湖北产品直接进入国际分销渠道，扩大产品出口，鼓励有实力的企业“走出去”，积极参与国际市场竞争。

六、规范市场准入，改进市场监管

（十六）按照公平公正和非歧视性原则，加快调整和制定市场准入条件与标准，促进多种经济成分参与流通业发展。按照国家经贸委发布的《关于城市商业网点规划工作的指导意见》和城市发展规划，制定流通业经营网点和设施建设规划，建立市场准入听证会制度，避免盲目发展、重复建设和过度竞争。凡按我国加入世贸组织承诺要对外商开放的领域，都要尽快对内资开放。

（十七）支持连锁经营企业经营专营专卖商品。直营连锁经营企业办理经营资格审批和各类证照（除工商营业执照、税务登记证）手续，实行由总部向主管机关统一办理，统一年审的办法。各分店持总部的批准文件或证照到所在地办理经营备案手续，纳入当地管理。

（十八）支持大型物流企业扩大经营范围，取得包括运输和国际货运代理在内的各类经营权，简化办证手续。国际物流业务量大的物流基地、物流企业或物流配送中心，可申请设立海关监管点或监管仓库、保税展馆等，支持和鼓励物流企业、批发代理企业、连锁经营企业开展国际物流业务。

（十九）具备规定条件的连锁和物流企业，经主管机关认定和备案后，可获得省管理权限内的上述各类经营权。

七、加强对现代流通业的政策扶持

（二十）符合原国内贸易部《连锁店经营管理规范意见》（内贸政体法字[1997]第24号）的跨市州直营连锁企业总机构，报经省国税局、财政厅同意后，可对总店和分店实行由总店向其所在地主管税务机关统一申报缴纳增值税。具体办法按照《财政部、国家税务总局关于连锁经营企业增值纳税地点问题的通知》（财税字[1997]97号）的有关规定执行。省财政厅要做好相关工作，使分店所在地方的利益不受纳税地点变化的影响。

（二十一）从2003年起3年内，对省内发展的大型连锁经营企业、中高级工业品批发市场、国家级农产品批发市场和第三方物流企业的技改项目所需资金，由业主按市场化运作筹集，各级政府对所属企业的项目，可按国家基准贷款利率给予贴息支持。对省确定的重点流通发展项目，省财政厅要安排一定的贴息资金。

（二十二）省内外商投资企业申报建设大中型现代流通设施项目，凡符合国家和省发展规划、布局的，均应准予立项，其中，限上项目由省计委上报国家计委审批。对于建设所需用地，在年度土地使用计划中优先安排。

（二十三）对列入省现代流通业试点的国有或国有控股企业，可通过国有资产收益和土地出让金返还（耕地开发资金除外），商业租用国有直管公房等有效资产划拨形式，增加国有资本金注入，促进企业快速发展。具体实施意见由省经贸委会同省有关部门研究制定。

（二十四）对流通企业符合国家产业政策的技术改造项目，按照财政部、国家税务总局《关于印发<技术改造国产设备投资抵免企业所得税暂行办法）的通知》（财税字[1999]290号）执行，享受国产设备投资抵免所得税的政策。

（二十五）大型流通企业集团自主实施内部重组过程中，涉及到企业资产、股权变动的，免收相关费用。

（二十六）加快和规范发展大型流通企业股份制改造工作，对符合条件的，优先推荐在国内外上市或发行债券。优先支持大型流通企业集团与国际著名连锁经营企业、物流企业以及其他企业合资合作，引进资金和现代流通技术。

（二十七）降低用电价格。流通企业使用的大型冷冻、冷藏和各类生产加工设备的用电价格按用电容量的大小，执行非、普工业电价或大工业电价。

（二十八）给予用地政策支持。在列入省规划的大型物流基地内（下同）设立的物流配送中心和物流企业新增用地，按仓储用地实行有偿使用，土地出让金及市政设施配套费由当地政府按照标准的下限收取。企业以原划拨土地为条件引进物流资金和设备建设物流配送中心，可按一定比例的地价缴纳土地出让金后，将土地使用权作为法人资产作价出资。企业由原划拨土地自行改造为物流配送中心，凡未涉及产权变更、转让的，免缴土地出让金。企业对仓库等设施进行易地改造，新建物流配送中心时，政府将企业原有土地依法有偿出让取得的土地出让金，返还企业用以抵缴新建物流配送中心应缴纳的土地出让金(超出部分不返还)。

(二十九)省大型连锁经营企业、中高级批发市场、第三方物流企业和大规模专业从事电子商务企业的试点和认定工作，由省经贸委会同有关部门负责，试点企业名单报省政府公布。每两年认定一次，实行动态管理。

八、加强对现代流通业发展的领导

(三十)转变政府职能，加强和改善对流通业的管理。各级政府及有关部门要加强领导，并把管理重点转移到行业规划、行业标准、产业政策和相关法规的制定与实施上来。完善规范市场主体和促进公平竞争的地方性法规，加大执法力度，强化监督管理，维护市场流通秩序，营造公平、公开、公正的市场环境；增强服务意识，增加透明度，积极为企业提供政策、法规、市场信息等咨询服务；扶持和发展行业协会等中介组织，完善其协调、自律、培训以及业务咨询、企业策划、信息交流功能，充分发挥其在推动行业发展和实施行业管理中的重要作用。

(三十一)坚持分类指导和科学规划。确定武汉市为省级流通现代化工作试点城市，加快培育和发展一批流通龙头企业，并向沿江、沿线及周边城市辐射；沿江沿线等中心城市要着重创造良好的环境条件，积极引进和鼓励当地企业加盟武汉地区有实力的企业，促进当地流通业的发展。

(三十二)各地和省政府有关部门要根据本意见，结合实际，抓紧制定具体的实施意见、配套政策和发展规划，精心组织，狠抓落实，及时解决现代流通业发展中的问题。

湖北省治理整顿土地市场秩序工作方案

根据全国和全省治理整顿土地市场秩序电视电话会议的要求,结合我省土地市场的实际,特制定如下工作方案。

一、指导思想

认真贯彻党的十六大精神和"三个代表"重要思想,按照国家关于规范土地市场管理的法律、法规和政策,标本兼治,着力治本,达到增强土地法制观念、提高队伍素质、落实各项制度、解决管理松弛、提高执法水平的目的,为我省经济和社会发展创造良好的环境。

二、主要原则

(一)自查为主。实行自查为主、上下联动的方法,市、县两级政府和国土部门自查自纠,上级主管部门同时应对下级部门治理整顿工作进行督查和指导。

(二)突出重点。抓好法制教育,重点是领导机关和管理机关;开展自查自纠,重点是制度不落实、管理不到位的问题;查处非法占地、非法入市,重点是查处违规设立园区、擅自协议圈占集体土地和擅自利用集体土地、划拨土地进行经营性房地产开发行为。

(三)重在整改。针对土地市场秩序中存在的问题,立足于从管理上查找原因,举一反三,制定整改措施。对尚未建立管理制度的,要限期建立;对制度不落实、管理不到位的,要研究落实措施;对来自外部不适当干预的,要通过法制宣传、建立公开透明的办事程序和集体决策制度,提高抵制不适当干预的能力。

(四)区别对待。对治理整顿中发现的问题必须主动纠正,对不主动自查自纠,通过上级抽查或群众举报发现的问题,依法从严处理。对治理整顿中发现的问题,要实事求是地分析原因,处理上要分清情况,区别对待:属于新《土地管理法》实施前发生的历史遗留问题,要本着尊重历史的精神,抓紧处理;属于工作中的问题,凡是进行自查自纠的,以后不再作为问题提出;属于违法的问题,只要是主动自查自纠的,可以依法从轻处理。对仍然有令不行、有禁不止,甚至执法犯法,为不法分子大开方便之门的,要依法严肃处理并追究领导责任,触犯刑律的,移送司法机关依法处理。

三、主要范围和主要内容

(一)主要范围:1999 年新《土地管理法》实施以来,土地管理和土地交易、使用情况。1999 年前凡未经处理和尚未终止的非法占地、非法入市行为,均纳入治理整顿范围。

(二)主要内容:

1、各类园区用地。主要是违反土地利用总体规划和城市规划设立各种名目的园区(城、村)及园区用地中存在的非法占地、越权批地、违法供地问题。

2、非法圈占集体土地。主要是单位和个人擅自与乡、村、组签订"征地"、占地协议而圈占土地问题。

3、违法违规交易。主要是违反《招标拍卖挂牌出让国有土地使用权规定》供地和擅自利用划拨土地、集体土地进行经营性房地产开发问题。

4、管理松弛。主要是有法不依、执法不严、甚至执法犯法,为不法分子大开方便之门;财务管理上违反财经纪律特别是违反国家"收支两条线"政策规定;以及中介机构未按规定与行政机关脱钩的问题。

四、工作方法和步骤

治理整顿土地市场秩序采取地方各级政府及国土资源管理部门自查自纠与上级抽查相结合的办法，重点是抓好市、县的自查工作。治理整顿工作分为四个阶段。

（一）动员部署阶段（2月20日至3月10日）

根据全国和全省电视电话会议要求，迅速部署，并结合本地实际，以市、县为单位，组织制定本地区治理整顿工作方案。省国土资源厅适时检查各地治理整顿工作的部署情况。

为加强对治理整顿工作的领导，成立湖北省土地市场治理整顿领导小组，省国土资源厅设立治理整顿工作督查办公室。各市、州、县要按照省里的办法成立领导小组，设立督查办公室，明确工作专班，负责日常具体工作。

（二）学习和对照检查阶段（3月11日至4月10日）

各级政府及国土资源管理部门要认真学习贯彻温家宝副总理批示和全国、全省电视电话精神，深刻领会，切实提高对治理整顿工作重要性的认识。集中时间、集中力量对近年来国家制定的相关法规、政策进行深入学习，着重学习《土地管理法》确立的规划用地、用途管制、保护耕地和违法查处等几项重要原则和制度，学习土地市场管理的六项基本制度（建设用地总量控制制度、城市建设用地集中统一供应制度、土地使用权公开交易制度、基准地价定期更新制度、土地登记资料可查询制度、集体决策制度），熟悉和掌握这些基本原则和制度，并逐一进行对照检查，梳理、分析这些法规、政策和制度在本地区的落实情况，发现问题、查找差距、分析原因。各地还要采取多种形式向有关领导和管理相对人宣传这些法规、政策和制度，为土地市场健康发展营造良好的社会氛围。各地集中学习时间不少于一周。

（三）处理和整改阶段（4月11日至6月10日）

在摸清基本情况的基础上查摆问题并进行处理，同时要制定整改措施，做到边整边改。对治理整顿中发现的问题，该清查的要坚决清理，该纠正的要主动纠正，该立案查处的要立案查处。

省国土资源管理厅要给织力量对市、县治理整顿工作进行督查、指导。同时，要选择一批大案要案进行查处，公开曝光。对治理整顿中发现的问题，凡当地已经依法严肃处理的，上级部门可以不再处理；当地不主动依法处理的，上级主管部门要组织力量进行查处并公开曝光。

（四）验收和总结阶段（6月11日至7月30日）

各市、州、县6月30日前各向省国土资源厅报送治理整顿情况总结报告和各项统计表。在此阶段，省国土资源厅要对市、县的治理整顿工作进行抽查验收，抽查验收数量不低于市、县总数的5%。

湖北省人民政府关于进一步加强全省信用环境建设的指导意见

为了进一步加强全省信用环境专项治理，推进我省信用环境由阶段性治理向常规性建设转化，使全省信用环境建设更加富有成效，现提出如下意见：

一、信用环境建设的总体要求

以“三个代表”重要思想为指导，充分发挥政府主导作用，强化社会配合，完善区域信用评价体系，以制止、转化逃废债和深化诚信宣传教育为重点，以金融信用环境治理为着力点，进一步拓展信用环境建设范围，全力打造“信用湖北”，促进全省经济可持续快速健康发展。

二、加强领导，形成整体联动抓信用环境建设的格局

各级政府和各有关部门要高度重视，切实加强对信用环境建设的组织领导，相应调整充实专班力量，进一步明确责任，突出重点，采取有力措施，加大信用环境建设的力度。金融监管部门要努力实现引导社会信用建设与加强金融监管、改善金融服务的统一，依法规范各类金融业务活动。金融机构、司法机关以及其他行政执法机关要建立联席会议制度，互通情况，整合信用资源，全方位加强信用建设，引导各类经济主体建立健全诚信内控制度，规避各种失信行为。各金融机构要充分运用扩大授信和各种金融优惠措施，多方面增进银企互信合作。各级司法机关要依法公正审理破产案件和各类债权诉讼案件，提高审结率和执结率，严厉打击各种信用违法犯罪行为。各级宣传部门要加强诚信宣传，强化舆论监督，弘扬诚实守信的良好道德风尚。各级工商行政管理、税务部门要对守信经济主体在证照登记、年检等方面给予优惠，对有失信记录的经济主体要进行严格制约，对严重失信的经济主体法定代表人，要取消市场准入资格。

三、进一步完善区域信用评价体系，努力推进各个层次的信用建设

（一）继续完善各市州的信用评级制度。要继续推行对市州的年度信用评价制度，进一步调整、充实和完善考评指标体系，增加对证券市场、保险市场信用状况的考核，区别历史和现实情况，对新发生的失信问题在考核时加重扣分，使考核指标体系和办法更加规范和公正。

（二）继续推行“最佳信用县市”评定制度。要比照对市州的信用评价，调整、充实和完善“最佳信用县市”的考核指标体系和办法，使之逐步覆盖到县级行政区，以利于更加全面地提高县域层次的信用建设水平。各市州政府要对所辖县市区全面开展信用评价活动。

（三）继续开展“农村信用工程”创建活动，全面推进“最佳信用乡镇”建设。各地要在总结经验的基础上，进一步调整、充实和完善“农村信用工程”活动方案，制定“最佳信用乡镇”（含乡镇级单位）的具体考核指标体系和实施办法。“最佳信用乡镇”一般要达到以下条件：不良贷款比率控制在20%以内；村组债务化解及农村合作基金会资金兑付完毕，无逃废债问题；信用村占行政村总数的比率达到或接近50%。

（四）扩大和规范对所有经济主体的信用评价。各金融机构要对客户全面开展信用评价，省银行同业公会要统一组织对规模企业的信用评价和公示。各级政府要重视引导培植信用客户，对金融机构培植信用客户的占比和增长率要纳入市、县及乡镇信用建设的范畴进行考核，促进A级以上信用客户比率的增长。

四、大力化解各类债务矛盾，增进互信合作

（一）解决遗留的逃废金融债务，坚决制止和控制新的逃废债。对历史遗留的逃废债问题，各地要进一步清理，分门别类提出落实的办法，力争用合理的时间处理完毕。要建立由有关部门和债权银行参加的“维护债权联席会议”制度，引导和监督经济主体规范改制，依法破产，切实维护债权人的利益，坚决制止新的逃废债行为。企业改制要请债权银行参加，改制方案和企业出资成立新公司，要有债权银行的审查意见。破产企业的债务要按照《破产法》实行清偿，尽量提高清偿率。停止经营、注销执照的企业，要向债权银行提供相关证明材料，帮助银行完善核呆手续。

（二）清理金融和各类债权积案，全面提高债权案件的审结率和执结率。要坚持公正司法、严明执法，加强对债权案件的审理和执行。对各类审结胜诉但长期未执结、群众意见大的债权案件，要在全面清理排查的基础上，排除干扰，限期执行到位。要努力提高金融债权案件的审结率和执结率，力争当年立案的案件在法律规定时限内的审结和执结率达到90%，历年审结案件的执结率达到80%以上。

（三）大力清理清收党政机关及干部拖欠的贷款，为引导社会信用作出表率。对党政机关及干部拖欠的贷款，要制订还款计划，逐笔清收。对少数因拖欠贷款影响较坏的典型，要采取行政的和法律的手段，督促限期偿还。

（四）完善对逃废债的预警登记、通报公示和转化销号制度，加大对逃废债行为的社会监督和制裁力度。对不能按期履行债务、经债权方调查协商、按照有关规定认定有逃废债迹象的经济主体，要按照管辖范围，由债权方报送同级信用环境建设领导机构建立台账，实行登记预警和内部通报。有关方面对登记预警的逃废债问题要给予密切关注，落实跟踪监测、限期转化的责任。对限期不能协调化解的，要列入各地的失信“黑名单”；对实现转化的，要及时从失信“黑名单”上销号。对多次协调不能解决、社会影响恶劣的少数逃废债典型案例，要依据债权方提出的请求，公开曝光，并视情节给予全省银行同业制裁或由金融、司法、工商行政管理、税务等执法部门实施联合制裁。

五、金融机构要切实改进服务，加大对守信企业和地区的金融支持力度

各金融机构要强化激励机制，对A级信用市州、最佳金融信用县市以及守信企业给予下放信贷权限、提高贷款额度、增加支农再贷款、创新金融品种、扩大授信等方面的优惠。各级信用环境建设领导机构要制定计划，选择适当时机，联合金融部门结合货币信贷政策推介，广泛深入地组织开展专场营销和清收活动。既重视拉动金融投入，促进经济增长；又重视金融部门清收盘活不良贷款和处置不良金融资产，增强金融对经济支持的力度，达到经济金融共同协调发展。

要逐步建立与县域经济发展相适应的金融营销方式。通过广泛的营销活动，使县市区域的信用状况明显改善，各县（市）域金融机构吸收资金的60%以上用于支持县（市）域经济发展。要在金融营销中对“最佳信用县市”作出扩大金融资金运用率的承诺，对守信用的中小企业给予下放金融授信授权，推行票据融资，探索出口退税托管账户贷款，专利权、股权质押贷款和适销库存产品、可靠应收款保证贷款等方面的优惠。

六、建立和完善信用担保体系，降低融资成本，解决中小企业、民营企业融资难问题

各地要按照《中华人民共和国担保法》、财政部《关于中小企业融资担保机构风险管理暂行办法》（财经[2001]77号）和原国家经贸委《关于建立中小企业信用担保体系试点的指导意见》（国经贸中小企业[1999]540号）等文件的要求，财政适当出资，由具有一定信用条件的经济主体参股和缴纳担保基金，注册设立担保机构，主要为守信用的中小企业和民营企业服务，严格实行政企分开和市场化营运。担保机构对单个企业提供的担保责任金额，最高不得超过担保机构自身实收资本的10%，与协作银行协商的担保放大倍数，要控制在担保机构自身实收资本的5倍左右。在担保对象不能按期清偿债务时，担保机构要依法承担连带清偿责任。各级政府既要监督、引导信用担保体系的完善和发展，又不得干预担保机构的正常经营，担保机构要规范管理，防范经营风险。

七、加强各类信用信息的收集和管理工作，为配合国家征信体系建设打好基础

各级信用环境建设工作机构要进一步加强和规范对各类信用信息的收集和管理工作，搞好各类征信台账和信息系统平台的建设，为配合国家征信体系建设打好基础。各项考核指标的收集要科学、真实、准确和完整，收集手段和程序要不断完善和规范。人民银行、各商业银行、工商行政管理、税务、司法等部门，要进一步加强和规范行业信用登记咨询系统和平台建设，及时收集和分类整理各类信息，适时开展技术升级，进一步开放公示范围，扩大信息资源共享，服务全省信用环境建设。

八、清理对经济、金融部门的各类收费，引导经济、金融部门增强处置不良资产和增加资金投入的积极性。

各地要认真贯彻落实国务院关于减少行政审批的有关政策规定，废除影响经济发展的各类关卡和收费，减轻经济、金融部门的收费负担。各级政府和信用环境建设领导机构，要组织对企业办理抵押贷款、金融部门处置抵贷资产和进行债权诉讼的各类收费项目进行全面清理，对超标准、超范围、超项目的各类收费要坚决取缔和纠正。对政策范围内的各项收费，要依据负担方承受能力，按照有利于促进经济发展、调动金融机构处置不良资产和加大投入积极性的原则，依法依规给予适当减免。

中共湖北省委　湖北省人民政府
关于加快县域经济发展的若干意见

县域经济是国民经济的重要基础和支撑力量。加快推进县域经济发展，不断壮大县域经济实力，进一步增强县域经济竞争力，是全省上下一项重要而紧迫的战略任务。为更快更好地发展县域经济，奋力实现全面建设小康社会的宏伟目标，现提出如下意见。

一、明确县域经济发展的总体要求

1、*指导思想*。以邓小平理论和"三个代表"重要思想为指导，认真贯彻落实党的十六大精神，按照全面建设小康社会的要求，坚持统筹城乡经济社会发展的思路，以改革总揽全局，进一步解放思想，振奋精神，求真务实，与时俱进，努力营造良好的创业发展环境；加大对内对外开放力度，加快经济结构的战略性调整，拓宽县域经济发展空间；坚持县域经济以民营经济为主体，加速推动工业化、农业产业化和城镇化进程，实现经济发展速度、质量、效益、后劲相统一，促进城乡经济社会协调发展。

2、*基本原则*。坚持以加快发展为第一要务，尊重群众的首创精神，充分调动方方面面的积极性和创造性，激发经济发展的活力；坚持以市场为导向，充分发挥市场机制在资源配置中的基础性作用，大力培育各类市场主体；坚持以改革为突破口，加大国有和集体企业改制力度，拓宽民营经济发展领域，用改革的办法解决发展中的困难和问题；坚持以扩大开放为动力，充分利用国内外两种资源、两个市场，大力招商引资，开展经济协作；坚持以发展特色板块经济为载体，依托现有基础和比较优势，加大结构调整力度，培育一批具有市场竞争力的重点骨干企业，发展壮大支柱产业；坚持把科学技术作为第一生产力来抓，切实把经济发展真正转到依靠科技进步和提高劳动者素质的轨道上来，改善经济增长质量和效益；坚持以人为本，加快建立有利于各类人才脱颖而出、人尽其才的机制，努力营造用好人才、吸引人才的良好环境；坚持走可持续发展道路，促进经济发展与人口、资源、环境相协调。

3、*目标任务*。力争经过五年的不懈努力，使全省涌现一批特色鲜明、发展势头好、发展后劲足的经济强县(市、区)，每个县(市、区)都有1—2个竞争力强的支柱产业，多数县(市、区)有几个税收过1000万元的骨干企业，县域地方税收在现有基础上增长60%左右，使全省的县域经济结构明显优化，整体活力明显增强，县级财政状况明显好转，城镇化水平明显提高，就业和再就业压力明显缓解，城乡居民收入有较大幅度增长。

二、切实把握县域经济发展的工作重点

4、*加大国有、集体企业改制力度*。除关系国民经济命脉的重要行业和关键领域外，改制范围，改制形式、出让对象要全面放开。大力开展以改革产权制度和用工制度为主要内容的改制重组，使投资主体多元化、职工社会化。国有、集体企业改制要防止资产流失，更要促进流动，要以发展生产力、增加就业和税收为出发点和落脚点。在改革用工制度中，要充分发扬民主，严格按法律和政策办事，认真做好思想政治工作，切实维护职工的合法权益。企业改制所需办理的工商、税务登记和各种过户手续要尽量从简，除证照工本费以外的收费要予以减免；审计验资、资产评估、交易鉴证等中介费用一律按现行收费标准下限收取。

5、*构筑以民营经济为主体的发展格局*。到2007年，力争民营经济占县域GDP的比重达到70%左右。鼓励、支持民营企业采取收购、兼并、控股、租赁等多种形式参与国有、集体企业改制。鼓励民间资本进入经营性基础设施和公益性事业领域，并依法经营。在土地征用、技改贴息等优惠政策方面，对民营企业一视同仁。只要民营企业依法经营、照章纳税、保障职工合法权益、符合国家产业政策和安全生产标准，都要放手发展。积极支持符合条件的民营企业到境内外上市、申办自营进出口权,鼓励有实力的民营企业到境外办企业,参与国际竞争。要推动民营企业管理创新,培养高素质的民营企业家,依法保护企业家的正当权益和财产安全。

6、培植和扶持骨干企业,推动县城工业发展。把推进新型工业化作为县域经济工作的中心任务,到2007年,力争县域工业增加值占县域GDP的比重达到50%左右。要把农产品加工业、劳动密集型工业和特色优势工业作为县域工业的主攻方向。要立足县域比较优势,调整产业结构,盘活资产存量,合理开发利用各种自然资源,发展各具特色的支柱产业。要引导生产要素向重点骨干企业集中,围绕重点骨干企业,推动资产重组,带动县域工业发展。县域工业发展要体现新型工业化的取向和要求,不能破坏环境和生态。要尽快制定与贯彻落实《中小企业促进法》相配套的实施办法,大力支持和促进中小企业发展。要发挥"小商品、大市场"的辐射、带动作用,培育"多镇一业、多村一品"的特色经济。要走招商引资和民营化的路子,不能走依靠政府或集体投资办工业的老路。要规划、建设好工业园区,引导企业向园区聚集。加快专业化分工与协作,推进工业结构的优化升级,形成以园区为载体的板块经济。

7、培植和扶持龙头企业,加快农业产业化进程。坚持用现代工业理念抓农业,大力推进农业产业化经营,促进现代农业的发展。要放手调整农业产业结构,大力发展各类商品生产基地,开发优势产业带,形成农业商品的板块经济。要正确处理农户、基地、龙头企业的关系,促进产业整体开发。组织工商资本进入农业,鼓励工商企业从事农业领域的开发,支持发展农业专业大户、农村专业合作经济组织和中介组织,提高农民生产经营的组织化程度。加快农业区域布局调整,推进优势和特色农产品向优势产区集中,形成规模化、标准化生产。要把自主培植与招商引资、发展生产与搞活流通、壮大规模与科技进步结合起来,把龙头企业做大做强,带动农业产业化。

8、坚持以产业聚集带动城镇发展。城镇发展要统筹规划,突出重点,优先发展县城,不断提升县城综合功能。同时,每个县(市、区)要抓好1—2个具有较好基础、区位优势和发展前景的中心镇建设。要以产业支撑城镇建设,坚持城镇建设、市场建设、工业园区建设相结合,引导、鼓励各类企业向县城和重点中心镇集中,引导农村人口向城镇有序流动和集聚,加速城镇化进程。运用市场机制经营城市,大力推进城市资本营运,建立多元化的城镇建设投融资机制,培育多元投资主体。

9、大力推进招商引资。切实做好招商引资与外经贸的组织协调工作,除极少数情况特殊的县外,利用外资和外贸出口为零的县(市、区)今年要实现零的突破,到2007年,各县(市、区)都要努力实现当年利用外资和外贸出口超过1000万美元的目标,全省培育形成10个左右当年利用外资和外贸出口过1亿美元的外经贸强县(市、区)。招商主体要由政府为主转向以企业、中介组织等为主,推行业主招商、代理招商、以商招商、联合招商;招商对象要内外并重,尤其要注重引进沿海发达地区的资本和企业;招商方式要由集中式招商,转向经常性招商和在目标地设立常设招商机构或派驻专人,并推行网上招商等新方式;招商内容既要注重引进资金,又要注重引进管理、技术、人才等生产要素。要调动和发挥各方面招商引资的积极性,实行责任到人,全程跟踪服务。对开展招商引资工作取得突出成效的地方、部门和个人,要给予表彰和奖励。

10、不断改善和优化经济发展环境。要把营造良好的软环境作为推动经济发展的一项重要工作来抓,积极营造良好的体制环境、法制环境、信用环境和服务环境。进一步理顺关系,明确行政执法部门之间的职责,切实落实已经作出的关于解决多头执法、多层执法的有关规定。按照分级执法的原则,省直有关部门已下放给市(州)的行政执法职责,应直接下放到县(市、区),实行属地管理、属地执法、属地办案。继续推行和落实好行政执法责任制、评议考核制和执法过错追究制,加快推进相对集中行政处罚权工作和综合行政执法的试点。规范管理,严禁乱收费、乱摊派、乱罚款。加快企业诚信体系和个人信用体系建设,政府机关要做诚实守信的模范。各级党政机关要进一步转变职能,改进作风,以服务经济建设为中心,增强主动服务意识,改革行政审批制度,公开和规范办事程序,提高办事效率。积极推广建立行政服务中心、招投标中心、投诉中心和财政核算中心,实行"一站式"办公、"一条龙"服务、"一个窗口"收费。大力推行"主要领导联系重点企业"等作法,把党政机关及其职能部门工作人员的任用与其为基层、为企业、为群众服务的好坏挂钩,把纠正行业不正之风与反腐倡廉结合起来,实行严格的奖惩制度。

三、强化促进县域经济发展的政策措施

11、下放投资项目审批权限。对不需要省或国家财政预算内投资和纳入财政预算管理的各类专项建设资金以及国债投资,不借用国际金融组织和外国政府贷款的外债项目,以及国家产业政策鼓励发展的项目,省不再审批。对不需省审批的项目,采取按类分别下放审批权限:属竞争性项目,由县(市、区)自行审批;属企业出资的项目,由企业自主决策;属外商投资3000万美元以下的项目,由市(州)审批;公检法司类项目,全部由市(州)审批;社会发展事业类投资5000万元以下项目,由市(州)审批。对省保留审批的项目,要进一步简化审批程序,其立项、可行性研究和初步设计等审批环节可视不同的行业或项目性质合并审批,或委托市(州)审批。

12、改进建设用地管理,积极推进土地流转。建设用地审批要与建设项目审批权限下放相一致,缩短审批时间,降低审批费用。将市(州)和县(市、区)供地权限分别放宽到4公顷和2公顷,可以先供地,每半年向省上报备案。省国土资源部门对所受理的土地审批项目,实行限时办理,从受理之日起十个工作日内完成审查,按程序报省政府审批。新增建设用地土地有偿使用费在继续执行由市(州)、县(市、区)收取50%的优惠政策基础上,省收取的20%部分重点支持县(市、区)按规定用途使用。对中心镇、口子镇等重点城镇建设用地,在计划指标分配时优先安排,重点倾斜。对利用存量土地的新建扩建项目、高科技项目、招商引资项目,在政策允许范围内,实行特事特办,简化手续,保证用地;改革城镇土地使用制度和管理体制,建立政府土地收购储备制度和定期公布地价制度,以土地一级市场的规范运作为突破口,培育和规范土地市场。对商业、旅游、房地产、娱乐、金融等经营性用地,应采取招标、拍卖、挂牌交易的方式供地。建设用地办理过程中的各种管理及中介费用按低限收取,进一步放宽农业产业结构调整用地的政策,积极促进农业产业化的发展,认真贯彻实施《农村土地承包法》,按照依法、自愿、有偿、规范的原则,探索建立农村土地流转机制,加快土地流转步伐,对被征用土地的农民,要切实解决好就业、住房,子女上学等后顾之忧,保证农村的稳定。

13、放宽工商准入条件,简化审批手续。放宽市场准入领域,凡法律、法规没有明令禁止进入的行业和经营项目,都允许各类市场主体进入和经营。降低市场准入门槛,对申请设立注册资本50万元以下的有限公司可试行注册资本分期到位。降低企业冠省名条件,设立企业法人申请冠省名,注册资本最低限额由1000万元降为200万元,其中高新技术企业、省著名商标持有企业、省级"守合同重信用"企业,注册资本达到100万元,可申请冠省名。放宽申请企业集团登记条件,申请冠市、县名企业集团,核心企业注册资本最低限额由5000万元降为1000万元,集团合并注册资本由1亿元降为3000万元。对依法经营、照章纳税、连续三年未受到行政机关处罚的企业,经申请和有关机关批准,可享受企业有关年检(审)免检(审)。加快企业登记前置审批方式改革,将现行法律、法规规定的企业登记前置审批项目实行分类管理,严格界定并尽量减少先审批后发照的项目。实行后置审批方式改革,积极推行现场审批、现场年检等方式。支持农副土特产品注册商标,引导已形成产业规模、知名度较高、特色鲜明的原产地产品申办集体商标或证明商标,培育发展县域品牌。

14、在有效防范金融风险的前提下,加大金融对县域经济发展的支持力度。全省商业银行县域金融机构吸收的资金60%以上应用于支持县域经济发展。农业发展银行等政策性银行应加大对退耕还林及农副产品加工相关产业的信贷投入,全面推进农户小额信用贷款工作,千方百计支持农村信用社的发展,充分发挥农村信用社服务"三农"的主力军作用。积极鼓励股份制商业银行向县域提供以增加信贷投入为主的金融服务。商业银行应改进授权授信管理,积极开展贷款营销,建立信贷客户责任制,落实对口服务县域中小企业的责任。进一步完善信贷风险考核奖罚办法,最大限度地调动和保护基层信贷人员营销贷款的积极性。创新信贷方式,拓宽中小企业融资渠道,探索解决中小企业抵押担保不足的路子。积极推行票据融资,扩大抵押和质押贷款范围,探索开办股权质押、人寿保险单质押贷款,允许县域中小企业以适销对路的库存产品和可靠的应收款作为保证向银行申请贷款。通过努力，争取今后五年全省银行系统对县域经济的信贷投入年均增长15%。

15、进一步壮大县乡财政实力。将中央和省财政安排的支持县乡发展的转移支付等资金直接拨付到县(市、区)，提高省、市(州)建设资金用于县乡的比例。各部门依法依规收取的各项规费，在保证上交中央财政部分的基础上，可视情增加对县(市、区)返还比例。适当降低县(市、区)所得税省级留用的比例。要注重培植县级财源，到2007年，力争有3个左右的县(市、区)财政收入过10亿元，10个以上的县(市、区)财政收入过5亿元，出现一批财政收入过5000万元的乡(镇)。采取综合措施，促进县乡减人、减事、减支。进一步精简县乡机构，扩大乡(镇)党政办事机构联合办公、领导交叉任职、兼职等改革试点范围，加快事业单位改革步伐，逐步降低县乡财政供养系数。省对县乡的一般性转移支付资金分配，除有特殊规定外，今后应与省核定的财政供养人员挂钩，提高各项财政资金的使用效益。全面推行部门预算、国库(财政)集中支付和收支两条线改革，规范、约束部门的收支行为，建立县乡公共财政制度。认真清理核实债务，严禁新增负债，逐步化解县乡债务风险。

16、鼓励和支持企业实施技术进步。增加政府对技术创新和发展高新技术产业的引导性投入。利用省财政高新技术产业化引导专项资金，支持县(市、区)一级建设技术在省内领先的示范项目。利用省级技改专项资金，采取贴息方式，支持县域骨干企业实施技术改造。国有、集体企业和非公有制企业，在享受技术改造的各种政策扶持方面，应做到一视同仁。

17、鼓励各类人员到县域企业工作。引导和鼓励科研人员、大中专院校教职人员和乡(镇)机关干部以辞职、留职停薪、限期留职留薪、兼职等多种方式，到县域企业工作，领办和创办企业。支持县级以上党政机关干部采取除兼职外的上述形式，到县域经商办企业。鼓励大学毕业生到县域企业工作。组织、人事部门要制定相应的政策与管理办法。

18、进一步加强县域基础设施建设。进一步加大农田水利基本建设力度，不断提高排涝、灌溉能力，加强生态环境建设，改善农业生产条件。加快县城电网改造，将发展特色工业园的输变电设施纳入县城电网改造工程范围，积极进行大用户直供电试点，保障县域电网的稳定性、可靠性、经济性。抓好全省7500公里县乡公路、恩施州300公里县际公路等国债项目和一批乡村公路项目建设，确保全省所有的乡镇政府所在地全部通达等级沥青(水泥)路，行政村基本通公路。加快实施县(市、区)中小学危房改造工程和县级示范高中教育建设步伐，继续推进农民健康工程，抓好部分县级文化馆、图书馆和“村村通广播电视工程”等项目建设，促进县域社会事业的发展。

四、加强和改进对县域经济工作的领导

19、改进干部管理方式。对干部双重管理进行适当调整。党中央、国务院或中央部门规定仅对省一级党委和政府部门实行干部双重管理，而未对省以下作出明确规定的，省级部门原则上不得延伸到市(州)、县(市、区)，已延伸的一般应予取消。对于实行垂直管理的部门，凡中央没有明确规定的，其党的关系都应实行属地管理。对于中央文件和法律明确规定实行双重管理的，要坚持从实际出发，进一步研究探索适合省情的干部管理方式。今后，对法律法规和党中央、国务院没有明确规定上收市(州)、县(市、区)干部管理权限的，任何部门不得以任何理由擅自上收。组织部门要制定相应的政策与管理办法。在县(市、区)和乡(镇)领导干部的选拔和使用上，要保持相对稳定，保证工作的连续性，防止因为干部调动过于频繁造成短期行为。定期选派县(市、区)党政主要负责人到沿海省份挂职锻炼。

20、鼓励部分县(市、区)更快更好地发展。坚持分类指导的原则，科学制定不同类型的县(市、区)经济发展目标，实行目标责任管理，比发展快、比工作实、比后劲足。组织实施县域经济综合改革和发展试点，对一批经济实力较强、发展潜力较大、管理水平较高的县(市、区)，享受市(州)级经济管理权限，以加快改革开放和经济发展的步伐。对扩权县(市、区)实施动态管理。继续坚持领导定点帮扶制度，进一步加大对贫困县(市、区)和乡村的扶贫开发力度。

21、*改进领导方式和方法*。切实保护县（市、区）改革创新的积极性，正确对待改革过程中出现的失误，把发展的实绩作为干部提拔使用的重要标准。省、市（州）各部门在出台与县（市、区）直接相关的政策、办法、措施前，必须征求县（市、区）意见。省、市（州）各部门的会议，原则上不得要求县（市、区）党委或政府领导同志参加。确需参加的，须报同级党委或政府批准。对面向县乡的各类考核评比项目进行全面清理，按照精简、有效的原则重新核定。对必须保留的项目，要设置考核指标，简化程序。对行政机关进行的行政监督检查实行严格的计划控制和备案审核，确保基层集中精力抓经济工作。要健全和完善县域经济发展的指标统计体系，加强统计执法，坚决制止在统计数字上弄虚作假的不正之风。

22、*转变作风，狠抓落实*。各级党委和政府要进一步转变作风，认真贯彻落实本意见，奋力开创县域经济发展新局面。省、市（州）各部门都要服从和服务于县域经济发展的大局，进一步转变职能，进一步减少和简化审批事项，放权于县（市、区），增强县（市、区）发展经济的调控能力。省直有关部门都要根据本意见的要求，尽快制订相应的配套政策和办法，报省委、省政府审定后发布实施。

中共湖北省委办公厅　湖北省人民政府办公厅
关于2003年进一步改善全省投资软环境的若干意见

近年来，全省各地和省直各部门围绕改善和优化投资软环境做了大量工作，并已取得初步成效。全省上下重视软环境建设、积极改善和优化经济发展软环境的氛围已逐步形成。但是，软环境的改善不可能一蹴而就，必须贯穿于经济发展的始终。要通过坚持不懈、年复一年的艰苦工作，努力营造海内外投资者竞相在湖北投资兴业的可喜局面，营造鼓励人们干事业、支持人们干成事业的社会氛围，营造放手让一切劳动、知识、技术、管理和资本的活力竞相迸发的良好机制，营造让一切创造社会财富的源泉充分涌流的优良环境。按照省委、省政府的部署，现就2003年进一步改善全省投资软环境工作提出如下意见。

一、实施体制创新工程，建设有利于吸纳投资的体制环境

(1)加快培育市场主体。企业是市场经济的主体，也是吸纳投资的主体。今年重点是培育一批在市场上有竞争力、资产状况良好、内部管理科学的优势企业。要采取切实可行的措施，扶持东汽、武钢、鄂钢、红桃K、精伦电子等一批有基础、有潜力、有优势的国有企业和民营企业壮大实力；引进一批在国内外有影响、有优势的龙头企业；鼓励大专院校、科研单位与企业联合，培育和壮大一批科技型企业；积极利用三峡工程即将发电的机遇，大力发展一批关联企业；加快推进企业改革，盘活和壮大一批企业。要继续深化国有资产管理体制改革，鼓励用国有企业的优良资产吸引、嫁接、置换外资和民间资本，实现投资主体多元化，大力发展混合所有制经济。通过转换企业机制，进一步增强企业活力，以此吸纳和带动各类投资者来湖北投资。

(2)加快建立健全市场体系和公平竞争机制。当前，重点是健全和完善资本市场、劳动力市场、土地市场、技术市场，完善和规范工程项目招投标、政府采购、经营性土地交易和国有资产产权交易等市场，为各类投资者提供公平竞争的"平台"；要通过深化改革，尽快消除现实中客观存在的所有制歧视、行业垄断以及部门和地方保护主义，实行各类所有制企业和投资者一视同仁的政策。今后，除国家明文规定限制进入的领域外，都对境内外投资者开放。省外企业在我省投资以及私营企业在市场准入、上市融资、进出口、使用外汇、参与政府采购和招标投标、高新技术企业认证、申报政府计划项目、科技奖励、取得许可证和资质等级证书以及引进人才等方面，享受与省内企业、公有制企业同等待遇。

(3)高标准建设开发区。全省各类开发区要在原有政策优惠等因素逐渐弱化的条件下，依托自身在资源、地缘、人才、产业、机制等方面的优势，高起点规划，高标准建设，高水平管理，创建综合投资环境新优势。今年要对全省各类开发区进行检查验收，按照优胜劣汰的原则，对不同类型的开发区实行淘汰取消一批、限期整改一批、重点建设一批，使开发区真正成为全省投资软环境建设的示范区和吸纳海内外投资的主要载体。

二、实施行政提速工程，建设规范高效的依法行政环境

(4)继续推进政府机构改革和行政审批制度改革。按照党中央、国务院的统一部署，紧密结合湖北实际，在上一轮机构改革基础上，进一步深化国有资产管理体制改革，继续推进流通管理体制改革，加强食品安全和安全生产监管体制建设。通过改革，进一步转变政府职能，调整和完善政府机构设置，理顺政府部门职能分工，有效克服政府部门之间协调不够，互相推诿扯皮，办事效率低下的状况，提高政府管理水平，形成行为规范、运转协调、公正透明、廉洁高效的行政管理体制。根据深化改革和扩大开放的需要，参照WTO规则，继续做好外经贸法规和其它政策性措施的清理工作。要以行政审批制度改革为契机，规范审批程序，提高行政效率。继续下大力气再清理和精简一批行政审批事项。能精简的审批事项要精简，能改备案的改备案，需要保留的也要简化办事程序和办事环节，明确办事时限，增加透明度。要通过不断探索，使行政审批制度由事无巨细、样样报批逐步向宏观管理、重点审批的方向过渡。

(5)继续认真解决多头执法和多层执法问题。解决多头执法和多层执法问题，对于规范行政执法行为，改善投资软环境意义重大。省委、省政府已就清理29个多头执法事项作出了明确的规定，各地各有关部门必须采取有力措施，认真贯彻落实。对已经明确的36项多层执法事项，原则上下放到县、市部门，实行属地管理。法制、编制、监察部门要加大对落实情况的监督检查，对执行不力的地方和部门，要严肃追究有关人员的责任。今年要继续根据社会主义市场经济发展的要求，将行政审批制度改革、政府机构改革与继续解决多头执法和多层执法问题结合起来，与全面落实行政执法责任制、评议考核制和执法过错追究制结合起来，与相对集中行政处罚权和综合行政执法试点等工作紧密结合起来。已经国务院和省政府批准开展相对集中行政处罚权工作的地方，要根据国务院和省政府的批复精神，按照清理整顿行政执法队伍、实行综合行政执法的原则和要求，进一步完善和规范。其他地方也要把相对集中行政处罚权工作和综合行政执法试点工作一并考虑，统一规划，统一组织，认真抓好落实。要加强对行政执法人员关于法律法规和WTO知识的培训工作，加大执法监督力度，规范各类行政执法队伍的执法行为。

三、实施信用湖北工程，建设诚实守信的信用环境

(6)树立政府和企业的诚信形象。各级政府务必保持政策的连续性和相对稳定性。对已经出台的政策，相关部门要经常听取投资者的意见，认真研究政策落实过程中的具体问题，制定出切实可行的实施细则和操作办法。各地各部门务必依法确保领导人变更后合约执行的有效性。严肃查处“开门招商，关门宰客”的现象，各级政府都应做到“有诺必践，一诺千金”。今年，省、市、县各级都要下决心解决一批历史遗留的涉外纠纷，以取信于海内外投资者，重塑信用湖北的良好形象；各类企业都必须重合同、守信用。要继续抓好打击假冒伪劣、恶意逃废债和合同欺诈等方面的整顿规范市场经济秩序工作，防止松劲，防止反弹回潮。要在全省各类企业中广泛开展“诚信服务创名牌”活动，在全省上下形成“以诚信赢得声誉，以声誉赢得效益”的共识。要建立全省企业信用信息系统和不良记录公示制度，加快建设市场经济的社会信用体系，对进入“不良行为警示记录系统”的企业定期予以公布，对诚实守信的企业予以表彰。今年，要在深入调查研究的基础上，出台《关于加强诚信建设的规定》。

(7)建立投诉处理机制与投资环境监测评估体系。各地各有关部门要加快建立和完善外来投资者投诉处理机构，加大处理外来投资企业投诉的力度。今年要把处理好外来客商投诉作为改善软环境的重点工作，在现有基础上把处理外来客商投诉的网络、体系、制度建立起来。上半年进行调研，形成方案并进行部署，第3季度全面建立。投诉处理机构要以“依法办事、公平维权、化解矛盾、促进发展”为宗旨，负责组织、协调处理全省外来投资企业投诉工作，反映和通报企业投诉工作的动态和重大问题，对纠纷的解决提供指导和帮助；直接受理重大投诉案件，依法及时调解和处理。对那些受到多次投诉并经查实确有违法执法行为的部门，要追究有关领导和直接责任人的责任。

省级投诉处理机构由省外经贸厅牵头，省监察厅、法制办等相关部门参加。各市、州及有条件的县(市、区)可单独设立，也可与已经成立的联合办公中心或审批中心合作设立投诉处理机构，形成“咨询—审批—投诉”一条龙服务。要努力创造条件，逐步建立健全湖北投资环境监测评估体系，对优化经济发展环境提供一套科学、客观、可量化的指标，定期考核、评估各地各部门投资环境状况，推动投资环境的改善。建立健全改善投资软环境的行政首长负责制和一票否决制，把改善优化投资软环境纳入法制化、规范化的轨道。

四、实施优质服务工程，建设良好的企业营运环境

(8)为外来投资者提供优质高效服务。对各类投资者特别是外来投资者要增强主动服务意识，通过各种途径及时了解企业经营中的困难和问题，主动帮助企业排忧解难。继续建立省领导联系重点外来投资企业制度，坚持定期召开外来投资企业座谈会制度，进一步加强与外来投资企业的联系和沟通。建立外来投资企业负担跟踪调查点，以点带面，切实加强对行政事业性收费和经营服务性收费的监控与管理。在对现有各类收费进行全面清理的基础上，公开收费内容和标准，简化收费方式，取消不合理收费，防止乱收费、乱罚款，乱摊派，千方百计降低企业经营成本。在全省建立百名纳税大户排行榜，年底以省委、省政府名义对前 50 名纳税大户进行隆重表彰，并制定相应的激励措施，在全省形成“尊重纳税人、服务纳税人”的共识。要通过各种媒体，加大对优化投资环境的宣传力度。今年下半年，宣传部门要组织各新闻媒体开展“改善投资环境湖北行”活动，对优化环境者予以推介和弘扬，对破坏投资环境者予以公开曝光，情节严重者移交司法部门依法惩处。要通过以上措施，促使人人关心环境，处处关心企业，时时为企业服务。

(9)大力改善企业营运环境。今年要突出解决的问题是：改造提升现有机场功能，努力将武汉天河机场提升为国家枢纽机场之一和国际机场，并千方百计争取解决“落地签证”问题。解决好“大通关问题，建立由相关部门组成的湖北大通关协调联动机制，实行便捷的通关程序，进一步提高通关速度，在物流的方便、畅通、快捷上多做工作。相关部门要积极开展质量、环保等国际认证，帮助企业打破国际贸易中的技术壁垒，帮助企业利用普惠制扩大出口。在通信方面，为企业提供方便，帮助企业建立商务信息平台。在配套环境方面，要注重培育产业配套能力，延伸产业链条。充分利用我省工业基础雄厚的优势，充分发挥产业集聚效应和产业关联效应，为投资者到湖北兴办企业创造良好的生产配套条件。要围绕汽车、电子信息、纺织服装、农产品等大宗商品的出口和发展，解决环境配套问题，力争今年有较大突破。

(10)发挥中介组织在改善投资软环境中的作用。中介组织是市场经济体系的重要组成部分，是投资软环境不可缺少的重要环节。要创办一批适合各类投资者需要的服务机构，包括引进世界知名的中介服务机构，全面提升我省法律、会计、审计、金融、保险、资产评估、建筑设计、咨询、人才服务、信息服务等机构的服务质量和水平，为投资者提供规范的中介服务，让各类投资企业将主要精力专注于自身的经营。要高度重视包括工商业联合会、行业协会、同业公会、行业商会在内的商会的作用，充分发挥商会在中小企业发展中的维权、沟通、服务、协调、自律和管理功能。中介组织要充分发挥桥梁和纽带作用，推动企业与政府部门加强沟通，帮助企业正确理解和用好各项政策，及时向政府反映并协助解决企业在生产经营中遇到的问题。

十一、名牌产品

资料整理：宋　蔚　李长江
胡秋舫

11－1 湖北名牌产品

（2003－2004年度）

企 业 名 称	品 牌	产 品 名 称
奥森木业有限公司咸安分公司	奥森	复合地板
大冶市宏泰铝业有限责任公司	虹泰	铝合金建筑型材
东风新星（十堰）车辆有限公司	东风	双金属系列轴套（衬套）
鄂南新型建材有限责任公司	挺拔	钢丝网架珍珠岩夹芯板
烽火通信科技股份有限公司	FONST	光同步数字复用设备
国营潜江市高场原种场	奥来	无籽西瓜
洪湖市德炎水产食品有限公司	德炎	淡水小龙虾
湖北百科亨油药、少有限公司	biocause	诺松（奥沙普秦肠溶片）
湖北达雅化工技术发展有限公司	达雅	造纸专用化学品
湖北大田化工股份有限公司	大田	尿素
湖北鄂钢股份有限公司	鄂钢	热轧钢带
湖北枫树线业有限公司	枫树	涤纶线
湖北豪丰米业有限公司	豪丰	大米
湖北健康（集团）股份有限公司	健康之村	杜长大瘦肉型活大猪
湖北荆工水泥股份有限公司	荆工	水泥
胡北九方圆特殊板材有限公司	九棵松	复合地板
朔北骆驼蓄电池股份有限公司	骆驼	铅酸蓄电池
湖北梦矩家绿色保健制品有限公司	梦丝家	纯岙矩牛态被
胡北农腾饲料有限责任公司	农腾	饲料
湖北清河纺织股份有限公司	QH	精梳涤棉混纺纱
湖北三环股份有限公司车桥厂	三环	汽车前轴
湖北三环离合器有限公司	黄兴	汽车离合器总成系列产品
湖北三宁化工股份有限公司	二牛	农业用碳酸氢铵
湖北三峡新型建材股份有限公司	锦屏	浮法玻璃
湖北山乡调味饮品有限公司	山乡	腊八豆

11－1 续表1

企业名称	品牌	产品名称
湖北省大悟寿眉茶叶有限公司	寿眉	茶叶
湖北省稻花香酒业股份有限公司	稻花香	白酒
湖北省荆州市富宫装饰材料有限公司	艾维森	复合地板
湖北省潜江华润化肥有限公司	园林	农用碳酸氢铵
湖北省潜江市华山水产食品有限公司	良仁	小龙虾
湖北禾丰米业有限责任公司	德安府	大米
胡北省赵李桥茶厂	川	青砖茶
湖北舒氏实业有限公司	舒友	电器胶带、绝缘胶布、包装胶带
胡北双龙专用汽车制造有限公司	龙帝	SLA5200GJYE 型加油车
湖北天化麻业股份有限公司	温泉、天化	苎麻棉混纺本色纱线
胡北仙桃中星电子材料有限公司	中友	电:尹级二氧化钛
湖北兴成建陶有限公司	兴成	水晶砖、玻化抛光砖、哑光砖
湖北延华矿山机械股份有限公司	菱角	破碎机
湖北洋丰股份有限公司	洋丰	复混肥料
湖北宜化集团有限责任公司	宜化	季戊四醇
	宜化	尿素
湖北银河纺织股份有限公司	九天	精梳涤棉混纺本色纱线
湖北银欣集团有限公司	银欣	大米
	福娃	饼干
湖北永鼎红旗电气有限公司	楚源	高压真空断路器系列及开关设备
湖北枝江酒业股份有限公司	枝江	白酒
湖北众望科工贸有限公司	众望	小麻花
黄石捷德万达金卡有限公司	捷德万达	磁条卡、IC 卡、刮刮卡及其{
黄石市汇波防腐技术有限公司	汇波	呋喃树脂材料、糠醇糠醛型
江汉石油管理局第四机械厂	四机	钻(修井)机
	四机	GJC 固井水泥车系列产品
	四机	高压管汇系列产品

11－1　续表2

企　业　名　称	品　　牌	产　品　名　称
江汉石油钻头股份公司	江钻	牙轮钻头
荆州荷花机床有限公司	荷花	数控卧式系列车床
荆州环宇汽车零部件有限公司	荆	多缸系列曲轴、凸轮轴
来凤县宝石花工艺晶有限公司	双凤残珠	宝石花漆筷
来凤县凤头食品有限责任公司	凤头	凤头姜
老河口市仙仙果品有限公司	仙仙	大仙桃
利川市扬明药业有限责任公司	清江源	黄连
美仓毛纺织有限公司	樱纺	精纺呢绒
潜江市东方汽车零部件有限公司	潜征	气车底盘悬挂件系列零部件
十堰市九霄磨擦材料有限公司	神鹏	汽车用制动器衬片
十堰市郧齿汽车零部件有限公司	郧齿	发动机正时齿轮系列
五峰天麻剑毫茶厂	暑天	天麻剑毫茶
武汉博奇装饰布有限公司	博奇牌	高档汽车内装饰面料
武汉长利玻璃有限责任公司	长利	中空玻璃、夹层玻璃深加工产
武汉长兴电器发展有限公司	长兴	高低压成套电器设备
武汉楚天激光(集团)股份有限公司	CHUTIAN(楚天) Queen(皇后光子)	激光焊接机、光子治疗仪
武汉电力设备厂	华能	FZ15－100 型转子式翻车机
武汉电信器件公司	WTD	通信用系列光电器件
武汉钢铁(集团)公司	武钢	黑色金属硅钢
	武钢	黑色金属带钢
	武钢	黑色金属板材
武汉光迅科技有限责任公司	ACCELINK	OFA 光纤放大器
武汉华润啤酒有限公司	行吟阁	啤酒
武汉灰砂水泥制品实业公司	安居福	Mu20 蒸压灰砂砖
武汉江南实业集团有限公司	古松	纱、线及坯布
武汉开目信息技术有限责任公司	KMCAPP	开目 CAPP
武汉蓝星电脑集团有限公司	蓝惠	微型计算机

11－1　续表3

企　业　名　称	品　　牌	产　品　名　称
武汉明天生物科技有限公司	明天美好	预混合饲料
钟祥市宏发工贸有限责任公司	钟绿	大米
武汉市金凰珠宝有限公司	金皇	黄铂金首饰
武汉铁锚焊接材料股份有限公司	铁锚	焊接材料
武汉小蜜蜂食品有限公司	蜂之巢	蜂蜜
	每天六颗	茭头
武汉新世界珠宝股份有限公司	新金	黄金首饰
武汉耀华皮尔金顿安全玻璃有限公司	WYP	夹层安排玻璃,钢化安全玻璃
武汉一棉集团有限公司	晴川阁	服装面料布
	棒球	本色精梳纱
武汉有机实业股份有限公司	新康	苯甲酸钠
武汉重型机床集团有限公司	武重	数控定梁龙门镗铣床—XK24 系列
	武重	数控立式车床－CK、CH51 系列
	武重	五米贡犁数控立式车床－CK5250
	武重	落地镗床－T6216D 系列
仙桃市宏程焊材有限公司	宏程	二氧化碳气体保护焊丝
咸宁市精华茸纺织有限公司	白练	苎麻棉混纺本色纱线
襄樊市精信催化剂有限责任公司	争雄	硫酸生产用钡催化剂、甲醇催化剂
襄樊台基半导体有限公司	岘峰	快速晶闸管晶闸管模块
孝感市大禹电气有限公司	大禹	水电阻起动器
孝感市舒氏胶粘带有限公司	舒氏	绝缘胶带
宜昌人福药业有限责任公司	宜昌	异亮氨酸(原料药)
	宜昌	
	宜昌	甲磺酸培氟沙星片
		苯丙醇胶丸(泰瑞特)
	宜昌	枸橼酸芬太尼注射液

11－1　续表4

企业名称	品牌	产品名称
宜昌市宜都机电集团有限责任公司	三峡	埋刮板输送机
宜昌萧氏茶叶有限公司	萧氏	茶叶
宜都市惠宜陶瓷有限公司	惠陶	卫生陶瓷
枝江市百里洲镇农牧综合服务部	百里洲	无公害洲梨
中国长江动力公司(集团)	长动	热电联供汽轮发电机组
中国石化集团江汉石油管理局仪表厂	石钥	JZ 系列指重表
中国石化武汉凤凰股份有限公司	武凤凰	聚丙烯
中国石油化工股份有限公司湖北化肥分公司	长江	尿素
中国石油化工股份有限公司荆门分公司	欣化	气体(工业氧、氮等)
		聚丙烯
叶山县圣水茶场	圣水	茶叶
湖北福星科技股份有限公司	福星	钢丝绳
武汉爱帝高级服饰有限公司	爱帝	内衣
武汉金凰珠宝有限公司	金皇	黄金首饰
统一企业(中国)投资有限公司	统一	果汁饮料
大冶有色金属公司生产	大江	阴极铜

十二、企业风采

资料整理：李长江　王　楠
熊维贵　叶祯祥
祁　炜

人民日报社武汉印务中心

人民日报社武汉印务中心是一个现代化综合印刷企业，主要从事图书、期刊、画册、报纸、包装装潢及零杂件产品印刷，印务中心位于解放大道1121号，地理位置优越，报刊发行方便，职工技术精湛，产品质量优良。工厂现有资产总额4393万元。2003年实现工业总产值(不变价)2320万元，实现销售收入2785万元，实现利税194万元。目前，企业印刷的主要产品有《人民日报》、《解放军报》、《文汇报》、《中国国防报》、《中国电视报》、《读者》、《家庭医生》、《故事会》等报刊，以及科技、社科、教材类图书及画册、广告和高档包装产品等。

我中心印前、印刷、印后设备齐全，性能先进。不仅拥有进口、国产报纸卫星传版，激光电脑照排、电分高端联网系统多套，而且拥有印刷彩色画页的德国产海德堡机四色机3台，国产双色、单色机多台；印刷书刊内文的单、双色胶轮机、彩色报纸的印报机多台，印后装订设备数十台套。另外，工厂现有中级职称以上的专业技术人员50多人，在技术上为工厂的生产提供了有力的保障。目前，企业年书刊生产能力为20万纸令，彩色印刷能力为25万色令，报纸印刷能力为30余万令。中原会计师事务所对我厂的评价是“具有较先进的现代化印刷设备的企业”。2003年被全国诚信单位光荣榜活动办公室列为上榜单位，并连续10年被省、市、区授予“重合同守信誉企业”。

法人代表：陈昌发　　电　　话：(027)83643463

通讯地址：武汉市解放大道1121号　　传　　真：(027)83645855

邮　　编：430030

鄂南新华印务有限公司

湖北省咸宁市鄂南新华印务有限公司(前身为湖北省咸宁市鄂南新华印刷厂)始建于1986年12月，1989年3月正式投产，1990年被列为书刊印刷国家定点企业。公司现有固定资产4300多万元，拥有先进设备130多台套，已形成激光照排、桌面制作为主体的制版系统；以海德堡CD102四色机为龙头的平台彩色印刷系统和WS—C4880、WS—C2880为主的国际开本彩色轮转印刷系统；以中速胶订联动线和骑马联动线为主，精装生产线为辅的书刊装订系统；以全自动模切、烫金、粘盒为体系的包装制作系统。公司年生产能力：照排5千万字，单色印刷20万令，多色印刷80万对开色令，书刊装订20万令。

公司主要以生产中小学教材、教辅，社会图书、期刊、杂志，纸品外包装为主。产品质量、经济效益、工业增加值均居全省同行业前列。其规模、效益、质量、设备、企业文化、员工素质均居咸宁地区印刷行业之首，成为湖北地区设备较为先进，技术力量雄厚，产品质量上乘的书刊印刷骨干企业之一。

今天的鄂南新华人，正团结奋发，拼搏进取，大胆改革，朝着现代化企业更高的目标前进，继续坚持不懈地抓好企业的经济效益和产品质量，为发展湖北印刷和振兴咸宁经济做出应有的贡献。

法人代表：胡承蛟　　电　　话：(0715)8334456

总 经 理：乐国宏　　传　　真：(0715)8326733

通讯地址：湖北省咸宁市长安大道116号　　E - mail：enxhys001@sina.com

邮　　编：437000

湖北金士达医用产品有限公司

湖北金士达医用产品有限公司始创于1996年，是生产医用敷料和卫生用品的专业厂家。公司下设织布厂、脱漂厂和卫材厂，形成了一条龙生产线，是湖北省最大的医用敷料生产基地之一。公司总占地面积68000多平方米，建筑面积30000多平方米，现有员工1200多人，生产设备660多台套，检测设备齐全，拥有一支年轻精干，具有凝聚力、挑战力和创造力的高素质员工队伍。

几年来，公司一贯奉行"自强求生存，创新求发展"的企业精神，以顾客为中心，市场为导向，秉承"诚信为本，开拓创新，团结协作，务实求精"的经营理念，以"为顾客提供满意放心的产品"为质量宗旨，通过不断的技术创新，严格的管理，优质的服务，赢得了客户的信赖。同时结合行业特点，建立了一整套完善的质量管理体系。2000年公司通过上海TUV的IS09002:1994&EN46002:1996质量体系认证。公司的主导产品有：脱脂纱布，医用纱布片，纱布口罩，尺角纱布片，腹部垫，纱布球，纱布绷带、无纺布口罩等，产品全部出口，畅销欧美、中东、日本等发达国家和地区，深受用户好评。

近年来，在全体干部职工的齐心努力下，公司一年一个新台阶，产值连年翻番，年缴国家税收280多万元。展望未来，公司立足本土，再度扩大生产规模，新征土地100多亩，投资近5000万元，拟新建一座国内最先进的生产厂房，届时引进先进的设备和技术，为客户提供更优质的产品和更全面的服务，实现年产值超亿元。

董事长：陈洲森　　电　话：(0728)2722453　2721666
通讯地址：湖北省仙桃市张沟镇文卫路2号　　传　真：(0728)2724231
邮　编：433012

湖北福人金身药业有限公司

湖北福人金身药业有限公司是2001年元月由湖北福人药业股份有限公司部分并购湖北省咸宁维康药业有限公司(原湖北省咸宁制药厂)后就地注册成立的新公司，公司注册资本1080万元。

公司始建于1975年，是一家以中成药为主的中西药制剂综合生产企业，经过近30年的不断努力，已发展成为规范化管理的现代化企业，并被列入国家中医药管理局医政司胸痹急症协作组成员单位及国家心血管用药生产基地。

公司位于中华桂花之乡的鄂南咸宁市境内，占地面积5万余平方米，资产总额达2亿元，职工300余人，其中专业技术人员占公司总人数的32%、执业药师20人。

公司技术力量雄厚，生产设备和检测仪器先进，能生产7种剂型近60个品种。公司独家品种有：治疗冠心病心绞痛的新药补心气、滋心阴口服液，两药是国家中医药管理局医政司胸痹急症协作组的重大科研成果，也是全国中医药界各科研机构、学术权威、众多心血管专家集体智慧的结晶；两药92年、95年、97年连续三次被国家中医药管理局确定为"全国中医医院必备中成药"，"中国中药名牌产品"，95年被卫生部列为"国家中药保护品种"，2000年被续保为中药保护品种，98年被国家药品监督管理局定为"国家基本药物"，同年被国家专利局授予"国家发明专利"，2000年被列入国家医疗保险用药目录。治疗肝炎的药物金酸萍糖浆、冲剂是湖北省医药业研究所科研成果，连续三年荣获省优质产品称号，97年被卫生部列为"国家中药保护品种"，98年被国家药品监督管理局定为"国家中药保护品种"；止血、升高血小板药物灯心止血糖浆是湖北省医药工业研究所科研所科研成果，获国家优秀新产品金龙奖；风湿圣药神农药酒，牙科用药速效牙痛宁等产品市场遍及全国30多个省市、自治区，连续十年市场抽查合格率达100%，深受广大患者的好评。

董事长：吴石平　　电　话：(0715)8256337
通讯地址：湖北省咸宁市温泉开发区麦笠山路4号　　传　真：(0715)8256337
E-mail：furenshen@sohu.com
邮　编：437100　　网　址：http://www.chinafuren.com

湖北环宇化工有限公司

湖北环宇化工有限公司创办于1994年，是一家以开发和生产有机硅产品的高新技术企业。

公司位于湖北省仙桃市工业园区（南区），占地面积28000m^2，现有厂房8000多m^2，生产设备30台套。固定资产1000余万元。

公司技术力量雄厚，目前主要产品有硅酮交联剂和有机锡、钛，以及RTV硅橡胶等三大系列十多种产品。我公司是我国最早工业化生产交联剂的厂家。现已形成年产2000吨以上的生产能力，国内市场份额已超过50%，产品质量深受用户好评。模具硅橡胶主要技术指标均达到了世界先进水平，部分产品已打入国际市场，远销欧洲及东南亚地区。公路嵌缝硅橡胶属国内首创，经测试性能指标已达国际先进水平，并开始在湖北和广西大规模使用。房屋防水硅橡胶是我公司经过多年研制的一种新型的房屋防水材料，这一产品完全解决传统防水材料存在的各种问题，是一种真正的房屋防水环保产品，市场前景广阔，将成为公司发展的又一亮点。

公司自成立以来，在董事长兼总经理杨世荣先生的带领下，本着"以科技为先导，以人为本"的发展战略，坚持"质量第一，信誉第一，服务第一"的宗旨，赢得了业内人士的广泛赞誉。在我国加入WTO之后，面向新的机遇与挑战，公司积极应对，进一步加强科技力量，以更高的要求创建国际名牌，努力向着建立国内有机硅产品的生产基地迈进。

董 事 长：杨世荣
通讯地址：湖北省仙桃市南城工业园
邮　　编：433011
电　　话：(0728)2712133　2712365
网　　址：http://www.hbhy-chem.com

湖北省黄石煤炭矿务局

2003年是黄石矿务局历史上重大转折的一年。一年来该局认真贯彻落实党的十六大精神，以邓小平理论和"三个代表"重要思想为指导，根据社会主义市场经济发展的需要，进一步深化企业改革，转换经营机制；以提高经济效益为中心，进一步加强目标成本管理；继续深化煤矿安全专项整治工作，全面加强安全管理；以稳定压倒一切为主线，进一步加强思想政治工作和精神文明建设，完成原煤产量603254吨，比上年增长5.6%，创近11年最好水平；开拓掘进16530m，同比增加22.39%。原煤和多种经营总收入1.94亿元，是历史最好水平；经济效益有所提高，按上年可比口径计算，本年盈利359.6万元。

在湖北省委、省政府的关怀与黄石市委、市政府的领导下进行黄石矿务局改革改制工作。《黄石矿务局改革方案》经该局十一月份召开的第十二届七次职工代表大会通过，并经黄石市人民政府批准，顺利进入实施阶段。该局改制后将组建黄石工矿（集团）有限责任公司。

通讯地址：湖北省黄石市湖滨大道569号
邮　　编：435000
电　　话：(0714)6312901-2018
传　　真：(0714)6311300
E-mail：office@hsmt.com.cn
网　　址：http://www.hsmt.com.cn

湖北洋丰股份有限公司

湖北洋丰股份有限公司座落在素有“中国磷都”之称的湖北省荆门市，现有资产总额6.8亿元，员工2000名，具有年产各类化肥170多万吨的生产能力，其中硫酸钾复合肥50万吨、尿基复合肥50万吨、磷酸一铵12万吨、碳酸氢铵10万吨、过磷酸钙50万吨、合成氨6万吨、硫酸50万吨、盐酸15万吨，是全国大型磷复肥生产基地之一。公司先后荣膺“全国科技进步先进单位”、“全国守合同重信用企业”、“中国化工500强企业”和“中国化肥50强企业”等荣誉称号。公司质量管理体系健全、检测手段完备，通过了ISO9001质量管理体系认证。其硫酸钾复合肥、尿基型复合肥被列入中国磷肥工业协会首批向全国推荐的优秀品牌。过硬的产品质量，完善的售后服务，使洋丰产品畅销全国、远销东南亚，深受用户青睐。2003年公司共产销各类化肥100多万吨，实现销售收入9.2亿元。今年上半年为增强企业发展后劲，公司又计划投资8000万元，建设20万吨硫酸钾复合肥及配套20万吨硫磺制酸项目，计划投资3600万元完成6万吨合成氨技改项目，计划今年11月底竣工投产。20万吨硫酸钾复合肥项目达产后，将新增销售收入3亿元，利税3000万元。2004年，公司计划产销各类化肥140万吨，实现销售收入14亿元，为企业进一步发展壮大打下更坚实的基础。

通讯地址：湖北省荆门市城北工业小区
电　　话：(0724)8661388
传　　真：(0724)8661389
公司邮编：448150
E－mail：2359863@163.com
网　　址：http://www.bbyf.com.cn
销售运输部地址：荆门市月亮湖北路附七号
销售运输部电话：(0724)2334594　8661188
销售运输部传真：(0724)2344770　8661302
销售运输部邮编：448000

中铁大桥局集团武汉桥机有限公司

中铁大桥局集团武汉桥机有限公司(前身是始建于1953年的铁道部大桥局桥梁机械制造厂)是生产桩工机械、起重机械、铁路专用设备、桥梁施工专用机械设备、大中型建筑和桥梁用钢结构及地基基础施工的专业化企业，公司集设计、制造、机械化基础施工和商贸为一体，具有超凡的设计和生产制造能力。

公司现有员工1800余人，其中工程技术人员占20%，具有高级技术职称的有35人。公司下设钢结构、机械、起重机、桥梁设备五个专业生产制造厂。产品远销到美国、英国、越南、缅甸、孟加拉、阿根廷、坦桑尼亚、赞比亚等国家和台湾、香港地区，深受用户的欢迎。有多项产品被列为国家级重大新产品及铁道部科技司计划发展项目。

2003年，公司完成产值1.65亿元，实现销售收入1.64亿元，全年新签合同2.12亿元。在集团公司的大力支持下，公司对内部资源进行了合理规划和重组，进一步优化了资源配置，提高了资产的经营能力。公司还在汉南经济开发区购置了170亩土地，规划建设成为钢结构生产基地。

公司一贯把产品质量视为企业的生命，将合同要求当作公司的最高指令，让用户满意作为公司追求的最终目标。多年来，公司建立了一整套完善的质量保证体系，并在1999年通过了中国进出口商品质量认证中心ISO9001质量体系的认证。

通讯地址：武汉市汉阳区鹦鹉大道448号
邮　　编：430052
电　　话：(027)84524976　84522971
传　　真：(027)84521939　84526182
E－mail：dqjqjc@public.wh.hb.cn
网　　址：http://www.whqjc.com

北京同仁堂湖北中药材有限公司

北京同仁堂湖北中药材有限公司是由北京同仁堂科技发展股份有限公司和湖北同仁药业有限公司共同投资组建而成的,志在开发湖北道地中药材资源及中药材的规范化种植,为中国中药制药工业提供无污染的绿色药材原材料,为湖北的贫困山区、革命老区农民脱贫致富、地区经济发展服务。目前,已在湖北英山、罗田两县建有“茯苓”药材“GAP”种植基地;在湖北潜江建有“半夏”药材“GAP“种植基地;在湖北巴东建有“独活”药材“GAP”种植基地,公司经营范围为:中药材种植、加工、购销;中药材种子、种苗种植、购销;农副产品的收购、销售;滋补保健品、化妆品、副食、日杂用品批发、零售;汽车货物运输等。

公司现有员工20人,其中高级职称3人,中级职称4人,初级职称5人。公司坚持以科研为龙头,成立两年多来,在“茯苓”这一湖北地道中药材研究方面收获颇丰。2002年,本公司做为湖北省中医药研究院的支撑企业,完成了科技部立项的“九五”国家重点科技攻关项目“中药现代化研究及产业化开发”中的“茯苓等三种中药材规范化种植研究”课题,并通过国家科技部的验收。“茯苓诱引栽培方法”于2003年5月向国家知识产权局提交了发明专利申请,并于同年8月通过审查获得此项发明专利。

2002年3月公司还成功申报并获得了科技部科技型中小企业技术创新基金。

2003年底公司自筹资金,在湖北省英山县开始建设茯苓菌种厂、加工厂,力争将公司建设成为产权归属明确、符合国家GAP标准、能提供优良菌种及药材商品的现代化绿色药材生产基地。

通讯地址:武汉市武昌区民主路786号华银大厦1006室
邮　　编:430071
电　　话:(027)87339653　87339623
E－mail:trthb@163.com

湖北同仁药业有限公司

湖北同仁药业有限公司是一家从事医药药品销售为主业的有限责任公司,注册资本2000万元,2003年12月一次性通过医药企业GSP认证。经营范围包括销售中药材、中成药、化学药制剂、抗生素、化药品、中药饮片、生物制品、医疗器械二、三类产品、卫生材料、卫生防疫品、计生用品、日用百货、化妆品、农副产品、保健食品及医药信息咨询服务等。公司设有办公室、人力资源部、财务部、质量管理部、企划部、仓储部、业务部、销售部、同仁大药店等。

2001年公司与北京同仁堂科技发展股份有限公司(香港创业板上市)合资组建了北京同仁堂湖北中药材有限公司,在英山、罗田、巴东、潜江等地设有种植基地。

公司现有正式员工71人,其中高级教授4人,享受国务院特殊津贴1人,主任医师4人,主管药师7人,药学技术人员占公司总人数的33%,本科生15人,专科生36人,占公司人数的72%,公司整体文化素质和技术素质较高。

公司自成立以来,凭借“同仁堂”品牌优势和成熟的销售网络,经营品种不断扩大,经营规模稳步上升。现已成为同仁堂集团唯一的大型省级代理商,有不少产品品种还取得了大区域甚至是全国性的独家代理权,具有较强的产品优势和经营实力。公司还成功代理了天津中新集团、上海雷允上药业公司、上海实业联合药业集团、香港永龙(万源药业)公司、陕西咸阳步长制药公司、贵州神奇制药有限公司、湖北安陆午时药业有限公司、四川郎中药业、湖南健朗药业等多家知名厂商的名优产品。

公司申报了“茯苓诱引栽培方法”技术专利。该项专利经国家知识产权局审查,于2003年8月1日发布了合格通知书。茯苓药材基地建设被列入湖北省优势农产品产业发展规划中的首选重点项目。公司还申报了国家科技型中小企业技术创新基金,科技部、财政部联合以国科发计字[2003]375号文无偿资助人民币80万元,奠定了公司茯苓基地建设的基础。

湖北同仁大药店依据“十年树人，百年树店”的经营理念，多年来在药品零售行业独领风骚，2003 年荣获“价格、计量信得过”单位荣誉称号。

几年的经营运作，我们深深认识到高素质管理才能保证市场运作的高效率，先进的理念将保障公司的可持续发展，思维的创新是企业发展的原动力，吸纳、留住、开发、激励一流人才才能使企业成为市场经济的真正赢家。在这个时代，市场无处不在，我们的任务就是推动销售、创立品牌、完善服务。2004 年，湖北同仁药业将一如继往，再接再励，在去年一次性通过 GSP 认证的基础上通过 GAP 的认证，为未来全球最大市场的今天和明天，努力奋斗，再创辉煌！

通讯地址：武汉市武昌区中北路 18 号
邮　　编：430071
电　　话：(027)87270058　87813027
　　　　　(027)87128689　87126050
传　　真：(027)87816529
E - mail：Tongren88@ hotmail. com

中国石化荆州石油分公司

中石化荆州石油分公司系中国石化集团公司下属的子公司，该公司下辖松滋、公安、石首、监利、洪湖、江陵、潜江、仙桃共 8 个市(县)分公司。现有员工 1000 多人，拥有固定资产 4.3 亿。油库 7 座，总库容量达 13.4 万立方米；水陆加油站 188 座，年销售成品油 30 多万吨。拥有一座集办公、培训、住宿、餐饮于一体的多功能办公大楼，总建筑面积达 10000 平方米，共 20 层。拥有一条从荆门炼厂直达该公司柳林洲油库的荆—荆成品油输油管道，年输油能力达 150 万吨。

该公司积极应对入世带来的成品油市场冲击，致力于成品油流通现代化发展，着力打造学习型、服务型企业。近几年来，通过内部深化企业改革，完善经营机制，扩大加油站服务内涵，外部开拓市场，兴建加油网点，不断扩大零售和直销市场占有率，竭诚为荆州工业兴市和工农业生产加好油、服好务，努力保证本区域国计民生的供应，取得了经济效益和社会效益的明显提升，多次被中石化、省公司评为先进单位。2003 年是该公司发展史上具有里程碑意义的一年，成品油销售量取得了历史性突破，利润实现了跨越式增长，企业步入了健康发展的快车道，持续盈利能力进一步增强，经济效益在省石油系统综合排名第二，并取得了省、市计量信得过单位称号，获得了中国企业文化建设实践奖。

通讯地址：湖北荆州市江津路 251 号
邮　　编：434000
电　　话：(0716)8278095
E - mail：jzsybgs@ sohu. com
网　　址：http://www. jingzhou. gov. cn/sy/